A verdade
de cada um

© 1997, 2014 por Zibia Gasparetto
© Vincent Besnault/Getty Images

Coordenadora editorial: Tânia Lins
Assistente editorial: Mayara Silvestre Richard
Coordenador de comunicação: Marcio Lipari
Coordenadora de arte: Priscila Noberto
Capa e projeto gráfico: Jaqueline Kir
Diagramadora: Priscilla Andrade
Revisão: Equipe Vida & Consciência
Redatoras: Bianka Saccoman e Roberta Clemente

1ª edição — 38 impressões
2ª edição — 11ª impressão
5.000 exemplares — junho 2023
Tiragem total: 470.000 exemplares

**CIP-BRASIL — CATALOGAÇÃO NA PUBLICAÇÃO
(SINDICATO NACIONAL DOS EDITORES DE LIVROS, RJ)**

L971
    Lucius (Espírito).
    A verdade de cada um / Zibia Gasparetto. 2. ed. — São Paulo : Centro de Estudos Vida & Consciência Editora, 2014. 416 p

    ISBN 978-85-7722-378-7

    1. Obras psicografadas. 2. Ficção espírita. I. Gasparetto, Zíbia M. (Zíbia Milani), 1926-. II. Título.

Índices para catálogo sistemático: 1. Romance espírita : Espiritismo

14-15266   CDU-133-7
                                                                  CDD-133.93

Todos os direitos reservados. Nenhuma parte desta edição pode ser utilizada ou reproduzida, por qualquer forma ou meio, seja ele mecânico ou eletrônico, fotocópia, gravação etc., tampouco apropriada ou estocada em sistema de banco de dados, sem a expressa autorização da editora (Lei nº 5.988, de 14/12/1973).

Este livro adota as regras do novo acordo ortográfico (2009).

Vida & Consciência Editora e Distribuidora Ltda.
Rua das Oiticicas, 75 – Parque Jabaquara – São Paulo – SP – Brasil
CEP 04346-090
editora@vidaeconsciencia.com.br
www.vidaeconsciencia.com.br

A verdade de cada um

ZIBIA GASPARETTO

Romance ditado pelo espírito Lucius

nova edição

Zibia Gasparetto & Lucius

A amizade entre os dois vai além da literatura.

Zibia Gasparetto *(in memoriam)* foi uma das principais escritoras espiritualistas do Brasil e, com maestria e sensibilidade, cativou leitores por várias gerações. Até hoje, seus romances nos permitem entender a importância do amor, o valor do perdão e a força que trazemos em nossa alma.

Seu primeiro trabalho como escritora foi o livro *O amor venceu*, ditado pelo espírito Lucius em 1958. A amizade entre os dois foi além da literatura: para Zibia, ele era um verdadeiro mestre. Quando Lucius se aproximava, o pensamento da autora tornava-se mais claro, lúcido, e ela sentia uma indescritível paz interior. Com ele, a escritora aprendeu a observar os fatos do dia a dia com os olhos da alma.

Ao longo de sua carreira, Zibia publicou 60 obras, trilhando um caminho de fé, perseverança e compromisso com a espiritualidade.

Prólogo

Em meio à escuridão da noite, Elisa caminhava sem perceber bem por onde ia, tentando segurar as lágrimas que teimavam em escorrer por suas faces, toldando-lhe a visão. Em seu desespero, fechada ao mundo exterior, dobrada ao peso de sua dor, pouco se importava com os carros que passavam a toda velocidade pelo meio da rua.

Tantos anos de dedicação e de renúncias, de carinho e de amizade... E agora, depois de tudo, ele a deixara. Seduzido por outra mulher, embalado nas ilusões da juventude dela, não titubeara em abandonar a casa, a família, tudo. Era como se o teto houvesse desabado sobre sua cabeça inesperadamente, sem que pudesse fazer nada para impedir.

Doía. Doía muito. Não podia compreender como um homem preferira o amor de uma estranha, os prazeres ilusórios do corpo, ao sorriso alegre de Marina, o olhar inocente e confiante de Juninho e as risadas francas e espontâneas de Nelinha.

De que matéria era feito Eugênio, para ser tão cruel?

Elisa passou a mão nervosamente pela face, numa tentativa quase inútil de limpar as lágrimas. O que fazer de sua vida agora? Como viver dali para a frente? O que dizer aos filhos sobre o pai? Eles eram tão pequenos ainda, tão confiantes! Nelinha completara três anos, Juninho estava com cinco e Marina com sete. Eram crianças amorosas e bem-comportadas. O que seria deles dali para a frente? Como manter a casa?

Ela nunca havia trabalhado fora. Sua família, de classe média, vivia com conforto, e, ao casar-se, Geninho — maneira carinhosa como Elisa se referia ao marido — não a deixara trabalhar.

— Minha mulher não precisa trabalhar. Sou mais do que suficiente para sustentar minha família.

Embora ele controlasse o dinheiro e não lhe desse autonomia nas compras da casa, Elisa habituara-se a seu modo de viver, de dispor de tudo, de decidir o que fazer, o que comprar etc.

Ela não se queixava. Afinal, o homem era o chefe da casa. Sua mãe sempre dizia que o papel da mulher dentro do lar é agradar ao marido, obedecendo-lhe e cuidando de seu bem-estar.

Durante os doze anos de casamento, Elisa cumprira religiosamente esses princípios. Não fazia nada sem perguntar ao marido se podia, o que ele pensava. Como ele era econômico, ela poupara o mais que podia. Se tinha algum dinheiro nas mãos, pensava logo nele e nos filhos. Ela podia esperar. Afinal, eles eram mais importantes.

Ele foi economizando, melhorando a vida no trabalho e comprando carro do ano, roupas da melhor qualidade, cuidando mais da aparência, e ela compreendia que ele precisava vestir-se bem, apresentar-se melhor. Afinal, o cargo que ocupava na empresa em que trabalhava assim exigia.

Ela ia ficando para depois. Gostaria de cortar os cabelos em um bom cabeleireiro, melhorar a aparência, comprar alguns vestidos da moda. Mas isso era sonhar com o impossível. O dinheiro era escasso, e Geninho vivia dizendo que ela gastava demais. O jeito era conformar-se com os vestidos que costurava em casa mesmo, reformando-os de vez em quando ou vestindo as roupas que sua irmã Olívia lhe mandava de tempos em tempos.

Olívia era o oposto dela. Jamais se conformara em viver com pouco. Era exigente, e tudo quanto sua mãe lhe dissera sobre o casamento não a convencera. Não se casara, contudo era muito disputada por homens elegantes e inteligentes que a cercavam de atenções e de presentes, desejosos de conquistá-la. Mas Olívia tratava-os amavelmente, saía com eles algumas vezes sem se envolver ou permitir intimidades.

Era como uma deusa que concedia suas graças de vez em quando. Vestia-se ao rigor da moda, frequentava os melhores lugares, tinha intensa vida social e era muito bem-vista nas melhores rodas da sociedade. Trabalhava em uma grande empresa, onde conquistara posição de destaque junto à diretoria, o que lhe garantia dinheiro suficiente para ser independente, dentro do padrão de luxo que exigia e ao qual estava acostumada.

Várias vezes tentara convencer Elisa a cuidar-se um pouco mais, a ser mais exigente com o marido, a conquistar seu próprio espaço dentro do lar. Quando elas conversavam sobre isso, quase sempre acabavam discutindo. Ao final, Olívia desistia. Apesar de sua postura independente, muito diferente da irmã, ela gostava de Elisa, que, embora fosse dois anos mais velha, era dócil e afetiva, ingênua até. Observando essa ingenuidade, Olívia tornava-se por vezes autoritária com ela, temerosa de que os outros abusassem de Elisa, o que muitas vezes acabava ocorrendo.

Elisa continuava caminhando desesperada, sem rumo e sem enxergar nada a não ser a dor que lhe ia no coração. O desinteresse gradativo de Geninho nos últimos tempos não a fizera perceber que ele tinha outra mulher. Ele dizia que estava cheio de trabalho, que fazia horas extras, e ela acreditava.

— A vida está muito cara — repetia ele. — Você cada dia gasta mais. Não tenho outro recurso senão trabalhar mais, fazer hora extra. Você deveria dar-se por feliz de ter um marido trabalhador e interessado no bem-estar da família.

— As crianças sentem sua falta — respondia ela. — Quase não o têm visto.

— O que posso fazer? Estou me matando no trabalho pelo bem-estar de todos. É meu dever.

E ela se esforçava mais para multiplicar o dinheiro que ele lhe dava para as despesas, privando-se até do necessário, para que nada faltasse a ele. Afinal, era ele quem mantinha a casa. Tinha todo o direito ao melhor bife, à cervejinha gelada, ao pêssego em calda do qual ele tanto gostava. As crianças queriam comer tudo, mas ela dava um pedacinho para cada um e guardava para ele.

Elisa sentiu aumentar a raiva. Como se arrependia de sua passividade! De que lhe valeram tanta renúncia e obediência?

Nada do que fizera o impedira de, naquela manhã, arrumar sua mala e dizer-lhe friamente:

— Elisa, sinto muito, mas nosso amor acabou. Você está muito diferente da mulher que conheci e com quem me casei. Apaixonei-me por outra. Estou indo embora. Estou levando o necessário para dois ou três dias. Gostaria que você arrumasse minhas coisas e, dentro de alguns dias, mandarei buscá-las.

Essas palavras tiveram sobre ela o efeito de uma bomba. Jamais esperara isso. Não conseguiu dizer nada. Sentiu um nó na garganta, pensou não estar ouvindo bem.

Colocando algum dinheiro sobre a cômoda, ele saiu calmamente, sem se despedir das crianças, que brincavam no quintal.

Elisa ficou parada, olhos fixos na porta, sem querer acreditar no que estava acontecendo. Nervosa, olhou-se no espelho e a mulher que viu estava longe de ser a Elisa que ela fora, ou que ainda imaginava que fosse. Aos trinta anos, era uma mulher malvestida, deselegante, feia e velha.

Essa descoberta chocou-a. Correu a apanhar o álbum de fotografias de seu casamento, e a moça de olhos brilhantes, elegante, cheia de vida, lindos cabelos, que lá estava, parecia outra pessoa.

Como não se dera conta de quanto mudara? Por que Geninho nunca lhe dissera nada? Preocupada em fazer tudo para eles, esquecera-se de si. Não era isso que lhe haviam ensinado a fazer? Não era nobre dedicar-se aos outros, à família, esquecendo-se das próprias necessidades? Por que dera errado? Por que estava sendo punida, se procurara fazer o melhor?

Não. Não era possível. Devia ser algum engano. Geninho não seria capaz de tanto. Fizera isso para experimentá-la. Logo mais, à noite, voltaria para casa e tudo estaria como antes. Na certa, ele desejava que ela percebesse que precisava cuidar melhor da aparência. Ele tinha razão, ela se desleixara. Geninho não teria mais nenhum motivo de queixa dali para a frente.

Tentando ignorar o que acontecera, passou o dia cuidando de tudo com mais capricho e, principalmente, tratou de melhorar a própria aparência. Foi à cabeleireira, deu um jeito nos cabelos, procurou seu melhor vestido, fez um jantar caprichado e esperou.

As horas foram passando e Geninho não voltava. E se ele houvesse dito a verdade? E se ele realmente não voltasse mais?

Agoniada, Elisa foi ficando cada vez mais inquieta, andando de um lado para o outro sem parar. As crianças dormiam tranquilas, e ela, não suportando mais a pressão, resolveu sair e andar um pouco. Sentia-se sufocar dentro de casa.

Fechou a porta e saiu caminhando desesperada, ruminando sua dor, sua impotência, sua decepção, seu fracasso.

As lágrimas continuavam descendo por seu rosto, obscurecendo sua visão. Elisa caminhava sem destino, compulsivamente, como se nesse caminhar ela fosse encontrar respostas para seu conflito interior.

Numa curva da esquina, ao atravessar a rua, uma brecada, um grito e o corpo de Elisa atirado longe. Correria, gente procurando socorrer, enquanto o motorista do carro, aflito, repetia assustado:

— Ela atravessou de repente, sem ver. Nem sequer olhou. Não tive culpa!

A polícia compareceu ao local e constatou que infelizmente o acidente fora fatal. Ela estava morta. Procuraram documentos, mas ela não tinha nada. Ao remover o corpo para o Instituto Médico Legal, o atendente comentou:

— Que pena, era ainda moça. Quem será? Terá família?

— Vamos guardar o corpo. Talvez apareça alguém.

E, como era de rotina, procuraram esquecer o acidente e conversar sobre outros assuntos.

As lágrimas continuavam descendo por seu rosto, obscurecendo sua visão. Elisa caminhava sem destino, compulsivamente, como se nesse caminhar ela fosse encontrar respostas para seu conflito interior.

Numa curva da esquina, ao atravessar a rua, uma pancada, um grito e o corpo de Elisa atirado longe. Correria, gente procurando socorrer, enquanto o motorista do carro, aflito, repetia assustado:

— Ela atravessou de repente, sem ver. Nem sequer olhou. Não tive culpa!

A polícia compareceu ao local e constatou que infelizmente o acidente fora fatal. Ela estava morta. Procuraram documentos, mas ela não tinha nada. Ao remover o corpo para o Instituto Médico Legal, o atendente comentou:

— Que pena, era ainda moça. Quem será? Terá família?

— Vamos guardar o corpo. Talvez apareça alguém.

E, como era da rotina, procuraram esquecer o acidente e conversar sobre outros assuntos.

Capítulo 1

Olívia remexeu-se no leito preguiçosamente. O telefone tocava insistentemente, e ela atendeu ainda com sono:

— Alô!

— Tia, aqui é Marina. Mamãe está aí com você?

— Aqui? Não. Claro que não. Ela não está aí?

— Não. Procurei na casa inteira, mas ela não está. Pensei que estivesse aí.

— Vai ver que ela saiu para comprar alguma coisa. Seu pai já acordou?

— Papai saiu ontem e acho que aconteceu alguma coisa. Ele viajou, e mamãe chorou muito.

Olívia sentou-se no leito bem acordada.

— Ele não voltou para casa ontem?

— Não. Mamãe fez o jantar, esperou, esperou, mas ele não veio. Ela estava muito triste. Você sabe aonde ela foi? Eu ia chamar dona Glória, porque fiquei com medo. Nelinha está chorando, quer a mamãe. Eu não pude ir porque a porta está fechada e a chave sumiu.

— Quer dizer que vocês estão sozinhos trancados em casa? Ainda é muito cedo. Vai ver que sua mãe foi até a padaria e volta logo.

— A carteira dela está na cozinha. Ela sempre leva a carteira quando vai comprar alguma coisa. Juninho queria pular a janela, mas eu não deixei.

— Não façam nada, nem saiam de casa. Vou ver o que houve. Dentro de alguns minutos, estarei aí.

Olívia sentiu um aperto no coração. Elisa era muito preocupada com os filhos. Jamais os deixaria sozinhos por muito tempo. O que teria acontecido?

Levantou-se rápido, vestiu-se e em poucos minutos estava no carro. Sabia que o casamento de Elisa não iria durar muito. Apesar do esforço que ela fazia para demonstrar que tudo estava bem, Olívia percebia que Geninho estava se desinteressando da família.

Enquanto Elisa passivamente cuidava de tudo, privando-se até do necessário, ele levava vida folgada, envolvendo-se com mulheres e amigos boêmios.

Quem sabe, agora, Elisa tomasse coragem para separar-se de uma vez. Aquilo não era vida. Ela era jovem e podia trabalhar.

Aonde teria ido? Geninho teria abandonado a família ou só viajado? As perguntas sucediam-se, e Olívia, angustiada, não via a hora de chegar ao destino.

Parou em frente à casa da irmã e viu logo os três sobrinhos na janela.

— Sua mãe não chegou? — indagou parada na calçada.

— Não, tia. Estamos esperando — respondeu Nelinha.

— Abra a porta. Quero entrar.

— Não posso, tia — disse Marina. — Está trancada e não temos a chave.

— Não é possível! Aonde teria ido sua mãe? Procure direito. Não acredito que não exista outra chave.

— Já procurei — disse Marina. — Só havia a dela e a do papai. Eles saíram e as levaram.

— Vocês não podem ficar aí fechados. Vamos dar um jeito nisso.

Olívia procurou na bolsa e encontrou algumas chaves que experimentou, sem resultado. Decidida, tocou a campainha da casa vizinha.

Glória abriu a porta e admirou-se:

— Olívia! Tão cedo! Aconteceu alguma coisa?

— Aconteceu. Elisa saiu, Geninho também, e as crianças estão fechadas por dentro sem chave. Estou preocupada. Elisa nunca se ausentaria deixando-os sozinhos por muito tempo. Não sei o que fazer.

— Tenho uma escada. Se você quiser, pode pular o muro. Enquanto isso, chamo Ernesto para ver o que pode fazer. Ele entende de fechaduras.

— Obrigada, Glória. Vou aceitar. Estou realmente assustada.

As duas foram até o quintal. Glória apoiou a escada no muro e Olívia subiu. Era um pouco alto e ela estava com medo de descer do outro lado.

Glória chamou as crianças, e Marina colocou uma escada do outro lado, assim Olívia pôde descer.

A tia abraçou e beijou as crianças.

— Estou com fome, tia — foi dizendo Juninho.

— Calma. Vou fazer o café. Vocês vão me contar tudo como aconteceu. — E levantando a voz: — Obrigada, Glória. Se o senhor Ernesto puder me ajudar, ficarei muito grata.

Entrou em casa e sua angústia cresceu. O jantar da véspera ainda estava sobre o fogão, a mesa posta caprichosamente na sala de jantar, os pratos limpos e intocados. O casal não havia jantado.

— Vocês não jantaram ontem?

— Jantamos, sim — respondeu Marina. — Mamãe serviu a gente primeiro na copa. Ela disse que iria esperar papai.

— Sei. E depois, ela disse mais alguma coisa?

— Não. Colocou-nos na cama, como sempre. E eu estava com sono. Dormi logo — esclareceu Marina.

— Ela brigou com seu pai?

— Vi que, quando ele desceu com a mala, ela não sabia que ele iria viajar. Ficou muito admirada — continuou Marina.

— Sei. E o que foi que ele disse?

— Ele nos mandou ir para o quintal — contou Juninho. — Aí eu fui.

— Eu fui com ele — disse Nelinha.

— Eu fingi que fui, mas fiquei espiando — disse Marina. — Você não conta para eles?

— Claro que não. Preciso saber o que aconteceu.

— Ele disse que não gostava mais dela e que iria embora.

— Ele disse isso?

— Disse, tia. Ela ficou branca. Chorou, mas ele não se importou. Pegou a mala e saiu. Disse que não iria voltar mais. Fiquei com medo e fui para o quintal. Não queria que mamãe visse que eu estava espiando.

— E o que ela fez depois?

— Nada. Parecia mais animada. Levou-me para a escola e, quando voltei, vi que ela estava mais bonita, mais arrumada. Foi cortar o cabelo, pintar as unhas. Fez o jantar. Perguntei se papai viria, e ela disse que sim. Aí perguntei:

— "E a mala? Por que ele levou a mala?"

— "Só para fingir que iria embora. Ele não vai aguentar. Logo mais estará em casa para o jantar."

— Mas, tia, acho que ele não voltou. Ela ficou esperando. Fui dormir, e ela ainda esperava. Será que ela foi buscá-lo?

— Não sei, Marina. Vamos ao quarto deles ver se encontramos alguma coisa.

Ao entrar no quarto, Olívia estremeceu: a cama estava intacta. Elisa saíra durante a noite e ainda não voltara. O que teria acontecido? Teria feito alguma loucura? Não. Isso, não. Ela era muito agarrada aos filhos. Não faria nada que pudesse separá-la deles. Com certeza fora atrás daquele patife. Mas por que deixara as crianças sozinhas por tanto tempo?

De uma coisa Olívia tinha certeza: Elisa saíra e não pudera voltar ainda. O que teria acontecido?

— Dona Olívia! Estou tentando abrir a porta!

Olívia desceu imediatamente e as crianças acompanharam-na.

— Por favor, senhor Ernesto. Faça-nos essa gentileza.

— Aqui por fora não é possível. Preciso ir para dentro. Vou pular o muro.

— Vou colocar a escada de novo.

Ernesto entrou e conseguiu finalmente abrir a porta.

— Precisamos encontrar um serralheiro. Consegui abrir, mas é preciso que ele venha arrumar.

— Muito obrigada, senhor Ernesto. Estou preocupada com Elisa. Aonde teria ido? Ela nunca se ausentou por tanto tempo.

Glória, que entrara para saber o que estava acontecendo, disse:

— Ela nunca saía sem as crianças, e jamais deixaria a porta trancada desse jeito! É melhor procurá-la, Olívia. Se quiser, posso ir junto.

— As crianças estão com fome. Preciso dar o café para elas. Depois iremos.

— Quero mamãe! — disse Nelinha, chorosa. — Aonde ela foi?

Olívia abraçou a sobrinha, tentando acalmá-la, embora seu coração estivesse oprimido e angustiado.

Foi à cozinha, alimentou as crianças e consultou o relógio. Eram sete horas ainda. Geninho só entrava no serviço às nove. Não sabia onde encontrá-lo. Que situação!

16

Glória sugeriu que fossem procurar nos hospitais ou na polícia, mas Olívia queria esperar o cunhado. Ele talvez soubesse o que acontecera. Tentou acalmar-se. Talvez ela estivesse com ele. Podia imaginar como Elisa reagira ao que ele dissera. Ela era tão crente! Tudo que Geninho dizia, ela acreditava. O malandro! Elisa era boba demais.

Olívia trincou os dentes com raiva.

"Ah, se fosse comigo!", pensou. "Ele iria ver uma coisa."

Mas Elisa era passiva demais. Por que ela não reagia? Teria medo de perdê-lo? Seria por amor?

Ela sabia, por experiência própria, que contemporizar não adiantava. Ao contrário: sempre apressava o desfecho. Quando o interesse acaba, não adianta tentar segurar. Nesses casos, era sempre melhor agir primeiro. Percebendo a mudança, o desinteresse, era peciso reagir, acabar com tudo. Essa era sua forma de pensar. E o curioso é que, quando agira assim, as coisas haviam se invertido. O interesse do parceiro fora reativado, mas o dela é que esfriara. Para ela, se um homem não sabia apreciar suas qualidades, não a interessava mais. Ela era uma mulher digna, inteligente, bonita, atraente, livre, independente. Queria um homem que tivesse a sensibilidade de perceber tudo isso. Qualquer pequeno sinal de desvalorização esfriava seu entusiasmo, e ela queria partir para outra. Não entendia por que depois disso eles a procuravam insistentemente.

Elisa era o oposto. Pensava que, quanto mais dedicada fosse, quanto mais valorizasse o marido, quanto mais o tratasse bem e quanto mais se sacrificasse pelo lar, mais ele a amaria.

Como estava enganada!

Olívia nunca conhecera um homem que preferisse uma boa dona de casa a uma mulher espirituosa, cheia de mistério e charme, perfumada e bonita.

Aliás, era muito cômodo para Geninho — e, iguais a ele, ela conhecia vários — contar com a esposa em casa cuidando de tudo com capricho, enquanto ele, na rua, levava uma vida cheia de divertimentos, não se privando de nada, namorando abertamente e tratando-se muito bem, vestindo-se elegantemente, tendo um bom carro, chorando em casa o minguado salário que dava à esposa. Era confortável e muito barato.

Por que Elisa não a ouvira? Por que se deixara arrastar a essa situação tão triste e dolorosa? Por que muitas mulheres se submetem a esse papel? Para elas, amar representava abdicar da dignidade?

Não entendia isso. Com ela nunca aconteceria. O respeito a si mesma era fundamental. Como iria respeitar-se sendo sustentada por um homem? Isso não lhe dava o direito de exigir obediência e vida diferenciada?

As crianças crivavam-na de perguntas, e Olívia não sabia o que fazer. Telefonou ao escritório dizendo que não poderia ir trabalhar. Ligou para a firma de Geninho, e ele ainda não havia chegado. Estariam juntos?

Eram mais de dez horas quando finalmente conseguiu encontrá-lo.

— Olívia? O que quer? — disse ele com frieza. Provavelmente, Elisa fora chorar no colo da irmã.

— Você precisa vir até sua casa imediatamente. Elisa desapareceu. As crianças estavam fechadas em casa sozinhas. Eu estou aqui com elas. Venha imediatamente.

— Como? Você está com Elisa?

— Não. Estou em sua casa, mas Elisa desapareceu.

— Você está brincando comigo. Não volto para casa, se quer saber. Estou decidido. Acabou. O casamento acabou. Não acredito nessa história. É um jogo de Elisa para ter-me de volta. Fique sabendo que não voltarei.

Olívia ficou rubra de raiva.

— Você é um idiota. Saiba que dou graças a Deus se Elisa nunca mais olhar em sua cara. Se ela me ouvisse, teria acabado com essa farsa há muito tempo. Mas a casa é sua, os filhos são seus, e ela sumiu. Marina ligou para mim, e o senhor Ernesto conseguiu abrir a porta desmontando a fechadura pelo lado de dentro. Precisamos de um serralheiro, senão a casa vai dormir aberta esta noite. Se não vier, darei queixa à polícia, e ela irá buscá-lo com toda a certeza para saber o que fez com Elisa.

Pelo tom de Olívia, Geninho percebeu que ela falava sério. E essa, agora? O que teria acontecido? Aonde Elisa teria ido? Ela nunca deixava as crianças!

— Tem certeza mesmo de que ela sumiu? Que não foi fazer compras?

— Estou aqui desde as seis horas, e já são mais de dez. Até agora ela não apareceu. Saiba que ela não dormiu em casa, porque a cama não estava desarrumada.

— Não é possível! Não pensei que ela fosse tão irresponsável!

— Quem é irresponsável aqui não é ela. Ela nunca foi. Vai vir logo, ou prefere que eu mande a polícia buscá-lo?

— Eu vou. Vamos ver o que ela fez agora.

Olívia bateu o telefone. Tinha ganas de dizer um monte de desaforos. Ela naquela aflição; e o patife, o sem-vergonha ainda se dava ares de grande homem. Ela não era Elisa, e ele iria ver com quantos paus se fazia uma canoa. Ele tinha de dar conta de Elisa, senão iria denunciá-lo à polícia como mau marido e responsável pelo desaparecimento dela.

Quando Geninho chegou, as crianças agarraram-se a ele chorando e chamando pela mãe.

— Calma — repetia ele. — Calma. Não aconteceu nada. Logo ela estará aqui. Vocês verão.

— Você vai me contar direitinho tudo que fez a ela ontem.

— Eu não fiz nada. Veja como fala.

— Não? Eu sei o que você vem aprontando por aí. Tenho visto muitas coisas. Elisa é muito ingênua e bondosa. Confiava em você. Não esperava o que lhe disse.

— Esse é um assunto que não lhe diz respeito. É meu e dela. É bom que não se meta.

— Nunca me meti, mesmo sabendo que você era um mau-caráter. Mas agora que ela desapareceu e eu estou suspeitando de você, se ela não aparecer, você vai ter de dar contas à polícia. Eu juro que não vou deixar por menos. Ai de você se fez alguma coisa a ela além do que já fez a vida inteira...

— Não seja exagerada. Quando saí ontem pela manhã, ela estava perfeitamente bem. Como posso saber o que ela fez depois? Eu não voltei para casa.

— Ela não foi atrás de você?

— Claro que não! Ela nem sabia onde eu estava!

— Belo papel o seu! Nem deixou endereço. Se aconteceu alguma coisa, ela não pôde falar com você. Se é que isso é verdade.

— Por que duvida?

— Porque ela sumiu e jamais faria isso.

— Isso não é pretexto para eu vir até em casa?

— Acha que eu me prestaria a uma coisa dessas? Para mim, quanto antes você desaparecer da vida de Elisa, melhor.

— Estou decidido. Nada que Elisa fizer vai me fazer voltar atrás.

— Olhe aqui, seu ignorante: Elisa desapareceu, não dormiu em casa noite passada e as crianças ficaram sozinhas fechadas à chave. Acha pouco isso?

Nelinha chorava desconsolada, chamando pela mãe. Os outros dois, assustados, olhavam para a tia e para o pai esperando que eles fizessem alguma coisa.

Olívia decidiu-se.

— Fique com Nelinha, que vou procurar Elisa. Os outros dois irão comigo.

— Aonde vai?

— Até a delegacia.

— Você está exagerando. Não aconteceu nada disso. Logo ela estará aqui e pronto.

— Não vou esperar mais, vou agora mesmo. Vamos, meninos.

Arrumou as crianças e saiu sem atender às ponderações de Geninho. Uma vez na delegacia, foi orientada para procurar nos prontos-socorros da cidade, e Olívia começou a percorrê-los. Não encontrou nada. Voltou para a casa da irmã. Geninho, vendo-a, perguntou:

— E então? Descobriu alguma coisa?

— Não — disse Olívia, desanimada, atirando a bolsa sobre uma cadeira.

— Estou com fome, tia — disse Juninho.

— Eu também — tornou Marina.

— Andamos tanto que eu até esqueci que não comemos nada desde cedo.

— Vou até a padaria comprar um lanche — sugeriu Geninho.

— Não é preciso. Há comida na geladeira. Aquela que Elisa fez para esperá-lo. Eu guardei tudo lá.

Olívia dirigiu-se à cozinha e colocou a comida para esquentar. Sentia o coração apertado e muita angústia. Onde estaria Elisa? O que lhe teria acontecido?

Eugênio aproximou-se da cunhada.

— Tem certeza mesmo de que ela não dormiu em casa?

— Tenho. A cama estava arrumada.

— Ela poderia ter arrumado antes de sair.

— Ela nunca sairia cedo deixando as crianças sozinhas fechadas em casa, sem avisar ninguém.

— Estou começando a ficar preocupado. Aquela sonsa! Aonde teria ido?

— Ah, agora você começou a preocupar-se! Pode contar-me o que aconteceu aqui entre vocês? O que foi que fez a ela?

— Nada. Eu não fiz nada. Tomei uma decisão. Que diabo! Não suportava mais esta vida. Tenho o direito de ser feliz. Fui honesto e disse a verdade. Nosso amor acabou. Só isso. Quero cuidar de minha vida, e ela que cuide da dela.

— Disse isso assim, sem mais nem menos, à queima-roupa? Fez a mala e foi embora? Jogou a família fora como se fosse um traste que não serve mais? Não pensou nas crianças?

— É melhor não falarmos nisso diante delas.

— Não? Pois eu quero é falar. Eles precisam saber a verdade. Do que tem medo? Que eles saibam que resolveu ir-se embora? Isso eles já sabem. Ou pensa que eles não perceberam nada?

As crianças, amedrontadas, abraçaram-se à tia, que, comovida, não conseguiu falar mais. Eugênio estava sem saber o que dizer. Não imaginara que fosse tão difícil aquele momento. Por que Elisa desaparecera, por quê?

Ela deveria ficar com as crianças, que precisavam da mãe. Ele lhe dissera que mandaria dinheiro de vez em quando, para as despesas. Por que abandonara tudo?

— Eu não pensei que Elisa fosse sair de casa! Fui embora, mas deixei-os com ela. Vocês me criticam, mas ela foi pior do que eu. Fechou-os em casa e desapareceu.

— Não acredito que ela os tivesse abandonado. Isso ela nunca faria. Para mim, ela saiu por alguma razão e não conseguiu voltar. Só pode ter sido isso! Peça a Deus que não lhe tenha acontecido nada de grave.

— Eu quero mamãe! — tornou Nelinha, chorosa.

— Eu também — disse Juninho, nervoso.

— Calma, meus filhos. Eu estou aqui.

Eugênio tentou abraçar os dois, mas eles se agarraram mais à tia.

— Você foi embora e nos deixou! — disse Marina com raiva. — A culpa é sua. Mamãe chorou o dia inteiro por sua causa.

— Mas eu agora estou aqui com vocês.

— Nós queremos a mamãe! — disse Marina. — Não gosto mais de você!

Eugênio deixou cair os braços que estendera.

— Vocês são pequenos, não podem entender. Gostaria que compreendessem.

— Não adianta agora. O que você fez está feito. O que precisamos é encontrar Elisa.

— Vou sair para procurar. Aonde vocês foram?

— A todos os prontos-socorros e à delegacia do bairro.

— Vou levar um retrato dela e dar uma busca.

Ernesto tocou a campainha e perguntou:

— Alguma notícia de dona Elisa?

— Nenhuma — respondeu Eugênio. — Vou sair para continuar procurando.

— Irei com o senhor. Vamos com meu carro.

Vendo-os sair, Olívia sentiu aumentar a angústia. E se Elisa não voltasse? E se eles não mais a encontrassem?

"Bobagem", pensou ela. "Ela logo estará de volta e tudo ficará em paz."

Mas Elisa não voltava, e as horas iam passando. Olívia esforçava-se para distrair as crianças, procurando esconder a angústia que lhe ia na alma.

A noite estava chegando. Olívia deu banho nas crianças, serviu-lhes o jantar e colocou-as na cama.

Procurou dissimular a preocupação contando-lhes histórias. Quando elas dormiram, sentou-se com Glória na sala, dando vazão à sua tristeza.

— Eles estão demorando. Aonde terão ido?

Passava das dez quando eles voltaram. Eugênio, pálido, mostrava no rosto a angústia e a dor. Ernesto fez um sinal para a esposa, chamando-a a um canto, dizendo-lhe algo em voz baixa. Imediatamente, ela abraçou Olívia, que, desfigurada e trêmula, esperava o que eles iriam dizer. Vendo-os calados, indagou:

— E então? O que descobriram?

Foi Ernesto quem respondeu:

— Aconteceu um acidente. Acho que dona Elisa saiu e atravessou a rua sem olhar...

O olhar de Olívia ia alternadamente do rosto de Ernesto ao do cunhado, esperando.

— Ela está mal... — disse Eugênio tentando amenizar as coisas.

— Meu Deus! Diga a verdade! Ela está morta?

Os três baixaram a cabeça, sem coragem para responder, e Olívia sentiu que tudo rodava à sua volta. Perdeu os sentidos.

Quando se recuperou, parecia estar vivendo um sonho, um momento irreal que a qualquer instante iria acabar e tudo voltaria a ser como antes.

***

Glória levou as crianças para casa durante o velório de Elisa no cemitério do Araçá. Eugênio, arrasado, não ousava dizer nada, sentindo o olhar acusador da cunhada e sem coragem de encarar as crianças. Parecia um pesadelo. Por que acontecera? Por quê?

Depois do enterro, Ernesto levou Olívia e Eugênio de volta para casa. A situação era delicada. Ele se abstinha de fazer qualquer comentário. Procurou confortá-los como pôde, oferecendo-se para ajudá-los no que precisassem.

As crianças haviam adormecido na casa de Glória, e ela aconselhava deixá-las lá até a manhã do dia seguinte.

Quando Ernesto se foi, Olívia viu-se a sós com o cunhado. Olhou-o cheia de mágoa. Ele não sabia o que dizer. O golpe fora fundo e doloroso. Nunca imaginara que isso pudesse lhe acontecer. Tantos maridos se separam e tudo dava certo, por que com ele acabara naquela tragédia?

Ele amava outra mulher. Estava loucamente apaixonado. Não tinha o direito à felicidade? Sentindo o olhar acusador de Olívia pousado nele, tentou explicar-se:

— Estou arrasado — disse. — Nunca pensei que isso pudesse nos acontecer.

— Ela ficou desnorteada por sua causa. Ela era muito dedicada. Você era tudo que ela amava além dos filhos. Ela não podia viver sem você!

— Teria se suicidado? — indagou ele, aterrorizado.

— Não creio. Ela nunca faria isso, por causa das crianças. Foi acidente mesmo. Ela estava chorando e não viu o carro. Foi isso. Você a matou.

Eugênio deu um salto da cadeira, andando de um lado a outro, inquieto.

— Eu esperava que dissesse isso. O tempo todo você me olhou com acusação! Saiba que apesar de tudo eu gostava de Elisa. Não desejava para ela um fim tão trágico.

— Não acredito. Se gostasse dela, não teria feito o que fez.

— Olívia! Não me culpe! Eu me apaixonei por outra mulher. Não queria ser falso. Tenho o direito à felicidade! Hoje em dia a separação é tão comum! Pensei até que Elisa, um dia, poderia refazer sua vida. Era moça ainda. Eu gostava dela como pessoa, mas não mais como mulher.

— Depois de tudo quanto ela fez por você! Ela se transformou por sua causa! Ela se esqueceu de si mesma para fazer-lhe as vontades, cuidar de seu bem-estar! Como pôde ser tão ingrato?

— Eu preferiria que ela não houvesse feito tudo isso. Gostaria que ela apenas fosse a mulher do começo a quem eu amava. Mas ela mudou. Não era a mesma havia tempos. Parecia uma sombra. Não se pode admirar ou amar uma pessoa que se apaga e se omite.

Apesar de sua raiva, Olívia reconheceu que no fundo ele tinha um pouco de razão. Ela mesma muitas vezes chamara a atenção de Elisa sobre isso. Não deixou transparecer seu ponto de vista e retrucou:

— Ela era uma mulher digna, honesta, excelente mãe, e amava-o muito. Deu o máximo que podia. Dedicou-se à família de corpo e alma.

— Você não vai me entender. Um homem precisa de um pouco mais! Eu aprecio as qualidades dela. Mas eu queria mais. Eu queria alguém para amar. Uma mulher fria como você jamais me entenderá!

— O que você fez com Elisa foi imperdoável. Nunca esquecerei que, se não fosse isso, ela ainda estaria conosco, viva e feliz. Sua leviandade deixou três crianças órfãs. Agora, o que vai fazer? Mandá-las para um orfanato?

Eugênio suspirou agoniado. Esse pensamento o estava incomodando. Claro que não iria interná-los. A forma como tudo acontecera colocara-o no papel de vilão diante dos próprios filhos. Ao deixá-los naquela triste manhã, fizera-o na certeza de que Elisa cuidaria deles melhor do que ele mesmo. Mas e agora? Sem ela, o que fazer?

Andava de um lado ao outro, pensativo. A certa altura, parou e disse:

— Essa ideia nunca me passou pela cabeça! O que julga que eu sou?

— Um homem apaixonado que deixou a família por causa de outra mulher.

— Pretendia morar com ela pelo resto da vida.

— Agora vai morar com os filhos, o que é um pouco diferente.

— Talvez possamos morar todos juntos. Eunice irá me ajudar a cuidar das crianças.

— Isso não! Os filhos de Elisa serem criados pela outra, pela mulher que foi a causa de tudo?

— Ela não foi causa de nada. Não tem culpa do que nos aconteceu. Não planejamos nada disso.

— Vocês planejaram tudo!

— Planejamos apenas viver juntos. Nós nos amamos. Ninguém imaginou essa tragédia!

— Mas aconteceu. E agora? Não acho certo as crianças irem morar justamente com essa mulher.

— Nesse caso, elas poderiam ir viver com você!

— Ah, isso é o que você gostaria, não é mesmo? Ficar livre e bem-disposto para realizar o que pretendia! Não se envergonha de dizer-me isso?

— Amo Eunice e decidi viver com ela. Não esperava essa situação, mas agora não tenho alternativa. As crianças irão comigo. Se não gosta, paciência. Já que não quer ficar com elas, não tem o direito de intrometer-se em minha vida.

— São meus únicos sobrinhos, e preocupo-me com o que lhes acontece. Desejo zelar pelo futuro deles. Visitá-los quando sentir vontade. Fazer-lhes companhia. Cuidar deles como Elisa gostaria que eu fizesse. Se for morar com essa mulher, não poderei fazer isso.

— Por que não? Se você é orgulhosa e vingativa, a culpa é sua. Eunice não fez nenhum mal a Elisa. Não é culpada de nada, nem de eu haver me apaixonado por ela.

— Elisa não gostaria de ver as crianças vivendo ao lado dessa mulher que lhe roubou o marido. Depois, ela pode maltratar as crianças.

— Ela não faria isso!

— É o que você diz.

— Seja como for, está decidido. Não posso ficar sozinho com as crianças. Tenho de trabalhar. Preciso de uma mulher para cuidar delas.

— Pode arrumar uma boa empregada. Não precisa dessa mulher para nada.

— Você não pode intrometer-se dessa forma em minha vida. Eu sou o pai. Logo, o que eu decidir está decidido.

— Eu sou a tia. Se teimar, irei à Justiça e não permitirei que cometa essa barbaridade.

— Você não fará isso. Nenhum advogado se prestará a esse papel.

— Pretendo acusá-lo de moralmente haver causado a morte de minha irmã.

— Está louca!

— Estou. Elisa era minha família. Você a matou. Nunca o perdoarei. Ainda se arrependerá de ter feito o que fez.

— Vá embora e deixe-me em paz.

— Eu não sou Elisa. Sei o que estou dizendo. Ficarei aqui até quando achar conveniente!

— Nesse caso, quem vai sou eu!

— Não pense que indo embora você vai se ver livre dos filhos. Eu estou aqui hoje, mas não vou tomar conta deles para você. Nunca me meti em sua vida com Elisa, mas de hoje em diante você vai descobrir o que é ter-me como sua inimiga. Porque eu nunca lhe darei paz. Você vai pagar tudo que fez a ela. Isso eu juro!

— Você está exaltada. Vá descansar, tome um calmante. Hoje não é um bom dia para falarmos dessas coisas.

— Hoje não é um bom dia mesmo. Mas saiba que não vou voltar atrás. De hoje em diante, hei de vigiá-lo de todas as formas. Hei de cobrar tudo que as crianças têm direito e não lhe darei sossego. Você verá.

— Estou exausto e não aguento mais ouvir você. Vou dormir. Amanhã com certeza você mudará de ideia. Voltará à razão. Durma, se puder!

Eugênio foi para o quarto, fechando a porta com força. Olívia ficou ali, ruminando sua dor, sua tristeza, seu rancor. Ela não pretendia esquecer. Eugênio precisava pagar. A ingenuidade de Elisa aumentava sua dor. Ela não merecia aquele fim trágico, aquele desespero que ele lhe causara.

Ela, Olívia, estava ali, vigilante. Ela o faria pagar minuto a minuto por tudo quanto fizera. Estava disposta a fazer isso, ainda que para tal tivesse de dedicar toda a sua vida a esse objetivo.

Depois daquele dia, Eugênio nunca mais seria feliz. Apertou as mãos com força: sua irmã seria vingada.

Capítulo 2

Eugênio acordou sobressaltado. Por alguns instantes, pensou que tudo não passara de um pesadelo. Elisa deveria estar na cozinha, como todas as manhãs, as crianças preparando-se para o café. Ele tomaria seu banho como sempre fizera e iria para o trabalho. Apanhou o relógio sobre a mesa de cabeceira. Nove horas. Passou os olhos em volta. Sobre a cômoda, viu os papéis dobrados. Sentiu um aperto no coração. Fora mesmo verdade. Ali estavam o atestado de óbito, os documentos do cemitério.

Aflito, passou a mão pelos cabelos em desespero. O que fazer agora? Olívia era a única família de Elisa, cujos pais haviam morrido há tempos. Lembrou-se de sua mãe. Precisava de alguém para cuidar das crianças. Olívia recusava-se a fazê-lo. Tinha de trabalhar e alguém teria de tomar conta delas. Por causa dos acontecimentos, conseguira uma semana de licença na firma, mas nunca cuidara de crianças e não tinha a menor ideia de como fazer isso.

Talvez Olívia concordasse em ajudá-lo, pelo menos nos primeiros dias, até que conseguisse uma solução. Pretendia falar com Eunice e pedir-lhe que o ajudasse a cuidar delas. Afinal, ele queria viver com ela e juntos poderiam ser felizes. Agora estava livre até para se casar de novo.

Não. Casar de novo, não. E se Eunice mudasse como Elisa? As mulheres adoram o papel de boa esposa. Mas como lhe pedir para assumir seus filhos sem dar nada em troca?

Mesmo que Eunice concordasse, ele precisava deixar o tempo passar. As crianças estavam muito ressentidas com ele. A culpa era de Olívia, que o colocara no papel de vilão. Era fácil julgar os outros. Ele sabia que nunca desejara nenhum mal a Elisa. Jamais poderia supor que as coisas acontecessem daquela forma.

Suspirou angustiado. De qualquer maneira, seus filhos não aceitariam a presença de Eunice depois do que acontecera. Era preciso dar algum tempo. Eles esqueceriam e, então, tudo seria mais fácil.

O difícil era resolver a questão daquele momento. Temia que sua mãe não aceitasse tomar conta da casa e das crianças por algum tempo, o suficiente para ele resolver tudo. Ela residia no interior de Minas Gerais e era muito metódica. Nunca deixava seu pai sozinho por nada do mundo. Nem ao enterro viera. Na verdade, não viera a São Paulo nem para o casamento. Apenas suas duas irmãs haviam comparecido na ocasião. Eugênio dava-se muito bem com a família. Possuía bom relacionamento com as irmãs e os cunhados. Mas sabia que não podia contar com eles para o que queria, porque eles tinham filhos. Suas irmãs tinham as próprias obrigações, não podiam tomar conta de sua casa.

Chocado com o que acontecera e pelo fato de o corpo de Elisa haver sido colocado em lugar refrigerado em meio aos indigentes, ele apressara o velório e o sepultamento. Não quisera prolongar a espera para que suas irmãs pudessem vir. Melhor assim. Elas não haviam convivido muito com Elisa. Gostavam dela, admiravam-na por ser uma ótima esposa e mãe, nada mais.

Agora, arrependia-se um pouco disso. Odete e Diva talvez lhe dessem algumas sugestões. Olívia era intratável. Não podia esperar nada dela, a não ser recriminação e rancor.

E se ela já tivesse ido embora? Apesar de tudo, sentia-se mais seguro com ela por perto. Tratar de crianças era coisa de mulher. Não sabia como proceder.

Apressado, levantou-se e abriu a porta do quarto. Escutou a voz de Olívia na cozinha e respirou aliviado. Tentou encorajar-se. Reagiu. Era uma bobagem. Afinal, o mundo não se acabara. Decidiu agir. Tomou um banho, fez a barba, vestiu-se e desceu.

A mesa estava posta e as crianças já haviam tomado café. As xícaras usadas ainda estavam sobre a mesa. Eugênio notou que não havia uma xícara para ele. Ficou esperando, parado na porta da cozinha.

Olívia falava com as crianças tentando confortá-las e ajudá-las a enfrentar a nova situação.

— Eu não quero que mamãe vá embora para sempre — queixava-se Nelinha. — A avó de Márcia morreu e nunca mais voltou. A mãe dela disse que morrer é para sempre, a gente nunca mais vê a pessoa.

— Não é bem assim — disse Olívia contendo o pranto. — Ela precisou partir. É como uma viagem. Ela foi para um lugar melhor do que aqui e por certo virá sempre nos ver. Só que nossos olhos não poderão vê-la, porque agora ela se tornou invisível.

— Eu não quero uma mãe invisível — disse Juninho, choroso. — Eu quero que ela me abrace, fique comigo, como até agora.

— Eu também gostaria, mas Deus resolveu diferente. Ela era tão boa que ele não resistiu. Precisava de um anjo lá no céu e escolheu-a. De lá, ela continuará tomando conta de vocês. Ela foi porque, quando Deus quer, ninguém consegue resistir. Mas, se ela pudesse, teria ficado conosco. Isso eu garanto.

— Deus é mau — reclamou Nelinha. — Tirou minha mãe.

— Deus não é mau. Não diga isso. Às vezes, nós não entendemos o que Ele quer, ou por que Ele age de certa maneira. Mas Ele nunca erra. Se Ele agiu assim, foi porque era o melhor. Deus sempre faz o melhor. Ele é amor e sabedoria.

— Tia, eu ainda não posso concordar com você — disse Marina, pensativa. — Estou com muita tristeza e não acho que isso seja melhor. Estou tão agoniada!

Olívia, contendo as lágrimas, abraçou-a com carinho. Eugênio sentiu os olhos molhados e não pôde articular palavra. Continuou parado, esperando. Vendo que Olívia não se preocupava com sua presença, perguntou:

— Você fez café?

— Fiz. As crianças já comeram.

— Sei. Eu gostaria de tomar o meu agora.

— Fique à vontade. A casa é sua. Ainda há café na garrafa térmica. Talvez ainda haja leite na geladeira.

Chamando as crianças, Olívia deixou a cozinha. Eugênio sentiu-se meio perdido. Nunca se ocupara com as coisas da casa. Que diferença de Elisa! Quando ele descia, a mesa estava sempre bem posta, limpa, sua xícara disposta com apuro. O leite fumegante no bule e o café cheiroso e fresquinho. O pão estalando e o queijo mineiro meia-cura já cortado e sem a casca, como ele preferia.

Procurou uma xícara no armário e serviu-se de café, tomando-o em pé mesmo. Não se sentaria a uma mesa em desordem, cheia

29

de xícaras usadas e farelos de pão por toda parte. Ele era um homem civilizado e de classe.

Apesar de tudo, o café deu-lhe mais coragem. Era preciso enfrentar aquela situação. O que fazer? Como resolver os problemas da casa até que sua situação com Eunice se consolidasse?

Procurou Olívia.

— Olívia, deixe um pouco as crianças e venha até a sala. Quero conversar com você.

Sentou-se na sala e esperou. Quando ela entrou, ele foi logo dizendo:

— Olívia, não sei o que fazer. Nunca tomei conta de casa e muito menos de crianças. Não tenho jeito para isso. Além do mais, preciso trabalhar. Vivemos de meu salário. Tenho uma semana de licença, mas o que fazer quando ela acabar? Mesmo agora, sinto-me perdido. Não tenho jeito para cuidar das crianças. Elas precisam de uma mulher.

— Eu posso ajudar por alguns dias. Eles estão muito sofridos. Não desejo abandoná-los agora. Mas eu vivo de meu salário e também preciso trabalhar.

— Você poderia ficar aqui por alguns dias até resolvermos esta situação.

— Posso ficar. Mas deixo claro que não é porque você está me pedindo. É porque eles estão sofrendo muito e não posso deixá-los agora.

— Fico grato da mesma forma.

— Daqui a pouco vou sair com eles, para distraí-los. Vou a uma agência procurar uma boa empregada.

— Empregada? Nós nunca precisamos de uma. Temos uma faxineira uma vez por semana.

— Pois agora vão ter uma. E prepare-se para pagar um bom salário, com registro na carteira e tudo. Nós não podemos colocar aqui uma pessoa desclassificada. E o que é bom custa caro.

Eugênio irritou-se:

— Pelo jeito, você pretende me arruinar.

— Eu não preciso de ninguém. Quem precisa é você. E se quer ser servido, casa limpa, roupa lavada e passada, os filhos bem cuidados, a casa brilhando, tudo decente, precisa pagar. Ninguém vai fazer isso para você de graça. A não ser que você se case de novo e arranje outra ingênua feito a Elisa.

— Você quer mesmo é me arrasar. É rancorosa e vingativa.

— Sou como sou. Você sabe como penso. E se estou me prontificando a ficar alguns dias, arranjar uma pessoa boa para trabalhar aqui, é só por causa das crianças, para que nada lhes falte. Você é bem capaz de se esquecer de dar comida a eles ou de deixá-los sozinhos o dia inteiro.

— É difícil conversar com você. Eu preciso sair, tratar de algumas coisas. Já que as crianças estão com você, vou aproveitar.

— Com certeza vai chorar nos braços daquela desavergonhada.

— Não fale assim de Eunice. Ela é mulher de muita classe e finura. Não é o que você pensa.

— Com toda a finura, deu em cima de um homem casado, destruiu um lar e uma família. Marcou nossas vidas para sempre.

— Não seja dramática. Pensei que fosse mais moderna. Estava enganado. Nem isso você é.

— Não faça me arrepender de estar aqui.

— Olívia, estou cansado de discussões. Estamos cheios de problemas e esta não é a melhor forma de resolvê-los.

— Concordo. Também estou cansada de discutir. Preciso de dinheiro para comprar comida. E, se encontrar alguma pessoa na agência, talvez tenha de pagar a taxa para contratá-la.

Eugênio, contrariado, puxou o talão de cheques, dizendo:

— Vou lhe dar um cheque suficiente para cobrir o básico.

Olívia riu irônica:

— O quê? Cobrir o básico? Como assim? Em que época você vive?

Ele ia dizer que Elisa ficava satisfeita com o mínimo que ele lhe desse, mas arrependeu-se. Isso iria provocar novas discussões.

— Quanto você acha que resolve? — indagou procurando dissimular a raiva.

Olivia pensou rápido e disse uma quantia muito alta.

Eugênio arregalou os olhos:

— Você enlouqueceu?

— Não quero pedir dinheiro toda hora. Além do mais, somos cinco pessoas, e eu não tenho ideia de quanto iremos consumir. E já falei que há a agência.

— É muito dinheiro. E se eu me recusar?

— O problema é seu. A família também é sua. Vou só dar comida para as crianças, e tanto a louça como a roupa vão amontoar-se.

Eu é que não vou fazer isso. Não gosto, não preciso, não sei. Tentei resolver do meu jeito. E garanto que é a melhor maneira. Se não quiser, paciência. Fica tudo como está.

Eugênio tentou conter a raiva. Olívia estava se vingando dele ou ela era assim mesmo? Nem parecia mulher. Por isso estava sozinha. Nenhum homem haveria de querer casar-se com ela. Ela se dava ares de difícil, mas, pensando daquele jeito, iria ficar mesmo para titia.

Ele estava nas mãos dela, resolveu concordar. Preencheu o cheque e entregou-o a ela, dizendo:

— Está me levando em um minuto o que gastávamos durante um mês inteiro.

— Não se envergonha de dizer isso? Com toda essa pose, belo carro, gravatas italianas, camisas de seda, perfume francês. Onde está sua classe? Seus filhos e sua casa não merecem também o melhor?

— Agora chega! Não preciso ficar ouvindo suas críticas.

Enquanto Olívia guardava o cheque na bolsa, Eugênio apanhou a pasta e saiu. Sentia-se sufocar dentro daquela casa. Pensara ter alcançado a liberdade, e a vida apanhara-o em uma armadilha. Desejava alçar voo rumo a uma vida nova, mais bela e mais feliz, e fora arremessado de volta a uma prisão cheia de obrigações e problemas que ele não sabia como resolver.

Iria à procura de Eunice. Sentia vontade de desabafar, chorar suas mágoas, abraçá-la, sentir-se confortado, compreendido. Essa luta deixara-o exausto. A incerteza e a preocupação ainda mais. Contava que ela fosse apoiá-lo.

Chegando ao apartamento, tocou a campainha e esperou. Eunice abriu e, vendo-o, abraçou-o dizendo:

— Sinto muito o que aconteceu. Depois que você me telefonou contando tudo, senti-me angustiada. Foi uma tragédia. Não queria nada disso.

— Eu também não. Elisa era uma boa pessoa. Eu sempre disse isso a você. Eu não a amava mais, mas ela era muito bondosa, fiel, boa mãe, excelente dona de casa. E agora, o que será de mim e das crianças?

— Venha — disse ela fechando a porta e puxando-o pela mão. — Sentemo-nos no sofá e vamos conversar.

— Sim. Temos muito que conversar.

— Há o apartamento que alugamos. O contrato já foi assinado. Só faltava comprar os móveis. E agora? Você não vai voltar atrás, vai?

— Claro que não. Vivo sonhando com o momento de podermos viver juntos de uma vez. Às claras e sem precisarmos nos esconder como criminosos.

— É que agora você precisa resolver como cuidar das crianças para depois podermos cuidar de nós.

— Esse é exatamente o problema mais urgente e que me preocupa. Minha cunhada está lá em casa por alguns dias. Está procurando uma empregada. Depois veremos.

— Você não tem ninguém que possa morar lá com elas? Algum parente?

— Não. Minha mãe não larga meu pai nem por um dia, e a casa dela é pequena demais para deixar as crianças lá. Depois, ela não gostaria de assumir isso. Nem dos netos mais chegados, meus sobrinhos que moram perto dela, ela toma conta. Diz sempre que já fez sua parte, criou os filhos, e que cada um cuide de suas obrigações.

— Hum... Nesse caso, terá de ser uma empregada mesmo.

Eugênio animou-se. Segurou as mãos dela entre as suas e disse:

— Bom, eu sei que é muito cedo. Teremos de esperar. Mas eu sei que um dia eles irão aceitar você. Nós moraremos todos juntos e seremos felizes. Mal posso esperar esse dia.

Eunice procurou dissimular o desagrado. Ela não gostava de crianças. Não se sentia preparada para aturá-las dentro de sua própria casa. Não cogitava ter filhos e muito menos criar filhos dos outros. Tentou contemporizar. Gostava de Eugênio. Ele era boa companhia e fazia-lhe todas as vontades. Levava-a aos lugares de classe que ela sonhara frequentar. Sabia tratar uma mulher. Era impetuoso e apaixonado. Como homem, nada deixava a desejar. Mas filhos, crianças, isso era demais!

— Não sei, não — foi dizendo com ar preocupado. — Eu nunca tive filhos e não tenho jeito para lidar com crianças. Além do mais, você disse que eles ficaram com raiva de você por causa da separação.

— Olívia fez o favor de culpar-me pela morte de Elisa, na frente deles. Claro que ficaram revoltados. Principalmente Marina, que já está mais crescida.

— É claro que, se ficaram assim com você, comigo será muito pior.

33

— Eu sei disso. Mas eles são amorosos. Sempre foram carinhosos, e logo esquecerão. Pretendo reconquistá-los. Eu gosto deles. Nunca pretendi abandoná-los. Se os deixei, foi porque Elisa estava lá e ela cuidava deles muito bem. Mas agora ela se foi, e eles precisam de mim.

— Sua cunhada não quer ficar com eles?

— Não. Ela os quer muito bem, mas é uma mulher independente, trabalha e foi bastante clara: não quer assumir a guarda deles. Sabe o que ela teve o desplante de me dizer? Que vai me vigiar, ver se eu cuido bem deles. Caso contrário, fará um barulho dos diabos. Ameaçou-me até de ir à polícia.

— Que mulher mal-educada! Logo agora que os sobrinhos precisam dela. Elisa não era sua única irmã?

— Era. Como eu disse, as duas eram sozinhas no mundo.

— Então o ideal seria que ela tomasse conta deles. Você poderia dar-lhes uma mesada, e tudo estaria resolvido.

— Pensei nisso. Sei que ela cuidaria deles tão bem quanto Elisa, embora seja completamente diferente dela. É obstinada, mas sabe ser dedicada quando quer. Sempre apoiou Elisa. Mas ela recusou. O máximo que consegui dela foi sair para procurar uma empregada e ficar alguns dias lá em casa, até que a empregada se familiarizasse com tudo.

— Já é alguma coisa.

— Mas não posso manter duas casas. Você sabe que gosto de viver bem. Estou bem empregado, mas não ganho tanto assim.

— Sempre me disse que ganhava bem. Pensei que dinheiro não fosse problema para você.

— E não é. Mas duas casas dão muito trabalho e fica muito difícil.

— Mas o apartamento já foi alugado. Fizemos o contrato e eu contava que nos mudaríamos dentro de mais alguns dias.

Eugênio baixou a cabeça pensativo. Arrependia-se de ter alugado aquele apartamento. Ele o fizera porque não pensara em tirar Elisa e as crianças da casa onde residiam. Era uma boa casa, confortável. Ele a comprara havia alguns anos e já acabara de pagar. Agora que Elisa se fora, contava que com o tempo Eunice pudesse ir morar lá com eles. Mandaria pintar e decorar a casa, e pronto. Nem precisariam pagar aluguel.

— As coisas agora estão diferentes — foi dizendo lentamente.

— Não sei bem como vão ficar. Estou perdido. Não posso abandonar meus filhos agora.

— Nem eu pediria tanto. É claro que precisa cuidar deles, deixá-los bem instalados, aos cuidados de uma pessoa de sua confiança. Mas isso, para nós, não fará nenhuma diferença. Poderemos mobiliar o apartamento, arrumar tudo, e eu mudarei para lá. E você, naturalmente, estará comigo sempre que puder.

— Não foi isso que sonhei para nós dois. Contava morar com você definitivamente, sem dividir meu tempo com ninguém.

— Agora não resta outro recurso. Construiremos nosso ninho de amor assim mesmo. Não nos deixaremos abater pelo destino.

— Gostaria de esperar alguns dias mais para tomar essa decisão. Ainda estou aturdido. Falta-me o chão debaixo dos pés.

— Elisa faz tanta falta assim?

— Faz. Ela era uma mãe maravilhosa. Tão resignada, dedicada, só pensava em nossa felicidade. Esquecia-se de si mesma para cuidar da casa, das crianças e de meu bem-estar.

— Não era isso que você me dizia. Só porque morreu, ela virou santa?

— Não seja injusta. Nunca falei nada de Elisa. É verdade que meu amor por ela acabou. Mas a estima, a amizade, isso eu sempre senti. Não se pode desfazer de uma pessoa que só fez bem. E ela sempre me ajudou em tudo.

— Se veio aqui para falar bem dela, pode ir saindo. Sinto ciúme. Não gosto que fale de nenhuma mulher na minha frente.

Ele a abraçou carinhoso:

— Bobinha! Nenhuma mulher ocupará seu lugar. Sabe que eu a amo acima de qualquer outra coisa no mundo.

— Mas está querendo me deixar de lado, desistir de nossos projetos, só por causa de seus filhos. Se me amasse mesmo, não faria isso. Estou começando a pensar que você não gosta de mim tanto quanto eu imaginava. Já nem quer mais mobiliar o apartamento...

— Quem disse isso? Eu apenas pedi tempo para resolver minha situação. Minha mulher foi enterrada ontem! O que aconteceu tirou-me do equilíbrio. Não consigo ver as coisas de maneira clara.

— Tem certeza de que me ama? Não vai me deixar de lado por causa do que aconteceu?

— Claro que não. Eu não poderia mais viver longe de você! Meu maior sonho é ficar a seu lado para sempre. Por que duvida?

Eugênio beijou-a nos lábios com paixão. Eunice entregou--se ao prazer de sentir-se amada, procurando vencer o receio de que ele insistisse naquela ideia louca de trazer as crianças para morar com eles.

Ela desejava manter vivo o interesse dele, a tal ponto que ele a colocasse em primeiro plano em sua vida, mesmo quando ela lhe dissesse que não pretendia morar com os filhos dele.

As crianças iriam tirar sua privacidade, interpor-se entre ela e ele, atrapalhar tudo. Isso ela não estava disposta a tolerar. Contudo, sentia que precisava usar de diplomacia.

A morte de Elisa era um fato ainda muito recente. Com mais alguns dias, Eugênio voltaria atrás e acabaria por compreender que o que pretendia não era possível. Deixaria as crianças com a empregada, iria lá de vez em quando, arcaria com todas as despesas, não lhes deixaria faltar nada, e pronto. Ela e ele estariam livres para cuidar da própria felicidade.

Decidiu dar um tempo e não discutir. Afinal, aquele não era um bom momento para isso. Ele precisava ser confortado. Resolveu fazer seu jogo.

— Pobre do meu amor — foi dizendo, passando a mão delicadamente pelos cabelos dele. — Sei como se sente. Mas estou aqui para abraçá-lo e dizer que o amo muito. Juntos venceremos qualquer obstáculo.

Eugênio sentiu-se melhor. Eunice sabia como acalmá-lo. Ele também não se sentia com forças para tomar alguma decisão naquele momento. Mergulhou nos braços dela e esqueceu de tudo o mais.

***

Olívia chegou em casa com as crianças um tanto desanimada. Procurara uma pessoa para trabalhar na casa, mas não encontrara ninguém. Fora a algumas agências de empregos e deixara lá o endereço com as especificações que desejava.

Olhou a cozinha em desordem, a louça sobre a mesa e a pia. As panelas sobre o fogão. Ela não estava a fim de trabalhar naquele serviço. Detestava-o. Mas, por outro lado, gostava de limpeza e de ter tudo na mais completa ordem.

"Vou buscar Alzira", pensou.

Alzira trabalhava para ela já havia algum tempo. Cuidava de seu apartamento com eficiência. Entrava às nove e saía às cinco da tarde. Quando Olívia chegava do trabalho, lá pelas sete da noite, encontrava tudo na mais perfeita ordem. Sua roupa lavada, passada, guardada, mesa posta e o jantar prontinho sobre o fogão.

Sabia que ela morava longe, tinha família e não podia dormir no emprego. Mas pelo menos poderia dar uma mão na limpeza. Pegou o telefone e ligou para sua casa.

Alzira atendeu:

— Alô!

— Alzira, sou eu.

— Dona Olívia! Estou sabendo o que aconteceu. Estou chocada.

— Imagine eu. Estou aqui com as crianças. Precisamos de sua ajuda. Tome um táxi e venha para cá.

— Sim, senhora. É que eu ainda não acabei o serviço aqui.

— Deixe tudo como está. Estou precisando de você. Venha depressa.

— Sim, senhora.

— Tome o táxi e eu pagarei aqui.

Enquanto esperava, Olívia tentou dar uma ordem na casa, procurando guardar o que era possível e recolocar no lugar.

Além da cozinha, os banheiros estavam em estado precário. As crianças haviam tomado banho e as roupas estavam espalhadas por todos os lados. Olívia tentou juntá-las no cesto de roupa suja. Não queria que Alzira se assustasse com o estado da casa. Seu apartamento estava sempre impecável, e ela sempre foi muito exigente. Contava com Alzira pelo menos para o mais urgente.

Alzira chegou pouco depois, olhando penalizada para as crianças. Ela tinha dois filhos e comovia-se ao pensar no que acontecera.

Olívia recebeu-a com alegria.

— Que bom que você veio! Ainda estamos atordoados com o ocorrido. Parece um pesadelo. Sinto-me sem coragem para nada.

— Deixe comigo, dona Olívia. Vim disposta a ajudar.

— Fui a duas agências para ver se conseguia alguém para trabalhar aqui. Mas não consegui nada.

— Vou ver se consigo alguém em meu bairro. Não é muito fácil, mas vou empenhar-me.

— As crianças precisam de alguém que fique com elas. Quando acabar minha licença, terei de voltar ao trabalho. Meu cunhado também precisa trabalhar. Tenho apenas uma semana para resolver este assunto. Sinto-me aflita.

— As crianças parecem que se agarraram à senhora.

— É verdade, Alzira. Eu também, a elas. Dói-me o coração ter de deixá-las.

— Foi uma infelicidade! Dona Elisa, tão boa...

Olívia sentiu que as lágrimas lhe vinham aos olhos.

— Foi uma injustiça — disse. — Antes houvesse sido eu, que não tenho ninguém. Logo ela, tão boa, com tantos filhos!

Alzira suspirou resignada:

— São coisas da vida. Deus escreve certo por linhas tortas!

— Deus! Acho que Ele estava ausente quando Elisa saiu naquela noite!

— Não diga isso. É triste, mas Deus tem Seus motivos. Ele sempre faz o que é certo. Ele não erra.

— Não concordo. Desta vez, Ele errou e muito. Levar Elisa, tão necessária ainda aqui, com filhos tão pequenos...

Alzira meneou a cabeça, pensativa.

— Eu, se fosse a senhora, não criticaria o que não conhece. Agora não é hora de reclamar, mas de rezar. Rezar alivia a alma e alimenta o coração.

— Há muito que não rezo mais. Agora, então, depois do que aconteceu, menos ainda.

— Vou pegar no serviço na cozinha.

— Isso. Vá mesmo. Eu fiz café, está na garrafa térmica. Se quiser tomar, fique à vontade.

— Sim, senhora.

Enquanto Alzira cuidava da arrumação, Olívia procurou entreter as crianças, cuidando para que não se entristecessem nem chamassem pela mãe. Tentou explicar-lhes o que acontecera, mas não sabia até que ponto eles haviam entendido.

Sentia uma tristeza imensa dentro do peito, uma vontade de chorar, de gritar sua revolta, sua dor, seu desconsolo. Mas não podia. Precisava dominar-se para não magoar ainda mais aquelas crianças que adorava.

De quando em vez, lembrava-se de Eugênio, com raiva. O malvado saíra havia horas e naturalmente fora à procura daquela desavergonhada. Era lá que ele fora chorar as mágoas. Queixar-se dela, com certeza, dizer que agora precisava cuidar dos filhos.

Apesar da dor que sentia, de certa forma a frustração dos planos de Eugênio com Eunice dava-lhe satisfação. Ele saíra de casa prazerosamente, tentando libertar-se do peso da família, deixando-o todo sobre os frágeis ombros de Elisa. A vida, porém, dispusera de outra forma e chamara-o à responsabilidade. Cortara-lhe a chance de largar a família. Agora ele estava sendo obrigado a continuar assumindo, com a agravante de ter de fazê-lo sozinho. Elisa já não estava mais lá para aliviar seu fardo, fazer tudo por ele. Ele agora não poderia mais fugir à sua obrigação de pai.

Esse era um dos motivos pelos quais Olívia não desejava assumir os sobrinhos definitivamente. Sabia que poderia fazer isso. Colocaria uma boa governanta e continuaria trabalhando do mesmo jeito. Obrigaria Eugênio a pagar todas as despesas deles e tudo estaria resolvido.

Mas ela não iria fazer o jogo dele. Não iria deixá-lo livre para usufruir sua traição. Elisa precisava ser vingada, e ela o faria. Ele seria responsabilizado por tudo e teria de sentir na pele a falta que a esposa lhe fazia.

Olívia não estava disposta a facilitar as coisas para ele. Ao contrário. Claro que pensava no conforto e no bom atendimento das crianças, mas ele teria de estar ali, dia a dia, noite a noite, hora a hora.

É verdade que as crianças estavam se apegando muito a ela. Assustadas, chorando pela mãe, elas procuravam em seu colo acolhedor o agasalho e o conforto. Abraçada a elas, Olívia sentia que não podia deixá-las. Era como abandonar Elisa no momento em que ela mais precisava de sua ajuda. Abraçava-as carinhosamente, procurando suprir de alguma forma a ausência da mãe, tentando fazê-las esquecer um pouco a tragédia da qual haviam sido vítimas.

Nelinha chamava pela mãe e chorava de vez em quando, e Juninho agarrava-se a ela, olhos muito abertos, num pedido mudo de ajuda e conforto. Nessa hora, Olívia tentava distraí-los, chamar sua atenção para outras coisas, numa tentativa desesperada de diminuir o sofrimento deles.

Conversara com Marina, pedindo-lhe ajuda. Ela, sendo a mais velha, tinha melhores condições de entender o que acontecera. Olívia fora decisiva e franca: a morte era uma condição definitiva. Chorar, lamentar-se, sofrer não iria trazer Elisa de volta. A vida continuava, portanto eles precisavam aceitar e procurar viver da melhor forma possível. Era difícil, ela sabia, mas com o tempo eles se acostumariam à nova situação.

Marina ouvira tudo procurando conter as lágrimas e prometeu cooperar.

— Tia — disse ela —, nunca perdoarei o meu pai.

— Também não é assim. Ele errou, mas agora se arrependeu e vai ficar com vocês.

— Só porque não tem outro remédio. O que ele queria mesmo é ficar com aquela mulher. Eu ouvi quando ele disse que queria nos levar para viver com ela. Eu não vou. Juro que não vou.

Olívia abraçou-a com carinho.

— Claro. Isso eu não vou deixar. Ele tem mais é de ficar aqui, cuidando da família, que é sua obrigação.

— Por obrigação, eu não quero — continuou Marina, com raiva. — Ele não gosta de nós. Ele nos abandonou.

— Vocês são pequenos, não podem viver sozinhos. Apesar de tudo, ele gosta de vocês e vai ficar, porque sabe que é preciso.

— Quando eu crescer e puder, vou embora desta casa. Se você não me quiser, irei para bem longe e ninguém nunca mais me verá.

— Não fale assim. Gosto muito de você. De Nelinha e de Juninho também. Se você se for, nós sentiremos muito sua falta.

— Só fico por causa de vocês, senão eu fugiria, iria embora.

— Revoltar-se não adianta. O que você precisa é ter uma boa formação. Estudar muito, aproveitar para aprender uma profissão, para ser independente e ganhar o próprio dinheiro. Só assim fará o que quer e como quiser.

— Um dia posso ser como você? Ter um carro, trabalhar e fazer tudo que quiser?

— Claro, Marina. Eu mesma farei tudo para que você consiga. Mas agora precisa ter paciência. Sua mãe não está mais aqui, e seu pai é que vai cuidar de tudo. Ele não tem muita prática com crianças, mas aprenderá.

— Isso vai demorar muito! — disse ela, pensativa.

— Que nada! O tempo passa depressa, você verá.

— Você vai ficar morando aqui? — perguntou Juninho.

— Só por alguns dias. Tenho minha casa, não posso abandoná-la.

Os três abraçaram-na assustados.

— Não quero ficar sozinha — disse Nelinha, chorosa.

— Eu também não — disse Juninho. — Estou com medo.

— Calma. Vocês não vão ficar sozinhos nunca. Como não posso ficar aqui todo o tempo, vamos arrumar uma pessoa boa, que ficará com vocês enquanto seu pai estiver trabalhando e eu também.

— Quero ficar com você! — choramingou Juninho.

— Eu também! — gemeu Nelinha.

— Não pensemos nisso agora. Saibam que nunca os deixarei. Estarei sempre cuidando de vocês. Não precisam ter medo de nada.

Alzira, na porta da cozinha, observava-os com os olhos cheios de lágrimas. Era triste e sem remédio. Ela iria empenhar-se em arranjar uma pessoa boa.

Mas, naquele momento, observando a tristeza das crianças, perguntava-se intimamente por que Deus permitira que essa tragédia se consumasse.

Capítulo 3

Eugênio levantou-se apressado. Dormira demais. Tinha um compromisso logo cedo no escritório e atrasara-se. Já eram nove horas!

Pulou da cama, entrou rapidamente embaixo do chuveiro e, em menos de dez minutos, estava saindo. Olívia tentou detê-lo para falar-lhe de Elvira, a empregada que Alzira conseguira perto de sua casa, mas ele não lhe deu atenção.

— Estou atrasado — gritou esbaforido. — Há gente esperando-me desde as oito e meia!

No carro, nervoso, procurando vencer a ansiedade, no meio do trânsito, ele percebeu que seu rosto ardia. Apanhou um lenço e passou-o no local. Estava sangrando. Também, ele se barbeara com tanta pressa que havia se cortado.

"Que dia!", pensou irritado.

Aquele negócio era importante para a empresa, e ele não poderia falhar. Por que se atrasara daquela forma? E o relógio, por que não despertara?

Havia dormido tarde. Eunice insistira para que fosse ficando, embora ele lhe houvesse dito que teria de se levantar cedo na manhã seguinte. Para ela, era fácil! Pudera! Não fazia nada. Ficava na cama até tarde!

Ela lhe parecia mudada. Antes era agradável, alegre. Agora dera para insistir em coisas sem importância. Queria comprar os móveis do apartamento, vivia procurando coisas para gastar seu dinheiro. Sim, porque os recursos dela, por certo, não dariam para tantas exigências.

Parecia não compreender que as coisas haviam mudado, que ele agora estava cheio de problemas difíceis, gastando muito mais dinheiro, tendo de se preocupar com as crianças, tendo Olívia sempre lhe cobrando alguma coisa.

Aquela era outra que parecia não entender! Ele não era de ferro! Pensando bem, naquela história toda, quem perdera fora ele, só ele. Todo mundo se queixava, mas, enquanto Elisa esteve viva, ele tivera mais liberdade e conforto. Agora, o peso da família ficara todo em seus ombros.

Precisava trabalhar, ter a cabeça fria para poder continuar a melhorar na firma, mas, com tantos problemas, já se sentia prejudicado.

Que bom se ele pudesse sair, largar tudo, sozinho, ir para bem longe e descansar! Mas não era possível. Estava preso. Obrigado a dar satisfações de sua vida não só para a cunhada como para Eunice. Seus filhos estavam ariscos, e Marina hostilizava-o abertamente.

Olívia teria coragem de falar mal dele às crianças? Se a apanhasse fazendo isso, a colocaria na rua. Não toleraria uma coisa dessas. Dentro de sua própria casa!

Mulherzinha irritante! Se não fosse o medo de as crianças ficarem sozinhas e ele ter de ficar em casa até arranjar quem cuidasse delas, ele já teria feito isso. Afinal, quem ela pensava que era?

Sentiu saudade de Elisa. Ela, sim, era uma mulher maravilhosa! Ele fora muito precipitado! Se tivesse sido mais comedido, nada teria acontecido.

O carro da frente parou, e ele deu uma brecada em cima. Soltou um palavrão. O motorista do outro carro ficou furioso e desceu com cara de poucos amigos.

— O que foi que disse? — perguntou, colocando a mão na cintura. — Repita agora, na minha cara!

Eugênio engoliu em seco. Estava com pressa. De forma alguma queria brigar e perder mais tempo.

— Nada. Eu não disse nada. Estou atrasado e tenho pressa.

— Por que não passa por cima? Não viu que havia uma pessoa atravessando a rua? Queria que eu a atropelasse?

— Eu não queria nada. Vamos embora. Preciso trabalhar. Estou atrasado.

— Pois da próxima vez saia mais cedo de casa.

44

Lentamente o outro foi para o carro, enquanto Eugênio, irritado, procurava conter-se. Sentiu vontade de descer e brigar. Conteve-se. Não teve outro jeito senão esperar o outro sair de sua frente.

Finalmente chegou ao escritório. Olhou o relógio, eram quase dez horas. Entrou e foi logo perguntando à secretária:

— Dona Irma, o doutor Medeiros ainda está aí?

— O doutor Medeiros telefonou às oito e quinze para avisar que não poderia vir aqui hoje. Pediu desculpas e disse que vai telefonar-lhe à tarde.

Eugênio irritou-se ainda mais:

— E por que você não me ligou? Não sabe que corri como um louco, me cortei, quase bati o carro, e ele já lhe havia avisado que não viria? Viu o que fez?

Irma olhou-o ofendida e assustada. Ele nunca a tratara daquele jeito. Que horror!

Eugênio entrou em sua sala e fechou a porta com raiva.

Uma funcionária que observava tudo disse a Irma:

— Não ligue. Deixe para lá. Não vale a pena.

— Você viu? Ele parecia louco. Nunca vi o senhor Eugênio assim!

— Era de esperar. Ele perdeu a mulher atropelada. Esqueceu-se disso? Já pensou nas três crianças sem mãe? Eu sinto pena dele, deve estar passando por mil problemas.

— Isso é. Você tem razão. Trabalho com ele há dois anos e ele nunca foi grosseiro. Ao contrário. Sempre se mostrou amável, educado. Realmente, hoje ele não está bem.

Eugênio sentou-se em frente à sua mesa e passou a mão pelos cabelos. Precisava acalmar-se. Irritar-se não iria resolver seus problemas. Levantou-se e apanhou um copo de água.

De repente, a vida, que era só alegria, só prazer, havia se transformado em um inferno. E o pior é que ele não via nenhuma solução a curto prazo. Seus filhos eram muito pequenos. O tempo iria custar a passar até que eles crescessem e pudessem cuidar de si mesmos. Enquanto isso, o jeito era ficar lá, cuidando de tudo.

Foi ao banheiro e olhou o pequeno corte que fizera no queixo. Ainda ardia. Precisava passar alguma coisa. Na maré em que ele estava, aquilo poderia infeccionar. Procurou na gaveta em que guardava um vidro de água de colônia, para as ocasiões especiais, quando saía direto do escritório para um encontro agradável. Abriu o frasco e passou um pouco do perfume no local. Ardeu, mas ele se sentiu bem, aspirando gostosamente o aroma delicado.

Não poderia continuar assim nervoso, preocupado, tenso. Tinha de se cuidar, relaxar. Antes, Eunice revigorava-o. Seus encontros eram sempre muito agradáveis. E ele adorava estar com ela depois de um dia tenso de trabalho. Mas agora ela pusera na cabeça de ir para o tal apartamento, e só falava nisso. Parecia ideia fixa. Que diabo! Ela estava muito bem instalada, o apartamento era dela. Por que, justamente naquele momento em que ele se sentia inseguro e com mais despesas, ela insistia nisso?

Ele havia concordado em alugar aquele apartamento. Claro que ele não iria morar onde ela residia atualmente. O local era pequeno para os dois, e ele estava acostumado ao luxo e ao conforto. Sonhara um local delicioso, onde eles viveriam juntos sempre. Mas agora isso se tornara um sonho impossível, e ela não compreendia isso.

Ele a amava. Quanto a isso não tinha dúvida. E entendia que, se ela o amasse, aceitaria o que ele lhe poderia oferecer. Naquele momento, preocupado com o futuro, ele não desejava aumentar as despesas.

Sentou-se novamente, pensativo. O que ele precisava era falar com ela. Colocar as cartas na mesa. Se ela o amasse mesmo, saberia esperar com calma até que a solução ideal aparecesse.

Qual seria a solução ideal para ele? Casar-se com ela? Sentiu leve repulsa. Não gostaria de casar-se de novo. Mas, diante da necessidade dos filhos, poderia até sacrificar-se. Contudo, já percebera que Eunice não havia se entusiasmado com a ideia de assumir sua família. Reconhecia que mulher como Elisa era difícil. Tão dedicada! Ao lado dela sua vida sempre correra fácil, tudo em ordem, no lugar.

Ela até parecia mágica. Conseguia cuidar das crianças, da casa, da comida, de tudo, e estava sempre pronta e alegre quando ele chegava. Nunca se queixava.

Ele nunca mais encontraria outra igual a ela. Em todo caso, ela se fora e ele ficara. Era um mal sem remédio. Tinha de se conformar.

Lembrou que Olívia falara qualquer coisa sobre uma empregada. Preocupou-se. Por que não lhe perguntara o salário? Aquela irresponsável bem poderia ter contratado a moça por uma fortuna. Afinal, o dinheiro não era dela. Era ele quem teria de pagar!

Precisaria ver isso antes que fosse tarde. Telefonaria a Eunice e não iria jantar com ela naquela noite. Estava cansado. Iria para casa e tentaria tomar as rédeas da situação. Olívia dissera-lhe que ficaria apenas uma semana, e já fazia mais de quinze dias que ela estava lá.

Durante esse tempo, eles quase não se viram. Ele lhe dissera que comeria fora para aliviar o trabalho em casa. Almoçava em um restaurante e à noite jantava com Eunice, chegando em casa sempre muito tarde, quando todos estavam dormindo.

Nos primeiros dias, no café da manhã, tentara aproximar-se dos filhos, mas eles, sempre agarrados a Olívia, não se mostraram afetivos. Por isso, ele saía logo e mal os via.

Olívia olhava-o com ar de reprovação. E uma vez criticara-o por isso. Mas ele não lhe deu atenção. Quando ela se fosse, ele teria os filhos só para si e poderia reconquistá-los. Tinha certeza de que conseguiria.

Telefonou a Eunice. Disse-lhe que não estava sentindo-se muito bem e que não jantaria com ela naquela noite. Iria para casa mais cedo. Saiu do escritório às sete horas e resolveu dar uma volta para comer alguma coisa. Em casa, por certo, não haveria nada.

Jantou em um pequeno restaurante e foi para casa. Entrou em silêncio e viu Olívia na sala de estar, sentada no sofá, tendo Nelinha no colo, Juninho ao lado e Marina a seus pés, conversando tranquilamente. Percebeu que ela contava uma história de princesas e fadas, e eles a ouviam fascinados.

"Ainda bem que pelo menos ela cuidava bem das crianças", pensou ele.

Fez um pequeno ruído e todos olharam para ele. Olívia calou-se. Pretendendo aproximar-se, Eugênio entrou na sala dizendo com suavidade:

— Vim mais cedo hoje para vê-los. Estava com saudade.

Aproximou-se e sentou-se ao lado de Juninho. Marina levantou-se imediatamente. Eugênio continuou:

— Venha aqui, minha filha. Quero falar com você.

Ela olhou para Olívia e não disse nada.

Eugênio puxou-a delicadamente pelo braço, dizendo:

— Está na hora de conversarmos. É preciso que nos entendamos.

Marina olhava-o em silêncio e de semblante carregado.

— Papai tem estado muito ocupado, trabalhado muito, não pode ficar em casa com vocês o tempo todo, mas eu gosto muito de vocês e, se pudesse, ficaria aqui.

Marina soltou-se e deu alguns passos para trás.

— Isso é mentira! — gritou em lágrimas. — Se você gostasse de nós, não teria ido embora de casa e mamãe estaria viva! Você não trabalha até tarde da noite. A verdade é que prefere a outra mulher a ficar aqui em casa. Quando eu crescer, irei embora e você nunca mais me verá! Eu juro!

Eugênio empalideceu e passou a mão pelos cabelos nervosamente. Olhou para Olívia com raiva. Ela com certeza era a responsável por essa atitude de Marina. Ela era pequena demais para perceber certas coisas.

— Não me olhe assim — foi dizendo Olívia com calma. — Eu não tenho nada com isso.

— Não brigue com ela! — pediu Nelinha em pranto.

Eugênio tentou contornar.

— Eu não disse nada. Vim cedo, pensei em ficar com vocês um pouco mais e parece que vocês não querem.

Os dois pequenos agarraram-se mais a Olívia, abraçando-a, e Marina, olhando o pai com rancor, disse:

— Nós não precisamos de você. Temos tia Olívia. Ela, sim, gosta de nós! Você nos abandonou, agora não adianta fingir. Pode ir embora. Nós queremos ficar é com tia Olívia.

— Sua tia não quer ficar com vocês — disse ele, irritado. — Por isso, acho bom acostumarem-se. Terão de ficar comigo mesmo. Sou o pai de vocês. Exijo respeito e obediência. Quando você crescer, fará o que quiser. Mas, enquanto for pequena, terá de me obedecer.

Olívia levantou-se e, segurando as duas crianças pela mão, foi dizendo:

— Agora vamos. Está na hora de dormir. Digam boa noite a seu pai e vamos para a cama.

— E a história? — perguntou Nelinha.

— Lá em cima eu acabo.

Eugênio aproximou-se das crianças, beijando-as na testa.

— Durmam bem.

***

Enquanto Olívia subia com os três para o quarto, ele se sentou no sofá, pensativo. Iria ser difícil. Se ao menos Marina pudesse entender! Os outros dois eram pequenos e seria mais fácil conduzi-los. Logo esqueceriam a tragédia.

Olívia bem poderia tomar conta deles! Ela poderia mudar-se para sua casa, alugar o apartamento. Ele iria morar com Eunice, como sempre desejara. Ficaria caro. Teria de sustentar a casa, mas sua liberdade valeria a pena.

Pensando bem, não era apenas pela liberdade. Ele se sentia inibido, sem saber bem como agir com as crianças. Se ao menos Olívia o ajudasse! Ela parecia bem à vontade cuidando delas. Infelizmente, não podia contar com a cunhada. Sabia que, se não fosse pelo amor que sentia pelas crianças, não teria ficado ali durante tanto tempo.

Aguardou pacientemente que Olívia descesse. Quando a viu, foi logo dizendo:

— Vim mais cedo também porque precisamos conversar. Tenho estado ocupado mesmo. Depois, todos aqui me hostilizam e eu não tenho nenhum prazer em voltar para casa.

— Claro. Não era bem aqui que você gostaria de ficar. Eu sei que você vem contrariado. Aliás, até as crianças percebem sua má vontade.

— Olhe aqui, eu não pretendo brigar com você. Deve convir que o ambiente aqui não está nada bom para mim. Além das lembranças de Elisa, as crianças estão com raiva de mim. Mas eu gosto dos meus filhos e você precisa reconhecer isso. Não pode fazer guerra contra mim, instigando as crianças a que me odeiem.

Olívia sacudiu a cabeça negativamente.

— Engana-se, Eugênio. Embora conheça você e saiba que foi o culpado da morte de Elisa, reconheço que não posso prejudicar as crianças. Você é o pai delas e elas precisam de você. Eu não seria capaz de fazer isso. Se eu não o elogio, também não falo mal, disso pode ter certeza.

— Ajudaria muito se fizesse mesmo isso. Eles estão fugindo de mim. Agora eu sou a única pessoa com quem terão de contar neste mundo.

— Não exagere. Eu também gosto deles.

— Não a ponto de sacrificar-se por eles. De ficar com eles para sempre.

Olívia riu com ironia.

— Isso é o que você desejaria! Assim, ficaria livre para levar sua vida com aquela desavergonhada. Eu até poderia ficar com eles, seria até um prazer, mas nunca farei isso, porque o dever é seu. Você enche a boca para dizer que é pai. Pois faça sua obrigação. Seja um bom pai pelo menos, já que nunca foi um bom marido para minha irmã.

— Você é injusta comigo. Está certo, o tempo passou, Elisa mudou, eu me apaixonei por outra mulher, mas isso aconteceu. Pode acontecer a qualquer um.

— Pode. Quando o marido é ingrato e não sabe avaliar a pérola que tem em casa. Elisa era boa demais para você. Por isso abusou dela a vida inteira.

Eugênio suspirou resignado. Olívia jamais compreenderia.

— Você torna as coisas mais difíceis do que são. Gosta de complicar tudo.

— Pelo contrário. Larguei minha casa e estou aqui tentando ajudar. Mas faço isso pelas crianças e por Elisa. Por você, não moveria uma palha.

— Isso eu sei. Não precisa repetir. Você e eu nunca nos entenderemos. Vim cedo hoje querendo resolver este assunto. Desejo fazer-lhe uma proposta.

— Proposta? — perguntou ela, desconfiada. — Qual é?

— Esta casa é confortável, você poderia vir para cá e morar definitivamente com as crianças. Não teria nenhuma despesa, eu pagaria tudo, e você ainda poderia alugar seu apartamento. Seria uma solução boa.

— Eu nunca moraria com você aqui.

— Eu irei embora, alugarei um apartamento para mim.

Olívia olhou-o com raiva.

— Estou entendendo! Quer ver-se livre das crianças para correr e ir morar com aquela messalina.

Eugênio fez um gesto desalentado.

— Não é nada disso. É que você tem jeito para cuidar das crianças e elas gostam de você. De uma certa forma, elas transferiram o amor da mãe a você. O que será delas quando você se for?

Pelos olhos de Olívia passou um brilho de emoção. Muitas vezes fizera-se a mesma pergunta. Contudo, não pretendia ceder.

— Elas precisam entender que sou apenas tia. Gosto delas, podem contar comigo sempre, mas não vou assumir o lugar da mãe. E, depois, elas têm pai. Minha empregada, Alzira, já arranjou uma pessoa boa para trabalhar aqui. Ela vai começar amanhã, e, se ela for como espero, dentro de mais dois ou três dias voltarei para casa.

— Tem certeza mesmo de que é uma boa pessoa?

— Alzira garantiu-me.

— Já combinou o salário?

— Sim.

— Por que não me deixou fazer isso?

— Porque você nunca está aqui. Depois, ela vai trabalhar das oito da manhã às oito da noite.

— Ela não vai dormir aqui?

— Não. Você é viúvo e nenhuma delas aceitaria dormir aqui.

Eugênio irritou-se:

— Que besteira! Acham que eu desrespeitaria minha própria casa?

— Isso eu não sei. Mas elas não querem ficar. Está difícil conseguir uma pessoa que queira cuidar de três crianças, lavar, passar, cozinhar, tudo. Foi o melhor que pudemos arranjar.

Havia um brilho malicioso nos olhos de Olívia quando ela continuou:

— Você vai ter de assumir seu papel de pai, todas as noites.

Eugênio passou a mão pelos cabelos desalentado:

— Eu não saberia. Nunca cuidei deles.

— Pois terá de aprender agora.

De repente, Eugênio sentiu uma onda de revolta. Disse com raiva:

— Não farei isso. Você fez de propósito. Vou arranjar alguém que fique todo o tempo. Você vai ver.

Olívia deu de ombros.

— Pois faça isso, se puder. Por agora, ficaremos com essa. A casa é sua, os filhos são seus, e, se conseguir coisa melhor, será ótimo.

— Você não vai deixar-me na mão. Vai me esperar arranjar uma pessoa que possa dormir no emprego.

Olívia sacudiu a cabeça negativamente.

— Preciso trabalhar e não posso ficar mais. Portanto, se a nova empregada for boa, irei embora domingo. Assim poderei recomeçar a trabalhar na segunda-feira.

— Você bem que poderia vir dormir aqui.

— Isso é impossível.

— Pelo menos durante mais algum tempo. As crianças vão sentir muito sua falta.

— Terão de se acostumar. Virei vê-las sempre que puder.

— Não seja vingativa. Aceite minha proposta! Só terá a lucrar.

— Não posso. Vou cuidar de minha vida. Você que cuide da sua.

Eugênio olhou-a firme nos olhos enquanto dizia:

— Você é a pessoa mais injusta e mais vingativa que conheci. Para me ferir, vai acabar ferindo as crianças.

Olívia irritou-se:

— Nunca mais repita isso! As crianças estão acima de qualquer coisa. Mas eu nunca assumirei um papel que não é meu, uma obrigação que não é minha. Ela é sua. Você pôs esses filhos no mundo, você acabou com a vida da mãe e agora tenha pelo menos a decência de fazer o que lhe cabe.

— Você é intratável! E eu que pensei que poderia sensibilizá-la! Você não tem coração.

— Não tenho mesmo. Não adianta colocar-se no papel do pobre homem incapaz. Sempre foi capaz de fazer tudo que fez. Nunca pensou em ninguém a não ser em si mesmo. Agora não venha tentar me usar. Você fez isso a vida inteira com Elisa, mas comigo não. Nunca permitirei. Tenha a dignidade de assumir sua família. Tenho certeza de que, se quiser, poderá fazer isso muito bem. Agora, boa noite. Já é tarde. Amanhã, Alzira trará a moça às sete.

— Boa noite — resmungou Eugênio, tentando dissimular a raiva.

Aquela mulher era intragável. Que diferença de Elisa, sempre amável e serena. Nunca se negava a nada. Atendia tudo com disposição e alegria. Como podiam ser irmãs?

Foi para o quarto e não conseguiu dormir. Eram mais de onze horas quando o telefone tocou. Eugênio atendeu. Era Eunice:

— Alô, meu bem. Senti saudade! — foi dizendo logo. — Não consegui dormir. Você melhorou?

— Não — respondeu Eugênio, desanimado.

— O que você tem?

Eunice sentia-se insegura. A situação parecia-lhe modificada. Tinha a impressão de que Geninho estava tirando o corpo fora. Não comprara os móveis, falara em morar com ela e as crianças. Estaria mesmo pensando nisso? Chegou a sentir ciúme. Teria arranjado outra mulher? Por isso, resolvera telefonar.

— Sinto-me cansado, indisposto. Tudo isso que tem acontecido tem me feito mal. Estou cheio de problemas aqui em casa. Minha cunhada é arrogante e faz tudo para me irritar.

— Se você tivesse vindo aqui, eu saberia ajudá-lo a relaxar e a esquecer. Eu amo você.

— Eu também amo você — disse ele mais confortado.

— Ainda penso que, se estivéssemos morando juntos, só nós dois, você não teria de passar por tantos aborrecimentos.

— Você fala como se eu pudesse fazer isso! Esquece-se de que tenho três filhos pequenos e que agora preciso cuidar deles?

— Você? Um homem não tem jeito para essas coisas. Você precisa arranjar alguém que cuide deles, que more com eles. Pode ir vê-los com frequência.

— Pensei nisso, mas está difícil arranjar alguém. Não posso deixá-los com qualquer pessoa.

— Talvez possa colocá-los em um colégio. Há colégios maravilhosos, que cuidam de tudo e educam muito bem. Seria melhor para eles. Sairiam aos dezoito anos e teriam vida própria.

— Você acha isso? Já estão sem mãe, e ficariam entre pessoas estranhas.

— Pessoas especializadas que cuidariam deles melhor do que você. Teriam uma boa formação. Se fossem meus filhos, é o que eu faria.

— Não é o que eu gostaria, mas pode vir a ser uma solução.

— Pense nisso, meu bem. Eles estariam em segurança e você ficaria tranquilo para trabalhar e cuidar de sua vida.

— Vou pensar.

— Amanhã você virá mais cedo?

— Vamos ver. Talvez.

— Não fale assim. Parece até que não sente mais vontade de me ver! Se me amasse mesmo, viria correndo.

— Amanhã veremos. Agora estou cansado. Um beijo e durma bem.

— Até amanhã. Estarei esperando ansiosamente.

Eugênio desligou o telefone, pensativo. Teria coragem de colocar as crianças em um colégio? Marina jamais compreenderia. Ficaria mais revoltada e o odiaria ainda mais. Não, ele não poderia fazer isso. Pelo menos não naquele momento, enquanto eles ainda estavam muito chocados com a morte da mãe.

Eugênio sentiu um aperto no coração. Por que acontecera aquela desgraça, por quê? Sentou-se no leito, colocando a cabeça entre as mãos, e não conseguiu mais reter o pranto. Começou a chorar.

Capítulo 4

Eugênio saiu do escritório às seis e meia. Estava cansado e indisposto. Decididamente as coisas não iam bem para ele. Baixara uma maré de má sorte, e isso o deixava de mau humor. Esteve para fechar duas grandes negociações e, quando as coisas estavam praticamente acertadas, os clientes voltaram atrás. Perdera uma boa comissão, que o deixaria tranquilo pelo resto do mês.

Na rua, parou indeciso. Aonde iria? Eunice estaria esperando-o, com certeza, mas ele não se sentia disposto a conversar. Sabia que, quando lhe contasse que precisaria ir para casa todas as noites antes das oito, ela iria protestar. Ele não estava habituado a ser pressionado. Detestava isso.

Agora, era só o que lhe coubera. De um lado Olívia; de outro, Eunice. E ainda seu chefe, olhando-o preocupado, querendo saber com detalhes por que ele perdera as duas negociações.

Sentia-se sufocar. Sempre fez o que quis, e sua vida até então havia decorrido muito bem. O que mudara? Por que de repente tudo começara a lhe acontecer?

— Pensando na vida?

Eugênio levantou a cabeça e, vendo Amaro, respondeu:

— Ultimamente não tenho feito outra coisa. Feliz de você, que é solteiro. Não sabe do que se livrou.

Amaro era seu colega de trabalho. Alegre, simpático, trabalhador e muito requisitado pelas mulheres, as quais tratava com galanteria, mas aos quarenta e dois anos ainda conservava a liberdade. Nenhuma delas conseguira levá-lo ao casamento.

— Que é isso, Eugênio? Todos nós temos nosso dia de infelicidade, mas tudo passa. E você não precisa ficar aí, com essa cara.

Eugênio não se deu por achado:

— Fala isso porque não aconteceu com você!

Amaro pegou o amigo pelo braço, dizendo:

— Sei que foi difícil, mas, quando uma coisa é irremediável, o que se pode fazer senão conformar-se e tentar esquecer?

Eugênio sentiu que lágrimas lhe vinham aos olhos. A solidariedade do amigo confortava-o e fazia-o sentir ainda mais sua infelicidade.

Amaro perguntou:

— O que estava fazendo aí parado? Para onde vai?

— Era justamente no que eu estava pensando. Em casa tudo está muito triste, Marina revoltada e pensando que eu fui o culpado pela morte de Elisa. A dor deles é difícil de aguentar. Tão pequenos e sem a mãe! Por outro lado, há Olívia. Já lhe falei dela?

— Aquela sua cunhada durona que vivia instigando Elisa contra você?

— Essa mesmo. É outra que me culpa pela morte da irmã, como se eu fosse responsável pelo acidente. Não aguento mais a pressão!

Amaro sorriu e deu uma piscada maliciosa.

— Mas eu sei que você tem um lugar onde as coisas andam melhores. Eunice, que você me disse ser a mulher de sua vida, ainda está lá. Agora você está livre para fazer o que quiser. Pode ser feliz com ela.

Eugênio suspirou triste.

— Não sei o que aconteceu, mas parece que tudo mudou. Até Eunice, que era uma mulher dócil e amável, agora deu para me pressionar, exigir coisas. Eu estava aqui pensando e não sentia vontade de ir para minha casa nem para a dela.

— Nesse caso, venha comigo. Vamos tomar alguma coisa. Você precisa relaxar.

Eugênio acompanhou o amigo de bom grado. Precisava mesmo desabafar. Conversar com alguém que o pudesse compreender.

Sentados à mesa de um bar, com um copo de cerveja entre as mãos, entre um salgadinho e outro, Eugênio foi desabafando.

Falou de suas esperanças, de sua vontade de ser feliz com Eunice. De seu amor por Elisa. De como ela mudara depois do casamento e ele perdera muito da atração que sentia por ela. Não que tivesse deixado de gostar dela, de apreciar suas qualidades de mulher, isso não! Elisa como esposa era perfeita. Ele sabia que, quanto a isso, nunca encontraria outra igual a ela.

Mas e o amor? E sua necessidade de ter uma mulher com a qual realizasse suas fantasias amorosas? Afinal de contas, ele era homem fogoso, não podia ficar sem essas emoções. Elisa era uma boa pessoa e compreenderia sua situação. Com o tempo, aceitaria a separação e continuaria cuidando amorosamente da família. Ele não pretendia desampará-los. Isso, não. De forma alguma.

Eugênio finalizou:

— Quem poderia prever o que aconteceu? Elisa com certeza saiu para fazer compras, na padaria talvez, e aconteceu o acidente. Ela nunca sairia para longe deixando as crianças sozinhas em casa.

— Quando você falou com ela naquele dia, como ela reagiu?

— Ficou triste. Claro. É natural. Ela não esperava que eu tomasse aquela decisão.

— Ela nunca desconfiou de que você tivesse outra mulher?

— Nunca. Sempre respeitei minha família. Fui discreto.

— Nesse caso, ela deve ter ficado muito abalada.

— Pode ser. Mas na hora pareceu aceitar com calma. Até acho que ela não acreditou muito que fosse verdade. Sabe que naquela noite ela fez o jantar e pôs a mesa para nós dois? Quando cheguei lá, no dia seguinte, a mesa ainda estava posta e a comida sobre o fogão.

Amaro, penalizado, olhou para o amigo, mas não disse o que estava pensando. Eugênio continuou:

— Foi um acidente. Infelizmente ela morreu. E Olívia me acusa. Diz que ela saiu desesperada para a rua e que não viu o carro por causa disso.

— Ela acha que Elisa se suicidou?

— Não. Isso, não. Ela sabe que Elisa nunca faria isso, por causa das crianças. Ela era muito apegada a elas e não as deixaria por nada neste mundo.

— Nesse caso, foi acidente mesmo.

— Foi, claro que foi. Mas ela jura que vai me infernizar a vida, que eu nunca serei feliz. Acusa-me, e até Marina acha isso, não sei se por ouvir a tia falar.

Amaro meneou a cabeça com tristeza.

— Isso é mau. Essas coisas na infância são sempre muito traumáticas.

— É o que eu penso. Procuro evitar isso, mas até agora não consegui nada. Ela não me aceita, está ressentida. Sabe, ela ficou escondida e ouviu a conversa que tive com Elisa naquela malfadada manhã.

— Hum... Nada poderia ter sido pior.

— Para você ver minha situação.

Eugênio continuou relatando minuciosamente tudo ao amigo e finalizou:

— Agora, estou em uma encruzilhada. Não sei como agir, o que fazer de minha vida. É pressão por todo lado. Não sei o que está acontecendo comigo. De repente, tudo começou a dar para trás. Até nos negócios, o azar apareceu. Não consigo realizar nada. Este mês, vou sofrer um corte brutal em meus vencimentos. Logo agora que as despesas aumentaram assustadoramente. O dinheiro que economizei durante tanto tempo está indo embora vertiginosamente.

— É, companheiro, você está numa maré de má sorte.

— Em minha vida nunca tive isso. Preciso me livrar desta confusão. Quero que tudo volte a ser como antes.

— As coisas agora estão diferentes.

— Eu sei. Mas quero ter tranquilidade, resolver meus problemas com calma. Sinto-me agitado, insatisfeito, meus pensamentos estão tumultuados. Durmo mal, tenho pesadelos. Acordo assustado várias vezes no meio da noite. Penso muito em Elisa. Minhas ideias não estão claras.

— Estou começando a pensar que você está precisando ir a um centro espírita.

— Eu? Você está louco? Para quê?

— Não sei, não. Pelo que me disse, está mal, confuso, perturbado, angustiado. Estou pensando em uma coisa...

— O quê?

— Elisa era muito apegada a você e à família?

— Era, mas e daí?

— Ela morreu de repente, num acidente. Pode ser que seu espírito esteja ainda de seu lado, querendo alguma coisa.

Eugênio estremeceu e seu rosto empalideceu.

— Você está louco. Eu não acredito nessas coisas. Quem morreu foi-se para sempre e nunca mais voltará.

— Pois eu, se fosse você, procuraria investigar. Tenho visto alguns casos de pessoas que morrem e, como não querem aceitar isso, ficam na casa, com a família, tentando interferir e ajudar as pessoas. Ocorre que, como elas também não estão bem, acabam sempre atrapalhando, causando problemas.

Eugênio passou a mão pelos cabelos em um gesto nervoso.

— Era só o que me faltava! Outra a me pressionar! Já não basta Olívia, Eunice, Marina... e agora Elisa! Isso é demais. Não posso acreditar. Não é possível.

— É possível, sim. Você não disse que tudo está indo mal? Até Eunice já não é mais a mesma. Você perdeu o entusiasmo. Será que não é o espírito de Elisa que está aí? Quais os sentimentos dela para com Eunice?

— Eu sempre pensei que você fosse equilibrado. Falar de espíritos numa hora destas!

— Preste atenção ao que estou dizendo. Se não tomar providências, as coisas podem piorar.

— Mais ainda?

— Claro. Agora já está atingindo seu campo profissional.

— Elisa nunca faria isso. Ela era muito boa.

— Esquece-se de que ela foi traída, desprezada, trocada por outra? Ela amava você profundamente. Dedicou-se de corpo e alma ao casamento, e o que foi que conseguiu?

Eugênio remexeu-se inquieto na cadeira.

— Isso é bobagem. Não acredito. O que preciso é tomar pulso da situação e esfriar a cabeça para resolver meus problemas. Só isso.

— Experimente rezar. Em seu caso, ajuda muito.

— Por que insiste nisso?

— Porque a oração acalma e fortalece.

— Não sabia que você era religioso.

— Não sou religioso. Mas sou pessoa de fé e rezo todos os dias. Sinto que isso me ajuda. Pelo menos faça isso. Verá que ficará mais calmo.

— Vou tentar.

A conversa seguiu solta e só horas depois foi que Eugênio se dirigiu para casa. Tudo estava em silêncio, e ele procurou não fazer barulho. Notou que tudo estava mais limpo e arrumado, quase como nos velhos tempos. Lembrou que Olívia falara algo sobre uma empregada. Estaria trabalhando?

Estirado no leito, Eugênio lembrou-se de Elisa. Que loucura! Pensar que ela poderia estar ali, a seu lado. Isso era impossível.

A morte era o fim e nada que fizesse poderia devolver-lhe a esposa. Isso de espírito era coisa de gente simples, sem cultura e de boa-fé. Não ele, homem de cidade, instruído e moderno.

Recordou-se do rosto doce de Elisa e sentiu um aperto no coração. Ele lamentava sua morte. Faria tudo para que ela ainda estivesse ali, com sua doçura e delicadeza.

Sentiu uma onda de tristeza e de revolta. Aceitar a morte era muito difícil. Ela era jovem e cheia de saúde. As lágrimas afloraram e ele as deixou correr livremente durante alguns minutos, depois enxugou os olhos pensando admirado: "Estou ficando fraco. Não me lembro de haver chorado assim antes".

Pensou nas crianças com dor e tristeza. Precisava decidir. Ele não poderia ficar preso em casa todas as noites. Iria sufocar. Não era de seu feitio. Lembrou-se das palavras de Eunice. Talvez um bom colégio o ajudasse até que pudesse tê-los em sua companhia.

Pensou em Elisa. Se ela estivesse viva, jamais o deixaria colocar as crianças em um colégio interno. Sua tristeza aumentou. Não, ele não poderia fazer isso.

Ele se revirava no leito sem conseguir dormir. Levantou-se e foi à cozinha, tomar água. Lá, na semiobscuridade, pensou ver Elisa circulando, como sempre fazia, indo e vindo, cuidando de tudo. Passou a mão pela testa como querendo afastar essa lembrança.

"Estou impressionado", pensou. "Amaro, com aquela conversa, deixou-me pior."

Foi para o quarto decidido a reagir. Apanhou um comprimido e engoliu-o, pensando: "Se eu não dormir, não acordarei cedo amanhã. Já é madrugada".

Deitou-se novamente e, sentindo um leve torpor, aos poucos adormeceu. Ele não percebeu que um vulto de mulher se debruçou sobre seu corpo adormecido, chorando copiosamente.

Capítulo 5

Elisa acordou e olhou ao redor admirada, tentando recordar-se do que lhe acontecera. Estava em um quarto estranho. Como fora parar ali? Lembrou-se de Eugênio. Ele a deixara. Seria verdade mesmo ou teria sonhado?

Sentia-se atordoada e um tanto fraca. Aos poucos, foi se lembrando do que acontecera naquele dia. Todos os detalhes voltaram-lhe à lembrança. Ela saíra desesperada para respirar um pouco. Assustou-se.

"Meu Deus! E as crianças? Elas estavam sozinhas em casa."

Olhou em volta. Não conhecia aquele lugar. Precisava ir embora imediatamente. Que horas seriam? As crianças teriam acordado? Quanto tempo ela teria dormido? Por que se encontrava ali? Teria desmaiado?

Levantou-se apressada. Sentia-se um pouco tonta, mas não podia demorar-se mais. Há quanto tempo teria saído de casa? Ia sair, lembrou-se da chave. Onde estaria? Não a encontrou. Teria a perdido?

A porta abriu-se e uma mulher de meia-idade entrou. Vendo-a, Elisa perguntou:

— Por favor, senhora, diga-me onde estou. O que aconteceu?

— Você sofreu um acidente, mas agora está tudo bem.

— Acidente? Meu Deus! Não me lembro de nada!

— Agora já passou.

— Eu preciso voltar para casa, mas não encontro a chave. Estou preocupada com as crianças. Elas ficaram sozinhas. Eu não devia ter feito isso, mas estava tão aflita! Tinha de andar um pouco, respirar. Por acaso terá visto minha chave? Será que alguém a guardou?

— Não se preocupe. Não vai precisar mais dela.

— Não? Por quê? O que aconteceu? Há quanto tempo estou aqui?

— Há alguns dias.

Elisa deixou-se cair sentada no leito assustada.

— E as crianças? Alguém cuidou delas? Olívia e Eugênio já sabem que estou aqui?

— Já. Fique tranquila. Tudo está bem agora. Não precisa preocupar-se com nada. As crianças estão muito bem. Olívia está cuidando delas.

Elisa suspirou fundo.

— Seja como for, eu agora estou bem e preciso voltar para casa.

— Não pode.

— Por quê?

— Precisa cuidar de sua saúde. Ainda não está bem.

— Eu quero voltar. Sinto-me bem. Não posso deixar as crianças durante tanto tempo. Olívia precisa trabalhar.

— No momento, o melhor será cuidar de você. Quando estiver bem, poderá vê-los.

Elisa passou a mão pela testa, como querendo afastar um pensamento doloroso. Depois perguntou:

— Eugênio sabe o que me aconteceu?

— Sabe.

— Ele tem vindo me ver?

— Ele não veio, porque não pôde. Mas está cuidando das crianças.

Pelo semblante de Elisa passou um vislumbre de alegria.

— Então ele voltou para casa!

— Voltou.

— Quer dizer que não era verdade? Que ele não tinha outra mulher e não iria deixar-me? Como fui boba! Por que acreditei?

— Acalme-se. Tudo está bem agora. Deite-se e tente repousar um pouco.

— Não. Quero voltar para casa. Quero ver se tudo está bem. Preciso cuidar de minha família.

— Você ainda não teve alta. Deve repousar.

— Mas não estou doente. Não pode impedir-me de voltar para casa.

62

— Acalme-se. Vou falar com o médico e veremos. Por agora, deite-se e descanse.

— Ele virá logo?

— Vamos ver.

— Não suporto mais a saudade. Quero ver as crianças.

— Verei o que posso fazer por você. Meu nome é Lina. Se desejar alguma coisa, é só apertar aquele botão. Mas lembre-se de que precisa refazer-se. Quanto mais descansar, mais depressa ficará boa.

— Está bem. Vou esperar pelo médico. Preciso ir para casa.

Elisa acomodou-se no leito, e Lina colocou a mão sobre sua testa, pedindo:

— Feche os olhos e relaxe.

Elisa obedeceu. Das mãos de Lina saíam energias coloridas que penetravam o frontal de Elisa, e, em poucos instantes, ela adormeceu.

Lina saiu, encaminhando-se para uma sala onde um homem de cabelos grisalhos e rosto simpático se ocupava em ler atentamente um relatório. Vendo-a chegar, levantou os olhos e disse:

— E então?

— Elisa acordou e, como pensávamos, não recobrou a consciência espiritual. Pensa que está na Terra e quer voltar para casa, cuidar dos filhos.

— Eu esperava isso.

— O que pretende fazer?

— Contar-lhe a verdade. Porém antes é preciso que ela se fortaleça um pouco mais. Apegada como é, o golpe poderá desequilibrá-la ainda mais.

— Sinto que ela vai nos dar trabalho. Não esperava o que lhe aconteceu. Precisei fazê-la adormecer para mantê-la no quarto.

— Vou tentar mantê-la aqui. Será melhor para ela. Se voltar para casa, difícil será tirá-la de lá novamente.

— O que lhe direi quando acordar?

— Que irei vê-la. Tentarei conversar com ela. Avise-me quando for o momento.

— Está bem.

Lina saiu, indo atender a outros pacientes. Naquele lugar de recuperação, havia sempre muito trabalho a fazer e ela o desempenhava com dedicação e disposição. Estava habituada aos problemas humanos. Muitos eram os que voltavam da Terra em doloroso estado de perturbação. Envoltos ainda pelos problemas que vivenciaram no mundo, presos aos laços afetivos e à rotina a que obedeceram durante muitos anos, não conseguiam de pronto recuperar a memória astral. Só o tempo, despojando-os das energias e das formas-pensamento que alimentaram durante tanto tempo, ia aos poucos fazendo a transformação, e era ali, naquele lugar de recuperação, que muitos estagiavam recebendo os recursos do esclarecimento e da ajuda energética para recuperar a memória astral.

Elisa fora conduzida para lá inconsciente, e Lina, sensibilizada por seu drama de mãe, tratara-a com excepcional carinho. Contudo, temia sua reação quando acordasse. Estava atenta a ela, para ajudá-la sempre que pudesse.

Elisa acordou horas mais tarde. Dessa vez, lembrou-se com mais facilidade do que lhe acontecera. Apesar disso, não se recordava do acidente. Por mais que tentasse, não conseguia recordar-se a não ser de sua saída de casa em desespero e das lágrimas correndo por seu rosto enquanto ela andava pelas ruas na escuridão da noite.

Levantou-se apressada. Havia um armário e ela o abriu. Estava vazio. Era estranho. Olívia não lhe teria levado algumas roupas? Olhou-se no espelho. Claro. Ela estava com outro vestido. Não era o mesmo que vestira naquela noite para esperar Eugênio.

Mas alguém lhe trouxera aquele vestido. Teria sido Geninho? Pensando nele, seu coração abalou-se. Ele teria se arrependido? Claro. Ele a amava e amava a família. Nunca iria deixá-los. Sentiu saudade. Gostaria de saber tudo, abraçá-lo, dizer-lhe o quanto havia sofrido só em pensar que ele pudesse ir embora.

E o médico, que não vinha? Ela estava impaciente. Resolveu aprontar-se para adiantar. Mas não tinha nada em mãos. Nem um pente sequer. Em cima da cômoda havia uma escova, e ela se apressou em escovar os cabelos. Depois, apertou o botão chamando Lina.

A porta abriu-se e Lina apareceu, acompanhada por um homem de meia-idade.

— Este é o doutor Nélson — foi dizendo ela.

Elisa sorriu satisfeita.

— Ainda bem que veio, doutor. Esperava-o ansiosamente.

— Como tem passado?

— Muito bem. Depois deste repouso de hoje, acordei muito melhor. Já posso ter alta e voltar para casa. Gostaria de avisar minha família para vir buscar-me.

Nélson olhou-a nos olhos e disse com voz firme:

— Sinto, mas não poderá fazer isso.

— Não? E por quê?

— Porque aqui não temos meios para isso.

— Não? Afinal, onde estamos? Que lugar é esse tão difícil assim?

Nélson tomou as mãos de Elisa, dizendo com simplicidade:

— Sente-se, minha filha. Precisamos conversar. Várias coisas passaram-se, e você ainda não pode voltar para casa.

— Mas o que é isso? Por que me prendem aqui e me impedem de ver minha família? Quero ver as crianças! Não podem fazer isso! Eles são muito pequenos e precisam de mim!

— Ninguém a impede de voltar para casa. Isso não depende de nós. Mas, de onde nós estamos agora, ninguém pode voltar à Terra.

Elisa abriu os olhos desmesuradamente.

— Como? Nós não estamos na Terra? Isso não pode ser. Vocês estão me enganando. Por que fizeram isso comigo?

— Não fomos nós. Foi o acidente.

— O acidente?

— Sim — disse Nélson olhando-a fixamente nos olhos. — Você não viu o automóvel e foi atropelada.

— Atropelada? Eu?

— Sim.

— Meu Deus! O que aconteceu? Por acaso... Ajudem-me... Digam-me... O que aconteceu realmente?

— Você estava desesperada, chorava. Ao atravessar a rua, não viu o carro e foi atropelada. Seu corpo morreu instantaneamente.

— Meu corpo morreu... Quer dizer que eu morri? — gritou Elisa em desespero.

— Sim — disse ele com voz firme. — Seu corpo morreu, mas você vive. Seu espírito é eterno.

— Meu Deus! E agora, o que vai ser daquelas crianças? Quem cuidará delas? Deixei-as fechadas em casa e ninguém sabia. Preciso ir lá, ver como estão, o que aconteceu!

— Já lhe disse que está tudo bem — disse Lina procurando dominar a emoção. — Olívia está com elas e Eugênio voltou para casa. Eles estão cuidando de tudo.

Elisa, banhada em lágrimas, torcia as mãos em desespero.

— Não posso acreditar que isso seja verdade. Não pode ser. Sinto-me mais viva do que nunca. Olhe, aperte meu braço, está como sempre foi. Não vê que estou viva?

— Claro que está! Nós também. Só que estamos em outro mundo. Em outra dimensão, de onde é muito difícil comunicar-se com a Terra.

— Não me conformo. Tenho de voltar, ver como estão as coisas em casa. Meu Deus, como posso abandonar minha família? Vocês não compreendem? Preciso ir lá, vê-los, saber como estão. Por favor, deixem-me ir.

— Acalme-se e escute-me — disse Nélson segurando a mão gelada de Elisa, procurando enviar-lhe energias calmantes. — Agora, você ainda não está apta. Aqui temos tratamentos especiais de recuperação, e, se nos ouvir, você logo estará bem e então poderá ir ajudar sua família. Mas agora, como você está, só iria perturbá-los ainda mais.

— Não creio nisso. Eu nunca perturbaria minha família. Eu os amo. Não posso esperar. Preciso ir vê-los o quanto antes.

— Você não sabe como os problemas podem agravar-se se não se controlar. É preciso lembrar que Deus cuida de tudo e confiar. Sem a confiança em Deus e ajuda de nossos irmãos maiores, não conseguirá senão perturbá-los ainda mais. Espere. Cuide de seu equilíbrio, depois então poderá ir ter com eles.

Elisa sacudiu a cabeça negativamente.

— Não posso acreditar no que me dizem. Por alguma razão, querem impedir-me de voltar para casa. Por favor! Entendam. Preciso ir. Não posso ficar aqui.

— Que interesse teríamos em fazer isso? Estamos dizendo a verdade. Seu corpo morreu. Agora, precisa conformar-se. Aceitar o que não tem remédio, equilibrar-se. Depois, poderá visitar sua família. Mas a permissão só será concedida quando você puder suportar essa emoção sem se descontrolar. Ainda é muito cedo para isso.

Elisa abriu a boca e tornou a fechá-la, permanecendo em silêncio por alguns instantes. Depois disse:

— Vou pensar no que me disse. Mas preciso sair deste quarto, andar um pouco.

Nélson trocou um olhar com Lina em silêncio, depois tornou:

— Poderá sair, passear por nossos jardins, se se sentir bem.

— Gostaria de saber que lugar é este.

— Um hospital de recuperação para os que deixam a Terra — respondeu Lina.

Elisa calou-se novamente, pensativa.

Era-lhe difícil acreditar no que eles lhe estavam dizendo. Sentia-se viva. Apalpava-se e tudo lhe parecia como antes. Teria tido alguma crise e sido internada em algum hospício? Teria de verificar. Resolveu contemporizar.

— Sinto-me bem. Posso dar uma volta?

— Tem certeza de que pode fazer isso? — indagou Nélson.

— Tenho. Sinto-me muito bem.

— Nesse caso, pode ir. Lina lhe fará companhia. Se precisar de alguma coisa, procure-me. Estou aqui para ajudá-la.

— Obrigada.

Nélson saiu e Elisa disse em seguida:

— Tudo isto é muito estranho.

Lina sorriu.

— É porque você ainda não recuperou sua memória astral.

— Memória astral? O que é isso?

— As lembranças de antes de você reencarnar na Terra.

— Eu vivi antes disso?

— Sim. Todos vivemos muitas vidas na Terra. Não sabia disso? Nunca ouviu falar de reencarnação?

— Já. Mas nunca acreditei. Parecia tão fantástico!

— Por quê? As transformações são tão naturais no universo! A vida é rica em oportunidades de aprendizagem.

— Mesmo assim. Se isso fosse verdade, eu me lembraria.

Lina sacudiu a cabeça e sorriu:

— O esquecimento é condição essencial para quem recomeça uma nova experiência. O apagar do passado descansa e favorece o desenvolvimento de novos aspectos de nossa personalidade.

Pelos olhos de Elisa passou um brilho singular.

"Ela não está acreditando em nada disso", pensou Lina. "Está querendo ganhar tempo e descobrir a verdade."

— Venha, vamos sair um pouco. Quero que conheça o lugar onde estamos — disse Lina enlaçando seu braço no dela.

Elisa acompanhou-a pensativa. Parecia-lhe estar sonhando. Andando pelos corredores, passando por salas onde as pessoas circulavam, algumas trabalhando, outras sendo atendidas, olhava tudo atentamente, na esperança de encontrar a chave do mistério. Estava em um hospital, disso não tinha dúvida. Mas os móveis e os aparelhos eram diferentes dos que conhecia.

Deram uma volta pelos jardins que cercavam o edifício, e Elisa aspirou gostosamente o ar leve que circulava por entre as árvores frondosas. O lugar era lindo e acolhedor. Ela o apreciaria se não estivesse tão preocupada. Tinha de fugir dali o quanto antes, descobrir a verdade. Voltar para casa e saber como as crianças estavam. Por que a retinham ali? Estaria prisioneira? Andando pelos jardins, embora dissimulando seus verdadeiros pensamentos, seus olhos percorriam todos os detalhes na esperança de encontrar um lugar por onde pudesse escapar.

Os muros eram altos, e os pesados portões, fechados. Contudo, ela precisava sair. Fingia ouvir com atenção os comentários de Lina sobre os costumes e as benfeitorias do local onde se encontravam, mas nem sequer entendia o que ela estava dizendo. Seu pensamento buscava uma saída.

Quando voltaram ao quarto de Elisa, Lina despediu-se dizendo:

— Tente repousar um pouco. Fará bem para você.

— Estou acostumada a trabalhar. Não gosto de ficar sem nada para fazer.

— Agora precisa recuperar-se. Assim que melhorar, poderá ocupar-se com o que desejar. Há muitas coisas interessantes para fazer aqui.

Elisa concordou. Lina saiu à procura de Nélson.

— E então? — indagou ele.

— Ela está fingindo. Não acreditou em nada do que lhe dissemos. Procura uma forma de fugir. Não sei se conseguiremos mantê-la conosco. Não teríamos alguma maneira de ajudá-la?

— Se ela resolver ir embora, nada poderemos fazer.

— Se ela fizer isso, vai sofrer ainda mais. Perturbada e infeliz, sem uma visão esclarecida da realidade espiritual, difícil será equilibrar-se.

Nélson pensou um pouco e depois respondeu:

— Está na hora de você compreender que a dificuldade, o problema e a dor existem para solucionar as feridas da alma. Eles não são obstáculos, como nos parecem às vezes, mas ferramentas para o amadurecimento do espírito. Aparecem em nosso caminho para resolver os impasses e permitir que alcancemos dias melhores e mais felizes. Por isso, se não conseguirmos reter Elisa e ela se for, certamente será porque ela necessita experimentar outros caminhos. Vamos manter a calma e sustentar a nossa paz.

Lina baixou a cabeça. Nélson tinha razão. Decidida, foi a seu quarto e entregou-se à meditação por alguns minutos. Quando saiu, sentia-se renovada e serena.

Elisa, em seu quarto, não conseguia dominar a ansiedade. Por que saíra naquela noite, por quê? Teria mesmo sido atropelada? Por que não se lembrava de nada?

Estendeu-se no leito e pensou nas crianças. Recordou a fisionomia de cada um com saudade e tristeza. Ah, como gostaria de estar lá ao lado deles, abraçá-los e beijá-los! Sentiu um aperto no peito ao pensar em Nelinha. Tão pequenina ainda! Reviu seu rostinho amado e nesse instante pareceu vê-la em lágrimas dizendo:

— Mamãe, por que você não vem? Quero você!

Seu rostinho angustiado apareceu na sua frente, e Elisa, tomada de emoção e desespero, gritou aflita:

— Filha, já estou indo. Nunca os deixarei!

E tal foi a força de seu pensamento que Elisa sentiu que estava abraçando Nelinha e misturando suas lágrimas com as dela. Contudo, a menina não retribuiu seu abraço. Continuou chorando e Olívia aproximou-se, tomando-a nos braços com carinho, dizendo:

— Estou aqui. Vou tomar conta de você.

Por entre lágrimas, Elisa olhou ao redor. Que milagre era aquele? Estava em sua casa! Exultou de felicidade! Ela havia voltado. Os problemas haviam se acabado, ela voltara para assumir novamente o comando da família.

Aproximou-se de Olívia, abraçando-a com alegria.

— Olívia, estou aqui. Voltei para tomar conta de minha família. Tudo está bem agora.

Olívia pareceu não vê-la. Reuniu as crianças e com carinho sentou-se com elas no sofá, conversando amorosamente.

— Tia, quero minha mãe! — choramingou Nelinha.

Elisa correu a abraçá-la, dizendo:

— Filha, estou aqui.

Olívia, olhos brilhantes de emoção, tentando segurar as lágrimas, sentou-se no sofá e pôs Nelinha no colo, enquanto os outros dois se sentavam a seu lado, e foi dizendo:

— Eu já disse que isso é impossível! Ela está no céu e não pode voltar. Mas eu estou aqui e nunca vou deixar vocês.

Elisa olhava-os aturdida. Seus olhos estavam abertos e seu coração batia descompassadamente, como se quisesse sair do peito. Falavam dela! Seria verdade mesmo? Ela teria morrido? Ao pensar nisso, ficou apavorada, sentiu uma onda de fraqueza e desfaleceu.

Quando acordou, já era noite e as luzes na rua estavam acesas e a casa às escuras. A sala estava vazia. Angustiada, lembrou-se do que lhe acontecera. Nélson teria dito a verdade? Ela estaria mesmo morta? Em sua casa ninguém a vira, e, por mais que tentasse, não responderam às suas perguntas.

Passou a mão pelos cabelos em um gesto de desespero. O que fazer? A casa estava silenciosa, e ela subiu e verificou que todos estavam dormindo. A quem recorrer para saber a verdade? Ela não queria sair dali, voltar ao hospital. Nem sequer sabia como fazer isso. Não entendia como conseguira voltar para casa. O relógio da sala deu as doze badaladas.

— É meia-noite! E Eugênio, por que não está em casa? Teria mesmo ido embora?

Mil pensamentos tumultuados passavam pela cabeça de Elisa, sem que ela encontrasse resposta. Sentou-se ali, na sala, tentando encontrar uma solução. Passava da uma quando ouviu a porta ser aberta. Eugênio entrou. Elisa atirou-se em seus braços, abraçando-o com força e chorando copiosamente.

— Geninho, você não foi embora! Você está aqui. Meu bem, ajude-me. O que posso fazer para acordar desse pesadelo terrível?

Eugênio olhou com tristeza para a sala em penumbra e lembrou-se de Elisa. Aquilo sim que era mulher! Como era amorosa, cuidadosa, ordeira. Em casa tudo estava sempre tão arrumado e em ordem!

Angustiado, pareceu-lhe vê-la circulando por entre os móveis em seus afazeres cotidianos. Dirigiu-se à cozinha, encheu um copo de água e tomou procurando acalmar-se.

Elisa, abraçada a ele, dizia em lágrimas:

— Por favor! Diga-me o que aconteceu. Que tragédia é essa que se passou comigo que me separou de vocês? Não quero isso! Preciso voltar, cuidar de minha família! Por favor, Eugênio, faça alguma coisa. Ajude-me!

Eugênio não conteve as lágrimas.

"Por que acontecera aquele acidente? Por quê? Por que Elisa tinha morrido tão jovem, tão cheia de vida, tão boa?"

Elisa, sentindo o pensamento dele, murmurou desesperada:

— Então é mesmo verdade. Morri naquele acidente! Meu Deus! Que horror! O que será de mim agora? O que será de meus filhos, de meu lar?

Eugênio tentou dominar-se e dirigiu-se a seu quarto. Vendo que o sono não vinha, apanhou um comprimido, tomou e conseguiu finalmente adormecer. Elisa, no entanto, estirada sobre ele na cama do casal, chorava inconformada e, por mais que procurasse dominar a emoção, não fazia outra coisa senão pensar, pensar, pensar.

Capítulo 6

No dia seguinte, pela manhã, Elisa viu quando Eugênio se levantou e saiu para o trabalho. Ela não o acompanhou. Preferiu ficar em casa para saber como estavam as coisas.

Olívia acordara antes das sete, para receber a nova empregada. Assim que a viu, gostou dela. Pouco mais de vinte anos, rosto redondo e agradável, sorriso franco e acolhedor. Ao abraçar as crianças, seus olhos umedeceram-se, e Olívia sentiu que ela tinha bom coração e certamente se afeiçoaria a elas. Era um bom começo.

Eugênio saíra cedo e ela, sentada à mesa do café, sentia-se indecisa e triste. Queria ir embora, cuidar de sua vida. Pensava que Eugênio deveria assumir definitivamente sua posição de pai e achava que, se ela continuasse ali, ele certamente não o faria. Mas, por outro lado, deixar as crianças com uma pessoa desconhecida, ainda que boa, mas estranha, era-lhe sumamente difícil.

Elisa aproximara-se dela e podia perceber-lhe os pensamentos com nitidez. Sentiu-se angustiada. Olívia pensava em ir embora. O que seria de sua família?

Abraçou-a com carinho e disse-lhe ao ouvido:

— Por favor! Não os abandone. Fique mais um pouco. Eles vão sentir sua falta! Ah, se eu pudesse estar aí...

Lágrimas corriam por seu rosto em desespero.

Embora Olívia não lhe registrasse a presença, sentiu-se muito aflita e triste. Lágrimas desciam-lhe pelas faces enquanto ela pensava: "Isso não poderia ter acontecido. Por que Elisa se foi? Por que não fui eu em vez dela?"

Marina apareceu na copa, e Olívia tentou disfarçar. Mas a menina percebeu.

— Tia, você também está com saudade de mamãe!

Olívia abraçou-a procurando engolir o pranto e respondeu tentando controlar a voz:

— Estou, meu bem. Mas vai passar. Elvira vai cuidar de vocês. É uma moça boa e vocês vão gostar muito dela.

— Ela nunca vai ficar no lugar de mamãe.

— Certamente, meu bem. Elisa estará para sempre em nosso coração. Contudo, ela não está mais aqui e nós precisamos ser práticos. Vocês precisam de companhia. Eu preciso trabalhar.

Marina pegou as mãos da tia, dizendo angustiada:

— Você não vai embora, vai? Você não vai deixar-nos agora, vai?

Olívia abraçou-a com força. Fez grande esforço para conter a emoção. O que estava acontecendo com ela? Nem nos primeiros dias se sentira tão triste e angustiada. Estava ali para acalmar as crianças e não para perturbá-las ainda mais. Por isso, disse com voz que procurou tornar firme:

— Não. Eu não vou embora agora. Ficarei mais algum tempo.

— Você disse a papai que iria embora segunda-feira.

— Eu disse, mas mudei de ideia.

Marina beijou o rosto da tia repetidas vezes.

— Que bom! Que bom! Eu estava com tanto medo!

— Que bobagem! Eu nunca abandonarei vocês. Só irei embora quando tudo aqui estiver resolvido.

— Tia, ouvi papai dizer que queria trazer aquela mulher para morar aqui.

Olívia indignou-se:

— Ele nunca fará isso. Jamais permitirei!

Elisa assustou-se. Então era mesmo verdade! Geninho tinha outra mulher! Pretendia colocá-la em seu lugar.

Indignou-se! Eugênio não só a traíra, como agora pretendia trazer a outra para dentro de sua casa! Isso ela não permitiria. Ainda bem que Olívia era da mesma opinião. Aproximou-se dela, dizendo-lhe com raiva:

— Olívia, não permita que ele faça isso. Eu não quero! Você não pode permitir. Reaja. Não o deixe fazer isso!

— Se você for embora, ele pode trazê-la para cá — disse Marina.

— Eu vou trabalhar porque preciso, mas estarei sempre aqui. Ele nunca fará isso.

***

Elisa decidiu procurar Eugênio. Foi para a rua e sentiu-se um pouco tonta. Precisava ter forças. Sua família estava em perigo e ela deveria defendê-la. Passou por uma praça e sentou-se um pouco em um banco, respirando fundo na tentativa de recompor suas energias. Aos poucos, foi se sentindo melhor. Decidida a procurar o marido, tomou um ônibus e dirigiu-se ao escritório dele.

Foi encontrá-lo indisposto e nervoso. Ela não estava interessada nos problemas profissionais dele, mas sim em descobrir o que ele pretendia fazer com a família. Aproximou-se dele chamando-o várias vezes. Tudo inútil. Por mais que tentasse, ele não deu sinal de registrar sua presença. Desanimada, ela deu livre curso à sua dor, dizendo-lhe com amargura:

— Você não podia fazer isso comigo! Eu sempre o amei e fui fiel. Dei-lhe os melhores anos de minha juventude, o melhor de mim, dediquei-me de corpo e alma à nossa família, e você me trocou por outra pessoa, eu, a mãe de seus filhos. Que ingratidão!

Eugênio lembrou-se de Elisa e sentiu uma ponta de arrependimento. Talvez ele houvesse sido precipitado. Se tivesse esperado um pouco mais, talvez a tragédia não houvesse acontecido.

Vendo que de alguma forma ele pensava nela, Elisa exultou. Eugênio não registrava suas palavras, mas podia perceber seus sentimentos. Abraçou-o chorosa, dizendo:

— Você está arrependido! Ainda se lembra de mim com saudade. Cuide de nossos filhos. Essa mulher não merece seu amor. Ela é uma estranha. Jamais os amará como nós os amamos. Se você está mesmo arrependido do que fez, acabe com essa história de uma vez. Eu não vou permitir que a leve para nossa casa com nossos filhos. Isso nunca!

Eugênio sentia a cabeça tumultuada e tinha muita incerteza quanto ao futuro. Não sabia que atitude tomar. Se Olívia fosse embora, o que faria? A empregada não ficaria durante a noite e ele teria de ir embora cedo, ficar com as crianças. Eunice não concordaria. Mil pensamentos ocorriam-lhe sem que encontrasse uma solução satisfatória.

Ficou assim o dia inteiro e, ao sair do escritório, não teve vontade de ver Eunice nem de enfrentar Olívia. Foi quando encontrou Amaro e resolveu desabafar.

Elisa não arredara pé. Sempre fora muito ingênua e tivera uma fé cega no marido. Nunca desconfiara que ele tivesse uma amante. Agora, livre, sem ser vista por ele, queria satisfazer a curiosidade. Precisava saber o que ele fazia quando não estava em casa.

Percebera que, quando se aproximava dele e colocava sua atenção, conseguia ouvir seus pensamentos com nitidez. Enquanto eles conversavam no bar, ela, sentada à mesa, ouvia-os com curiosidade. De repente, um homem de meia-idade aproximou-se dela, dizendo com amabilidade:

— Como vai, Elisa?

Assustada, ela o fitou e não respondeu. Ele podia vê-la!

Ele continuou:

— Sou amigo de Amaro. Chamo-me Amílcar. Não se assuste. Sou igual a você. Já vivi encarnado na Terra, mas meu corpo morreu.

— Ah! — fez Elisa, admirada. — Ainda custa-me acreditar. Eu morri mesmo?

— Seu corpo morreu. Mas você está mais viva do que nunca.

— Seria melhor eu ter desaparecido mesmo. Talvez sofresse menos — disse ela com amargura.

— Você sofre porque não quer aceitar as coisas como são.

— Não posso. Fui traída, arrancada de minha casa, de meus filhos, que são pequenos e precisam de mim. Pode haver desgraça maior?

Ele a olhou firme nos olhos enquanto dizia:

— Deus cuida de tudo com amor, e não cai uma folha da árvore sem sua vontade.

— Não penso assim. Nunca fiz mal a ninguém, sempre fui boa filha, boa esposa, boa mãe. Por que aconteceu essa desgraça comigo?

— Nada acontece sem motivo justo. Um dia, você vai descobrir a razão do que lhe aconteceu. Tenho estudado esses assuntos e posso garantir que a vida é bondosa e justa. Nós é que não enxergamos as coisas como são.

— Não posso concordar.

— Por que não vem comigo? Gostaria que conhecesse o lugar onde vivo. Temos muitos amigos, e o ambiente é acolhedor. Lá, tenho

76

certeza de que você ficaria muito bem e poderia mais tarde ajudar sua família.

— Não posso. Agora estou muito preocupada com o destino de meus filhos. Meu marido tem outra mulher e pretende levá-la para tomar conta deles.

— Já que você não pode cuidar delas, talvez ela possa ajudá-la.

— Deus me livre! A amante de meu marido! Enquanto eu me dedicava ao trabalho do lar, desvelando-me em cuidados com a família, ela me apunhalava pelas costas, roubando-me o marido. Você não sabe, mas estou aqui porque ele me abandonou para ir ao encontro dela. Foi isso que me fez sair à rua como louca e morrer sob as rodas de um carro. A traição dói, principalmente se injusta.

Ele a olhou fixamente enquanto dizia:

— Se você vier comigo, se poupará de muito sofrimento.

— Não posso. Obrigada pelo convite. Sinto que tem boa intenção, mas agora não dá para sair daqui.

Vendo que Eugênio e Amaro se despediam e saíam do bar, ela finalizou:

— Vou ficar com ele. Quero ver o que ele vai decidir. Adeus.

***

Eugênio chegou em casa e percebeu que tudo estava mais limpo e arrumado. Lembrou-se da empregada nova. Sentiu saudade de Elisa. No quarto, quando Eunice telefonou aconselhando-o a internar as crianças, Elisa, que ouviu tudo, vibrou de indignação. Aquela mulher era perigosa e perversa.

Quando Eugênio desligou o telefone, Elisa abraçou-o, dizendo-lhe ao ouvido.

— Não faça isso. Não permitirei. Estarei vigilante. Essa mulher não vai mais destruir minha família.

Ele pensou: "Não posso fazer isso. Marina me odiaria ainda mais. Não. Vou arranjar outra solução".

Eugênio sentia-se triste e desanimado. Por que acontecera tudo aquilo, por quê? Seus olhos encheram-se de lágrimas, e ele pensou: "Estou ficando fraco, chorando à toa".

No leito, o sono não vinha, e ele, por fim, amargurado e pensando no horário do dia seguinte, tomou um calmante e finalmente conseguiu adormecer.

Elisa ficou ali, sem saber o que fazer. Deitou-se ao lado dele como fazia antes e procurou descansar. Sentia-se abalada, triste, revoltada. Ela não merecia esse sofrimento. Mas a quem recorrer? Sabia que quem morre não pode voltar à vida. Precisava aceitar isso, mas não conseguia.

Talvez Nélson pudesse ajudá-la, mas ele com certeza não a deixaria ficar ali. Quisera impedi-la de ver a família. Nisso, ela não cederia. Tinha de defender seus filhos. Aquela mulher certamente iria aproveitar-se da situação. Ainda bem que Olívia estava lá, em seu lugar, para impedi-la de fazer isso.

Lembrou-se de Olívia. Ela tentara muitas vezes abrir-lhe os olhos. Saberia de alguma coisa sobre Geninho? Talvez ele já houvesse tido muitas aventuras amorosas, e ela, ingênua e confiante, nunca soubera de nada. Como fora boba! Bem que Olívia tentara mudar-lhe a maneira de ser.

Ela se dedicara totalmente ao lar e ao marido. Nunca imaginara que ele pudesse procurar outra mulher. Ela fazia tudo quanto ele queria. Só vivia para ele: suas roupas eram impecáveis; a comida, caprichada; quando ele solicitava, ela estava sempre pronta para fazer-lhe carinhos. Nunca se negara ao dever sexual. Não entendia por que ele tivera outras mulheres.

Agora não tinha mais dúvidas. Ele sempre tivera outras mulheres. Claro! Saía sempre perfumado, voltava tarde da noite, ninguém trabalhava até tão tarde. Ela fora muito estúpida. Enquanto ela se acabara nos trabalhos domésticos e no cuidado dos filhos, poupando dinheiro para poderem melhorar de vida, ele continuava elegante, bem-disposto, vestindo-se melhor a cada dia, comprando carro de luxo. Certamente, isso contribuía para que as mulheres interesseiras o disputassem.

Lembrou-se do dia em que ele lhe dissera que gostava de outra. Ela se olhara no espelho e verificara o quanto estava diferente da Elisa com a qual ele se havia casado. Como fora burra e imprevidente!

Sentou-se no leito e, olhando Eugênio, que dormia, pensou: "Ele está muito mais moço do que eu".

Apesar da tristeza, Elisa de repente sentiu certa satisfação. Ele estava sentindo sua falta. Claro! Nenhuma outra seria tão tola quanto ela. Agora, ele iria aprender a valorizá-la. Era um consolo, apesar de tudo.

Um pouco mais calma, deitou-se novamente, procurando descansar. No dia seguinte iria com ele, não podia descuidar. Precisava saber o que ele pretendia fazer.

***

Na manhã seguinte, quando Eugênio se levantou, encontrou a mesa posta para o café. Elvira, vendo-o preparar-se para sair, aproximou-se timidamente.

— Senhor Eugênio, dona Olívia mandou preparar o café para o senhor. Fiz tudo como ela mandou. Pode me dizer como o senhor prefere que eu faça?

Ele passou os olhos pela mesa posta e respondeu:

— Está bem.

Ele se sentou e tomou café preto, comeu pão com manteiga. Sentia-se mais confortado. Afinal, alguém se interessara em cuidar de seu bem-estar. Ainda que fosse uma empregada, era confortante depois de tantos dias comendo fora. Claro que não era como Elisa. Isso ninguém faria igual. Ela colocava flores no pequeno vaso de cristal, tirava a casca do queijo como ele gostava, esquentava o pão. Fazia bolo de chocolate.

Suspirou conformado. Afinal, precisava continuar vivendo. E, já que estava pagando uma fortuna para a moça, tinha todo o direito de usufruir do conforto dentro de casa.

— Dona Olívia disse que o senhor não almoça em casa. Antes de ir embora, deixarei o jantar pronto. Se o senhor vier antes das oito, poderei servi-lo. Senão, deixarei a mesa posta e tudo pronto. As crianças estarão bem cuidadas, pode ficar descansado.

— Obrigado. Como é mesmo seu nome?

— Elvira.

— Está bem, Elvira. Diga-me. Sou um homem muito ocupado e não posso vir para casa antes das oito. Não seria possível você dormir aqui e ir para casa nos fins de semana?

Ela baixou a cabeça, envergonhada.

— Minha mãe não deixa, senhor Eugênio. Meu pai nem queria que eu viesse trabalhar aqui, porque o senhor é viúvo. Ele deixou po que Alzira é muito amiga de nossa família e garantiu que eu poderia vir, que o senhor é pessoa de bem. Mas sabe como é: dormir aqui à noite ele não vai deixar, não. Se eu falar nisso, ele não me deixa mais vir.

Eugênio suspirou irritado:

— Isso é bobagem. Eu deveria me ofender. É muita ignorância da parte dele. Mas por agora não posso dizer nada. Quem sabe se daqui a algum tempo, conhecendo-me melhor, ele mude de ideia.

Ela abanou a cabeça, dizendo:

— Vai ser difícil.

Eugênio saiu pensando no quanto aquele homem era ignorante. Tudo que se faz à noite poderia ser feito de dia. Mas decidiu não tentar convencê-lo. Se lhe dissesse isso, ele até poderia não deixar Elvira ficar nem de dia. Apesar de tudo, era um bom começo. Pelo menos poderia comer em casa e as crianças estariam bem cuidadas. Depois veria o que fazer. Estava disposto a procurar alguém que pudesse dormir no emprego. Talvez uma senhora de idade que não se preocupasse com problemas morais.

Chegou ao escritório um pouco indisposto. Apesar de as coisas estarem caminhando melhor, ele se sentia inquieto e inseguro, o corpo pesado e a cabeça confusa.

"Preciso me cuidar", pensou. "Estou deprimido e preocupado. Se não melhorar, irei ao médico. Afinal, apesar de tudo, preciso tocar a vida para a frente. As crianças precisam de mim. Vou reagir. Não posso entregar-me ao desânimo. Até meu trabalho tem sido prejudicado. Isso não pode continuar."

Decidido, mergulhou no trabalho procurando resolver os problemas e arranjar novos negócios. Essa atitude fez-lhe bem e no fim do dia sentia-se melhor. Quando Eunice ligou, ele estava bem-disposto.

— Fiz um jantar caprichado para nós. Aquele doce de que você gosta. Estou morrendo de saudade!

— Eu também — disse ele. — Irei logo que puder.

Elisa, sentada em uma poltrona, ouvindo-o dizer isso, interessou-se. Durante todo o dia, ele se ocupara de tal forma que ela não pudera envolvê-lo. Também não estava interessada no trabalho dele. Não gostava do que ele fazia. Havia coisas mais importantes para ela pensar. Por isso, sentara-se lá, aguardando o momento em que ele terminasse os afazeres do dia.

Quando Eugênio guardou tudo, preparando-se para encerrar o expediente, Elisa imediatamente se postou a seu lado. Vendo-o ir ao banheiro lavar-se e arrumar-se com capricho, perfumar-se, sentiu aumentar sua raiva.

Enquanto ela ficava em casa trabalhando, cuidando das coisas para ele, o ingrato enganava-a. Tinha tudo organizado naquele banheiro. Até algumas camisas para trocar. Como é que ela nunca percebera isso? Como fora cega! Agora, iria até o fim. Embora doesse, era preciso conhecer a verdade. Ficaria de lado, sem intervir. Só para observar.

Quando chegaram ao apartamento de Eunice, e Eugênio tirou a chave do bolso e abriu a porta, ela fez força para se dominar. O malandro tinha até a chave! Curiosa, olhou para Eunice, que, insegura com a situação, caprichara na arrumação. Ficou cega de ciúme. Ela era jovem e bonita. Estava maquiada, bem penteada, cheirosa e bem-vestida.

Elisa sentiu-se arrasada. Estava acabada, pálida, mal-arrumada, com as mãos maltratadas pelos serviços domésticos. Claro que Eugênio preferia a outra. No fundo, no fundo, ela era a culpada de tudo. Fora ingênua demais. Nenhuma mulher teria feito o que ela fizera. Bem que Olívia tentara preveni-la!

Eugênio abraçara e beijara Eunice, que, disposta a reconquistá-lo, envolvia-o com carinho e amor. Foram para a sala abraçados e sentaram-se no sofá. Depois de alguns beijos, Eunice disse com doçura:

— Estava morrendo de saudade! Você ficou dois dias sem me ver! Desde que nos conhecemos, foi a primeira vez.

— Não foi por gosto, pode crer. Eu também senti saudade. Mas a situação agora é outra. Preciso de um tempo para resolver os problemas de meus filhos.

— Tenho certeza de que você vai resolver tudo da melhor forma. Você sempre faz tudo tão bem!

Ele sorriu envaidecido. Naqueles dias em que se sentia culpado com o que acontecera, ser elogiado era um presente do céu.

— Obrigado, meu bem. De fato, as coisas lá em casa agora estão melhores. Mas ainda não estão completamente resolvidas.

— A questão da empregada...

— É. Por enquanto Olívia ainda está lá, o que de certa forma é um sossego. Mas ela disse que vai embora na segunda-feira. Aí, se eu não arranjar outra empregada que durma no emprego, terei de ir para casa antes das oito, todas as noites.

Eunice franziu o cenho:

— E quando iremos nos ver? Não pensou nisso?

— Pensei. É só no que tenho pensado. Também não me agrada ficar preso em casa. Nunca fui tolhido em minha liberdade.

81

— Nem pode. Tomar conta de criança é serviço de mulher.

— Também acho. Mas, por enquanto, vou tentar segurar Olívia o mais que puder. As crianças gostam dela e ficam calmas quando ela está por perto.

— A melhor solução seria elas irem morar com a tia de uma vez.

— Já propus isso a Olívia, que ela viesse morar em minha casa e eu sustentaria as despesas. Ela poderia alugar o apartamento, teria mais renda e nenhuma despesa. Eu me mudaria de lá.

— E ela?

— Recusou. Disse que os filhos são meus e eu é que tenho a responsabilidade de cuidar deles.

— Que falta de caridade! E ela ainda diz que gosta das crianças!

— Ela gosta das crianças, ela não gosta é de mim. Faz tudo para complicar minha vida. Ela me odeia. Faz tudo para nos impedir de ficarmos juntos. Eu não tive culpa de nada, mas ela pensa o contrário. Diz que sou culpado pela morte de Elisa. Mas você sabe que nunca pensei que pudesse acontecer essa tragédia. Amo você, mas não desejava mal a Elisa. Ela sempre foi muito bondosa, uma mulher igual a ela é difícil.

— Mas você não a amava mais. É de mim que você gosta. Tinha de tomar uma atitude. Isso ela não entende!

— Tanta gente se separa e não acontece nada. Eu me pergunto: por que aconteceu isso comigo?

Pálida, amargurada, nervosa e irritada, Elisa ouvia tudo, tentando controlar-se para não avançar neles dando vazão à raiva que sentia. Ele não a amava, e ela se apagara para que ele brilhasse. Que horror! Eugênio era egoísta e traidor. Não merecia todo o amor que ela lhe dera, nem a dedicação, nem a família que construíra.

— Essa pergunta ninguém pode responder — disse Eunice, pensativa. — Já pensou no que eu lhe disse? Um bom colégio seria ideal! Essas crianças precisam de boa educação e dos carinhos de uma mulher. Você precisa trabalhar. Deixá-las com pessoas não capacitadas pode prejudicá-las muito. Um bom colégio, boa alimentação, bons estudos, e, quando estiverem crescidos, enfrentarão melhor a vida.

Eugênio meneou a cabeça, dizendo indeciso:

— Não sei, não. Marina está muito revoltada, e isso iria afastá-la mais de mim. Amo meus filhos, você sabe disso. Aos poucos, com o tempo, guardo a esperança de que possamos vir a formar uma boa família. Se a conhecessem melhor, eles aprenderiam a gostar de você, tenho certeza.

Eunice tentou desconversar. Ela não gostava de crianças e não pretendia assumir esse compromisso.

— Eles nunca me aceitarão. Olívia não deixaria.

— Isso é verdade. Mas com o tempo Olívia também se esquecerá. Podemos nos mudar para o Rio de Janeiro. Tenho pensado nisso. Há boas possibilidades de negócios para mim no Rio. Ofereceram-me excelente oportunidade. Eu iria para lá, arranjaria casa, empregada, levaria as crianças e depois você iria também. Olívia não precisaria saber.

Elisa levantou-se de um salto. Ele urdira esse plano, e ela não iria permitir. Moveria céus e terra para impedi-lo. Agora ela não era mais ingênua nem o amava como antes. As cenas que presenciara revelaram o verdadeiro Eugênio. Ele estava longe de ser aquele moço bom, apaixonado e honesto que imaginara. Era falso, interesseiro. Mas ele não iria envolver seus filhos naquela farsa. Ela estava ali para fazer justiça. Não abandonaria seus filhos nas mãos dele. Ela havia mudado e o faria pagar caro por tudo quanto estava sofrendo.

— Não se precipite, meu bem — aconselhou Eunice, que não tinha nenhuma intenção de se mudar para o Rio de Janeiro naquelas condições. — Se perder dinheiro, sua situação pode piorar ainda mais.

— Isso é. Mas tenho certeza de que o negócio é bom.

— Vamos esquecer as preocupações e relaxar. Vou preparar aquele aperitivo de que você gosta.

Elisa não perdia nenhum movimento deles.

Enquanto Eugênio sorvia o aperitivo colocando-se à vontade, Eunice esquentava o jantar. Elisa aproximou-se dela na cozinha, tentando perceber-lhe os pensamentos.

"Ele é que pensa que eu vou cuidar daquelas crianças! Nunca! Eu não tenho essa obrigação. Se ele pensa que sou trouxa como a mulher dele, está muito enganado. Comigo não é assim, não. Era só o que me faltava! Logo eu, que detesto crianças! Ele que suma com elas, ponha no colégio, faça o que quiser, desde que não venha para o meu lado. Acho que ele é pão-duro. Sempre fala em dinheiro. Não quer pagar as despesas das duas casas…"

— Ele quer usar você, como fez comigo! Se você deixar, vai ser enganada como eu fui! Não seja burra! — sussurrou Elisa no ouvido da mulher.

Eunice pensou: "Vou dar mais um tempo. Se ele insistir nisso, abro o jogo. Se me quiser, tem de ser assim. Ele quer é me usar, mas isso não vai conseguir. Burra é que não sou".

Elisa sorriu satisfeita. Ela pegara suas ideias com mais facilidade do que Eugênio.

Continuou:

— Isso mesmo. Reaja. Não aceite esse encargo. Não serve para você. Em pouco tempo estará acabada como eu, e ele a trocará por outra.

Eunice pensou: "Não sirvo para mãe de família. Em pouco tempo estaria destruída. Aí, ele me trocaria por outra. Comigo não! Quero ser sempre a primeira, namorar, sair, passear, sem os encargos de família".

Durante o jantar servido à luz de velas, os dois continuaram tratando-se com carinho, mas Elisa percebeu que nenhum deles estava sendo sincero. Enquanto Eugênio tentava envolver Eunice em seus planos, pensando em diminuir as despesas e arranjar uma substituta para Elisa, Eunice fazia exatamente o contrário.

Elisa sentia-se calma, achando que o fato de poder estar ali sem que percebessem e captar o que eles estavam pensando dava-lhe vantagens que haveria de utilizar para realizar seus propósitos. Estava firme e encorajada, mas, quando os viu aos beijos dirigirem-se para a cama, não suportou. Aquela cena ainda era muito forte para ela. Sabia que eles eram amantes, mas vê-los praticar os jogos amorosos era demais. Sem poder conter-se, atirou-se sobre Eugênio com violência, gritando enraivecida:

— Bandido, traidor! Covarde. Você não vai mais fazer isso. Eu não vou deixar. Você vai pagar caro o que me fez.

De repente, Eugênio empalideceu e sentiu falta de ar. Sentou-se na cama assustado.

— O que foi? — indagou Eunice.

— Não sei. De repente, faltou-me o ar. Sufoquei. Parece que vou morrer! Apanhe um copo de água, por favor.

Meio despida, Eunice correu e trouxe água. Eugênio bebeu alguns goles. Respirando fundo, ele disse:

— Estou com frio, sinto arrepios, parece que estou com febre. Você tem termômetro em casa?

— Não. Eu nunca precisei.

Ele respirou com força:

— Arranje-me um cobertor. Estou tremendo.

Ela obedeceu. Ele tremia, estava pálido.

— Sinto náuseas. O jantar estava bom, mas será que não havia nada estragado?

Ela se irritou:

— Claro que não! Onde já se viu? Você sabe como sou cuidadosa com as coisas. A comida eu garanto que não foi. Só se você comeu alguma coisa antes de vir para cá, em algum bar.

— Não comi nada. Você tem sal de frutas? Parece que meu estômago parou de funcionar.

— Vou buscar.

Braços cruzados, colada a ele, Elisa observava. Se dependesse dela, ele nunca mais teria relações com aquela perversa. Eles a haviam subestimado. Ela não era mais a ingênua de outros tempos. Tinha todo o direito de reagir. A culpa era deles. Não fora ela quem começara aquela briga.

Elisa abraçou-o, enquanto lhe dizia ao ouvido:

— Você está fraco. Agora sou eu quem manda. Vai me obedecer, fazer tudo quanto eu quiser. Nunca mais vai pensar em levar essa mulher para nossa casa. Ela não serve para você. Não gosta de crianças, é malvada e fútil.

Eugênio tomou o sal de frutas em silêncio. Depois de alguns instantes, Eunice aproximou-se solícita perguntando:

— Então, sente-se melhor?

— Deixe-me um pouco quieto. Não pode calar a boca?

Eunice olhou-o assustada. Ele nunca lhe falara daquela forma. Saiu dali e vestiu um robe, dirigindo-se à cozinha. Apanhou uma xícara de café, acendeu um cigarro e sentou-se pensativa. Eugênio estava mudado. Não era mais o mesmo. A cada dia tornava-se mais desagradável. Ela era jovem, bonita, cheia de vontade de viver. Pensara haver encontrado um companheiro para desfrutar a vida, e acabara por descobrir um homem cheio de compromissos e problemas, pão-duro, interessado em escravizá-la a uma vida enfadonha e desagradável.

Ela precisava pensar melhor. Talvez ele não fosse o homem de sua vida. Talvez estivesse perdendo muito tempo com ele, desperdiçando sua mocidade a troco de nada. Quando se decidisse, poderia ser muito tarde. Estaria acabada e só.

Talvez fosse melhor mesmo ele ter de ficar em casa com as crianças à noite. Isso lhe daria liberdade para tentar arranjar outra pessoa. Fazia tempo que não ia mais àquele baile onde sempre fazia tanto sucesso. Ela estava mesmo precisando vestir-se muito bem, arrumar-se e se distrair. Eugênio que ficasse com seus problemas, pois ela não tinha nada com isso. Sabia perfeitamente o que queria da vida, e não era nada do que ele lhe estava oferecendo.

No dia seguinte, procuraria o dono do apartamento que haviam alugado e explicaria a situação. Eugênio havia pagado três meses adiantado, e ele com certeza não devolveria o dinheiro. Metade do prazo já havia sido vencido. Paciência. O dinheiro era dele. Teria de se conformar. Ele não queria mesmo mais o apartamento.

Ela iria sacudir a poeira. Não iria ficar mais naquele sufoco. Poria as cartas na mesa. Não. Isso, não. O melhor mesmo era contemporizar. Enquanto isso, tentaria arranjar outra pessoa. Quando se sentisse segura, daria o ultimato. Colocaria suas condições. Se ele não aceitasse, ela não se importaria. Já teria outros planos em andamento. Terminou o cigarro, mas ficou ali pensando, pensando.

No quarto, olhos fechados, sentindo-se indisposto, Eugênio tentava reagir. Ele precisava ir ao médico. No dia seguinte iria. Nunca se sentira assim. Devia estar doente. Sentia-se nervoso, irritado, inquieto. Fora grosseiro com Eunice, mas ela era muito insistente. Tinha o hábito de ficar em volta, e isso o irritava. Ela estava ficando chata. Antes não era assim. De repente, sentiu que ela o estava cansando. Desejou ir embora. Assim que se sentisse melhor, iria para casa.

Elisa afastou-se um pouco e ele foi melhorando. Meia hora depois, levantou-se, vestiu-se e foi procurar Eunice. Vendo-a na cozinha, disse em tom conciliador:

— Sinto muito. Eu estava nervoso, tenho estado mal. Amanhã vou procurar um médico. Não tenho passado bem. Só durmo com calmantes, isso não é natural.

Vendo-a silenciosa, aproximou-se abraçando-a com carinho.

— Não quis ofendê-la. Desculpe. Vou embora, amanhã telefono.

— Está bem. Até amanhã.

— Não fique zangada comigo. Vamos, sorria. Diga que me perdoa.

Ela se levantou procurando sorrir.

— Tudo bem. Procure mesmo um médico. Você está precisando.

Foram até a porta abraçados. Despediram-se, e, embora procurassem dissimular, fingindo que tudo estava bem, Elisa observou com satisfação que eles estavam querendo distanciar-se um do outro e que pensavam em arranjar desculpas para tão cedo não voltarem a se encontrar.

Capítulo 7

Eugênio fechou tudo e preparou-se para sair do escritório. Aonde iria? Não sentia vontade de ver Eunice. Fazia quinze dias que não a via. Telefonara algumas vezes, dizendo-lhe que Olívia tinha ido embora e que ele precisava ir para casa cedo. Era mentira. Olívia, apesar de estar trabalhando, ainda não tivera coragem de deixar as crianças. Planejava ir, mas ia ficando.

Enquanto isso, Eugênio aproveitava para sair um pouco. Se não desejava ver Eunice, também ir para casa era traumatizante. A falta de Elisa; a presença de Olívia, que, embora mal conversasse com ele, mantinha sempre uma atitude de censura, de reprovação; e a atitude de Marina, fugindo a seu aconchego, feriam-no fundo.

Ele era de carne e osso. Precisava respirar! Costumava ir ao cinema, andar pelos bares à procura de um amigo para conversar e até arranjar alguma companhia feminina. Por que não? Mas essas andanças não lhe davam o prazer de antigamente. Sentia um peso no corpo, tristeza, e um fato que o alarmou muito: não conseguia mais se relacionar com mulher alguma. O que estaria acontecendo com ele? Sempre fora um homem viril.

A princípio pensou que estivesse cansado de Eunice, desmotivado pelas atitudes dela. Saiu com outras mulheres na tentativa de resolver o problema, mas, na hora de fazer amor, algo acontecia, o desejo esfriava e ele não conseguia chegar ao final.

Assustado, procurou um especialista, que o examinou e não encontrou nada.

— Você não tem nada — disse o médico com um sorriso. — Está tudo em ordem.

— Mas na hora, doutor, eu falho. Não consigo acabar.

— Você passou por um drama recente. Alguma coisa o está bloqueando. Por que não procura um psiquiatra?

— Psiquiatra? Mas estou bem. Não tenho problemas nervosos.

— Tem dormido bem? Tem estado tranquilo?

— Não. De fato, não tenho dormido muito bem ultimamente. Tenho tido muitos problemas familiares. As preocupações aumentaram depois que minha mulher morreu.

— Faça isso. Com certeza está deprimido e estressado. Um psiquiatra poderá receitar-lhe alguns medicamentos e tudo voltará ao normal.

Eugênio saiu dali, mas não se animou a seguir esse conselho. Ele sempre foi forte e nunca precisara da ajuda de ninguém para resolver seus problemas.

Saiu do escritório sem rumo nem prazer. Elisa, que o acompanhava, preocupou-se. Por que ele não ia para casa cuidar da família? Preferia ficar perambulando pelas ruas, relacionando-se com pessoas desocupadas e sem moral. Ela não gostava que ele agisse assim.

Também não queria que ele procurasse um psiquiatra. Para quê? Ela não iria deixar que ele ficasse tendo relações com outras mulheres. Havia de protegê-lo e cuidar para que se tornasse um chefe de família exemplar. Por causa dele, ela fora impedida de cuidar dos filhos. Agora era a vez dele. Era justo que ele ficasse em casa e assumisse esse papel.

Mas Eugênio não parecia disposto a fazer isso. Não queria perder a liberdade, embora não soubesse o que fazer com ela.

Vendo-o triste e inseguro, bebericando em um bar, Elisa tomou uma decisão: convenceria Olívia a voltar para casa. Vigiara a empregada e percebera que Elvira era uma moça boa e carinhosa. As crianças gostavam dela. Se Olívia fosse para casa, Eugênio seria forçado a ir cuidar das crianças.

Quando Eugênio chegou em casa, as crianças dormiam, e Olívia, deitada em seu quarto, lia. Elisa aproximou-se dela, abraçando-a com carinho. Olívia fechou o livro e sentou-se na cama. A saudade de Elisa apareceu forte, e ela fez muito esforço para dominar-se. Abraçada a ela, Elisa disse-lhe ao ouvido:

90

— Você precisa ir para sua casa! Eugênio precisa assumir as crianças. Enquanto ficar aqui, ele não virá para casa cedo. Volte para casa e venha visitá-los, mas não durma mais aqui. Você precisa me ajudar. Ele sai com outras mulheres, fica bebendo nos bares. Está infeliz e sem rumo. Vá para casa.

Olívia pensou: "Não posso continuar aqui. Aquele sem-vergonha continua indo ver aquela mulher! Em vez de cuidar das crianças, ele nem aparece para saber como estão! Chega sempre muito tarde".

— Isso mesmo. Vá para casa. Assim ele será forçado a ficar aqui. É isso que eu quero — continuou Elisa.

"Tenho de tomar uma resolução! Isso não pode continuar assim. Logo ele estará trazendo para cá aquela sirigaita. Tenho de defender o lar de Elisa! Não posso consentir que ele faça o que pretende. Tenho de ir embora amanhã de qualquer jeito. Não vou dizer nada para as crianças. À tarde, eu telefono e dou a notícia de que preciso passar a noite em casa. Aos poucos, elas se acostumarão."

Tendo tomado essa resolução, Olívia deitou-se para dormir. Elisa abraçou-a com satisfação. Ainda bem que tinha a quem recorrer.

***

Na tarde seguinte, Eugênio recebeu um telefonema de Olívia.

— Hoje não poderei dormir com as crianças. Tenho um problema em casa e vou passar a noite lá.

Ele se assustou:

— Olívia, você não pode fazer isso. Ainda não encontrei uma pessoa que possa dormir no emprego. Como vai ser?

— Vá para casa cedo. Pelo menos faça isso, já que não cuida nem um pouco de seus filhos. É o mínimo que pode fazer. Minha casa está abandonada e não posso mais ficar dormindo fora. Trate de fazer sua obrigação. Veja se não se atrasa, porque, se não chegar, Elvira vai embora do mesmo jeito. As crianças ficarão sozinhas.

— Será que ela não pode nem esperar, se eu me atrasar um pouco? Sou um homem ocupado, tenho obrigações aqui na empresa que não posso deixar.

— Conheço bem suas "obrigações". Veja se toma vergonha, isso sim. Bem, já disse o que tinha a dizer. Agora o problema é seu, Eugênio. Arrume-se.

91

Olívia desligou o telefone, e ele resmungou um palavrão. Ainda por cima, ela batera o telefone em sua cara! Como ela podia ser tão diferente da irmã? Ficou arrasado. Ele não tinha nada mesmo para fazer, mas o que o irritava era não ter alternativa. Era a obrigação.

— Maldita hora em que resolvi deixar Elisa! — resmungou irritado.

Elisa olhou-o com satisfação. Agora, certamente, ele iria perceber o quanto ela valia!

Saiu do escritório às seis e meia, encontrou-se com Amaro e foram tomar uma cerveja.

Sentados à mesa do bar, ele não se conteve:

— O que foi, Eugênio? Você está com uma cara de velório!

— Sabe que agora eu preciso ir para casa antes das oito? Já pensou? Eu, um homem livre, agora estou amarrado na obrigação.

— Ainda não conseguiu arranjar uma empregada que durma no emprego?

— Não. Elas são maldosas. Acham que correm perigo dormindo na casa de um viúvo. Como se eu fosse um maníaco sexual.

Amaro riu gostosamente:

— Fama, você tem. Eu, se fosse elas, também não confiaria. Nunca se sabe. Uma noite de lua cheia, tudo pode acontecer.

— Não ria de minha desgraça. Eu ando tão por baixo que até isso virou problema.

— É?

— É. Não sei o que se passa comigo. Nunca fui assim. A mulher atrai-me, e, quando chega a hora, eu esfrio. É como se de repente me jogassem um balde de água fria.

— Ih... Logo você com um problema desses! Aí tem coisa. Eu já lhe disse outro dia: vá a um centro espírita. Vai ver que o espírito de sua mulher anda acabando com sua alegria.

— Você está é maluco. Não acredito nessas coisas. Quem morre não volta. Depois, mesmo que isso fosse possível, Elisa era uma mulher ingênua e boa. Nunca faria uma coisa dessas.

— Eu não diria isso. Toda mulher ciumenta faz qualquer coisa. Depois, não custa nada. Você não tem nada a perder. Costumo ir lá todas as semanas. Vamos. Hoje é dia, eu o acompanharei. Começa às oito.

— Vê? Nem isso eu posso fazer. Às oito preciso estar em casa, senão aquela menina vai deixar as crianças sozinhas.

— Olívia não poderia ficar? Seria só hoje.

Ele meneou a cabeça negativamente. Não queria ir, mesmo que pudesse. A desculpa até que valia.

— Acabei de receber um telefonema dela. Hoje precisa dormir em casa. Tem de resolver um problema em seu apartamento.

— Nesse caso, fica para outro dia. Esteja atento. Se Elisa estiver a seu lado, a situação pode agravar-se.

— Não creio. Se ela estivesse a meu lado, seria para me ajudar, nunca para me fazer sofrer.

— Duvido que ela fosse ajudar você a ter outras mulheres! Já pensou nisso? Um espírito desencarnado pode estar ao nosso lado, ler nossos pensamentos, sentir nossas emoções, sem que possamos vê-lo. Ela pode saber tudo que você faz, até o que nunca gostaria que ela soubesse.

Eugênio assustou-se. Nunca havia pensado nisso. Não. Ele não acreditava. Lembrou-se de Elisa no caixão. Ela estava bem morta, e nunca voltaria.

— Você anda fantasiando demais. Sabe que isso pode fazer mal? Sempre ouvi dizer que essas coisas de espiritismo deixam as pessoas desequilibradas.

— Desequilibrados são aqueles que sofrem todo tipo de assédio, passam mal e nunca percebem o que lhes está acontecendo. Minha vida, graças a Deus, vai muito bem. Não tenho nada que me incomode. Já não posso dizer o mesmo de você...

— Sei que pretende ajudar-me. Mas estou passando por muitos problemas emocionais. Essa é a causa fundamental do que está acontecendo comigo. Infelizmente, tenho de ir. Vamos pagar e ir embora. Tenho tempo exato para chegar em casa.

Foi com satisfação que Elisa acompanhou o marido de volta a casa. Ele se sentia inquieto e preocupado. Não tinha muito jeito para lidar com as crianças. Elisa nunca lhe permitira fazer nada! Também, ela era tão eficiente! Ele nunca teria o mesmo jeito que ela.

Suspirou resignado. Teria de aprender. Entrou em casa e já encontrou Elvira pronta para ir embora.

— O senhor quer que eu sirva o jantar? Ainda dá tempo.

Ele concordou e, quando se acomodou à mesa, perguntou:

— Onde estão as crianças? Já jantaram?

— Já. Estão no quarto brincando. Marina e Juninho já fizeram a lição e tudo está em ordem.

Eugênio comeu em silêncio. Quem diria que sua vida mudaria tanto? A comida estava gostosa. Depois de comer tantos dias em restaurantes, era agradável saborear a comida caseira.

— Agora preciso ir. Amanhã lavo a louça. Até amanhã, senhor Eugênio.

— Até amanhã.

Ela saiu, e ele ficou indeciso. O que faria? Não gostava de dormir cedo. Subiu para ver as crianças. Elas brincavam alegres. Vendo-o aparecer na porta, calaram-se. Aproximando-se, Eugênio beijou-os na face, dizendo:

— Está tudo bem?

— Papai, tia Olívia não vem dormir hoje? Quero ficar com ela — choramingou Nelinha.

— Ela não pode ficar mais aqui. Agora eu vou ficar com vocês.

Marina sentou-se na cama, apanhou uma boneca e ficou em silêncio.

— Você não sabe contar histórias como ela! — reclamou Juninho.

— Podemos conversar — retrucou ele.

— Sobre o quê?

— Sobre o que você quiser.

— Eu gosto de falar de carro — tornou o menino.

— Disso eu entendo.

— Mas eu não gosto de falar de carro — disse Nelinha. — Eu gosto de falar das fadas! Você sabe falar das fadas?

Eugênio fez o que pôde. Conversou com os dois menores, tentando conhecê-los melhor. Marina continuava calada, parecendo alheia, brincando com a boneca.

— E você, Marina, do que gosta de falar?

— De mamãe — disse ela em tom de desafio.

— Falar dela é bom. Sua mãe era uma grande mulher.

— Não é isso que você pensa! — retrucou ela com raiva.

— Estou sendo sincero, minha filha. Deus sabe que eu gostava muito de sua mãe. Um dia você ainda vai entender o que aconteceu.

— Não vou, não. Se você não tivesse sido tão malvado com ela, nada teria acontecido. Ela estaria aqui, junto com a gente — disse Marina com lágrimas nos olhos.

Eugênio aproximou-se dela, dizendo com voz triste:

— Estou arrependido, minha filha. Hoje, eu daria graças a Deus se sua mãe estivesse aqui. Nunca pensei que fosse acontecer o que aconteceu.

— Não é verdade! — gritou ela.

Eugênio tentou abraçá-la, mas ela se esquivou. Foi para sua cama e deitou-se cobrindo a cabeça com o lençol.

Eugênio suspirou triste. Era melhor não insistir. Um dia ela compreenderia e acabaria por esquecer.

Tentou acomodar os outros dois. Estavam deitados já, quando Juninho lembrou:

— Mamãe nunca deixava a gente dormir sem escovar os dentes. Nós ainda não escovamos!

— Eu não quero. Estou com preguiça — retrucou Nelinha.

Eugênio bateu palmas, dizendo:

— Isso, não. Vamos já escovar muito bem esses dentes. Como é que fazem isso? Vamos ver se já aprenderam a fazer da maneira certa.

— Eu sei melhor do que ela — disse Juninho, correndo para o banheiro.

— É nada. Eu é que sei — retrucou Nelinha, correndo atrás dele.

Eugênio acompanhou-os, verificando como faziam a escovação. Acomodou-os novamente, mas Nelinha quis beber água. Eugênio ficou com eles conversando, até que finalmente os viu adormecer. Saiu sem fazer ruído, respirando aliviado. Olhou o relógio e admirou-se. Eram mais de onze horas! O tempo passara rapidamente. Vestiu o pijama, apanhou o jornal para ler. Dez minutos depois, estava com tanto sono que resolveu dormir. Naquela noite, não tomou nenhum comprimido. Adormeceu logo.

Elisa, olhando-o com satisfação, pensou: "Finalmente. Agora ele está onde deve ficar. Daqui não sairá tão cedo. Fará tudo do meu jeito. Nenhuma mulher assumirá meu lugar, porque a casa é minha, a família é minha e eu estou aqui!".

***

No dia seguinte, Eugênio acordou mais animado. Afinal, não fora tão difícil assim. Quando desceu para o café, as crianças ainda dormiam, mas Elvira já havia chegado e preparado tudo. Ele se sentiu confortado. Era bom sentir o cheiro do café logo cedo e ter alguém que se interessasse em atendê-lo, ainda que fosse uma funcionária remunerada.

Conversou com ela, perguntando sobre os deveres escolares de Marina e de Juninho, interessando-se em saber o que eles levavam de lanche na escola.

— Dona Olívia ensinou-me conforme a finada dona Elisa gostava. Eu tenho feito tudo direitinho. Eles gostam muito do lanche que faço.

— Está bem. Agora que Olívia se foi, você é quem vai fazer as compras?

— Vou comprar só o que for necessário. Dona Olívia disse que virá no sábado para comprar tudo para a semana.

— Está bem. Se precisar de alguma coisa, fale comigo. Vou deixar o telefone do escritório. Se precisar, isto é, se acontecer alguma coisa com as crianças, telefone-me.

— Eu já tenho seu número. Dona Olívia falou-me isso mesmo. E pediu para ligar também para ela.

Eugênio concordou. Ainda bem que Olívia, apesar de ter ido embora, continuava cooperando com ele. Pelo menos isso. Ele não sabia nada sobre alimentação de crianças. Sua mãe costumava dizer que, quando as crianças estão na escola, precisam alimentar-se bem. Quando saísse do escritório, passaria numa livraria para comprar alguns livros sobre esse assunto. Precisava informar-se. Olívia nunca tivera filhos. Estaria dando a orientação certa? Se ele descobrisse que ela estava fazendo alguma coisa errada, ela iria ouvir.

A partir desse dia, Eugênio mergulhou na nova tarefa com vontade. Comprou livros não só sobre alimentação, mas também sobre comportamento. Estava interessado em resolver sua situação com Marina, que continuava arredia e triste. Além de tudo, estava indo mal na escola e ele tivera de ir até lá a pedido da professora.

No domingo, ele acordou com Nelinha em seu quarto.

— Papai, estou com fome! Quero um suco.

— Elvira não veio ainda?

— Ela não vem de domingo!

— Nem tia Olívia?

— Até agora ela não veio. Estou com fome. Juninho fez um sanduíche para ele, mas eu não gosto de queijo branco, e o amarelo acabou.

Eugênio levantou-se apressado. Ele não pensara no domingo! O que faria se Olívia não viesse? Telefonaria para ela.

— Vamos ver o que temos na cozinha — disse ele.

— Quero meu suco de laranja.

— Está bem. Vamos dar um jeito nisso. Já lavou o rosto e escovou os dentes?

— Estou com fome. Quero comer. Depois eu lavo.

— Vá se lavar enquanto preparo seu suco.

Foi à cozinha e encontrou Juninho à mesa comendo tranquilamente seu sanduíche e tomando um copo de leite.

— Está tomando leite gelado? — disse ele.

— Estou. Eu gosto. Não havia café. Leite sem café, eu gosto gelado.

— Por que não me acordou? Eu poderia arranjar o café.

— Você sabe fazer café?

— Nunca fiz, mas posso aprender. É muito fácil.

Nelinha apareceu na cozinha.

— Papai, e meu suco?

— Já vai. Vou preparar.

Eugênio não sabia onde estavam as coisas e ficou abrindo e fechando os armários. Foi Nelinha quem pegou o espremedor de laranjas.

— É com isso, papai. Elvira faz com isso. Sabe como é?

Depois de conseguir alimentar Nelinha e saber que Marina já havia comido, foi ao telefone. Ligou para Olívia.

— Olívia, Elvira não veio e estou sozinho com as crianças. Não sei o que fazer. Você vai demorar?

— Não sei se poderei ir até aí hoje. Alguns amigos meus vêm me visitar.

— Você vai me deixar aqui, sozinho com eles?

— O que é que tem?

— O que farei o dia inteiro?

— Não sei. O que fazia aos domingos antigamente?

— Ia ao clube pela manhã para fazer exercícios. Depois almoçava em casa e descansava o resto do dia.

— Faça isso. As crianças vão adorar conhecer o clube.

— Você está brincando comigo!

— Não estou, não.

— Meu clube é masculino e não vão crianças.

97

— Pois então mude. Arranje um onde as crianças possam ir. Sabia que há muitos deles pela cidade? Vão famílias inteiras passar o domingo.

— Você virá?

— Não. Não posso. Diga às crianças que irei amanhã cedo. Tenho uma folga no escritório.

Eugênio desligou o telefone contrariado. Ela fazia de propósito. Pretendia irritá-lo. Mas, se pensava que ele iria implorar, estava enganada. Ele se arranjaria. Apanhou o jornal e procurou descobrir um lugar para levar as crianças. Resolveu ir ao zoológico. Havia lido que as crianças precisam conviver com a natureza.

Chamou-os dizendo:

— Aprontem-se. Vamos passear.

Eles o olharam admirados. Não se lembravam de ter saído com o pai antes. Mesmo quando iam a qualquer lugar, Elisa tomava um táxi. Eugênio nunca tinha tempo para levá-los.

— Quero todos bem bonitos. Vamos nos divertir muito.

Ele lembrou que, quando criança, sua tia o levara a um parque onde havia muitos animais, e ele nunca mais esquecera aquele passeio.

Quando todos estavam prontos e iam saindo, Juninho lembrou:

— Não vai ver se a porta dos fundos está fechada? Mamãe nunca saía sem ir lá ver.

— Tem razão — respondeu ele, dirigindo-se aos fundos e fechando a porta, que estava só com o trinco. — Sua mãe sempre pensava em tudo.

Ele nunca tivera de se preocupar com esses detalhes. Agora, até isso lhe cabia. O que fazer? Precisava conformar-se.

— Vamos — disse ele.

— Eu não vou — tornou Marina.

— Vai, sim. Vamos passear e nos divertir.

— Não quero ir. Podem ir, eu fico em casa.

— Não pode ficar sozinha. Vamos passear e almoçar em um restaurante.

— Posso ficar na casa de dona Glória. Ela me convida sempre para ir lá.

— De forma alguma. Hoje é domingo e vamos sair todos juntos. Vamos, entre no carro.

Marina obedeceu de má vontade.

— Quero ir na frente — disse Nelinha.

— Eu vou na frente — contrapôs Juninho.

Eugênio olhou e decidiu:

— Marina vai na frente, porque vocês são muito pequenos.

— Está bem! — resmungou o menino.

Estava um dia bonito e ensolarado. O zoológico estava movimentado. Eugênio preocupou-se, tomando cuidado para que as crianças não se afastassem dele.

— Marina, segure a mão de Juninho e não saia de perto de mim — recomendou enquanto segurava a mão de Nelinha.

Começaram o passeio, em meio à animação das crianças que brincavam ruidosamente ao redor, os pais que procuravam controlá-las, o trinado dos pássaros que enfeitavam as árvores e a beleza dos animais cuidadosamente tratados e devidamente instalados, que faziam a alegria da garotada.

Andaram por toda parte. Viram onças, macacos, leões, bicho-preguiça, araras e papagaios, girafas e zebras. O tempo passou rápido.

Eugênio, acalorado, procurava responder às perguntas dos dois menores, uma vez que Marina, obstinada, mantinha-se em silêncio. Levou-os ao banheiro, arranjou água, lavou as mãos de Nelinha. Conversou com outros pais que também acompanhavam seus filhos, trocaram ideias sobre os animais, comprou pipocas e, por fim, percebeu que passava das três.

— Vocês precisam comer. Já é tarde. Vamos almoçar. Já vimos tudo.

— Amanhã poderemos voltar aqui? — indagou Nelinha, entusiasmada. — Quero ver a girafa de novo.

— Amanhã não pode ser. Voltaremos num outro domingo. Agora vamos.

Conversando ruidosamente, foram até o carro.

— Agora sou eu quem vai na frente — disse Juninho. — É minha vez.

— Papai disse que não pode.

— Eu quero. É minha vez — disse o menino empurrando a irmã, tentando entrar na frente.

— Nelinha tem razão, Juninho. Vocês são muito pequenos para andar no banco da frente.

— Você a está protegendo, só porque é menina e mais nova. E eu?

99

— Não estou protegendo ninguém. Vamos, não crie confusão.

— Sempre ela, a protegida. Mamãe fazia sempre isso! — reclamou ele, entrando no carro e sentando-se no banco traseiro.

Foram ao restaurante. Eugênio fez o que pôde para agradá-los. Olhando a satisfação de Nelinha diante de uma taça de sorvete de chocolate com creme, e o bigode marrom que dava a seu rosto um ar engraçado, ele se comoveu. Qualquer coisa tocou dentro de seu peito e ele, pela primeira vez, pensou que aquela criaturinha agora dependia exclusivamente dele. Seus olhos encheram-se de lágrimas, que ele procurou disfarçar, envergonhado.

Juninho também estava contente. Só Marina continuava calada e distante. Em alguns momentos, surpreendera um brilho de alegria em seus olhos, logo disfarçado. E isso lhe dava esperanças de poder fazê-la esquecer a tragédia que os vitimara.

Elisa estava com eles e sentia-se feliz vendo-o cuidar das crianças como sempre sonhara. Não que ela o julgasse indiferente. Isso, não. Ele nunca deixara faltar nada para os filhos. Mas ela gostaria que ele tivesse se dedicado, convivido mais com as crianças. Súbita tristeza acometeu-a. Como ela gostaria de poder estar ali com eles, usufruindo aqueles momentos! Nunca mais poderia abraçá-los, beijá-los, conversar com eles. Lágrimas escorriam pelo rosto de Elisa, e ela se arrependeu amargamente de haver saído naquela noite!

Subitamente, Marina começou a chorar.

— Quero ir para casa! — disse.

— O que aconteceu? — perguntou Eugênio. — Não está gostando do passeio?

— Quero mamãe. Estou triste porque ela não está aqui. Você tem culpa de tudo. Quero ir para casa!

— Não chore, Marina — disse ele, tentando controlar a própria emoção. — Eu também gostaria que sua mãe estivesse aqui. Infelizmente não pode ser. O que podemos fazer?

— Não é verdade. Quando ela estava aqui, você nunca saiu com a gente. Só está aqui porque não tem outro remédio, por obrigação. Se pudesse, estaria em outro lugar. Quero ir para casa. Não preciso de você. Quando crescer, vou embora e você nunca mais me verá.

— Vou pagar a conta e vamos embora. Não precisa chorar. Vamos para casa.

100

O prazer do passeio havia se acabado. Elisa, triste, aproximou-se de Marina, tentando conversar com ela:

— Filha, não se atormente! Acalme-se. Não faça assim com seu pai. Ele errou, mas agora está mudado. Ele vai cuidar de você. Não chore. Eu estou aqui.

Marina calou-se. Eugênio pagou a conta e saíram. Juninho sentou-se no banco de trás e Nelinha perguntou:

— Papai, amanhã vamos passear de novo?

— Amanhã, não. Tenho de trabalhar. Outro dia.

— Quero ir lá de novo ver a girafa — tornou ela com entusiasmo.

— Eu gostei mais do macaco — considerou Juninho.

Os dois não pararam de falar comentando o passeio, e, ao chegarem em casa, Eugênio estava mais calmo.

Ligou a televisão para as crianças e estendeu-se em uma poltrona para ler o jornal.

Quando começou a escurecer, lembrou-se de que eles não haviam tomado banho. Mandou-os para o banheiro. Deu ordem a Marina para ajudar Nelinha, e ele mesmo foi ver se Juninho se lavava direito e deixava o banheiro em ordem. Depois, foi à cozinha. Precisava dar um lanche para as crianças. Juninho acompanhou-o. Ele sabia onde estavam as coisas e do que cada um gostava. Marina continuava de má vontade. Nelinha cooperou arrumando a mesa, e Marina acabou por ajudá-la.

Tomaram o lanche, guardaram tudo e colocaram a louça na pia. Elvira viria no dia seguinte. Na hora de dormir, Nelinha queria que ele contasse história e Juninho também.

— Primeiro, Nelinha — disse Eugênio, vendo que ela estava sonolenta. — Depois vou a seu quarto e fico com você.

— Sempre ela primeiro. Você é igual à mamãe — reclamou ele, indo deitar-se.

Marina acomodara-se sem dizer nada.

— Papai, conte uma história bem bonita — pediu Nelinha.

— Era uma vez uma menina muito bonita, mas muito levada chamada Nelinha.

— Ah, papai, assim não vale! Quero uma história de verdade, de princesa e tudo mais.

Eugênio tentou inventar uma, mas não tinha muito jeito, e a menina riu dele, dizendo:

— Você não sabe contar história. Vou pedir a tia Olívia que ensine você. Assim, quando ela não puder vir, você conta.

— Está bem. Agora trate de dormir, que é tarde.

— Vou sonhar com a girafa. Foi o dia mais lindo que passei!

— Do que você gostou mais? — perguntou ele, satisfeito.

— Bom, primeiro da girafa, depois da arara.

— E do sorvete de chocolate?

— Gostei de andar em seu carro. Você me leva de novo?

— Levo, sim — prometeu ele beijando-a na testa. — Agora durma. Até amanhã.

— Até amanhã.

Ele se dirigiu à cama de Marina e aproximou-se beijando-a na testa.

— Boa noite, Marina. Durma bem — ela não respondeu. Ele continuou: — Acho melhor você se acostumar. De agora em diante, eu é que vou tomar conta de você. Brigar comigo e ficar de cara amarrada não vai servir de nada. Não acha melhor fazer as pazes?

Vendo que ela continuava calada, ele finalizou:

— Pense nisso.

Passava das dez quando ele finalmente foi para seu quarto. Estendeu-se no leito. Estava cansado, porém aliviado. Tomar conta das crianças não era tão difícil assim. Lembrando-se das atividades do dia, da alegria e do entusiasmo deles, sorriu. Um sentimento de orgulho acometeu-o. Seus filhos eram lindos e inteligentes. Ficava admirado com a argúcia de Juninho e a lógica de Nelinha. Quanto a Marina, era-lhe difícil ainda sentir sua personalidade.

Como ele fora cego! Quanto tempo perdera em futilidades e sem usufruir a companhia dos filhos! Eles eram tão confiantes e tão pequenos! Ainda bem que ele estava ali para tomar conta deles. Naquele momento, um misto de ternura e de proteção acometeu-o, e ele prometeu que tudo faria para torná-los fortes e felizes. Embalado por doce sensação de paz, adormeceu.

102

Capítulo 8

Passava das cinco da tarde quando Olívia chegou à casa de Eugênio na segunda-feira, carregando algumas guloseimas para o lanche. Quando a viu, Nelinha correu a abraçá-la com satisfação. Olívia livrou-se dos pacotes, colocando-os sobre a mesa, e pegou a menina no colo, beijando-a com carinho.

— Que bom ver você! Como está cheirosa! Tomou banho agora?
— Tomei. Fiquei bonita para esperar você!
— Hum! Que bom! Seus irmãos já chegaram da escola?

Foi Elvira quem respondeu:

— Já. Estão tomando banho.
— Vamos preparar um lanche bem gostoso. Estou morrendo de fome!
— Eu também. O que você trouxe naquele pacote? — quis saber Nelinha.
— Aqueles sonhos de que você gosta!
— Oba! E naquele outro?
— Vamos arrumar tudo e você vai ver — disse Olívia sorrindo.
— Pode deixar, dona Olívia. Eu arrumo tudo do jeito que a senhora gosta.
— Está bem. Tenho sentido falta de vocês.
— Você foi embora e não veio me contar história — queixou-se ela. — Você vai dormir aqui hoje?
— Não posso. Mas vou ficar bastante com vocês.

Os outros dois desceram correndo e abraçaram a tia com alegria. O lanche foi servido, e eles comeram com apetite.

— A tia não vai dormir aqui hoje — foi dizendo Nelinha. — Eu queria que ela contasse história de fadas. Papai não sabe nenhuma bonita.

— Ele sabe muitas coisas de carro. Ninguém entende de carro como ele! — tornou Juninho com orgulho.

— Eu não gosto de falar de carro! Eu gosto de princesas, de fadas.

— Isso é coisa de meninas. Eu gosto das histórias dele — respondeu Juninho. — Ele conhece tudo sobre os bichos do zoológico. Lembra a história do macaco?

Olívia olhou admirada. Nunca vira Juninho defendendo o pai.

Nelinha riu.

— É mesmo. De fadas, ele não entende, mas de girafa, sim. Tia, eu vi uma girafa de verdade! Ela comia tão engraçado... Nós vamos lá de novo! Papai disse que vai me levar.

Olívia olhou para Marina, que se conservava calada, e perguntou:

— E você, não diz nada?

— Não. Só fui junto porque ele me obrigou. Não gostei de nada.

— Ah! Vocês foram ao zoológico e aonde mais? — perguntou Olívia curiosa.

— Ao restaurante — disse Juninho. — Eu podia comer tudo que quisesse! Tomei um sorvete deste tamanho, cheio de morango e creme em cima.

— O meu foi de chocolate! — contou Nelinha.

— Eu queria que você visse o bigode dela! Ela se lambuzou toda! — tornou Juninho.

— É nada, tia. Foi ele que ficou com bigode!

Marina sorriu:

— Você precisava ver, tia, os dois ficaram com bigode. Até parece que nunca viram sorvete.

Olívia queria saber mais.

— Então vocês passaram um ótimo dia.

— Eu não gostei. Preferia ter ficado em casa — disse Marina.

— Ela é enjoada. Deu para ficar boba — retrucou Juninho. — Eu me diverti muito. Só teve uma coisa: o dia passou muito depressa!

— Quer dizer que foi bom ter saído com seu pai?

— Claro que foi — tornou Juninho com entusiasmo. — Ele disse que agora vai sair sempre com a gente. Nós vamos passear muito.

— Quero ver a girafa de novo e dar comida para ela!

— Você é boba. Tem outros lugares mais bonitos para ver. Eu quero ver outro lugar!

— É. Pelo jeito vocês nem sentiram falta da tia.

Eles protestaram, e Nelinha concluiu:

— Vamos levar você junto.

— Nada disso — respondeu Olívia. — Vocês saem com seu pai, e, quando eu puder, virei buscá-los e irão comigo. Não precisamos sair todos juntos.

— Você não gosta dele, não é, tia? — indagou Marina.

Olívia ficou embaraçada com a pergunta. Embora fosse verdade, não queria indispor Eugênio com os filhos. Não seria bom para eles. Por isso, respondeu:

— Digamos que nós somos muito diferentes. Não combinamos. Eu penso de um jeito, e ele de outro. Por isso, não gostamos de ficar juntos.

— Você sabe que ele é culpado da morte de mamãe — disse Marina com voz sentida.

Olívia fez um gesto para que ela se calasse.

— É verdade, tia? — disse Juninho. — Ele teve culpa da morte de mamãe?

— A morte de sua mãe foi um acidente. Ninguém teve culpa — disse Olívia. — Ela saiu, foi atravessar a rua e não percebeu o carro, porque estava escuro. Foi isso que aconteceu.

Marina ia retrucar, mas mudou de ideia.

— Tenho saudade de mamãe! — disse Nelinha chorosa. — Ela não vai voltar nunca mais?

— Eu também sinto saudade dela. Mas Deus precisava dela lá no céu e, como ela era muito boa, ele a levou. De lá, agora, ela não pode sair, mas continua gostando de nós. Se ela pudesse, estaria aqui com certeza.

Percebendo que eles haviam ficado tristes, ela reagiu:

— Eu não fui ao zoológico. O que mais havia lá?

Os olhos de Nelinha brilharam, e ela descreveu alguns animais dos quais gostara, interrompida muitas vezes por Juninho, que também queria contar o que vira.

Só Marina continuava calada, sem participar do entusiasmo deles. Para ela, gostar de algo que viesse do pai era trair sua mãe. Ele a fizera chorar, sofrer, fora embora de casa e trocara-os por outra mulher. Se Elisa estivesse viva, haveria de ajudá-la a esquecer-se dele

105

para sempre. Mas ela não resistira, estava morta. Nunca mais voltaria. Só lhe restava mostrar que, apesar de tudo, estava do lado dela. Não seria com passeios, divertimentos e sorvetes que o pai compraria seu perdão. Haveria de fazê-lo sentir sua culpa pelo resto da vida.

Vendo que Marina continuava triste e pensativa, Olívia deu alguns brinquedos que trouxera aos dois menores, dizendo:

— Vão brincar um pouco. Eu e Marina temos um assunto para tratar.

Enquanto os dois se entretinham alegremente, Olívia pegou Marina pela mão, dizendo:

— Venha aqui. Sente-se ao meu lado no sofá. Não gosto de vê-la triste.

— Sinto muito, tia. Não posso me conformar com o que nos aconteceu. Mamãe está fazendo muita falta.

— É verdade. Elisa era toda a minha família, além de vocês. Nossos pais morreram em um acidente quando éramos crianças.

— Assim como nós? Mamãe nunca me contou.

— Para que falar de coisas tristes e sem remédio? Nesses casos, o melhor mesmo é esquecer.

— Quantos anos você tinha quando seus pais morreram?

— Eu, quinze e Elisa tinha dezessete.

— Foi acidente de carro?

— Não. Desastre de trem. Mas para que falar nisso agora?

— Deve ter sido difícil para vocês.

— Foi. Ficamos desorientadas. Apesar de mais nova, eu já trabalhava em um escritório. O trabalho, nesses casos, ajuda bastante. Não dá tempo de pensar nas tristezas. Elisa só estudava. Eu queria que ela se formasse, fizesse uma faculdade. Não deu certo.

— Ela não gostava de estudar?

— Gostava. Mas conheceu seu pai, começaram a namorar e ela desistiu de estudar. Casou-se com dezoito anos!

— Você não queria. Não gostava dele.

— Não é isso. Eu achava que ela era muito criança para se casar. Preferia que ela estudasse, se formasse e deixasse o casamento para depois.

— Pelo jeito, papai só serviu para atrapalhar a vida dela.

— Não diga isso. Foi bom Elisa ter se casado. Agora tenho vocês e isso me dá muita alegria.

Marina abraçou a tia, beijando-a com carinho:

— Sei que não sou como mamãe, mas estou aqui e gostaria de ir morar com você.

— Deixaria seus irmãos sozinhos?

Marina deu de ombros.

— Eles não estão ficando do lado de papai?

— Vocês são crianças e precisam muito de um pai. Ele está se esforçando. Não é justo que diga isso.

— Até você, tia? Será que já esqueceu o que ele fez?

— Ele não esperava que acontecesse o que aconteceu. Está arrependido. Por que não procura esquecer?

Marina trincou os dentes com força, depois disse:

— Nunca esquecerei. O que ele fez, vai pagar.

Olívia impressionou-se com o tom dela. Apesar de pensar da mesma forma, gostaria que Marina não sofresse. Já que precisava viver com o pai, que pelo menos pudessem conviver sem problemas.

— Não é bom para você pensar assim — disse olhando-a fixamente nos olhos. — A vingança é um sentimento muito ruim. Ele é seu pai, quer-lhe bem e está tentando dar a vocês o que nunca deu.

— Faz isso por obrigação. Porque não tem outro remédio. Sua vontade era ver-se livre de nós e ir morar com aquela mulher.

— Isso já passou. Acho até que nem vai mais à casa dela.

— Porque não pode. Tem de vir para casa, porque Elvira vai embora às oito. Se não fosse por isso, não viria.

Olívia admirou-se da perspicácia de Marina.

— Seja como for, ele vem de boa vontade, conta histórias, procura fazer o melhor.

— Quer é nos comprar. Comigo, não.

Olívia tentou mudar de assunto:

— Seja como for, a vida continua. Você precisa pensar em você.

— Assim que eu crescer, se você não me quiser, fujo de casa.

— Não sabe o que está falando. Uma menina sozinha na rua, sem dinheiro, sem ter onde morar... Já pensou que perigo? Nem pense em uma coisa dessas. Depois, quem disse que não quero você? Gostaria muito que fosse morar comigo.

— Posso ir desde agora?

— Precisa crescer um pouco mais. Seus irmãos sentiriam muito sua falta. Você é a mais velha. Deve tomar conta deles, uma vez que sua mãe não está. Se você for embora, quem vai me contar tudo que acontece aqui? Preciso de você ao lado de seus irmãos.

— Quando seus pais morreram, você tomava conta de mamãe?

— Tomava, mesmo sendo mais nova. Era como se eu fosse uma segunda mãe.

— Por isso ela gostava tanto de você. É assim que devo ser?

— Só enquanto seus irmãos são pequenos e precisam de apoio. Quando crescerem, você poderá ir morar comigo, se ainda quiser.

Marina pendurou-se no pescoço da tia, beijando-a repetidas vezes.

— Obrigada, tia. Você é a pessoa de quem eu mais gosto no mundo!

Olívia sorriu:

— Mas, enquanto isso, não quero ver você triste. A saudade é forte, mas não tem remédio. Por isso, o melhor que tem a fazer é tentar esquecer. Com o tempo, haveremos de conseguir.

Olívia saiu de lá preocupada com Marina. Ela estava realmente magoada com o pai. Até que ponto esse sentimento poderia prejudicar sua vida? Arrependia-se de ter falado algumas coisas diante dela. Certas impressões na infância podem afetar o comportamento durante toda a vida. Ela não gostaria que Marina se infelicitasse pelo que aconteceu. Bastava a tragédia de Elisa.

Elisa! Seus olhos encheram-se de lágrimas. Por que tinha acontecido aquilo? Por quê? Ela também precisava esquecer. Lembrou-se de Eugênio com raiva. Ele era culpado de tudo. Se não tivesse tomado aquela atitude, Elisa ainda estaria viva.

Triste destino o de sua família. Nunca pensou que Elisa fosse morrer em um acidente, como os pais. A vida era cruel e sem finalidade. Por que feria sem piedade pessoas bondosas, mães com filhos pequenos que ainda precisavam de cuidados, deixando outras que além de maldosas não fariam falta nenhuma? Não podia compreender.

Em sua revolta, chegava a questionar Deus. Se Ele existisse mesmo e fosse bondoso como dizem, não teria permitido isso. O mundo era cruel; a sociedade, dos espertos e mais fortes em detrimento dos honestos e bondosos.

Elisa era esposa e mãe exemplar, mulher bondosa, honesta, sempre ajudando os outros. Não podia ver ninguém sofrendo que procurava fazer alguma coisa.

Olívia enxugou as lágrimas que teimavam em cair. Não. Ela não entendia a tragédia que lhes acontecera. A vida não valia a pena. Era cheia de injustiças e tristezas. No entanto, era preciso continuar.

Estava desanimada, triste. Ela ficara no mundo e tudo faria para ajudar os sobrinhos a viver melhor.

Abraçada a ela, Elisa chorava sentidamente. Ela também não entendia o que lhe acontecera. Por que tivera de deixar a família daquela forma? A religião dizia que todos têm um anjo da guarda. Se fosse verdade, teria sido protegida; e o acidente, evitado. Ela não acreditava mais em nada. Os anjos, os santos, se existiam, não protegiam ninguém. Ela precisava tomar conta de seus familiares para que nada de mau lhes acontecesse. Amava-os e haveria de defendê-los custasse o que custasse.

Marina não a esquecia. Era-lhe fiel. Sentia-se orgulhosa da atitude da filha. Eugênio precisava de alguém que o fizesse recordar-se dela. As coisas estavam correndo muito bem. Ela estava ali e não deixaria que ele arranjasse outra mulher que lhe tomasse o lugar. Não queria que seus filhos tivessem uma madrasta. Depois, ela o amava. Não gostaria de vê-lo aos beijos e carinhos com outra.

Ao recordar-se de Eunice, sentiu o peito oprimido e um sentimento de rancor acometeu-a. Com ela, ele não ficaria! Sorriu ao lembrar que ele nunca mais fora vê-la. No começo, ele ainda tentaria encontrar outra mulher, mas com o tempo deixaria isso de lado, dedicando-se só à família. Não fora só ela quem pusera os filhos no mundo. Ele era o pai. Devia fazer o que lhe cabia. Isso era um dever, e ela não abriria mão.

Pensando nisso, foi ter com ele no escritório. Eugênio parecia alegre e bem-disposto. Ela se acomodou em uma poltrona. Vendo a disposição do marido, ela pensava: "Que ingrato! Nem se lembra do que me fez. Tão pouco tempo e ele já esqueceu. Se fosse comigo, se ele tivesse morrido, eu estaria chorando sem parar até agora. Nunca me casaria de novo. Os homens são uns ingratos. Não sabem amar. Ele dizia que me amava. Era mentira. Se me amasse, não teria se envolvido com aquela mulher".

Um sentimento de raiva foi dominando-a. Enquanto ele estava alegre, ela sofria. Não era justo. Fora por causa dele que ela deixara a vida. Aproximou-se, dizendo-lhe ao ouvido:

— Você nunca me amou! É um homem sem sentimentos. Como pode estar contente depois do que nos aconteceu? Será que ficou feliz por eu ter morrido e deixado livre o caminho para suas aventuras? Era só isso que queria? Tantos anos de amor e de dedicação não valeram de nada?

Eugênio, de repente, sentiu-se mal. Faltou-lhe o ar e acreditou que fosse desmaiar. A tarde estava quente e ele pensou: "Acho que minha pressão caiu. É o calor".

Foi ao banheiro, molhou os pulsos e a nuca, respirou fundo. Olhou-se no espelho. Estava pálido. Seu corpo cobriu-se de suor.

"Acho que estou tendo alguma coisa!", pensou assustado. "Preciso de um médico."

Chamou a secretária.

— O que foi, doutor Eugênio? Está sentindo-se mal?

— Estou. Parece que me falta o ar. Preciso de um médico.

— Há o doutor Eduardo no sexto andar. Está no consultório agora.

— Veja se ele pode me atender.

— O senhor vai até lá?

— Vou.

Ela saiu e voltou em seguida.

— Ele perguntou se dá para subir até lá.

— Dá. Aliviou um pouco. Eu vou.

— Quer que o acompanhe?

— Não é preciso. Melhorei um pouco.

Elisa, a um canto da sala, observava pensando: "Preciso me conter. Não posso deixá-lo adoecer. As crianças precisam dele. Afinal, elas agora só têm o pai".

Eugênio ficou melhor, mas sentia-se fraco e desanimado. Sua vida de repente tornara-se sem graça e sem alegria.

Subiu ao consultório médico e foi logo atendido. Contou o mal-estar que tivera, e o doutor Eduardo examinou-o cuidadosamente, depois disse:

— Sua pressão está normal e não há nada que possa indicar algum problema.

— Senti-me muito mal. Pensei que fosse desmaiar.

— Talvez tenha trabalhado demais. Está preocupado com alguma coisa?

— Não. Eu estava muito bem. Foi de repente.

— Por que não tira umas férias? Depois de tudo quanto passou, talvez seja bom sair por alguns dias.

Eugênio balançou a cabeça negativamente.

— Tenho mais é que trabalhar. O trabalho faz-me bem.

110

— Vou receitar um relaxante. Procure descansar o mais que puder. Distrair-se. Não cultive lembranças desagradáveis. O que passou acabou.

— Está bem, doutor. Farei o possível.

Eugênio saiu do consultório aliviado. Fora apenas uma indisposição. Ainda bem. Se algo lhe acontecesse, o que seria de seus filhos?

Elisa observava-o e sorriu satisfeita. Ele se preocupava com a família. Era exatamente o que ela queria.

De volta ao escritório, Eugênio resolveu reagir. O que o médico dissera era verdade. Nos últimos tempos, ele se entregara às obrigações e perdera o gosto de divertir-se. Era verdade que a morte de Elisa o ferira fundo e sua vida se transformara vertiginosamente. Mas ele era moço, tinha o direito de viver. Não estaria entregando-se demais à depressão? Por mais triste que estivesse, por mais que lamentasse o que aconteceu, nada do que fizesse poderia trazer Elisa de volta. O doutor Eduardo tinha razão. O passado havia acabado.

Ele cuidaria dos filhos, mas para isso não precisaria deixar de fazer o que lhe dava prazer. Era verdade que teria de ir para casa às oito, mas antes disso poderia aproveitar o tempo.

Abriu a gaveta da escrivaninha e procurou uma agenda, abriu e, decidido, discou o número.

— Alô, Lurdes, como vai?

Elisa, de um salto, pulou para seu lado, observando. Eugênio continuou:

— Eu não estou muito bem. Depois do que me aconteceu, tenho me sentido arrasado. À noite, quando chego do trabalho, não tenho com quem conversar. Sinto-me tão sozinho! Hoje estou muito triste e lembrei-me de você, sempre tão alegre, tão agradável.

— Eu também tenho pensado muito em você, desde que soube do que lhe aconteceu. Faz tanto tempo que você não telefona...

— Não queria incomodar. Depois, tinha medo de não resistir à tentação. Eu era um homem casado e não podia oferecer-lhe nada. Não tinha o direito de prejudicar sua vida. Renunciei, mas não consegui esquecer. Gostaria de conversar com você. Posso passar aí?

— Hoje?

— Agora, dentro de meia hora.

Depois de ligeira hesitação, ela respondeu:

— Está bem. Eu tinha outro compromisso, mas darei um jeito. Também não consegui esquecer o que houve entre nós.

111

Eugênio desligou o telefone com euforia. Lurdes era do que ele precisava naquele momento. Delicada, culta, bonita e apaixonada por ele. Foi ao banheiro, preparando-se para o encontro.

Elisa olhava tentando dominar o rancor. Ele era falso, fingido. Ele não procurara Lurdes porque preferia ficar com Eunice. Fizera o papel de vítima. Usara a tragédia de sua morte para fazer-se de fraco e conquistar aquela mulher. Com certeza, essa Lurdes teria sido mais uma com a qual ele a traíra. Se ele pensava que ela iria tolerar essa leviandade, estava enganado. Ela não iria permitir que ele continuasse naquela vida depravada que sempre vivera.

Observando a disposição dele, perfumando-se para o encontro, sentiu aumentar seu rancor. Porém, decidiu esperar. Primeiro, iria conhecer essa mulher e decidir qual a melhor forma de afastá-la de seu caminho.

Eugênio saiu bem-disposto e encontrou o doutor Eduardo no corredor.

— Melhorou? — indagou o médico.

— Muito. Vou sair mais cedo e espairecer. Acho que tinha razão. Eu estava precisando mesmo era me divertir.

O médico bateu-lhe levemente no ombro, sorrindo e dizendo:

— Isso mesmo. É o melhor que tem a fazer.

Eugênio saiu e, ao entrar no carro, olhou-se de relance no espelho do retrovisor, pensando satisfeito: "Apesar de tudo, ainda estou em forma!".

Elisa, sentada a seu lado, olhava com ar de desdém. Chegando a um edifício elegante, ele parou. Ligou o rádio do carro e esperou. Dez minutos depois, Eugênio desceu e dirigiu-se a uma moça que saía do prédio. Elisa aproximou-se. Lurdes era uma moça elegante, bonita, e parecia muito fina. Vestia-se muito bem. Morena, cabelos ondulados, olhos castanhos, corpo bem-feito.

Eugênio apertou a mão dela com prazer.

— Que bom revê-la!

— Como vai?

— Vivendo. Você está bonita, sempre elegante!

Foram conversando e acomodaram-se no carro. Elisa, contrafeita, tomou assento no banco de trás. Aquela mulher era muito diferente de Eunice. Mais discreta, não teria mais do que uns vinte e cinco anos.

Os dois conversavam animadamente. Eugênio dizia:

— Vim encontrá-la tão cedo porque não posso me demorar. A empregada só fica em casa até as oito. Se eu não estiver lá essa hora, ela vai embora e deixa as crianças sozinhas.

— Compreendo.

— Isso será por pouco tempo. Pretendo arranjar uma empregada que durma no emprego. Não parece fácil. Elas são preconceituosas. Não querem dormir na casa de um viúvo. Mas o que eu queria mesmo era ver você. Vamos jantar em algum lugar?

— É um pouco cedo para jantar. Talvez um sorvete ou refresco.

— Como queira. Hoje eu me sinto particularmente triste. Passei mal no escritório e o médico aconselhou-me a sair um pouco, espairecer. Lembrei-me de você, tão alegre e calma! Conversar com você sempre me fez muito bem. Tenho sentido sua falta.

Lurdes olhou para ele e sorriu. Tinha um sorriso lindo e covinhas nas faces.

— Quando soube do que lhe aconteceu, também fiquei triste. Pelo que sei, sua esposa era muito dedicada.

— É verdade. As crianças estão inconsoláveis.

— Do que foi que ela morreu?

— Foi atropelada. Saiu à noite, talvez para comprar algo, e ao dobrar uma esquina não viu o carro. Havia deixado as crianças fechadas em casa, o que prova que ela pretendia voltar logo.

— Que tristeza!

Elisa observava tudo atentamente. "Por que ele não conta o que fez?", pensou. "Os homens são falsos e fingidos."

Eugênio falou de seus problemas, tendo de cuidar das crianças, sem nunca haver feito isso antes.

— Minha cunhada até gostaria de ficar com as crianças, mas ela precisa trabalhar. A responsabilidade é minha. Eu sou o pai. Não posso jogar isso na mão dos outros.

— Está muito certo agindo assim. Elas já perderam a mãe, precisam muito do pai.

— Estou fazendo o possível. Mas hoje me sinto triste. Desculpe ter envolvido você em meus problemas. Afinal, não pretendo entristecê-la. Mudemos de assunto.

Elisa continuava atenta. Enquanto estivessem apenas conversando, ela não faria nada. Porém, se eles começassem os beijos, tomaria providências.

113

— Aonde vamos? Na verdade, o que eu queria mesmo era estar em um lugar sossegado para conversar — disse Eugênio.

— Vamos dar uma volta e parar em uma rua calma.

— Espero não estar aborrecendo você.

— Absolutamente. Gosto de conversar.

Eugênio escolheu uma rua arborizada em um bairro residencial não muito distante e parou o carro. Tomou a mão dela, beijando-a com carinho.

— É bom estar com você! Não sei como pude ficar tanto tempo sem vê-la.

— Naquele tempo, nossos caminhos eram opostos. Você era comprometido. Tenho meus princípios, você sabe.

— Custou-me entender. Saímos tantas vezes e você nunca cedeu. Contando, ninguém acreditaria que nosso amor tenha sido tão ingênuo. Seus beijos ainda me estão queimando os lábios.

Eugênio tomou-a nos braços, beijando-a com paixão. Ela se entregava à emoção, e ele, sentindo voltar o antigo desejo, apertava-a mais, dando vazão ao que sentia.

Elisa indignou-se. Atirou-se sobre ele, dizendo enfurecida:

— Traidor, descarado! Fingido, mentiroso! Não vou permitir essa falta de vergonha! Você vai pagar o que me fez!

De repente, Eugênio sentiu a cabeça rodar e empalideceu.

— O que foi? — indagou Lurdes. — Sente-se mal?

Ele levou a mão ao peito e respirou fundo.

— Não sei o que é. De repente fiquei sem ar. Tive a impressão de que iria desmaiar.

— E agora, o que está sentindo?

— Um peso na cabeça e enjoo. Não comi nada!

Lurdes fitou-o séria:

— Você tem sentido sempre isso?

— Algumas vezes.

— Sempre de repente?

— É. Não é possível que não seja nada. O médico disse que está tudo bem. Eu nunca havia sentido nada. Sempre tive boa saúde. Estou preocupado. O que será das crianças se me acontecer alguma coisa?

— Se o médico disse que está tudo bem, deve acreditar.

— Mas então por quê? Qual a causa desse mal-estar?

— Nem todos os sintomas que apresentamos são doenças.

114

— Como assim?

— Podemos sentir energias que estão ao redor, registrar emoções de outras pessoas e acreditar que sejam nossas. Nunca ouviu falar nisso?

— Não. Do que está falando?

— Acredito que nós sejamos mais do que o que podemos ver com nossos olhos. Já pensou quantas coisas existem que para vermos precisamos de um microscópio?

— Isso eu sei. Mas o que tem isso a ver com meu mal-estar?

— Você pode estar captando energias de outras pessoas.

— Não acredito nisso! Onde aprendeu essas ideias?

— Há pesquisas modernas sobre o assunto. Se você se sente mal de repente e não está doente, então é porque captou energias doentias de alguém.

— Não conheço ninguém doente e não estive visitando nenhum hospital.

— Não importa. Para o pensamento não existe distância. Quando alguém se aproxima de você, há uma troca de energias. Esse alguém sente as suas, e vice-versa. É isso que faz simpatizar ou antipatizar com as pessoas à primeira vista.

— Mas não estive com ninguém. Estamos sós aqui, e você, pelo que sei, está muito saudável.

— Não há ninguém que possamos ver. Quem garante que não haja aqui outros seres, de outras dimensões da vida?

Eugênio meneou a cabeça negativamente.

— Espere aí. Quer que eu acredite que há pessoas invisíveis? Sempre pensei que você fosse equilibrada. Que ideia absurda!

— Por quê? Se na natureza nada se perde, tudo se transforma, para onde vão as pessoas que morrem no mundo?

— Sei lá!

— Vão para outros mundos. Você imagina que neste imenso universo só existe nosso pequeno planeta?

— Isso são crendices, exploração da ignorância popular. Uma pessoa culta não deveria acreditar nisso.

— Ao contrário. Há cientistas importantes que estudaram esse assunto e comprovaram a existência de outras dimensões, de lugares para onde vão as pessoas que morrem.

— Não creio. Quem morre não volta nunca mais.

— Engano seu. A morte não é o fim. O espírito é eterno.

115

— Não posso crer que uma moça instruída e de classe como você acredite nisso.

— Em seu caso, faria bem em começar a acreditar.

— Por quê?

— Porque sinto que você está sendo envolvido por um espírito desencarnado.

Eugênio arrepiou-se:

— Que horror! Não diga uma coisa dessas!

— É mais comum do que pensa. Estamos rodeados por espíritos que, inconformados com a morte, muito apegados à vida na Terra ou à família, teimam em circular por aqui, em vez de seguirem para seu novo destino.

— Não é possível! Se isso fosse verdade, o universo seria um caos. Se existe Deus e se ele governa tudo, nunca permitirá isso. Seria injusto para com os que estão aqui.

— Por quê?

— Porque não estamos em condições de nos defender. Como fazer se não podemos vê-los? Eles teriam sobre nós uma vantagem desleal.

— Apesar de estarem aqui, eles vibram em uma frequência diferente da nossa. Para que consigam ligar-se com alguém de nosso mundo ou vice-versa, é preciso haver sintonia. É o mesmo princípio das ondas hertzianas: as estações de rádio estão no ar, porém você só as ouvirá se sintonizá-las.

— Que loucura! Quem quererá sintonizar com uma pessoa que já morreu?

— Muitas pessoas saudosas gostariam de poder fazer isso. Mas não é a vontade que determina e sim como a pessoa pensa ou age. Por exemplo: uma pessoa deprimida e negativa emite sinais energéticos equivalentes e pode sintonizar com pessoas, encarnadas ou não, que pensem da mesma forma.

— Pessoas vivas?

— Pessoas como nós, porque, vivos, os espíritos desencarnados também são.

Eugênio meneou a cabeça admirado.

— Você diz coisas difíceis de acreditar.

— É porque você nunca pensou no assunto. Quando o fizer, se surpreenderá ao descobrir o número de pessoas que já sabem disso. Como está sentindo-se agora?

— Melhor. Sinto-me aliviado.

Elisa, assustada com o que ouvira, temerosa de ser descoberta, afastara-se, observando-os a distância.

— Você iria se dar bem com um amigo meu — disse Eugênio. — Ele também acredita em alma do outro mundo. Aconselhou-me a procurar um centro espírita.

— Pelo jeito, você não foi.

— Claro que não. Você acha que eu deveria ter ido?

— Talvez. Não sei. Esse é um assunto muito pessoal. Só você pode saber.

— Mas você acredita nessas coisas?

— Acredito. Mas essa é a minha maneira de ver.

— Sou um descrente. Não vai argumentar, tentar me convencer?

— Não tenho essa pretensão. A vida tem me ensinado algumas coisas. Quando você estiver pronto, ela mostrará para você.

Eugênio sorriu malicioso:

— E se eu estiver justamente procurando alguém que me prove que isso é verdade?

Ela sorriu por sua vez:

— Às vezes penso que a descrença seja apenas um desafio para que as provas apareçam. Se estiver sendo sincero, elas irão ao seu encontro espontaneamente.

Elisa observava-os triste. Não gostava desses assuntos. Essa mulher parecia-lhe mais inteligente e perigosa do que as outras. Geninho estava sendo envolvido. Precisava fazer alguma coisa para afastá-la. Ela não podia perceber sua presença. Tomaria cuidado dali por diante. Vendo-os abraçados, conteve-se. Quando voltavam para casa, ela, sentada no banco traseiro do carro, esforçou-se para controlar-se, vendo-os trocando beijos de quando em quando.

"Se ele for dormir com ela, não vou me conter!", pensou ela vendo-o acompanhá-la até a porta de casa. Mas, para seu alívio, Eugênio despediu-se, beijando-a demoradamente nos lábios.

Eugênio entrou no carro, acenou um breve adeus quando ela entrou em casa, e deu partida no carro. Tinha de se apressar, porquanto faltavam apenas alguns minutos para as oito. Sentia-se feliz e aliviado. Lurdes era encantadora. Sua presença tivera o dom de acalmá-lo. Além de tudo, era bonita e atraía-o muito. Antes ele era comprometido e não quisera forçar nada. Agora, porém, se fosse jeitoso,

117

ela haveria de ceder. Imaginava como seria seu relacionamento com ela, visualizando cenas de intimidade, criando fantasias.

Elisa, percebendo-lhe os pensamentos, encolhia-se colérica. Nunca pudera supor que ele fosse tão venal! Como ela fora ingênua! Tanto pudor, tanto recato, tanto medo de fazer algo errado, de parecer leviana! Como estava enganada! Eugênio gostava de mulher ardente, e ela, tolhida, achava que era feio demonstrar seu temperamento apaixonado. Por que se limitara tanto, por quê? Infelizmente, agora era muito tarde para se arrepender. Só lhe restava o remorso, a tristeza e a infelicidade.

Capítulo 9

Daquele dia em diante, começou para Eugênio uma rotina diferente. Largava do escritório às seis e ia buscar Lurdes na saída do trabalho. Ficavam juntos até pouco antes das oito, quando Eugênio a levava para casa e se despedia. Eram momentos de convivência agradável e leve. Com ela, ele se descontraía, esquecia um pouco seus problemas. As coisas não iam bem no trabalho. Andava sem sorte ultimamente. Contudo, ao lado de Lurdes, conseguia reaver o bom humor e a tranquilidade.

Ele nunca tivera tantos problemas na vida. Era uma fase, pensava, haveria de passar e sua sorte mudar de novo. Gostaria de poder sair com Lurdes à noite, ou mesmo em um fim de semana, mas não tinha como. Não queria convidá-la para sair com as crianças. Marina iria se revoltar ainda mais. E, depois, ele não queria um envolvimento sério.

Pensou em convidar Olívia para ficar um fim de semana com as crianças. Ele poderia pretextar uma viagem e ir com Lurdes. A cada dia ficava mais interessado em um relacionamento íntimo, mas ela era arredia. Se ele dispusesse de tempo e pudessem passar uma noite juntos, certamente derrubaria toda a sua resistência.

Telefonou para Olívia.

— Como vai, Olívia?

— Bem. O que quer?

— Estou precisando fazer uma viagem no próximo fim de semana. Você poderia ficar em minha casa com as crianças?

— Aonde você vai?

— Trata-se de negócios. O dono de uma empresa de Ribeirão Preto quer que eu vá conhecer seu depósito.

— Por que não vai durante a semana?

— Porque tenho de voltar para casa à noite, esqueceu? E também porque ele só estará lá no fim de semana.

Silêncio. Depois ela disse:

— Vou pensar.

— Como, vai pensar? Não pode dar uma resposta agora? Tenho de providenciar documentos para levar e tudo mais. Hoje já é terça-feira.

— Preciso ver meus compromissos.

— Fim de semana? Por que me nega este favor? Afinal, tenho feito o que posso e nunca lhe pedi nada. Se eu não for, posso perder excelente negócio e estou precisando de dinheiro. As despesas aumentaram muito e, infelizmente, não tenho conseguido bons negócios ultimamente.

— Está bem — disse ela por fim. — Irei. A que horas pretende sair?

— Pretendo ir no sábado bem cedo.

— Está bem. Estarei em sua casa sábado pela manhã.

— Obrigado, Olívia. Sabia que podia contar com você.

Ele desligou o telefone, exultante. Finalmente conseguira. Imediatamente procurou em seus arquivos alguns folhetos de viagem. Precisava traçar um plano para convencer Lurdes a acompanhá-lo.

Não pretendia ir muito longe. O importante era escolher um lindo lugar, um hotel aprazível, romântico. Em sua cabeça, imaginava as cenas de amor que viveria com Lurdes. Estava empolgado. Finalmente encontrara de novo o prazer de viver. Aquele seria o fim de semana mais maravilhoso de toda a sua vida.

Elisa observava-o. Que desavergonhado! Mentira sem nenhum pudor! Como se enganara com Eugênio! Ele era sem caráter. Conseguira enganar Olívia com facilidade. Ela precisava fazer alguma coisa. Mas o quê? Não podia permitir que ele fizesse o que pretendia. Enquanto ela sofria e lutava para ajudá-lo a cuidar do bem-estar da família, ele se divertia com outra. Nem se lembrava mais dela! Quanta injustiça! Ela, que sempre lhe fora fiel, que sempre se dedicara a seu bem-estar, que cuidara pessoalmente de suas roupas, de sua comida. Ele não sentia nenhuma saudade. Que ingratidão! Mas agora tudo seria diferente. A moça ingênua que ela fora não existia mais.

120

Em seu lugar estava a mulher enganada, ferida em seus sentimentos. O homem que ela amara nunca existira. O verdadeiro Eugênio não era capaz de inspirar-lhe os mesmos sentimentos. Se não fosse pelas crianças, não o teria poupado. No entanto, ela precisava dele para cuidar delas.

Olívia também poderia fazer isso. Talvez melhor do que ele. Era bondosa, sincera, amava as crianças. Pela primeira vez, Elisa pensou que a presença de Eugênio não era tão necessária assim. A princípio, seu orgulho desejava vê-lo assumir a família. Agora que ele assumira, ela começava a achar que isso já não tinha tanta importância.

Ele era um homem sem moral. Que educação poderia dar a seus filhos? Marina não gostava dele, os outros dois eram muito pequenos, mas, quando crescessem, logo descobririam que espécie de pai era o deles. Ou então, o que seria ainda pior, acabariam por tornar-se iguais a ele. Não seria muito perigosa para as crianças a influência de Eugênio?

Ele que tomasse muito cuidado dali para a frente. Ela não teria mais consideração. Se continuasse a se portar mal, ela se vingaria. Afinal, ele era o culpado por tudo quanto lhe acontecera. A defesa de seus filhos vinha em primeiro lugar. Se a presença dele os prejudicasse, ela o afastaria. Olívia cuidaria deles muito bem. O que faria para isso? Depois resolveria. O importante era impedir essa viagem idiota.

Eugênio planejou tudo, reservou as passagens. Tendo tudo pronto, ficaria mais fácil convencer Lurdes. No fim da tarde, foi esperá-la, como sempre. Elisa seguiu-o. Vendo-os entrar em uma confeitaria para um lanche, sentou-se ao lado deles atenta.

— Será meu primeiro fim de semana livre! Olívia ofereceu-se para ficar em casa com as crianças. Ela sabe que tenho trabalhado demais e que preciso me refazer. Afinal, o que tenho passado não é brincadeira — disse Eugênio.

— Você deve ir mesmo. Precisa aproveitar.

Ele hesitou um pouco, depois disse:

— Sozinho não irei. Quero que vá comigo. Há um lugar maravilhoso, e nós teríamos um belíssimo fim de semana.

Ela ficou um pouco tensa. Sabia o que Eugênio pretendia. Estava apaixonada por ele, mas não tinha certeza ainda se desejava envolver-se a esse ponto. Sua formação era pelo casamento. Nunca se relacionara com ninguém. Ele ainda não falara sobre suas intenções. Sorriu, tentando dissimular o que sentia.

— Gostaria de ir, mas não posso. Não ficaria bem eu ir para um hotel com você.

Eugênio emocionou-se:

— O que é que tem? Nós nos amamos! O amor é o mais importante. Você tem sido para mim como um bálsamo. Depois que perdi Elisa, nunca mais me relacionei com ninguém. Pode acreditar. Não tive vontade. Mas você me fez renascer, criar novo ânimo. Pensei que pudesse recomeçar minha vida ao seu lado, encontrar novo encanto de viver.

Elisa teve vontade de saltar sobre ele, mas conteve-se. O cinismo de Eugênio, mentindo, indignava-a. Se ele não se relacionara com ninguém, foi porque ela o impedira. E se ele tentasse de novo, não conseguiria nada. Ele nunca mais conseguiria relacionar-se com uma mulher! Estava acabado.

Eugênio continuava argumentando para convencer Lurdes a acompanhá-lo. Elisa olhava-os com ar de rancor e desafio.

— Você os odeia, não é mesmo?

Assustada, Elisa olhou para o homem que se aproximara. Era magro, meia-idade, pálido. De seus olhos saía um brilho forte, que parecia penetrar no mais fundo de seus pensamentos.

— Quem é você? O que quer? — indagou assustada.

— Um amigo. Não quero nada. Estava só observando. Sei que você os odeia. Gostaria de separá-los, não é mesmo?

— Como sabe?

— Eu sei de muitas coisas. Muito mais do que você poderia entender — ele continuava a olhá-la firme nos olhos. — Você sofreu muito. Foi enganada. Tem toda a razão. A vingança é a dignidade dos oprimidos. Você é uma mulher digna. Sempre foi.

Elisa levantou a cabeça com altivez. Finalmente alguém que a compreendia.

Respondeu confortada:

— É verdade. Mas não fui valorizada por isso. Ao contrário. Fui usada e jogada fora, como coisa que não serve mais.

— Que horror! Foi ele quem fez isso?

— Foi. É meu marido. Fiz tudo por ele, o ingrato. Eu estava errada. Ele não merecia.

— É preciso dar-lhe uma lição. Não pode deixá-lo zombar assim de seus sentimentos.

— É o que tenho feito. Já o separei da amante e não o deixo relacionar-se com ninguém.

— É pouco, mas se você se contenta só com isso...

— Eu queria mais, mas não sei como fazer. Nem tudo que desejo consigo realizar.

— Se quiser, posso ajudá-la. Sei como fazer certas coisas.

— Verdade? Ele quer levá-la para uma viagem, mas ela tem medo de entregar-se a essa aventura. Teria um jeito de impedi-lo de ir?

— Meu nome é Sabino. Nunca ouviu falar?

Elisa meneou a cabeça negativamente. Ele continuou:

— Você deve ser nova por estas paragens. Eu sou o justiceiro mais famoso destas redondezas. Não posso ver ninguém sofrer. É preciso acabar com as injustiças e punir os maus. Formamos um grupo forte e muito unido. Eu sou o chefe.

Elisa olhou-o com respeito:

— Você é juiz?

— É como se fosse. Tenho meu pessoal, e juntos lutamos para melhorar o mundo e educar as pessoas desonestas. Você foi muito magoada. Se quiser, pode juntar-se a nós.

— Para quê?

— Você nos ajudaria a cuidar de outros casos como o seu, e, em contrapartida, nós a ajudaríamos a conseguir o que deseja.

— Seria uma troca?

— Claro.

— Não sei... Não o conheço.

— Fiquei penalizado com seu caso. Mas, se não quiser, vou-me embora.

— Dê-me um tempo para pensar.

— Está bem. Pense o tempo que quiser. Quando resolver, basta chamar-me.

— Como vou saber onde está?

— Não precisa. Pense em mim, e virei até você. Adeus.

Ele desapareceu, e Elisa ficou pensativa. Talvez precisasse mesmo de ajuda. Sentia-se sozinha e tinha muitas dúvidas. Com o apoio deles, conheceria outras pessoas como ela e poderia trocar ideias, conversar. Era-lhe penoso não poder falar com ninguém.

— E então? O que decide? Se você não for, não irei. Sozinho, não. Sonhei tanto com esse dia e estou começando a perceber que você não sente o mesmo que eu. De certa forma, estou um pouco decepcionado.

123

Não estou preparado para uma nova desilusão. Talvez seja mesmo melhor não me prender muito a você. Seu amor por mim não é tão profundo quanto eu imaginava — dizia Eugênio com voz triste.

Lurdes, envolvida pela emoção, protestou:

— Não diga isso. Você sabe que o amo. Não tem o direito de duvidar. Sempre o amei, ainda quando renunciei ao seu amor, para que você ficasse ao lado de sua família.

— Então prove o que diz. Aceite viajar comigo.

— Está bem — concordou ela por fim. — Seja o que Deus quiser. Eu também não suporto mais essa situação.

Ali mesmo na confeitaria, Eugênio beijou-a amorosamente nos lábios.

— Vamos sair daqui. Quero apertá-la nos braços e beijá-la muito!

Pagaram a conta e saíram. Elisa, arrasada, continuava seguindo-os. Viu os beijos, os planos de viagem, e não conseguia ocultar o rancor. Só não o agrediu porque queria saber todos os pormenores. Vendo-o chegar em casa feliz, visualizando os detalhes da noite que desfrutaria com Lurdes, Elisa não resistiu. Chamou Sabino.

Ele apareceu imediatamente.

— Resolveu? — indagou.

— Sim. Preciso de sua ajuda. Ele não pode fazer essa viagem!

— Muito bem. Venha comigo.

Elisa acompanhou-o. Ele a segurou pelo braço e logo foram transportados para outro local. Era um antigo palácio, cheio de símbolos e guardas, com vistosos uniformes. Vendo-os, todos se curvaram dando-lhes passagem.

— Onde estamos? — indagou Elisa, admirada.

— Em minha casa. Sede de nosso grupo.

— Parece um quartel militar.

— E é. Sou o chefe da organização. Tenho um exército à disposição.

Entraram em uma sala cheia de armaduras e decoração antiga. Ele se sentou atrás da escrivaninha lavrada e disse:

— Sente-se. Vamos redigir nosso contrato.

— Contrato?

— Claro. Você vai dizer o que quer, e nós vamos fazer o serviço. Em troca, você se compromete a nos ajudar em outros casos.

— O que terei de fazer?

— Nada que não possa.

Elisa não se sentia muito à vontade. Havia algo ali que a amedrontava. Começava a se arrepender do que fizera. Ele não lhe deu tempo para refletir. Disse logo:

— O que deseja que seja feito?

— Não quero que ele viaje com ela. Gostaria de separá-los.

— Para quando ele marcou a viagem?

— Sábado cedo.

— É fácil. Mandarei um emissário com você. Ele fará o que é preciso. Agora você tem de fazer a iniciação.

— Iniciação? O que é isso?

— O juramento e o batismo para se tornar um dos nossos.

— Sou católica. Preciso fazer isso?

— Claro. Não tem nada a ver com religião. Se se recusar, nada feito. Como vamos participar de seu projeto se não é filiada a nós?

— Está bem.

— Vou mandar preparar tudo. Enquanto isso, você ficará no alojamento, com outras mulheres.

Elisa foi levada a uma ala do palácio onde havia muitas mulheres. Logo a cercaram e começaram a fazer perguntas. Eram falantes e solidárias. Elisa sentiu-se melhor. Afinal, podia desabafar, contar o que lhe acontecera. Elas, com certeza, iriam compreendê-la.

***

No sábado, Eugênio acordou muito cedo. A excitação não o deixava ficar na cama. Já havia arrumado a mala na noite anterior. Comprara um lindo pijama de seda e várias peças de roupa. Aquele seria o melhor fim de semana de sua vida! Nem por ocasião de seu casamento ficara tão nervoso.

Chegou à conclusão de que Lurdes era mais importante para ele do que supunha. Nunca sentira tanto desejo de estar com uma mulher. Finalmente ela cairia em seus braços! Claro que ela sabia o que ele desejava, e o fato de haver concordado enchia-o de contentamento. Ela o amava! Sabia como ela pensava quanto ao casamento e resolvera abrir mão de seus sonhos de mulher para estar com ele! Poderia haver prova maior de amor?

Envaidecido, Eugênio imaginava minuciosamente, em todos os detalhes, como tudo aconteceria. As horas custavam a passar.

Ele havia combinado passar na casa dela às oito e eram sete horas ainda. E Olívia, que não chegava? Prometera estar ali antes das oito.

Olívia chegou quinze para as oito, e finalmente Eugênio, dando um beijo nas crianças, pôde sair. Lurdes desceu logo, e ele saltou do carro, apanhando a bagagem dela e colocando-a no porta-malas.

Entraram no carro, partiram e logo ganharam a estrada rumo a Serra Negra. Tudo estava em paz, e eles, abraçados, conversavam despreocupados. Não viram que em uma curva do caminho dois vultos entraram no carro. Era Elisa, e, dessa vez, estava acompanhada de um homem. Ele fora encarregado de impedir que a viagem se concretizasse.

— O que vai fazer? — indagou Elisa ansiosa.

— Estou aqui para fazer o que você quiser. Um desastre seria bom.

— Não. Isso, não.

— Deseja protegê-lo?

— Não é isso. Não gosto de violência. Pode ferir outras pessoas que não têm nada com isso.

— Bem se vê que você é novata. Quem não tem nada com isso nunca cairia nessa.

— Só quero que os separe, que eles não durmam juntos.

— Posso retardar a chegada.

— De que forma?

— Veja.

De repente, o carro começou a falhar. Eugênio admirou-se:

— Engraçado. Parece que tem alguma sujeira no carburador. O carro está engasgando.

Realmente, ele pisava no acelerador e o carro não deslanchava.

— Há alguma coisa. Vamos ver ali naquele posto.

Pararam no posto de gasolina e verificaram todos os detalhes. Não encontraram nada. Voltaram à estrada, e o carro continuava com problemas.

— Não posso compreender. Meu carro é novo, não era para ter esse tipo de problema!

Preocupado, parava de posto em posto, mas não encontrava nada. Só a custo chegaram ao destino, três horas depois.

— E agora? — indagou Elisa. — Apesar de tudo, eles conseguiram chegar.

— Um desastre teria sido melhor. Mas você não quis.

— Precisamos fazer alguma coisa, Jairo. Mas o quê?

O outro sorriu com superioridade.

— Por que se agita? Eu vim e sei o que estou fazendo. Veja só minha classe...

Eugênio apanhara a mala no carro e encaminhava-se para a portaria do hotel. Jairo aproximou-se dele, colocando as mãos com força sobre seus ombros e dando-lhe uma tremenda rasteira. Eugênio nem percebeu como foi. No mesmo instante, estava no chão. Sentiu uma dor forte na perna, tentou levantar-se, mas não conseguiu.

Lurdes, que o seguia, acudiu assustada, e os empregados do hotel também.

— O que foi?

— Escorreguei, não sei como. Machuquei a perna, está doendo terrivelmente.

— Cuidado, senhor — disse o gerente do hotel, que acudira pressuroso. — Pode ter fratura.

Abaixou-se, apalpando a perna de Eugênio com cuidado.

— Ai! — gemeu ele. — Está doendo muito!

— Não se esforce. Vamos carregá-lo para dentro e chamar um médico.

Deitado no sofá, no *living* do hotel, Eugênio não se conformava. Era muita falta de sorte! Escorregar logo na chegada! Ele não se lembrava de haver se machucado antes na vida, nem quando jogava futebol. Tentou levantar-se:

— Vai ver que só luxou. Vamos ver.

A dor fê-lo deitar-se novamente. Ele não podia ficar em pé. O jeito era esperar pelo médico. Após o exame, o médico pediu uma radiografia. Suspeitava de fratura mesmo. Foi levado de ambulância ao hospital e lá se constatou a fratura um pouco acima do tornozelo. Foi medicado, engessado. Eugênio recusou-se a ficar no hospital. Preferia o hotel. O médico concordou, e Lurdes comprometeu-se a dar o remédio direitinho.

Aquela noite foi muito diferente do que Eugênio havia imaginado. As dores incomodavam-no apesar dos medicamentos, e ele não se conformava. Todos os seus projetos ruíram por terra.

Lurdes tentava confortá-lo:

— Isso não é nada. Logo estará bom.

— Nossa viagem! Sonhei tanto com esta noite! Meu primeiro fim de semana livre. Não posso compreender. Isso nunca me aconteceu.

127

— Nossa viagem não começou bem. Seu carro deu problemas, era sinal de que não deveríamos ter continuado.

— Isso é superstição.

— Quer você queira admitir ou não, o que está acontecendo com você é produto de energias negativas. Se você não procurar socorro com quem entende, pode acontecer coisa pior.

— Não acredito nessas coisas.

Lurdes suspirou:

— Você ainda vai mudar de ideia. Tenho certeza.

— Sou racional. Não posso crer no que diz. Isso é ilusão.

Lurdes calou-se. Mas Elisa, sentada confortavelmente em uma poltrona a um canto, observava com satisfação. Afinal, conseguira o que queria. Dali em diante, não precisaria mais se preocupar. Seus amigos eram muito competentes e tinham poder para fazer tudo quanto ela precisasse.

Capítulo 10

Eugênio voltou para casa no domingo à tarde. Como Lurdes não sabia dirigir, foi forçado a contratar um motorista que os levasse. Sentado no banco traseiro, com a perna esticada, porque quando a abaixava doía terrivelmente, teve de se conformar em ver Lurdes sentar-se na frente.

Durante o trajeto, pensava no que lhe acontecera.

Realmente, sua vida complicara-se depois da morte de Elisa. Arrependia-se de um dia haver pensado em abandonar a família. Como pudera fazer isso? Essa loucura estava custando-lhe muito caro. Seria um castigo de Deus pelo que havia feito? Nunca fora religioso, mas como explicar tanta infelicidade?

Sentia-se amargurado e infeliz. Seus negócios não iam bem. Suas comissões haviam minguado e, agora, impossibilitado de trabalhar durante um mês ou mais, seria pior. Ainda bem que tinha algumas economias que deveriam garantir o sustento de sua família durante aquele período. O médico dissera-lhe que depois de uma semana, se tudo corresse bem, ele poderia ir ao escritório por algumas horas, desde que conservasse a perna levantada e esticada para facilitar a circulação.

Levou Lurdes até em casa, despedindo-se dela com tristeza.

— Não fique triste. Você vai ficar bom — disse ela tentando encorajá-lo.

— Sinto o gosto do fracasso. Estraguei nosso fim de semana. Havia feito tantos planos!

— Não se lamente, que pode piorar. O que passou passou. Trate de cuidar-se bem. Quando ficar bom, faremos nossa viagem.

— Não vejo a hora. Entre no carro.

Ela entrou, e ele a beijou com carinho.

— Adeus — disse ela acariciando-lhe o rosto com delicadeza.

— Tem certeza de que não quer que eu o ajude até em casa?

Ele meneou a cabeça negativamente.

— Por causa das crianças. Não iriam entender. Elas ainda sofrem muito com a morte da mãe. Precisamos dar um tempo para que elas a conheçam e aprendam a gostar de você.

— Tem razão. Em todo caso, se precisar de mim, irei de boa vontade. Preocupa-me saber que em sua casa não haverá ninguém para ajudá-lo.

— Há as crianças. E minha cunhada ainda está lá. Posso pedir-lhe para dormir esta noite, não por minha causa, eu estou bem e posso cuidar de mim, mas pelas crianças, que podem necessitar de alguma coisa.

— Está bem. Adeus e obrigada por tudo. Apesar do que aconteceu, foi muito bom estar com você.

Beijou-o novamente e desceu. Eugênio acenou em despedida e foram para casa.

O motorista ajudou-o a entrar, e, depois de pagá-lo, Eugênio explicou para os filhos o que havia acontecido. Estirado no sofá da sala, sentia-se arrasado.

Juninho e Nelinha queriam saber tudo, se doía, se o gesso era pesado, se ele havia escorregado em uma casca de banana.

— Mamãe sempre dizia que não era para jogar casca de banana na calçada. Alguém poderia cair e quebrar a perna — disse Juninho.

— Ela estava certa. Só que onde eu caí não havia nada.

— Não? Então por que você caiu? — perguntou Nelinha, admirada. — Estava correndo muito?

— Não. Estava devagar.

— Então não entendo — disse a menina.

— É, não dá mesmo para entender. Até agora ainda não entendi.

Olívia, que os observava calada, perguntou:

— Quantos dias vai ficar com o gesso?

— Trinta dias, ou mais. Depende da recuperação. Juninho, pegue um copo de água. Preciso tomar o remédio. Está doendo muito.

O menino obedeceu prontamente, e Eugênio tomou o comprimido e suspirou angustiado.

— Ainda está doendo muito? — perguntou Nelinha, condoída.

— Já doeu mais. Mas ainda dói bastante — olhou para Olívia um tanto indeciso, depois disse: — Poderia me fazer mais um favor?

— O que é?

— Dormir aqui esta noite. Se as crianças precisarem de alguma coisa, não poderei fazer nada. Os primeiros dias são piores. Quando a dor passar, será mais fácil. Poderei andar.

— Está bem. Ficarei. Talvez seja bom você arranjar um par de muletas.

Eugênio enrubesceu de contrariedade.

— Muletas?

— Sim. Como pretende caminhar com a perna quebrada? Você não vai poder forçá-la. O médico não lhe disse isso?

— Disse. Mas amanhã vou chamar meu médico. Quero fazer um bom exame e verificar se está tudo bem. Não conheço o médico que me atendeu. Não sei se ele fez tudo direito.

Olívia deu de ombros.

— Só posso ficar aqui hoje. Amanhã terei de trabalhar.

— Talvez possa vir dormir aqui algumas noites. Pelo menos nos primeiros dias.

— Oba! — fez Nelinha. — Isso mesmo, tia. Que bom!

— Você vem? — indagou Juninho com alegria.

— Não sei. Talvez. Vamos ver como seu pai passa. Se ele não puder cuidar de vocês, eu virei.

As crianças pularam de alegria, e Eugênio olhou-os amargurado. Mas tinha de se conformar, ter paciência, esperar o tempo passar. Não iria ser fácil ter de ficar em casa sem fazer nada durante alguns dias, com tanto serviço no escritório e precisando ganhar mais dinheiro. Mas reconhecia que, apesar de seu rancor, Olívia o apoiava no que se referia às crianças. Pelo menos, ele poderia descansar tranquilo quanto ao bem-estar delas.

Estava em uma maré de má sorte, mas isso haveria de passar. Tudo em sua vida havia sempre corrido muito bem. Nunca tivera problemas. O que desejava, conseguia. Não podia deixar-se abater. Tinha de reagir. Afinal, na vida das pessoas nem tudo pode ser sempre cor--de-rosa. Tivera algumas contrariedades, era verdade, mas dali para a frente tudo haveria de mudar. Sua boa estrela voltaria a brilhar.

Estava na hora do jantar, e Olívia aproximou-se:

— Preparei um lanche para nós. Você pode ir até a copa para comer ou quer que eu traga aqui?

— Estou sem fome. Seria muito trabalho para você!

Olívia olhou-o irônica:

— Não faça essa cara de vítima. Diga logo se quer ou não. Posso ajudá-lo a caminhar até lá, ou trazer a comida aqui.

Ele a olhou indeciso. Por que ela era tão diferente de Elisa? Tentou levantar-se, mas, quando abaixava a perna, doía bastante.

— Não vai dar. Sinto muito.

— Vou trazer algo para você. Não pode ficar sem comer.

Foi para a copa e voltou em seguida com um sanduíche de presunto e queijo e um copo de refrigerante. Colocou a bandeja em uma mesinha em frente ao sofá.

— Se quiser algo mais, é só dizer.

Ele se sentia acanhado. Era a primeira vez que Olívia o servia.

— Está bem — disse. — Obrigado.

Quando ela se foi, Eugênio apanhou o sanduíche um pouco sem vontade, mas estava gostoso, e ele comeu tudo. Lembrou que quase não havia almoçado.

— Quer mais um? — perguntou Juninho. — A tia mandou perguntar.

— Está bom. Acho que comerei outro.

Depois de comer, Eugênio sentiu-se melhor. Olívia trouxera--lhe um travesseiro, e ele recostou tentando descansar. Olhos fechados, podia ouvir a conversa animada das crianças com a tia na copa. Apesar de tudo, precisava reconhecer que sem Olívia teria sido muito pior. Se fosse ela quem houvesse morrido e deixado filhos pequenos, certamente Elisa os teria assumido completamente. Por que ela era tão diferente? Nem pareciam irmãs!

Suspirou conformado. Nada podia fazer quanto a isso. E Lurdes, como se comportaria em uma situação dessas? Precisava conhecê-la melhor. Sabia que ela era uma mulher honesta e que, com ela, a situação poderia tornar-se séria. Gostava dela. Quanto mais a conhecia, mais a apreciava.

Recordou-se dos beijos e dos carinhos que haviam trocado e reconheceu que, se um dia pensasse em se casar novamente, ela seria uma forte candidata. Além disso, era meiga, amorosa, doce. Poderia tornar-se uma excelente mãe para seus filhos. E então tudo em sua vida voltaria a ser como antes e, dessa vez, ele não a trocaria por ninguém.

Embalado em seus sonhos futuros, Eugênio adormeceu. De repente, viu-se com a mala na mão, andando rumo ao hotel, recordando o que lhe acontecera. Ele sabia que iria cair e tentou evitar. Angustiado, não conseguiu. Deitado no chão, sentindo novamente as dores, viu o rosto de um homem magro e pálido que ria e se divertia com seu infortúnio. Agitado, Eugênio pensou: "É um pesadelo! Preciso acordar!".

Em seguida, viu-se entrando em sua casa, aflito, e, uma vez na sala, viu Elisa, pálida, olhando-o rancorosa. Apavorado, ele gritou:

— Elisa! Você morreu!

Ela se aproximou dele brandindo o punho fechado e dizendo:

— Você não vai se casar com ela. Eu juro! Nenhuma mulher tomará conta de meus filhos! Não permitirei! Lembre-se disso.

Eugênio sentiu-se sufocado e quis gritar, mas não conseguiu.

— Papai! Papai! Acorde. Você está sonhando um sonho ruim?

Eugênio abriu os olhos e viu Nelinha debruçada sobre ele, alisando-lhe o rosto.

— Você está suando!

Custou-lhe um pouco perceber onde estava, depois suspirou aliviado, dizendo:

— Ainda bem que me acordou. Foi um pesadelo horroroso! Quer apanhar um copo de água para mim, por favor?

— Sim, papai.

Ela saiu correndo e voltou em seguida, acompanhada pelo resto da família. Olívia deu-lhe a água, enquanto Juninho perguntava:

— Você sonhou com ladrão? Ficou com medo?

— Já passou. Foi só um sonho.

— Quando eu sonho coisa ruim, fico com medo. Parece verdade!

— Tem razão. Parece verdade. Mesmo que seja a coisa mais absurda do mundo. Fiquei muito contrariado com o que aconteceu. Tomei muito remédio e acho que não me fez bem. Foi só um pesadelo.

Respirou aliviado, mas teve medo de adormecer novamente. Pediu os jornais. Tentaria ocupar-se um pouco e esquecer os últimos acontecimentos.

Depois de acomodar as crianças para dormir, Olívia aproximou-se de Eugênio, dizendo:

— Não seria melhor ir para o quarto? Ficaria mais à vontade na cama. Este sofá não é tão confortável.

133

— Eu gostaria, mas não conseguiria subir as escadas.

— Posso ajudá-lo, se quiser.

— Não posso pisar no chão, e, quando abaixo a perna, dói muito. Acho que passarei esta noite aqui. Amanhã, chamarei o doutor Melo e decidirei o que fazer.

Ele desejava pedir-lhe para ficar ali mais um pouco. Pela primeira vez em sua vida, Eugênio sentia medo. Não teve coragem.

— Deseja mais alguma coisa? Há algum remédio que vai precisar tomar? Vou buscar uma garrafa de água e deixar aqui. Também algumas bolachas e frutas, pode sentir fome. Como vai fazer para ir ao banheiro?

Eugênio corou. A pergunta era natural, mas ele se sentia muito inibido diante de Olívia. Estava sentindo-se fraco e solitário, mas não queria demonstrar, por isso respondeu:

— Eu me arranjo.

Era muito humilhante para ele essa situação.

— Pode me explicar como pretende levantar-se, se não pode abaixar a perna nem pisar?

— Você se esquece de que tenho uma perna boa e com ela posso tentar ir ao banheiro.

Olívia meneou a cabeça:

— Você é mesmo cabeçudo! Se quer ficar bom logo, não deve forçar a perna quebrada de forma alguma.

Olívia saiu e voltou trazendo uma bandeja com algumas guloseimas, uma garrafa de água e um copo, e colocou-a sobre a mesinha ao lado do sofá. Foi à cozinha e depois de alguns minutos voltou com um rodo no qual enrolara e amarrara uma toalha, dizendo:

— Improvisei uma muleta. Não é tão confortável quanto poderia, mas pelo menos o ajudará por hoje.

Eugênio lançou-lhe um olhar nervoso.

— Obrigado pela intenção, mas não era preciso tanto.

— Não seja tão orgulhoso, nem faça tanta pose. Você vai precisar dessa muleta antes do que supõe.

— Por seu ar, acho até que está se divertindo com minha dor. Odeia-me tanto assim?

Ela deu de ombros.

— Eu nunca me divertiria com a dor alheia. Você me é completamente indiferente. Saiba que não lhe desejo nenhum mal, porque as crianças precisam de você. E é por isso que estou querendo ajudá-lo, para que possa sarar depressa e voltar a assumir suas responsabilidades.

— Você não me perdoa, não é mesmo?

— Deixemos isso de lado. Tudo que possamos dizer não trará Elisa de volta. Não desejo que as crianças saibam como tudo aconteceu. Se dependesse de mim, nem Marina teria sabido. Infelizmente, você não teve esse cuidado quando despedaçou o coração de Elisa.

— Se Elisa estivesse viva, ela teria me perdoado — disse Eugênio mais para si mesmo do que para Olívia.

Mas ela respondeu:

— Com toda a certeza. Elisa era a bondade em pessoa. Nunca seria capaz de guardar rancor de quem quer que fosse. Ainda mais de você, a quem ela amava tanto!

— É. Tem razão. É absurdo pensar que Elisa pudesse me odiar.

— Por que está dizendo isso?

Eugênio passou a mão pelos cabelos como tentando apagar a lembrança do sonho terrível de momentos antes.

— Sonhei com Elisa. Desde que ela morreu, foi a primeira vez. Ela estava ameaçadora, olhando-me com ódio! Nunca a vi assim!

— Sua consciência está começando a pesar! Imagine Elisa com ódio de alguém! Isso nunca aconteceria. Ela era a doçura em pessoa. É você quem está começando a arrepender-se do que lhe fez. O remorso ainda vai atormentá-lo. Quer castigo pior?

— Você não sabe o que diz. Eu errei, sim, mas nunca imaginei o que iria acontecer com Elisa. Você pode duvidar, mas eu a queria muito bem. Não me olhe com esse ar irônico. Você nunca compreenderia. Elisa mudou depois de nosso casamento. Não era mais a mulher apaixonada com a qual eu me casara e que sabia despertar meu interesse. Só falava nas crianças, vivia cheirando a leite, a comida. Acabou o romantismo dos primeiros tempos. Quando eu estava em casa, não havia mais assunto. Eram só os problemas das crianças, das contas, do que precisava consertar. Que diabo, eu sou um homem cheio de paixão, preciso de um clima romântico para viver. Elisa não conseguia mais alimentar essa minha necessidade.

Olívia meneou a cabeça negativamente.

— Ela fez isso por amor! Dedicou-se totalmente a você e a seus filhos. Pode haver ingratidão maior do que a sua?

— Nem sei por que estou lhe dizendo tudo isso. Não esperava que me compreendesse. Como poderia? Você nunca amou. Sempre foi uma mulher dura, fria. Nunca pedi a Elisa que fizesse tudo isso. Foi ela quem quis. Eu teria preferido que ela continuasse sendo aquela moça apaixonada e romântica que eu conhecera. Que não fosse apenas uma mãe e esposa, mas amante.

— Desse jeito, você vai acabar dizendo que a culpa de tudo foi dela.

— Não. Eu não diria isso. Estou apenas tentando dizer-lhe que minha consciência não está tão pesada como pensa. Não sou culpado pela morte de Elisa. O que fazer da vida quando o interesse acaba? Meu mal foi ser sincero demais. Eu poderia tranquilamente continuar mantendo as duas mulheres, e Elisa nunca descobriria nada. Quantos homens têm uma vida dupla? Eu errei apenas porque quis esclarecer uma situação dúbia e desagradável. É só do que eu me culpo. O resto correu por conta do destino, ou sei lá o quê!

Olívia suspirou triste. Aquela conversa a aborrecera. Reconhecia que Elisa se tornara muito dependente e apagada depois do casamento. Quantas vezes lhe pedira que mudasse sua maneira de ser? Sabia que ela estava errada. Mas nunca fora ouvida. Doía-lhe perceber que, de certa forma, Eugênio tinha algumas queixas também.

Não queria pensar nisso. Seria manchar sua memória. Ela não estava mais ali para defender-se. Por isso, disse:

— Não gosto de falar sobre isso. Não tem remédio mesmo. Vou dormir — ia saindo e voltou para dizer: — Apesar de tudo, tenho interesse em que se recupere o quanto antes, por causa das crianças. Por isso, se precisar de alguma coisa durante a noite, pode chamar. Deixarei a porta do quarto aberta.

Ele a olhou e não respondeu. Sentia-se deprimido, triste. Apagou a luz do abajur e pensou em dormir. Teve uma sensação de medo. Parecia sentir vultos pela sala.

"Que bobagem!" pensou. "Nunca tive medo de nada. Estou ficando fraco. Onde já se viu?"

Mas acendeu a luz novamente. Apanhou o jornal e suspirou resignado. Tentaria ler mais um pouco.

De repente, sentiu vontade de urinar. Começou a medir a distância de onde se encontrava até o lavabo. Não dava mais de cinco ou seis metros, mas naquele momento pareceu-lhe impossível vencê-la. Porém ele precisava ir. Criou coragem e tentou levantar-se. Apesar da dor, conseguiu equilibrar-se em uma perna só. Poderia ir pulando, mas e se escorregasse? Resolveu experimentar a muleta

136

improvisada. Com ela, conseguiu chegar aonde pretendia. Uma vez aliviado, olhou-se no espelho e viu o quanto se abatera.

Precisava reagir. Afinal, a vida não iria acabar-se só porque ele quebrara a perna. Muitas pessoas quebravam a perna e se recuperavam perfeitamente. Era preciso ter paciência. A dor iria passar e logo ele estaria melhor.

Voltou ao sofá e teve de reconhecer que a ideia de Olívia fora providencial. Sem aquela muleta, talvez não tivesse conseguido ir ao banheiro e o vexame teria sido maior.

Olívia era uma mulher prática. Isso facilitava muito a vida. Pela primeira vez, começou a pensar na maneira desenvolta como ela resolvera os problemas desde a morte de Elisa. Apesar das divergências, ela o ajudara muito. Claro que a seu modo. Era muito diferente de Elisa, que nunca tomava iniciativa. Consultava-o sobre as mínimas coisas e só fazia o que ele dizia. Ela era muito boa, mas às vezes essa passividade irritava-o um pouco.

Lembrava-se dela com saudade. Ao seu lado, sua vida correra sempre maravilhosamente bem. Ah, se pudesse voltar no tempo! Nunca a teria deixado. Percebia que Eunice fora uma paixão sem profundidade. Como pudera pensar em abandonar a família por causa dela? Agora que estava livre, essa febre passara. Esquecera completamente. E Lurdes, viria a representar algo verdadeiro em sua vida? Não sabia. Sentia-se atraído por ela, mas não a amava.

Ela era inteligente, educada, bondosa e muito diferente de Elisa. Se um dia eles viessem a se casar, ela também mudaria, como Elisa mudara? Por que será que as mulheres se transformam tanto com o casamento?

O espírito de Elisa olhava-o triste. Ela percebia cada pensamento de Eugênio. Como fora ingênua! Como se anulara! Lembrou-se da mãe quando lhe dizia:

— A mulher só se realiza no papel de mãe e de esposa. Nada é mais importante do que isso.

Tudo quanto ela sonhara na vida fora ser uma excelente mãe e esposa. De que lhe valera? Gostaria de encontrar a mãe frente a frente para dizer o quanto ela estava enganada. Por sua causa, por acreditar no que ela lhe dizia, fizera de sua vida uma ilusão. Nada disso era verdade!

— Elisa!

Elisa levantou-se assustada. Uma mulher jovem e bonita estava diante dela.

— Quem é você? — indagou ela.

— Não se lembra de mim? Sou Virgínia. Tenho procurado falar-lhe, mas você nunca me ouviu.

Elisa sentia-se atordoada:

— Minha vizinha que morreu em um desastre? Está viva, como pode ser isso?

— Você também morreu atropelada. Que diferença faz? Continuamos vivas e isso é o que conta.

Elisa olhava-a temerosa. Nunca havia pensado que poderia encontrar-se com seus amigos mortos. Estava embaraçada. Virgínia aproximou-se, dizendo:

— Olhe para mim, Elisa. Pense em nossa amizade. Sempre gostei de você.

Elisa olhou, e havia tanto amor naquele olhar que ela não resistiu e gritou desesperada:

— Virgínia, minha dor é imensa!

Virgínia apertou-a nos braços, dizendo emocionada:

— Chore, minha pequena. Estamos juntas como antigamente. Desabafe o que vai em seu coração. Finalmente podemos conversar!

O espírito de Jairo, com a chegada de Virgínia, encolhera-se em um canto da sala, observando preocupado. Não gostava dessas interferências. Percebia que aquela mulher poderia influenciar Elisa. Ficaria atento, para comunicar ao chefe. Ela parecia não haver notado sua presença.

Elisa, confortada e sentindo-se compreendida, desabafava contando o que lhe acontecera. Virgínia, embora soubesse de tudo, ouvia-a atentamente, porque sabia que ela precisava desabafar.

— Sempre fui boa esposa, fiz tudo para que Geninho fosse feliz. Renunciei a mim mesma em favor dele e de nossos filhos. Para quê? — enfatizou ela com amargura. — O que foi que ganhei? Apenas desprezo e ingratidão. Olívia estava certa. O casamento é uma armadilha. Os homens são todos volúveis, e nada importa a eles, senão sexo. Eugênio traía-me o tempo todo. Por fim, abandonou-me com as crianças, trocando-nos pelo amor de outra mulher.

Virgínia alisava-lhe a cabeça, reclinada em seu peito. Quando ela se calou, disse calma:

138

— Você está cansada. Precisa refazer-se. Não se martirize tanto com algo que já passou. Precisa cuidar-se. Reencontrar o prazer de viver.

— De que forma? Como esquecer se a ferida ainda sangra e meus filhos estão sozinhos?

— Ninguém está só. Seus filhos estão protegidos e bem cuidados. Neste momento, pouco pode fazer por eles. Você está doente e precisa de tratamento. Venha comigo. Vou levá-la a um lugar de paz, onde será muito bem atendida. Logo estará bem e em condições de ajudar a todos os que ama.

Elisa afastou-se um pouco, fitando-a com tristeza:

— Não posso. Meu dever é ao lado de meus filhos. Sou uma boa mãe. Meu primeiro dever é com a família. Lembra quando você me dizia que ser boa esposa e mãe é nossa maior missão?

Virgínia sustentou o olhar e respondeu:

— Isso não deixa de ser verdade. Essa é realmente uma grande missão. No entanto, a maneira pela qual pretendemos cumpri-la é que faz a diferença. Não é preciso anular-se para ser uma boa companheira. É participando, assumindo seu lugar, dividindo as alegrias e aspirações, as obrigações e os problemas.

— Mas eu cooperei! Economizei para ele, fiz tudo para que ele pudesse brilhar, tivesse o melhor carro, as melhores roupas. Isso não foi contribuição?

— Foi, minha querida. Você fez o que achou melhor. Doou-se, dentro do que sabia.

— Ele não pensa assim. Sabe o que disse a Olívia? Que ele não pediu para que eu fizesse isso. Que preferia que eu tivesse continuado a ser como antes do casamento. Ele não reconheceu o que fiz, o ingrato. Dá mais valor àquela fútil Eunice, que vive pensando em dinheiro e posição e detesta crianças.

Virgínia alisou a cabeça de Elisa com carinho.

— Não se atormente mais com isso. As pessoas são diferentes umas das outras. Não pode querer que Eugênio pense como você.

— Ele vai ter de assumir a família. Tem obrigações a cumprir com os filhos, já que estou aqui de mãos atadas por culpa dele.

— Elisa, venha comigo. Desejo mostrar-lhe um lugar maravilhoso de refazimento e paz.

— Gostaria muito. Tenho estado arrasada. Mas agora é impossível. Ainda não acabei o que preciso fazer. Quem sabe um dia, quando as crianças crescerem e não precisarem mais de mim, irei com você.

— Elas estão bem. Precisa reconhecer que Eugênio tem se esforçado para que nada lhes falte. Depois, Olívia está vigilante. Pode confiar.

— Ele pensa em voltar a se casar. Procura alguém que possa substituir-me. Não quero que meus filhos sejam entregues a uma madrasta.

— Por que não? Pode ser uma moça boa, que cuide bem deles. Já que não pode voltar lá, essa até que seria uma boa solução.

— Deus me livre! Nunca permitirei. Ele é quem tem de cuidar deles até que cresçam. Não quero que outra tome meu lugar!

Os olhos de Elisa brilhavam de cólera. Virgínia mudou de assunto:

— Está bem. Você é quem sabe. Mas eu gostaria que viesse comigo. Eu a levaria a um salão de beleza. Já reparou como está abatida? Precisa reagir. Venha comigo! Poderá ver as crianças quando quiser. Conseguirei licença para você.

Elisa abanou a cabeça negativamente.

— Não quero. Sei do que está falando. Já quiseram levar-me a um lugar desses, de onde não se pode sair sem permissão. Não suportaria. Sou livre. Já fui escrava do lar durante muito tempo. Agora acabou. Ninguém conseguirá prender-me de novo.

— Elisa, você precisa de tratamento. Seu estado pode piorar. Você sempre foi calma e cordata. Venha comigo.

— Fui e dei-me mal. Agora não sou mais. Só farei o que quiser. Nunca mais serei escrava de ninguém.

— Lamento que pense assim. Você sofreu com a desilusão, porém a revolta pode fazê-la sofrer muito mais. Pense nisso. A vida é o que fazemos dela. Aceite o que lhe aconteceu. Um dia compreenderá como atraiu isso. Não crie um sofrimento maior. Não aprofunde a ferida. Só o perdão pode aliviar o coração e fazer esquecer as ofensas.

— Não acredito nisso. Não vou perdoar. Ao contrário. Vou me vingar o quanto puder e vigiar. De agora em diante, Geninho só vai fazer o que eu quiser.

Virgínia abraçou-a com carinho, dizendo:

— Preciso ir. Lembre-se de que eu a quero muito e desejo seu bem. Se precisar de alguma coisa, pense em mim e virei imediatamente. Se mudar de ideia, estarei esperando.

140

Beijou-a delicadamente na face e partiu. Elisa permaneceu pensativa e triste. "Por que lhe acontecera tudo isso?", pensava desanimada.

Jairo aproximou-se imediatamente, dizendo:

— Ainda bem que não cedeu. É isso mesmo. Tem muita razão. Você sempre foi passada para trás. Não seja boba de cair nessa outra vez.

Elisa abanou a cabeça.

— Sei o que quero. Agora ninguém vai me enganar de novo.

— Isso mesmo. Com nossa ajuda, conseguirá tudo quanto deseja. É só não desobedecer ao chefe. Ele vai se zangar se souber que deu ouvidos a outras pessoas. Se quer a proteção dele, tem de fazer tudo como ele quer.

— Ela é minha amiga e não pude evitar. Mas você viu que não atendi ao que me pediu. Sou grata pela ajuda de vocês.

— É bom que pense assim. Não poderia se afastar agora. Você já nos deve alguns favores e tem de pagá-los. Esse foi o trato, não é verdade?

— É. Estou pronta para fazer o que me pedirem.

— Estou só esclarecendo, porque você é novata e pode resolver entrar na dela.

— Isso não vai acontecer. Estou decidida. Sei o que quero!

Jairo sorriu satisfeito:

— Assim é melhor. Agora vamos embora. Por enquanto, nada mais temos a fazer aqui.

— Gostaria de ficar mais um pouco.

— Para quê? Tudo está bem. Voltaremos amanhã. Não pode ficar só aqui. Precisa aprender várias coisas, e temos trabalho a fazer.

Elisa não tinha vontade de ir, mas concordou. Tinha receio de contrariá-lo. Não queria desagradá-los e perder aquela ajuda tão preciosa. Por isso, foi até o quarto das crianças e beijou-as com carinho. Com um suspiro triste, saiu acompanhando Jairo, e, em poucos instantes, seus vultos desapareceram nas sombras da noite.

Capítulo 11

Eugênio levantou-se inquieto, apoiando-se nas muletas e andando de um lado ao outro do quarto. Precisava fazer alguma coisa. Estava cansado da inércia. Tanto trabalho no escritório e ele ali sem poder fazer nada! Sua secretária trazia-lhe papéis para despachar, e ele tentava fazer alguma coisa para entreter-se.

Fazia um mês que se acidentara. A dor passara, mas o gesso incomodava, a perna coçava. Teria de aguentar mais quinze dias. O tempo não passava!

Amaro foi visitá-lo, e Eugênio contou-lhe como tudo acontecera. E finalizou:

— Foi acontecer logo com Lurdes. Estou louco por ela. Só sonhava com o momento de tê-la nos braços.

— Até que enfim.

— Ela me fez esquecer aqueles probleminhas que estava tendo com as mulheres. Não via a hora de estar com ela! Mas, quando não é uma coisa, é outra. Eu tinha de escorregar justamente naquele momento em que iria conseguir?

— É verdade. Isso me faz supor algo mais...

— Lá vem você com suas ideias.

— Parece que alguém deseja atrapalhar seu relacionamento com as mulheres.

— Como assim?

— Antes, você perdia o embalo na hora de dormir com uma mulher. Quando conseguiu gostar de uma, desejá-la, ficar no ponto, eis que quebra a perna. Seu tombo é muito suspeito.

— Suspeito?

— Claro. Como foi que caiu? Havia alguma casca de banana, tropeçou em alguma coisa no caminho? Afinal, como aconteceu?

— Foi a coisa mais besta que podia acontecer. Não havia nada. Simplesmente perdi o equilíbrio e caí.

— Sem mais?

— Sem mais. É isso que me deixa mais danado.

— Alguém lhe deu uma rasteira, isso sim.

— Não havia ninguém lá.

— Estou me referindo a alguém do outro mundo. Parece um tombo arranjado.

— Não acredito nisso. Imagine! Você e esses espíritos.

— Faz mal em não pensar nisso. Já lhe disse uma vez. Você precisa procurar um centro e ver o que está acontecendo. Por que sua vida deu uma guinada dessas? Você já não é o mesmo.

— Concordo. Depois de tudo que me aconteceu, como queria que eu ficasse?

— Está certo. Você fraquejou, quis deixar a família, aconteceu o acidente com Elisa. Foi triste, mas você conseguiu atravessar essa tempestade e tomou conta da situação com vontade. Não se deixou abater, reagiu, quer retomar a vida, não perdeu o entusiasmo. Por isso, não se justifica essa onda de problemas que vem enfrentando.

— Também não entendo. Sempre tive sorte em tudo. Nunca peguei uma maré tão pesada como agora.

— É isso. Não tem explicação plausível. Por isso, deve ir ao centro, fazer uma consulta. Eles vão poder dizer se está sendo assediado por algum espírito desencarnado, interessado em prejudicá-lo.

— Não acredito nisso, Amaro. Não tenho inimigos. Nunca fiz mal a ninguém.

— Eles podem acreditar que sim e querer vingar-se.

Eugênio sacudiu a cabeça negativamente.

— Não pode ser. Não conheço ninguém que queira vingar-se de mim. Essa ideia é muito louca.

Amaro olhou-o sério, dizendo com voz firme:

— Não seja tão resistente. Se, como suspeito, você estiver sofrendo a perseguição de algum espírito interessado em prejudicá-lo, as coisas podem vir a piorar.

— Vire essa boca para lá! Piorar ainda mais? Não vejo a hora de ficar bom, retomar o trabalho. Preciso ganhar dinheiro. Minha família precisa de mim. As crianças estão na escola, tenho despesas. Sabe que este mês estou só com o fixo e minhas economias estão se acabando? Se eu não trabalhar logo, corro o risco de ficar sem nada. Nunca tive uma fase tão ruim.

— Mais uma razão para fazer o que estou dizendo. O que tem a perder? Levo você lá, conversa, esclarecesse, recebe ajuda espiritual e pronto. Não vai pagar nenhum centavo. É tudo grátis.

— Como pode ser tudo grátis? Como eles fazem para sobreviver?

— É uma sociedade sem fins lucrativos, o trabalho é voluntário. Fazem promoções beneficentes, você sabe como é: chás, almoços, bazar. Eles ainda mantêm serviço de assistência social. Atendem a famílias carentes. São gente boa e muito respeitada.

— Para fazer um trabalho desses, devem ser mesmo. Mas não consigo acreditar em espíritos. Sinto muito.

— Está bem. Não vou insistir. Quando mudar de ideia, avise-me.

***

Amaro acostumou-se a ir, quase todas as noites, fazer companhia a Eugênio. Levava os jornais, falavam de futebol, de política, do trabalho. As crianças acostumaram-se com ele, que sempre aparecia com balas, revistinhas, chocolates, doces. Nelinha sentava-se no colo do "tio Amaro", e os outros dois postavam-se em volta e ele contava algumas histórias da vida de Jesus, sua infância, seus milagres, romanceando a tal ponto que eles se emocionavam, tocados pela beleza da narrativa.

Eugênio observava-os admirado, muitas vezes sentindo-se também fascinado com as histórias de Amaro.

Uma noite, depois de as crianças se haverem recolhido, Eugênio comentou admirado:

— Não sabia que você tinha esse dom. É um narrador incrível. Até eu me emociono com suas histórias. Onde aprendeu tudo isso?

— Nosso contato era mais profissional. Mas adoro ler bons livros, principalmente biografias de grandes homens. Sempre tive curiosidade de descobrir como eles chegaram a ser o que eram. Tudo que eu conto aprendi com eles. Sou só um narrador, mas a beleza vem deles. Eles é que descobriram a ciência de viver com sabedoria.

— As crianças adoram. Quando você não está, querem que eu conte as mesmas histórias, mas eu não sei. Você tem sido muito amigo. Pode ter certeza de que nunca esquecerei esses momentos.

— Adoro crianças. Seus filhos são maravilhosos. Eu é que deveria agradecer por dividir comigo esses momentos. Eles enchem minha vida.

— Você mora sozinho e ainda não se casou. Teve alguma desilusão amorosa?

Amaro sorriu:

— Nada disso. Ainda não encontrei a mulher dos meus sonhos. Acho que nunca encontrarei.

— Não creio. Você é ainda moço.

— Nem tanto.

— De fato, você vive muito só.

— Quando a saudade bate, vou ver a família no interior. Fico lá um pouco, mas volto logo. Adoro a cidade, as luzes e a noite.

— Você não é boêmio.

— Não. Mas gosto de ver as luzes, ouvir música até tarde, dançar de vez em quando.

— E aquela namorada, Célia?

— Acabou. Não iria dar certo mesmo.

— Precisa ter alguém. É triste ficar só. Sabe que Lurdes tem me visitado algumas vezes. Mas, quando Olívia está, ela não vem porque sabe que ela não gosta.

— E as crianças, como a recebem?

— Os dois menores, muito bem. Mas Marina fecha-se no quarto, não aceita — Eugênio suspirou triste e prosseguiu: — Essa menina não me perdoa. Quando falei com Elisa que iria embora, não sabia que ela estava escondida escutando. Às vezes parece que tem ódio de mim.

— Tenha paciência com ela. O que passou foi muito difícil. Ela associou a morte da mãe com sua atitude.

— Ela tem razão, de certa forma. Se eu não houvesse tomado aquela infeliz decisão, nada disso teria acontecido. Não tive intenção, mas contribuí para provocar a situação. Estou consciente disso.

— Não se martirize, Eugênio. Ela é ainda criança. Ignore sua rebeldia e continue sendo bom para ela. Um dia, compreenderá melhor o que aconteceu.

— Espero que esteja certo, Amaro. Esta situação incomoda-me e angustia-me.

***

Era quase meio-dia do domingo quando Olívia chegou. Tencionava levar as crianças para almoçar.

— Já encomendei o almoço para todos — disse Eugênio.

— As crianças precisam sair um pouco. Achei que você não se importaria.

Eugênio deu de ombros.

— Está bem. Pode levá-las. A comida ficará para o jantar.

A alegria foi geral. Entusiasmados, eles se aprontaram e saíram com a tia.

Eugênio, vendo-os afastar-se, sentiu-se muito só. Já havia lido o jornal e não havia nada que pudesse fazer. Quando a comida chegou, colocou-a sobre o fogão. Não gostava de comer sozinho. Nos últimos tempos, habituara-se com as crianças e agora lhe parecia que a casa estava silenciosa demais.

"Estou ficando piegas", pensou irritado.

Se ao menos pudesse sair, dar uma volta! Ainda não podia dirigir. Com Olívia não podia contar. Ela nunca o convidaria para sair. E, mesmo que o fizesse, ele ficaria constrangido. Eles nunca se entenderiam. Se ao menos Lurdes guiasse, poderiam passear um pouco.

Quando Amaro apareceu, ele não se conteve:

— Ainda bem que alguém se lembrou de mim!

Amaro sorriu:

— O que é isso? Crise de solidão?

— Não caçoe. Não aguento mais ficar preso em casa. Ainda bem que você apareceu.

— Pensei que as crianças estivessem em casa. Trouxe algo para elas.

— Obrigado. Saíram com Olívia.

— Já almoçou?

— Ainda não.

— Que tal irmos comer em algum lugar?

— Tenho comida na cozinha.

— Guarde para depois. Vamos sair, você precisa distrair-se.

Eugênio concordou satisfeito. Arrumou-se um pouco e, ajudado por Amaro, acomodou-se no carro. Foram a um restaurante. Estava lotado, mas Eugênio sentiu-se bem vendo o movimento. Quando se acomodaram, Amaro perguntou:

— Não está cansado?

— Ao contrário. Estou me sentindo muito bem. Não aguento mais ficar em casa.

— Falta pouco. Mais alguns dias e tudo estará bem.

Conversaram animadamente. Depois do almoço, Eugênio quis ir até a casa de Lurdes, mas lá não havia ninguém. Passava das cinco quando voltaram para casa. Mal se haviam acomodado quando Olívia voltou com as crianças, que correram a abraçar Amaro.

— Tomei sorvete de chocolate! — disse Nelinha com entusiasmo.

— E eu comi morangos com creme! — ajuntou Juninho. — Marina comeu torta de coco.

— Pelo jeito, a sobremesa foi a melhor parte — comentou Amaro, sorrindo.

— Minha cunhada Olívia — disse Eugênio dirigindo-se ao amigo.

— Muito prazer. Tenho ouvido falar muito de você — disse ele amável.

Olívia olhou desconfiada para Eugênio. Sabia que o cunhado certamente não a teria elogiado.

— Espero que não tenham falado mal de mim — respondeu ela.

— Claro que não. As crianças adoram-na.

— Eu também gosto delas — e dirigindo-se às crianças: — Vamos lavar as mãos.

Olívia acompanhou-as ao lavabo, depois foi à cozinha e voltou logo, dizendo a Eugênio:

— A comida está sobre o fogão. Você não almoçou?

— Fomos comer fora — esclareceu ele com satisfação.

Ela não respondeu e voltou à cozinha.

Nelinha foi chamá-la:

— Tia, vamos lá para a sala. Tio Amaro vai contar uma história!

— Ele pode começar, que depois eu vou.

— Nada disso. Se você não vier, vamos esperar. Eu quero que você escute também.

— Está bem. Vamos lá.

Foram para a sala, e Nelinha sentou-se no colo da tia, e Juninho acomodava-se nos joelhos de Amaro. Enquanto ele contava

148

uma história e todos ouviam atentos, Eugênio admirava-se de Olívia haver concordado em sentar-se ali com eles. Pelo menos, ela não se mostrara mal-educada com Amaro.

Quando ele acabou, as crianças bateram palmas e pediram outra. Ele não se fez de rogado.

Olívia levantou-se, foi à cozinha, fez café e serviu-os. Eugênio estava admirado. O que dera nela? Depois da terceira história, Olívia decidiu:

— Já é noite. Querem comer alguma coisa?

Foi à cozinha, e, como ninguém quisesse jantar, serviu algumas guloseimas com refrigerantes. Depois disse:

— Está na hora de dormir. Eu levo vocês para a cama, depois vou embora.

Eles relutaram, mas acabaram concordando. Despediram-se e Olívia subiu com eles para o quarto. Voltou meia hora depois, despediu-se de Amaro educadamente e disse a Eugênio:

— Coloquei a comida na geladeira.

— Obrigado — respondeu ele.

Ela saiu, e, quando a porta se fechou, Eugênio comentou:

— Nem me disse boa-noite. É mal-educada mesmo. Já estou acostumado.

— Não me pareceu. Foi discreta, mas não mal-educada. Preparou café para nós.

— Fiquei admirado. Ela não costuma fazer isso.

— Talvez não seja tão ruim como você fala.

— Vai ver que ela fez isso só para me contrariar. Quer mostrar-se gentil, para que você pense que sou implicante com ela. Viu como ela é fria?

Amaro riu gostosamente.

— Eu não vi nada. É uma mulher muito bonita, se quer saber. Objetiva, sabe o que quer da vida. Não tem nada de fútil nem de fria.

Eugênio olhou-o admirado:

— Você não a conhece bem. Ela é teimosa, só faz o que quer, e não me tolera.

— Vocês podem não se entender, mas eu não me engano. É corajosa, decidida e, em vez de teimosa, eu diria que não se deixa influenciar pelos outros. Repito: ela sabe o que quer.

— Está sendo muito generoso. Quando a conhecer melhor, verá que tenho razão. Ela é intolerável.

— Tem ajudado você, apesar de tudo.

— Isso é. Reconheço que teria tido mais dificuldade se ela não houvesse me socorrido. Não sou ingrato. Mas ela não perde ocasião de me lembrar dos erros passados. Culpa-me pela morte de Elisa e nunca me perdoará.

— Ela amava muito a irmã.

— É verdade. Quando os pais morreram no desastre de trem, apesar de mais nova, cuidou de Elisa como se fosse a mãe dela. Mas isso ainda é pior. Nunca admite que Elisa tenha mudado com o casamento e que isso tenha contribuído para que eu também mudasse. Que diabo! Se isso aconteceu, a culpa não foi toda minha. Depois, o que fazer quando a atração acaba? Como fingir interesse se a magia acabou?

— Você amava Elisa.

— Amava. Quando nos casamos, amava muito. Mas depois tudo foi mudando e, um dia, dei-me conta de que, quando a tocava, era como se tocasse uma irmã, uma amiga. Ela era perfeita, tão boa, tão certa em tudo, eu não queria ser ingrato. Mas, quanto mais eu forçava para me sentir atraído por ela, mais percebia que estava indiferente. Nos últimos tempos, sentia até certa rejeição quando ela se aproximava e me tocava.

— Isso é doloroso.

— Claro. Eu queria ser diferente. Muitas vezes pensei em todas as suas qualidades, tentando voltar a ser como antes. Mas não consegui. Quando apareceu Eunice, mergulhei completamente na paixão.

— Como toda paixão, passou também.

— É verdade. A paixão é avassaladora, mas passa. Hoje mal me recordo dela. E pensar que por causa disso destruí nossa vida.

— Não foi por causa disso. Quando foi para os braços de Eunice, sua vida conjugal já estava acabada. A chama da atração precisa ser alimentada. O amor é uma troca em que há um encontro sempre prazeroso de duas pessoas. Precisa da participação de ambos. Sem isso, ele morre.

— Como sabe? Você nunca se casou!

— Tenho observado. No casamento, as pessoas assumem cada um seu papel e passam a viver em função dele. Querem fazer tudo certo e agem de acordo com as regras da sociedade convencional. Deixam de avaliar sentimentos, fazer o que sentem, transformam-se em robôs, sem vontade própria. Aí começa o desencontro das almas. Elas se distanciam, vivem na ilusão.

— Deus sabe como eu gostaria que houvesse sido diferente.

— Você é um homem ardente, romântico, prefere uma mulher mais amante do que uma esposa convencional. Quando Elisa entrou nesse papel, perdeu o encanto e você se desinteressou.

— Eu a amava tanto! No princípio éramos tão felizes! As mulheres, quando se casam, mudam completamente. Querem ser uma esposa e uma mãe maravilhosas. E nós, os maridos, acabamos em segundo plano. Quando nos apaixonamos por outra, acusam-nos de ingratidão, alegando que se sacrificaram para nos fazer felizes. Quer saber o que penso? Na verdade, elas não se preocupavam com nossa felicidade, mas com a vaidade de ser uma esposa perfeita. Foi o que nos aconteceu, e eu acabei como único culpado dessa tragédia, odiado e criticado por minha cunhada e até por minha própria filha. Gostaria que elas entendessem que sou humano. Desejava um pouco mais de amor, de atenção, de romance. Que diabo! Será tão errado sentir isso?

Amaro meneou a cabeça pensativo.

— Um relacionamento é sempre uma lição de vida. Apesar de tudo, você tem aprendido muito com essa experiência. Concordo que Elisa tenha se esquecido de alimentar a chama do amor entre vocês. Estava segura. As mulheres apegam-se ao casamento. Acreditam que ele, por si só, seja uma garantia de afeto para o resto de suas vidas. Por isso, desdobram-se tanto ao papel de esposa e mãe e esquecem-se de ser mulheres. No entanto, você fez o oposto. Não se dedicou à convivência familiar, não participou como pai da vida de seus filhos. Ficou em seu canto, esperando que Elisa fizesse tudo.

— Ela era tão eficiente! Nunca deixou que eu fizesse nada.

— Confesse que foi cômodo para você. Casou, encontrou quem cuidasse de você, quem o mimasse e evitasse qualquer preocupação doméstica, e não precisou dar nada em troca.

— Sempre cuidei de minha família. Nunca faltou nada a eles.

— Você criticou Elisa, mas também entrou no papel típico de marido. Dava o dinheiro e pronto. Tudo feito. Não lhe ocorreu que eles precisavam de mais?

— Agora você também está me criticando?

— Longe de mim essa ideia! Você começou o assunto, e estou colocando apenas os fatos para que os veja mais claramente.

— Você nunca se casou. Não sabe como são as coisas.

— Somos companheiros de trabalho há muito tempo. Quando conversávamos, nunca o ouvi falar dos filhos com entusiasmo, contar pequenas coisas que eles faziam, como a maioria dos pais que são meus amigos. Você nem parecia casado! Nunca o ouvi falar de qualquer problema doméstico. Ao contrário. Estava sempre bem-disposto, frequentava lugares da moda.

— Naquele tempo, não precisava preocupar-me com nada.

— Graças a Elisa.

— É. Graças a Elisa. Pensa que não reconheço isso? Acha que não me arrependi?

— Agora, pelo menos, conhece melhor seus filhos. Eles são maravilhosos. Não acha que foi um bem?

— É verdade. Eu agora não poderia mais ficar longe deles. Nem sei como pude ser tão cego. Eles são tão inocentes, tão crédulos, tão alegres! Preciso protegê-los. Não desejo que sofram. Estavam seguros com Elisa. Agora, só têm a mim. Eu errei, é verdade, mas arrependi-me e hoje penso diferente. Pena que Marina não queira entender. Queria muito que ela me perdoasse.

— Ela está ressentida com o que aconteceu. Sabe o que penso? Ela gosta de você tanto ou mais do que os outros dois. É exatamente por isso que está tão magoada. Já reparou como ela não perde oportunidade para dizer que você os trocou por outra?

— Não! Será? Tomou as dores da mãe.

— No fundo, está reclamando da própria dor. Ela sofre porque acredita que você só está aqui com eles porque não tem opção.

— É isso que ela diz. Mas não é verdade. No princípio, pode ter sido, mas agora, não. Lamento haver procedido assim antes. Tenho procurado demonstrar meu afeto de todas as formas.

— É o que pode fazer. Continue e seja paciente. Um dia, ela compreenderá.

— Faço votos de que esteja certo.

— Agora preciso ir. Amanhã acordo cedo.

— Preferia acordar cedo e ir trabalhar a ficar aqui, sem poder fazer nada.

— Não reclame. Você precisava mesmo de umas férias. Logo estará bom e retomará sua rotina.

— Obrigado. Sou-lhe grato por tudo quanto tem feito por mim.

— Não agradeça. Estou alimentando meus instintos paternais. Adoro vir aqui.

— Não sei por que não se casou. Tem tudo para ser um feliz papai!

Amaro sorriu, e seus olhos guardavam indefinível expressão quando respondeu:

— Para isso, Eugênio, é preciso que duas pessoas queiram. Só eu, não adianta.

Conversaram um pouco mais, e Amaro se foi.

Deitado em seu quarto, enquanto não podia conciliar o sono, Eugênio pensava em como sua vida havia se transformado. Se Elisa ainda estivesse viva, ele com certeza estaria ao lado de Eunice. Mas por quanto tempo? Agora, recordava os acontecimentos sob uma nova visão.

Para ele, o casamento, depois de certo tempo, representara apenas um amontoado de contas que precisava pagar todos os meses. Nunca entrara de fato na relação familiar. Desde o início, Elisa parecia-lhe ingênua e imatura. Nunca tomava iniciativa. Era sempre ele quem tinha de decidir. Ela nunca argumentava nem colocava suas ideias. Acatava suas determinações sem discutir. Ele a considerava de pouca inteligência, com capacidade apenas para as rudes tarefas domésticas. Teria sido por isso que deixara de amá-la?

Talvez a ignorância de Elisa fosse fruto da educação que as meninas de família recebiam. Embora ela houvesse perdido os pais muito cedo, conservara a ingenuidade. Quando se casaram, fora ele que precisara ensinar-lhe os detalhes da higiene e das relações sexuais. Na ocasião, ele ficara vaidoso de possuir uma mulher tão inocente. Mas agora questionava isso. Ele sempre preferira as mulheres ousadas. Não teria sido um erro casar-se com Elisa, tão diferente dele? Procurar encontrar a amante ideal em uma menina sem iniciativa?

Elisa, deitada a seu lado, observava-o. Ouvindo-lhe os pensamentos, refletia: era assim que ele a via? Ela, que se anulara, que nunca fizera o que gostaria, que acatara suas determinações como uma lei, era vista como ignorante e burra? Não lhe haviam ensinado que o marido era o chefe da casa? Por que aceitara isso sem nunca questionar?

Cerrou os punhos com raiva. Se fosse agora, faria tudo diferente. Nunca mais seria aquela mulher cordata e passiva. As coisas haviam mudado. Era ele quem estava sendo obrigado a fazer o que ela queria. Um dia haveria de descobrir que subestimara sua inteligência. Ela era muito capaz e omitira-se por amor! Que loucura! Como não percebera em tempo o abismo que estava cavando com essa atitude?

Embalado pelas lembranças, Eugênio continuava tentando entender as causas de seus problemas. Lembrou-se da paixão que sentira por Jacira, antes de conhecer Elisa. Era uma mulher ardente e bonita que o encantava com seu temperamento alegre e vivo. Pensara seriamente em casar-se com ela. Mas ela tivera outras experiências, não era virgem. O que diriam sua família e os amigos? Não, ele não poderia casar-se com ela. Manteve o relacionamento mesmo após o noivado com Elisa e pretendia continuar depois do casamento, o que não aconteceu, porque ela o deixou. Desapareceu e ele nunca mais a encontrou. Ficou desesperado, mas teve de se conformar.

Claro que amava Elisa, mas aquele fogo, aquela sensação inebriante, era com Jacira. Para ele, essa situação era natural. A maioria de seus amigos tinha uma mulher para se relacionar e a namorada, com quem só poderiam ter relações após o casamento. Onde estaria Jacira? Se houvesse se casado com ela, teria dado certo? Se a encontrasse agora, ainda sentiria a mesma atração? Se a sentisse novamente, teria coragem para assumir e casar-se com ela?

Elisa, pálida, sentia seu ódio crescer. Era cruel a forma como Eugênio pensava. Destruía uma a uma suas mais caras lembranças e ilusões. Ele sempre a traíra! Casara-se apenas por conveniência social. E ela se prestara a esse papel e por causa dele perdera tudo quanto mais amava! Deixara seus filhos entregues à orfandade! Que injustiça! Como fora burra! Se naquela manhã soubesse tudo quanto sabia agora, teria dado graças a Deus por Eugênio ter saído de casa! Mas era tarde. Só lhe restava a vingança! E esse prazer ninguém lhe poderia tirar.

Resistiu à vontade de atirar-se sobre ele e exigir-lhe contas de seus atos. Sabia que, se o fizesse, ele poderia sentir-se mal e adoecer. Embora o odiasse, não podia fazer isso. As crianças precisavam dele. Mas faria tudo para que sua vida se transformasse em um inferno e não tivesse paz. Ele só se sentiria bem quando em casa, ao lado das crianças. Era também uma forma de fazer com que ele ficasse lá, tomando conta deles, para saber como fora trabalhoso o esforço dela durante todos aqueles anos.

Apesar do controle de Elisa, Eugênio não pôde se furtar a um sentimento desagradável, uma vaga sensação de tristeza e medo. Reagiu. Ele nunca tivera medo de nada. Tentou dormir, mas o sono não vinha. Continuou pensando, pensando, angustiado e insone, e só conseguiu conciliar o sono quando os primeiros raios solares começaram a aparecer.

Capítulo 12

Sentado à sua mesa no escritório, Eugênio examinava atentamente alguns papéis, meneando a cabeça preocupado. Fazia uma semana que voltara ao escritório e mergulhara fundo no trabalho. Havia muito por fazer, e ele começava cedo, só saindo alguns minutos para um almoço rápido ao lado do prédio, e saía pouco antes das oito, a fim de não deixar as crianças sozinhas.

Estava um pouco mais magro e contratara um fisoterapeuta para ir à sua casa à noite, três vezes por semana, para cuidar de sua perna, mas estava com saúde.

Seu problema era que, impossibilitado de trabalhar, perdera muitos clientes e agora precisaria trabalhar duro para recuperar o tempo perdido. Ele era comissionado e, se não fechava negócios, ficava apenas com o salário fixo, que não dava para suas despesas. Vendo suas reservas serem consumidas, Eugênio pensava em como fazer para recuperar o que havia perdido.

Fizera vários planos e tentara colocá-los em prática, porém não conseguira fechar nenhum negócio. Não compreendia o que estava acontecendo. Parecia-lhe que de repente sua sorte o abandonara. Isso não poderia continuar. Teria de reagir. Estava reexaminando seus arquivos e tentando estabelecer novos objetivos e novas metas. Contudo, sua cabeça estava pesada, e ele não conseguia a lucidez que sempre tivera. Sentia-se confuso. A tragédia de sua vida teria o abalado a tal ponto? Precisava recuperar-se. Se continuasse assim, poderia até perder o emprego. Seu chefe já o chamara para dizer o que esperava dele dali para a frente, o que significava que estava no limite de sua tolerância. Ele queria resultados e, infelizmente, Eugênio não estava mais conseguindo.

Passou a mão pela testa, como querendo afastar os pensamentos desagradáveis. Disposto a reagir, respirou fundo e começou tudo de novo.

Elisa, a seu lado, observava atenta. Achava bom que ele não tivesse dinheiro como antes. Lembrou que, quando ele ganhava pouco, era mais atencioso com a família. Assim não teria como gastar fora de casa. De vez em quando, aproximava-se dele e dizia-lhe:

— Agora vai ser assim! Você não precisa de muito dinheiro. Vai fazer pequenos negócios. O suficiente para as despesas da casa. As grandes somas não são para você. É melhor não insistir.

Eugênio não registrava suas palavras, porém sentia um torpor e uma sonolência que o impediam de raciocinar livremente. Seus olhos pesavam, chegavam a lacrimejar, tal o esforço que ele fazia para concentrar a atenção no que estava fazendo.

Vendo-o confuso e perturbado, Elisa, satisfeita, tornava a sentar-se tranquilamente.

— Elisa, você precisa vir comigo.

Jairo dera entrada na sala.

— Não posso. Preciso tomar conta de Geninho.

— Sabino quer ver você. Precisa ir. Voltará quando for liberada.

Elisa fez um gesto de aborrecimento.

— O que ele quer?

— Não sei. Você não tem comparecido às nossas reuniões. Saiba que está comprometida. Precisa obedecer às regras. Deseja ser punida?

— Punida?

— Claro. Quando nos foi procurar, não concordou com nosso regulamento?

— Concordei.

— É preciso cumprir. Vamos embora.

— Vou cumprir. É que tenho tido trabalho aqui. Se eu largar, Eugênio vai fazer besteira. Preciso tomar conta dele.

— Pode fazer isso mesmo a distância. Vamos indo.

— Está bem.

Eles saíram. Eugênio respirou fundo. Precisava sair desse torpor. Havia ficado um mês sem fazer nada e se habituado a dormir demais. Levantou-se e movimentou os braços, de um lado a outro.

Depois foi ao banheiro e lavou o rosto, molhou os pulsos com água fria. Sentiu-se aliviado. Voltou ao trabalho disposto a continuar, e desta vez conseguiu concentrar-se melhor.

***

Olívia, sentada diante da mesa, observava alguns desenhos com atenção. Tinha de escolher um logotipo para um cliente e não gostara de nenhum dos que lhe apresentaram. Devolveu-os ao funcionário, explicando melhor a ideia e pedindo que fossem refeitos. Depois se sentou novamente. Trabalhando com publicidade, Olívia devia a seu tino e à sua perspicácia todo o sucesso profissional que alcançara. Sempre trabalhara com entusiasmo, porém, agora, certa insatisfação perturbava-a. Nada conseguia entusiasmá-la. Um colega dissera-lhe que ela estava sendo exigente demais. Seria verdade?

Olhou em volta e sentiu-se aborrecida. Decidiu sair um pouco, dar uma volta pela cidade. Precisava arejar a cabeça. Olhar algumas vitrines, distrair-se.

Apanhou a bolsa e saiu. A tarde ia findando-se e as ruas estavam apinhadas. Olívia misturou-se aos demais, parando aqui e ali, em frente a algumas vitrines. Entrou, comprou algumas coisas. Olhou o relógio, eram quase seis horas. Não voltaria mais ao escritório naquele dia.

Entrou em uma sorveteria. Pensou nas crianças. Sorriu. Sorvete para elas era sempre uma festa. Sentou-se e pediu uma taça de sorvete de chocolate.

Enquanto esperava, pensou em sua vida. Elisa fazia-lhe muita falta. Talvez fosse por isso que se sentia tão só. Contava com alguns amigos, mas ultimamente não sentia vontade de estar com eles. Talvez estivesse precisando encontrar um namorado. Havia um tão insistente quanto indesejado, e ela o despachara aliviada.

Não tinha ilusões nem esperava encontrar um homem perfeito que a faria feliz para sempre. Gostava dos homens fortes e determinados, francos e de bem com a vida. Contudo, quando conhecia alguém e se entusiasmava, esfriava na primeira mentira. Reconhecia que seria bom ter alguém com quem dividir sua vida e sua cama, mas, se era fácil dividir a cama, ela terminava o relacionamento antes de dividir sua vida. É que, para chegar a isso, precisaria confiar, e isso era o mais difícil.

A garçonete trouxe a taça de sorvete, e Olívia começou a saboreá-lo lentamente. Uma coisa era verdade: a morte de Elisa deixara-a muito só. Ela era a pessoa com quem sabia que sempre poderia contar. Era estável, bondosa, dedicada, gentil. Nunca conhecera ninguém tão suave quanto Elisa. Sentiu um aperto no peito e profunda saudade. Suspirou tentando vencer a melancolia.

"Melhor afastar a tristeza!", pensou.

— Como vai, Olívia?

Arrancada de seus pensamentos, Olívia sobressaltou-se e levantou o olhar:

— Amaro!

— Desculpe se a assustei.

— Como vai?

— Bem. Espera alguém? Posso me sentar?

— Não espero ninguém. Sente-se, por favor.

— Como tem passado?

— Bem. Saí mais cedo do escritório para sacudir a rotina. De vez em quando é preciso espairecer. Ver vitrines, fazer compras, distrair-se.

— Parece que não conseguiu. Há muita tristeza em seus olhos.

Olívia sorriu.

— Pensava em Elisa. Sinto demais sua falta. Mas já passou.

— Vocês se queriam muito.

— Mais do que você pode pensar. Quando recordo o que ela fez de sua vida e como morreu... Desculpe. Sei que é amigo de Eugênio. Mudemos de assunto.

— Não se preocupe. Posso entender. Contudo, a morte é irreversível. É preciso aceitar. Não adianta sofrer por algo que não se pode mudar.

— É verdade! Bem que eu gostaria de esquecer, mas ainda não dá. O golpe foi muito duro. Quando penso em tudo...

— Por que se tortura dessa forma? Não confia em Deus?

Havia muita amargura em sua voz quando ela respondeu:

— Confiar? Depois do que aconteceu? Se Deus existisse mesmo, não teria levado Elisa, tão boa e com três filhos pequenos para criar. Não posso aceitar essa injustiça. O sem-vergonha do Eugênio está aí, enquanto ela, sempre tão correta, foi punida. Acha justo isso?

— Talvez as coisas não sejam como pensa. Às vezes, viver neste mundo pode ser uma punição maior; e a morte, apenas uma libertação.

Olívia olhou-o firme por alguns segundos, depois tornou:

— Concordo que viver neste mundo nem sempre é agradável, mas garanto que, se tivesse podido escolher, Elisa teria preferido sofrer aqui a libertar-se largando os filhos.

— Deus não desampara ninguém. Os filhos de Elisa têm o pai, que assumiu seu papel, e têm você, que os ama muito. Ninguém fica abandonado. Espero que Elisa já tenha entendido isso.

— Elisa? Como poderia?

— A morte não é o fim. A vida continua em outras dimensões. Elisa continua viva tanto quanto nós.

Olívia olhou-o incrédula:

— Você diz isso como se fosse mesmo verdade! Quem morre não volta.

— Você está enganada. O universo não se resume apenas neste pequeno planeta onde estamos vivendo. Há muitas moradas na casa do Pai!

— Gostaria de acreditar. Todavia, a ilusão, a boa-fé é pior.

— Tenho certeza do que afirmo. Posso dar-lhe inúmeras provas de pessoas que já conseguiram comunicar-se com seus entes queridos que partiram. Sei o que estou dizendo. Elisa está viva, em outro mundo, sentindo sua tristeza, os problemas dos filhos, de Eugênio. É sobre isso que desejo falar-lhe. Você é inteligente, vai perceber a verdade.

Olívia olhava-o admirada, sem saber o que dizer.

— Não posso crer que seja verdade. Preciso de provas.

— Tenho certeza de que em breve as terá. Pense qual seria a reação de Elisa ao acordar em outra dimensão, sem poder comunicar-se com vocês, vendo o que está acontecendo, sem poder fazer nada.

— Seria muito penosa, sem dúvida. Ela ficaria desesperada.

— Isso já deve estar acontecendo. Vocês não podem vê-la, porque a faixa de energias da outra dimensão vai além do que nossos olhos físicos podem alcançar. No entanto, para os pensamentos e sentimentos não há limites. Tanto ela poderá sentir o que vocês sentem, como vocês, se ela se aproximar, poderão registrar os sentimentos dela.

— O que me diz é novo para mim. Refere-se à telepatia?

— Mais do que isso. À troca de energias entre as pessoas.

— Como pode ser isso? Não percebo nada diferente.

— É uma troca em que os sentimentos se misturam. Você sente como se fossem seus. Nem sempre é fácil perceber. Por exemplo:

159

sua tristeza, a saudade que sentia de Elisa ainda há pouco; se ela se aproximar, as duas vão somar esse sentimento e sentirem-se muito mais tristes. Entendeu?

— Entendi. Se isso for verdade, nossa dor, nossas queixas, tudo poderá infelicitá-la ainda mais.

— Pensamentos bons poderão confortá-la. Quando você cuida das crianças, por exemplo, ela certamente se sente melhor.

Olívia suspirou, permanecendo em silêncio por alguns instantes.

— Você diz isso com tanta certeza... Contudo, é difícil acreditar.

— Alguns cientistas famosos pesquisaram o assunto e escreveram livros. Gostaria de emprestar-lhe alguns.

— Lerei com prazer. Aqui está meu cartão. Telefone para conversarmos. Apreciaria muito falar mais sobre esse assunto, se você tiver um tempinho.

— Tenho todo o tempo do mundo. Falaremos quando quiser. Eis meu cartão também. Não se acanhe. Quando estiver triste, quiser conversar, telefone.

Amaro não permitiu que Olívia pagasse a conta. Despediram-se, e ela saiu. Sentia-se melhor. A conversa com Amaro fizera-lhe bem. Elisa, viva! Sentiu um calor gostoso dentro do peito. Ah, se isso fosse verdade! Pena não tivesse os livros em mãos. Se ele não ligasse no dia seguinte, ela o faria.

***

Na tarde seguinte, Olívia ligou e convidou Amaro para jantar em sua casa. Não podia esquecer suas palavras e desejava conversar. Passava um pouco das sete quando ele tocou a campainha do apartamento. Olívia abriu a porta, e, depois dos cumprimentos, ele lhe entregou um pacote, dizendo:

— Este é um livro interessante. Você vai gostar.

Olívia abriu e leu: *Fatos Espíritas*, de Sir William Crookes.

— O famoso cientista inglês? — indagou ela, admirada.

— Ele mesmo.

Ela agradeceu interessada. Sentados na sala, ela pediu:

— Fale mais sobre ele.

— Foi no começo do século. Os espíritos começaram a comunicar-se por intermédio de duas irmãs, nos Estados Unidos, e provocaram muita discussão. Como cientista sério, Sir William Crookes

160

foi convidado a opinar para esclarecer o assunto. Embora ele não acreditasse em comunicação de espíritos, aceitou com a condição de poder fazer pesquisas pessoalmente com as médiuns, comprometendo-se a divulgar os resultados. Quando terminou, publicou esse livro.

Olívia folheou-o admirada. Havia fotos de espíritos! Não podia acreditar.

— Isso é uma loucura! Você acredita mesmo que quem morre continua vivo em outro lugar?

— Claro. Na Terra nada se perde, e tudo se transforma. Por que só o homem teria fim? Seu corpo de carne morre, mas há o corpo astral. Foi ele que deu forma e vida à matéria. Quando ele se desliga, o corpo decompõe-se.

Olívia meneou a cabeça:

— Você diz coisas espantosas! Se isso fosse verdade, haveria de revolucionar a sociedade. A morte é o maior desafio do ser humano. Um dia todos teremos de enfrentá-la! Se, como diz, quem morre continua vivo no outro mundo, por que ninguém fala sobre isso?

— O preconceito é muito grande, mas, para o estudioso sério, as portas estão abertas. Se você deseja descobrir a verdade, tenho certeza de que a encontrará. A vida lhe trará todas as provas.

— Você diz isso com tanta certeza!

— Sei que é assim.

Continuaram conversando animadamente, e, a cada pergunta de Olívia, Amaro respondia com tranquilidade.

Ela serviu o jantar, e a conversa prosseguiu agradável e amena. Amaro fez menção de despedir-se, mas Olívia pediu que ficasse um pouco mais.

— Sua presença fez-me bem — disse ela o olhando firme. — Estava sentindo-me muito só. Tenho muitos amigos, gosto deles, mas, depois do que aconteceu, não tenho sentido vontade de estar com eles. Tenho impressão de que mudei.

— A morte é agente da mudança. Por onde ela passa, tudo fica diferente.

— Tem razão. É difícil dizer em quê, mas sei que estou diferente. Não sei se por causa do convívio com as crianças, que agora estão mais dependentes de mim, ou pela falta que sinto de Elisa, mas a vida em família passou a ser mais importante. Você sabe como é, eu via Elisa sempre tão submissa e Eugênio tão displicente... Para ser sincera, torcia para que Elisa virasse a mesa e se impusesse. Se ela resolvesse separar-se dele, eu teria apoiado. Contudo, se fosse hoje, talvez eu agisse diferente.

— Está conhecendo melhor Eugênio.

— Meu conceito sobre ele não mudou nada. Mas reconheço que a atitude dependente de Elisa contribuiu para que as coisas ficassem piores. Antes eu pensava que a mulher deveria impor-se e não fazer nenhuma concessão no casamento. Mas, olhando aquelas crianças, entendi que às vezes é bom ceder em benefício da harmonia da família.

— Não foi isso que Elisa sempre fez?

— Não. Ela foi além. Esqueceu-se de si mesma. Apagou-se de tal forma que o marido a passou para trás. Isso, no entanto, não tira a responsabilidade de Eugênio, que parecia um estranho em sua própria casa. Nunca se interessou pelos problemas da família. É isso que não posso perdoar nele.

— Cada um é como é, e só pode dar o que tem. Eugênio tem se esforçado.

— Isso agora, porque não tem outro remédio.

— As pessoas fazem o que acham melhor. Elisa acreditou que estava fazendo tudo pela família. Fez o que sabia. Eugênio também. Ninguém pode julgar ou esperar deles o que ainda não sabem fazer.

Olívia sorriu.

— Tem razão. Eu esperava que tanto um quanto o outro fossem diferentes.

— Uma ilusão de sua parte. Agora não adianta ficar ressentida por isso. Eles fizeram o que sabiam, não o que você gostaria que fizessem. Aceitar isso vai ajudá-la a sair da depressão.

— Não sei, não. Vou continuar sentindo falta de Elisa.

— A morte é como uma viagem. Um dia vocês estarão juntas de novo.

— Quisera poder acreditar!

— Estude o assunto, procure provas, faça experiências.

— Você fala com tanta certeza! Acredita mesmo nisso?

— Eu sei que é assim. Elisa continua viva!

— Se isso fosse verdade, ela poderia estar aqui agora?

— Poderia.

— Nós não a podemos ver.

— Essa é uma limitação nossa. Contudo, há pessoas que poderiam sentir sua presença ou vê-la claramente.

— Como assim?

— São os médiuns. Eles conseguem perceber além dos cinco sentidos.

Olívia interessou-se:

— Você conhece alguém assim?

— Conheço. Costumo frequentar um centro espírita. Isso lá é comum.

— Não creio nessas coisas. Costumam deixar as pessoas fanáticas e desequilibradas.

— Frequento um centro espírita desde a adolescência. Pareço destrambelhado?

Olívia sorriu:

— Desculpe, não quis ofender. São os comentários que tenho ouvido por aí.

— Infelizmente há muito preconceito. Como podem falar sem conhecer? Para opinar, há necessidade de estudar, experimentar.

— Tem razão. Estou falando sem base. Nunca me detive nesse assunto.

— Mas reconhece que é de grande importância, uma vez que, como você mesma disse, morrer é o destino de todos nós.

Eles continuaram conversando, e, cada vez que Amaro fazia menção de retirar-se, Olívia pedia-lhe para ficar. Ele contava casos interessantes, experiências com médiuns, fatos que presenciara.

Olívia sentia seu interesse crescer. Amaro parecia-lhe um homem sério, culto, inteligente, sincero. E se o que ele estava dizendo fosse verdade? E se Elisa estivesse mesmo viva em outro mundo? Precisava saber.

Quando Amaro finalmente se despediu, Olívia pediu-lhe que voltasse para continuarem conversando.

— Sua visita fez-me bem. Você conseguiu despertar meu interesse. Agora preciso saber a verdade.

Amaro sorriu satisfeito:

— Eu sabia que você iria entender. Além de inteligente, você tem pensamento ágil, capta as coisas com facilidade.

— Se eu fosse com você nesse centro espírita, Elisa poderia falar comigo?

— Poderia. Teoricamente poderia. Mas há várias coisas a considerar que impedem os espíritos de se comunicar conforme desejamos. Vai depender do estado emocional de Elisa e da utilidade de sua comunicação. Há um controle nesse relacionamento entre os dois mundos, exercido pelos espíritos superiores, disciplinando o intercâmbio, que só acontece sob determinadas circunstâncias.

— É como uma censura?

— Necessária para impedir os excessos emocionais de ambos os lados e que não beneficiam a ninguém. Se Elisa aparecesse aqui agora, acha que conseguiria controlar-se? Não se deixaria levar pela emoção? Conversaria de forma adequada?

— Seria difícil. Só em pensar, fico arrepiada, meu coração dispara.

— Sem falar o que Elisa estaria sentindo. Um encontro desses só será permitido se for produtivo, se contribuir para beneficiar vocês.

— Nessas circunstâncias vai ser difícil.

— Não creio. Teria de ser uma conversa adulta e equilibrada. Pense nisso.

— Estou pensando. Acha que pode acontecer?

— Acho.

— Quando? Você realmente me deixa curiosa.

— Não pode ter pressa. Leia, estude, prepare-se. As coisas vão acontecer quando tudo estiver favorável.

— Você fala com tanta certeza!

— Eu sei que será assim.

Amaro despediu-se, e, apesar do adiantado da hora, Olívia apanhou o livro e começou a ler. Era muito tarde quando se deitou, mas as palavras de Amaro soavam-lhe aos ouvidos sem que as pudesse esquecer. O dia já estava clareando quando ela finalmente conseguiu adormecer.

164

Capítulo 13

Elisa olhou aborrecida para Sabino. Ele não queria entender seu ponto de vista.

Ele dizia:

— Você não está fazendo sua parte em nosso trato. Estou advertindo, tentando evitar que seja punida, mas, se continuar assim, terei de agir. Não posso de forma alguma deixar passar. O que diriam os que estão se dedicando, cumprindo suas obrigações?

— Garanto que vou cumprir. É que ainda preciso de mais tempo. Do jeito que as coisas estão, não posso deixar Geninho sozinho. Se eu me afastar, ele vai fazer besteira. Depois, há as crianças, preciso ver se estão sendo bem cuidadas.

— Quando pediu, recebeu nossa ajuda. Não precisa ficar o tempo todo com eles. Deve desapegar-se.

— Não quero que Eugênio se case de novo. Preciso tomar conta dele.

— Para isso não precisa ficar lá. Nós temos meios de cuidar dele sem que precise perder tanto tempo lá. Está resolvido. Ou você começa hoje mesmo seu trabalho ou será confinada em uma cela de onde não poderá sair tão cedo. Você é quem sabe.

Elisa estremeceu. Arrependeu-se de haver feito esse trato. Porém, diante da expressão firme de Sabino, não duvidou que ele cumpriria o que estava dizendo. Por isso, decidiu:

— Está bem. Começo agora. O que deverei fazer?

— Jairo já tem as ordens e explicará tudo. Estou contente que tenha resolvido dessa forma. No entanto, quero deixar claro que sei até o que está pensando. Por isso, não tente enganar-me. A punição pode ser pior. Em todo caso, se fizer tudo direito, será recompensada. Sou exigente, porém justo. Sei reconhecer um bom trabalho.

A um sinal de Sabino, Elisa retirou-se. Para encontrar Jairo, dirigiu-se a uma atendente no saguão. Estava em um prédio enorme, sóbrio, decorado com pesadas cortinas cor de terra, móveis escuros exageradamente trabalhados. Pessoas iam e vinham distribuindo-se pelos corredores e pelas salas em intensa atividade. Elisa notou que elas eram sisudas, preocupadas, solenes e formais. Pareceu-lhe estar em um tribunal. Sentiu um arrepio percorrer-lhe o corpo. Arrependeu-se de haver se metido com eles. Suspirou fundo. Agora só lhe restava obedecer.

Encontrou Jairo e foi logo dizendo:

— Vim para começar a trabalhar. Quero saber o que deverei fazer e quando poderei ter folga para ver os meus.

Ele sorriu irônico:

— Nem começou e já quer descansar?

— Não é isso. Você sabe que o trabalho não me preocupa. O que não quero é deixar Eugênio sozinho.

— Bem se vê que você não sabe de nada. Para isso, não precisa ficar lá o tempo todo. Pode trabalhar a distância.

— Como assim?

— Seria bom tomar algumas aulas de magnetização. Temos gente especializada que poderá ensiná-la. Com a magnetização, você poderá manter contato com os seus sem precisar estar lá. Sempre que acontecer algo que não deseja, você sentirá e poderá tomar providências.

Elisa arregalou os olhos:

— É possível isso?

— Claro. É nossa especialidade. Como acha que mantemos as coisas funcionando na Terra do nosso jeito? Sem isso não poderíamos levar avante nossos projetos de justiça.

— Quando entrei aqui, percebi que estava em um tribunal.

— Isso mesmo. Aqui são analisados todos os casos e, conforme são julgados, tomadas as providências para fazer justiça.

— Eu não sabia que funcionava dessa forma. Tive medo de perder o controle sobre minha família.

— Engano seu. Quanto mais trabalhar aqui, mais terá poder sobre os seus. É aqui que vai aprender a usar sua força. Você vai me dar trabalho, não sabe de nada. Mas, se se esforçar, poderá ir longe, deixar de ser a boba que sempre foi.

— Não precisa me ofender.

— Não estou ofendendo. Você sabe que foi ingênua e por isso foi enganada. Está na hora de ficar esperta. Chega de ser passada para trás.

Elisa levantou a cabeça com altivez:

— Isso mesmo. Chega de me fazerem de boba. Quando começo a aprender?

— Agora mesmo. Vou apresentá-la ao nosso melhor magnetizador. Ficará maravilhada.

— Quando começo o trabalho?

— Se tudo correr bem, amanhã mesmo você terá sua primeira incumbência.

— Está bem. Vamos embora.

Satisfeito, Jairo tomou o braço de Elisa e foram em busca do magnetizador. Vendo-a, ele descreveu sua vida como se estivesse lendo um livro aberto, não esqueceu nada. Ela ficou maravilhada. Ele era um homem alto, magro, rosto comum, porém seus olhos eram penetrantes e fortes, e, ao fixá-los, ela logo se sentiu fascinada. Depois, ele foi além, falou de suas possibilidades energéticas, fez alguns testes para comprovar o que dizia:

— É preciso que acredite em sua força — disse com firmeza.

— Sei que você pode fazer muitas coisas, mas nada conseguirá se não acreditar que pode. Esses testes são para mostrar-lhe um pouco do que pode conseguir.

Estavam em uma espécie de laboratório, onde havia diversos objetos, inclusive pequenos animais e algumas plantas. Era com eles que Elisa iria experimentar sua força energética. A princípio ela pensou que ele estava enganado. Ela não iria conseguir.

Ele colocou uma pequena planta diante dela e ordenou:

— Agora você vai murchar essa planta. Vai jogar todo o seu ódio sobre ela.

— Mas eu não tenho ódio dela!

— Terá de usar sua imaginação. Vamos lá.

Ela tentou, mas não aconteceu nada.

— Eu sei que você pode. Lembre-se de algo ruim, que a deixou com raiva. Depois jogue essa energia sobre a planta.

167

Ela se lembrou de Eugênio beijando Lurdes, e, quando estava com ódio, imaginou que a planta fosse eles. A plantinha estremeceu e algumas folhas penderam desmaiadas.

Os dois bateram palmas.

— Muito bem! Eu não disse que você pode? — falou o magnetizador, satisfeito.

Elisa olhou a plantinha, admirada. Não pensou que aquilo iria funcionar.

— Agora vamos fazer diferente. Ela está mal, como pode ver. Você vai levantá-la. Pense em alguém que você ama e imagine que é essa planta e está doente.

Elisa arrepiou-se. Lembrou-se de Nelinha e enterneceu-se. Lembrando seu rostinho amado, sorriu docemente e jogou a energia sobre o vaso. A planta não reagiu, e ela olhou para os dois decepcionada.

— Não se preocupe. Precisamos esperar um tempo. Aprenda que a energia do ódio opera mais rapidamente. Não sabia que é mais fácil destruir do que construir? Essa é uma lei da natureza. Jogue mais um pouco de amor sobre ela e vamos esperar.

Elisa obedeceu. Ele lhe deu mais algumas explicações sobre o mundo da energia.

Depois de alguns minutos, ao olharem a planta, ela já se havia recuperado quase totalmente.

— Nunca imaginei que tinha esse poder — disse Elisa, admirada.

— Todas as pessoas têm. Poucos sabem usar.

— Quer dizer que, se alguém me odiar e mandar essas energias sobre mim, eu vou ficar mal?

— Vai, se não souber se defender. Para tudo há remédio. Mas essa é uma aula que darei depois. Agora você precisa aprender a identificar as energias. Só assim poderá saber o que está acontecendo a distância e com quem. Esse é um treino que leva certo tempo. Como você é iniciante e deve começar seu trabalho amanhã, precisa conhecer o mais simples. À medida que for aprendendo, iremos nos aprofundando.

— Não sabia que era tão interessante!

— Conhecer a natureza é fascinante.

***

À tarde, Elisa compareceu a uma reunião em que aprendeu os regulamentos da ordem. As regras disciplinares eram severas. Seu caso havia sido investigado, catalogado, bem como as providências de ajuda que ela solicitara e o que havia sido feito. Tanta organização infundia-lhe respeito e temor. Quando viveu no mundo, nunca poderia imaginar tudo aquilo, depois da morte.

À noite, Jairo disse-lhe:

— Amanhã, ao nascer do dia, receberá suas ordens, e eu a levarei ao local de trabalho.

— Não posso agora ir até em casa, saber se está tudo bem?

— Não. Você está sendo preparada, e durante a noite esse trabalho continua. Mas não se preocupe. Com um pouco mais de treino, se acontecer alguma coisa diferente com eles, você imediatamente vai perceber. Nesse caso, terá permissão para ir vê-los. Além disso, terá seus dias de folga.

Elisa inquietou-se:

— Tenho receio de não conseguir perceber. Agora mesmo, não sei o que está acontecendo lá.

— Quando tudo está bem, do jeito que você quer, não vai mesmo perceber nada. Agora, se algo mudar, se ameaçar comprometer nossos objetivos, você será imediatamente avisada. Nosso sistema de comunicação é perfeito. Todos os casos a que estamos assistindo têm um dispositivo no local que nos alerta sempre que algum acontecimento possa prejudicar nossos planos. Por isso, não há nenhuma razão para inquietar-se. Tudo está sob nosso controle. Essa é a vantagem de filiar-se à nossa organização. Seu caso não está entregue só em suas mãos. Outros elementos, mais treinados do que você, estão assistindo e acompanhando sua família.

— Como não notei nada?

— São discretos. Seu caso, por exemplo, está sendo acompanhado a distância. Nosso tempo é precioso. Não precisamos deixar pessoas lá para saber o que está acontecendo. Nossos aparelhos fazem isso perfeitamente.

— Para que somos treinados então?

— Para operar, realizar trabalhos, manipular energias e conseguir o que desejamos. Isso é mais importante do que observar.

— Ah!... Nunca pensei que isso fosse possível.

Ele a fitou com certo ar de superioridade.

— Você é novata. Bem se vê que nunca fez isso antes.

— Como poderia? Só agora estou sabendo dessas coisas. Achava que tudo acabasse com a morte.

169

— Estou me referindo às suas vidas passadas. Lembra-se delas?

— Vidas passadas? Eu tive outras vidas?

Ele riu malicioso.

— Eu não disse que você era marinheiro de primeira viagem? Faz cada pergunta! Não é capaz nem de se lembrar de seu passado?

— Não. Só me lembro desta vida.

— Pois eu conheço duas vidas antes desta. Sei quem fui, o que fiz, as injustiças que me fizeram. Por isso estou aqui. Tenho algumas contas a ajustar. Eles agora estão reencarnados. Mas isso não vai impedir nada. Todos vão me pagar.

— Você pode achar que sou ignorante, mas não consigo lembrar-me de nenhuma outra vida. Acho que só tive uma.

— Não seja ignorante. Você esqueceu, mas qualquer dia destes vai se lembrar. Todos já nascemos muitas vezes na Terra.

— Quer dizer que um dia voltarei a ser criança e tornar a nascer?

— Por que não iria? Essa é uma lei da vida! Todos nós aqui um dia voltaremos a reencarnar, ser crianças de novo.

Elisa estava boquiaberta. Nunca imaginara que isso fosse possível.

— Quer dizer que meus filhos também tiveram outras vidas antes dessa?

— Tiveram. Seu marido, sua irmã, todos. É uma lei da qual ninguém consegue furtar-se. A reencarnação é um fato.

— Se isso é mesmo verdade, gostaria de saber quem eu fui. Será que me casei com Eugênio também?

— Pode ser que sim, pode ser que não. Um dia você mesma vai saber.

— É estranho pensar nisso. Saber que eu já fui outra pessoa.

Jairo meneou a cabeça com ar de comiseração:

— Você não foi outra pessoa, Elisa. Deixe de ser boba. Você teve outros corpos, usou outros nomes, mas era sempre você. Quando estava no mundo, nunca viu um mergulhador?

— Já. Eles vestem uma roupa especial para ir ao fundo do mar.

— Então. É a mesma coisa. Para viver na crosta da Terra, nós precisamos vestir o corpo adequado, feito de matéria apropriada para poder viver lá. Quando temos de voltar para cá, nós o abandonamos da mesma forma que o mergulhador deixa seu escafandro quando retorna à superfície. Aprenda que somos espíritos e que o espírito é que tem a força da vida. O que acontece com o corpo de carne quando o abandonamos?

— Ele apodrece.

— Decompõe-se e suas matérias vão servir para formar novos corpos para outras pessoas. Nunca ouviu falar nisso?

Ela sacudiu a cabeça negativamente.

— Os padres não sabem nada disso. Aliás, depois do que tenho visto aqui, acho que eles estão muito fora. Falam do juízo final, mas estou começando a desconfiar que isso não é verdade.

— Se um dia vai haver juízo final, eu não sei. Aliás, aqui, nós achamos que não dá para esperar. Sabe-se lá quando isso vai ocorrer? Até quando vamos ser prejudicados pelos maus sem nos defendermos? É preciso que as pessoas sejam responsabilizadas pelo que fazem de errado. A defesa é um direito sagrado.

— Você tem certeza de que, se algo que prejudique nossos planos acontecer com minha família, serei avisada?

— Pode ficar tranquila. Eu me responsabilizo por isso. Trate mais é de aproveitar o que está aprendendo aqui. Vai ser de grande utilidade para você. Pode crer.

— Se é assim, fico mais sossegada. Afinal, vocês têm mesmo muito poder.

Ele sorriu com superioridade:

— Temos mesmo. Nossa organização é perfeita.

Elisa sentiu-se mais calma. Estava protegida. Entregou-se inteiramente aos novos conhecimentos disposta a aprender.

O dia estava clareando quando Jairo a procurou no pequeno quarto que lhe fora indicado como seu novo lar. Após alguns esclarecimentos, juntaram-se a um pequeno grupo e partiram rumo à Terra. Quando chegaram a São Paulo, separaram-se. Jairo levou Elisa a um apartamento de luxo no Jardim América. Entraram em um dormitório onde foram recebidos por uma mulher de meia-idade.

— Então? — perguntou Jairo. — Tudo em ordem?

— Sim — respondeu ela. — Tudo sob controle.

— Ótimo. Esta é Elisa, nova companheira. Veio substituí-la.

— Muito bem.

— Pode ir agora. Deixe comigo, que eu explico a ela.

— Está bem, Jairo.

Ela se despediu, retirando-se rapidamente. Elisa, curiosa, olhava o quarto luxuoso e a cama em que havia um casal. Ele, uns quarenta anos presumíveis; ela, uns trinta e cinco. Enquanto ele dormia a sono solto, ela se remexia no leito, tendo sono agitado.

171

— O caso é simples. Ele é Carlos, ela é Inês. Casados há quinze anos, dois filhos. Ele é nosso alvo. Um homem cruel, infiel, desonesto, possessivo e autoritário. Maltrata a família, aproveita-se da bondade de Inês, que é esposa virtuosa e boa mãe. Estamos atendendo a um pedido de Adalberto, um companheiro da organização, que foi pai dela. Nunca gostou de Carlos e não queria o casamento. Fez tudo que pôde para separá-los. Não conseguiu. Quando morreu e chegou aqui, lembrou-se de suas vidas passadas e descobriu que, na vida anterior, Inês havia sido sua esposa. Ela se apaixonara por Carlos, que lhe roubara não só a mulher como também toda a sua fortuna. Morreu na miséria, jurando vingança, e seu ódio aumentou quando soube dos maus-tratos aos quais ele submetia Inês. Nesse tempo, Adalberto quase enlouqueceu de desgosto. Quando encarnou novamente, não sabia que Inês seria sua filha. Tinha mais filhos, mas ela era sua predileta. Quando Carlos apareceu e começou a namorá-la, ele, mesmo sem se lembrar do passado, odiou-o desde o primeiro dia e tentou impedir esse casamento de todas as formas. Não conseguiu. A paixão que ela sentia por ele era demais. Casaram-se. Depois que Adalberto morreu e voltou para cá, recordou-se de tudo, e procurou-nos para fazer justiça. Sentiu-se duas vezes prejudicado. Quer livrar Inês desse mau-caráter, pretende que ele pague por tudo quanto fez de ruim. Aliás, não é só Adalberto que tem contas a ajustar com Carlos. Outros apareceram e juntaram-se a nós.

— E Inês, ainda gosta dele?

— Ela era fascinada. Mas estamos mostrando-lhe a verdade e afundando Carlos na própria lama.

Elisa fez um gesto de desprezo.

— Bem feito! No casamento, a mulher sempre leva a pior.

— Isso quando não sabe fazer valer seus direitos. As ingênuas, como você, sempre são passadas para trás.

— Isso foi naquele tempo, meu caro. Porque não tive ninguém que me mostrasse a verdade.

— Teve sua irmã.

— É. Se tivesse ouvido Olívia, as coisas teriam sido diferentes.

— Agora não adianta chorar. É seguir adiante.

— É verdade.

— Bom. Você aqui vai observar. Sua função é fazer com que ela perceba a verdade. Ela tem de perceber o mau-caráter que ele é. Entendeu? Sempre que ele fizer algo errado, você chega perto dela e conta a verdade. Aprendeu a mandar energia. Faça isso com toda a sua força. Coloque-se no lugar dela. Sabe avaliar isso.

— Pode deixar. Já estou do lado dela. Esse sem-vergonha vai ver uma coisa.

Jairo sorriu satisfeito.

— Muito bem. Se acontecer alguma coisa que não souber resolver, é só me chamar. Estarei em contato.

Jairo saiu, e Elisa sentou-se ao lado da cama olhando com curiosidade para Carlos. Sentiu um cheiro forte de bebida que a tonteou. Lembrando-se das instruções, pensou: "Tenho de olhar sem me envolver".

Fixou sua atenção sobre Inês. Admirada, pôde perceber que ela dormia, mas seu espírito não deixara o corpo, e seus pensamentos agitados não a deixavam relaxar. Angustiada, debatia-se entre a desilusão e o medo do futuro, tentando, sem conseguir, encontrar respostas que a tranquilizassem. A descoberta da traição do marido, sua displicência e falta de honestidade entristeciam-na e deixavam-na mais insegura. Elisa condoeu-se. Lembrou-se de sua própria vida, de como fora enganada, e tentou ajudá-la. Colocou a mão sobre a testa dela e disse-lhe com convicção:

— Tenha calma, Inês. Você não está só. Não tenha medo. Nós vamos ajudá-la. Se nos ouvir, logo estará livre desse malandro. De que lhe serve viver ao lado dele, enganada e infeliz? De que adianta não encarar os fatos, se eles estão aí? Quer esperar que um dia ele a abandone? Reaja. Separe-se dele. Você não vai conseguir salvá-lo. Ele vai responder pelo que fez. Chega de sofrer!

Inês remexeu-se no leito e abriu os olhos suspirando dolorosamente. Quando teria paz? Olhou para o marido, que ressonava, e trincou os dentes com raiva. Enquanto ela sofria, se desesperava, ele parecia muito bem, sem se preocupar com as consequências desastrosas de seus atos.

Levantou-se e foi à cozinha, onde tomou um copo de água. Depois, voltou ao quarto e deitou-se, olhando o relógio de cabeceira. Eram cinco horas e o dia começava a clarear. Por que não conseguia dormir? Queria esquecer, não ligar para as farras do marido, para seu temperamento agressivo e egoísta, para seus porres e desmandos, mas não conseguia.

No começo, tinha esperanças de que ele melhorasse com o tempo. Mas, ao contrário, ele estava cada vez pior. Às vezes

173

revoltava-se e pensava em deixá-lo, mas para onde iria com duas crianças? Nunca fora independente. Sua mãe vivia assoberbada de problemas e ela não queria perturbá-la ainda mais. Seu pai sempre a protegera e fizera tudo por ela, mas infelizmente estava morto. Não sabia a quem recorrer.

Não era religiosa, mas um dia resolvera pedir a ajuda da igreja. Procurou um padre no confessionário e contou o que se passava, como vivia desesperada pelos maus-tratos. Ele lhe dissera que era preciso ter paciência, que Cristo havia sofrido mais sem ter pecados e que como mulher era preciso tolerar o marido e sofrer calada. Ela saíra de lá mais deprimida, sentindo o peso da obrigação. Nunca mais voltou a pensar em religião.

Elisa aproximou-se de Inês, alisando-lhe os cabelos com carinho e dizendo:

— Não tenha medo, nós estamos aqui. Seu pai nunca a abandonou. Ele a ama e protege.

Inês lembrou-se do pai com carinho. Para ele, ela era a princesa. Era assim que a chamava. Recordou-se da infância com saudade. Por que se apaixonara por Carlos daquela forma? Apesar de tudo, ainda o amava muito. Ao pensar em deixá-lo, sentia um aperto no peito, um terror incrível, que a deixava ansiosa e desesperada. Era isso que temia. Que um dia ele a deixasse. Como poderia viver sem ele?

— Não seja boba — tornou Elisa. — Abra os olhos. Sei o que estou dizendo. Tipos como ele são egoístas e só pensam em si mesmos. Carlos nem liga para o que você está sentindo. Do que tem medo? Abandonada você já está. Agarrar-se a ele não vai mudar nada. Um dia ele vai chegar e dizer que não a quer mais e que tem outra. Sei como é isso. Não seja idiota. Reaja. Não espere mais.

Embora Inês não lhe registrasse as palavras, pensou: "Deixá-lo, não tenho coragem. Preciso ajudá-lo a melhorar. Se ele ficar só, vai perder completamente o controle e entregar-se mais à bebida. Preciso ficar a seu lado para salvá-lo. O amor dos filhos pode fazê-lo mudar".

— Que besteira! Quanta ilusão! Ninguém conseguirá salvá-lo! Não vê que ele gosta da vida que leva? Melhor seria tentar se salvar e a seus filhos. Eles, com certeza, sofrem com os problemas que vocês têm.

Inês lembrou-se dos filhos. O mais velho ia mal na escola, e o mais novo ficava apavorado, tinha crise de choro quando eles discutiam

174

e Carlos a maltratava. Ele não se importava com a presença das crianças. Fazia o que queria diante deles ou de qualquer pessoa.

Elisa lembrou-se de Eugênio. Ele pelo menos a tratava decentemente. Nunca a maltratara. Ao contrário, era educado e a respeitava. Estava descobrindo que havia maridos piores do que ele.

Passava das nove quando Carlos acordou, tomou seu banho e sentou-se à mesa para tomar café. Inês serviu-o em silêncio. As crianças haviam comido e estavam no quarto fazendo lição. Franzindo o cenho, Carlos olhou Inês.

— Credo, que cara! Parece que passou a noite em claro! Já reparou como está envelhecendo depressa? Ainda arranjou essas olheiras...

Ela olhou para o marido e não respondeu. Ele continuou:

— Não gosto de mulher velha e de cara feia. Logo cedo!

— Não passei bem a noite.

— Vá se tratar. Procure um médico. Não sei o que você faz aqui o dia inteiro. Acho que vou mandar as empregadas embora. Deve ser falta do que fazer. O trabalho faz bem, sabia? Não dá tempo de pôr minhocas na cabeça. Hoje não venho almoçar. Vou sair e não sei a que horas volto. Quando chegar, não quero ver essa sua cara feia.

Inês empalideceu. Lábios trêmulos, não conseguiu deter as lágrimas que desceram por suas faces.

Carlos irritou-se:

— Isso não vou tolerar. Chega! Não aguento mais.

Elisa abraçou-se a Inês, dizendo com raiva:

— Ele não pode fazer isso com você! É demais! Vamos reagir!

O rubor tingiu o rosto pálido de Inês, e seu rosto transformou-se. Fixando o olhar com rancor, ela gritou:

— Chega, digo eu! Quem é você para me tratar dessa forma? Exijo respeito.

Seus olhos faiscavam e seu corpo tremia como folha agitada pelo vento. Ele se surpreendeu:

— Cale a boca — disse. — Mulher minha nunca levanta a voz para mim.

— Pois eu grito quanto quiser. E você vai me pagar.

Dando vazão à raiva, Inês começou a atirar ao chão tudo que havia sobre a mesa. Carlos levantou-se, gritando enraivecido:

— Não admito que faça isso. Agora você vai ver!

Elisa, vendo que ele partia para cima dela com visível intenção de agredi-la, atirou-se sobre ele apertando seu pescoço, cheia de raiva, dizendo-lhe:

— Você não vai fazer isso enquanto eu estiver aqui. Vou defendê-la! Você não passa de um covarde, provocando sua mulher e tentando intimidá-la. Vai pagar por sua crueldade!

Carlos empalideceu e tonteou. Faltou-lhe o ar e, cambaleante, foi sentar-se em um sofá. Nessa hora, o espírito de um homem deu entrada na copa e, dirigindo-se a Elisa, disse:

— Sou Adalberto. Vim ajudá-la. Obrigado por haver tomado a defesa dela. Deixe-o comigo. Vá cuidar dela. Sei como tomar conta dele.

Elisa, mais calma, obedeceu. Inês, assustada com o que havia feito, soluçava, enquanto os dois filhos, que haviam ouvido o barulho, abraçavam-na pálidos. Uma das empregadas trouxe um copo de água com açúcar, pedindo a Inês que bebesse. Carlos, recostado no sofá, pálido, sentia-se mal. Adalberto, atrás dele, magnetizava seu corpo, retirando energias.

— Você não vai mais abusar dela! — disse Adalberto. — Não terá mais forças para agredir uma mosca.

— O senhor quer tomar água com açúcar? — indagou a empregada, assustada.

— Não. Estou nervoso. Vai passar. Vou sair para respirar um pouco de ar puro. Esta casa está me sufocando!

— Melhor o senhor não sair assim — disse a moça. — Não seria melhor chamar um médico? Está pálido.

— Não posso ser contrariado. Essa mulher quer me matar. Qualquer dia eu sumo. Vocês vão ver. Nunca mais volto.

A empregada não respondeu. Ele respirou fundo e saiu cambaleante. A moça procurou Inês na cozinha.

— Dona Inês, ele saiu daquele jeito. Não devia ter ido. Estava mal. Acho que o problema dele é sério. Estava pálido feito defunto!

Ela não respondeu. Abraçada aos filhos, tentava acalmá-los dizendo que estava melhor. Adalberto procurou Elisa, dizendo comovido:

— Obrigado. Quando a vi, percebi logo que poderia contar com você! Fique aqui. Vou atrás dele.

— Quando ele voltar, pode querer brigar com ela.

— Isso não vai acontecer. Ele só vai voltar quando não tiver mais forças para ficar em pé. Qualquer empurrão vai derrubá-lo. Deixe comigo.

Quando ele se foi, Elisa sentiu-se satisfeita. Enquanto ela estivesse ali, tomaria conta de Inês e não deixaria o marido maltratá-la. Se ela tivesse tido essa ajuda, talvez sua vida não tivesse terminado daquela forma. Por que, quando estava no mundo, nunca acreditara na comunicação dos espíritos?

Aproximou-se de Inês, que continuava tentando acalmar as crianças. A criada interveio conciliadora:

— Vamos, meninos, sua mãe está cansada e precisa descansar. Ela vai tomar um chá bem gostoso e repousar. Já passou. Tudo está bem agora.

— Quero chá também — disse Nequinho, o mais novo.

— Está bem — resolveu Inês. — Nós três vamos tomar chá, comer um pedaço daquele bolo gostoso que Maria fez e depois vocês vão fazer a lição.

Elisa notou que ela fazia grande esforço para parecer bem diante do olhar desconfiado dos filhos, mas mal se sustinha em pé. Decidida, abraçou-a com carinho procurando transmitir-lhe energias boas.

— Você vai ficar bem. Precisa cuidar de seus filhos! Eles merecem todo o seu amor. Viva para eles. Deixe Carlos de lado. Ele não presta mesmo. Tudo vai melhorar, verá. Vamos ajudá-la, e ele não vai mais molestá-la.

Havia tanto carinho, tanta vontade de ajudar em Elisa que, apesar de não ouvir nada que ela lhe dizia, Inês começou a se sentir melhor. Respirou fundo e pensou: "Meus filhos são meus amores. É neles que preciso pensar. Vou me cuidar, recuperar a saúde. Se eu morrer, o que será deles com o pai que têm?".

Sentou-se com eles à mesa, tentando conversar, e, para alegria de Maria, que os olhava prestativa, tomou o chá e comeu um bom pedaço de bolo.

Depois, quando os filhos foram fazer seus deveres escolares, ela foi para o quarto e parou diante do espelho. Estava excessivamente magra, ossuda, pálida, e sua pele perdera o viço. Até seus cabelos, dos quais sempre tivera orgulho, estavam gordurosos e sem brilho. Estava abatida e muito acabada.

Elisa, que a acompanhara, aproveitou para dizer-lhe ao ouvido:

— Não se deixe abater. Você tem dinheiro, pode gastar à vontade. Vá se cuidar. Procure um médico, tome calmantes, vitaminas, recupere a saúde. Vá a um salão de beleza, trate-se, compre roupas novas. Se eu tivesse feito isso em vez de economizar para Eugênio gastar, talvez ele não tivesse deixado de me amar.

Inês sentiu vontade de sair, procurar ajuda profissional para melhorar sua aparência.

Elisa entusiasmou-se. O caso de Inês tinha tanta semelhança com o seu que era como se o problema fosse dela. Ajudando-a, tinha a impressão de que estava resolvendo o próprio problema.

Mas a disposição de Inês durou pouco. Ela pensou: "Isso não vai adiantar. Ele não me ama mais. Estou enlouquecendo. Nunca perdi o controle desse jeito. Tenho medo dele. Não sei como não me matou".

Elisa imediatamente retrucou:

— Não tenha medo. Nós estamos aqui. Nada vai lhe acontecer. Ele não poderá mais agredi-la. Nós não vamos deixar. Não seja boba. Não deixe aquele malvado aproveitar-se de você. Reaja mesmo. Ele precisa aprender a respeitá-la.

Inês não registrou nada. Triste, deprimida, estendeu-se no leito e, desanimada, não conseguia fazer outra coisa senão pensar, pensar, pensar.

Por mais que Elisa tentasse animá-la, não conseguiu tirá-la da depressão. À noite, quando Jairo voltou acompanhado de seu substituto, Elisa quis contar-lhe o que acontecera. Mas ele disse logo:

— Não precisa. Sei de tudo. Fez um bom trabalho. Com um pouco mais de prática, você se tornará uma ótima magnetizadora.

— Não estou muito animada. A princípio ela parecia disposta a reagir, mas em seguida entrou em depressão e não consegui mais nada. Por quê? Terei me esquecido de alguma coisa?

— Não. Você foi bem até demais. Adalberto está muito satisfeito com seu trabalho. Pode crer, você fez dele um aliado logo no primeiro dia.

— Fiquei com pena de Inês. Ela não merece o que está sofrendo. Gostaria que ela se cuidasse e deixasse Carlos de uma vez.

Jairo sorriu.

— Você está otimista demais. Não espere conseguir isso de repente. É uma ligação de vidas passadas.

— Ela parecia tão animada! Pensou até em ir ao médico, cuidar-se, ficar mais bonita. Por que não levou adiante?

— Porque ainda não está madura para pular fora.

— Então de que adianta todo o nosso esforço?

178

— Bem se vê que é novata. Precisamos continuar tentando, tentando, até funcionar. Um dia ela vai conseguir. Quando, não sabemos.

— Vocês que estudam tudo não conseguem saber?

— Nós podemos sentir que ela está querendo, que tem melhorado, que seus pensamentos são mais firmes. Agora ela já consegue pensar em separação. Houve tempo em que ela nem admitia essa possibilidade. Mas o momento em que ela vai jogar fora toda essa paixão e ver Carlos do jeito que ele é, isso está fora de nosso alcance.

— Hum... Já vi que este negócio é demorado. Muito esforço e poucos resultados.

— Se fosse fácil, você teria ouvido as advertências de Olívia. Agora vamos embora. Conforme pediu, terá tempo de visitar sua família.

Elisa sorriu satisfeita.

— Está tudo bem lá?

— Está.

— Posso ir direto daqui?

— Pode. Contudo, amanhã você voltará conforme o combinado. Precisa tomar cuidado com um amigo de seu marido: Amaro. Ele está tentando atrapalhar nossos planos.

— Eu sei disso. Quer levar Eugênio ao centro espírita.

— Trate de impedir que ele faça isso. Eles podem interferir e mudar tudo.

— De que forma?

— Eles estão ligados com espíritos que preferem deixar Deus resolver todos os problemas. Dizem que não podemos fazer justiça. Pretendem que cruzemos os braços diante das agressões e dos agravos, perdoando e dando a outra face para bater.

— Que horror!

— Pois é. Negam nosso direito de punir nossos agressores. A vida é uma guerra constante. Se nós não reagirmos nem nos defendermos, seremos pisados e destruídos pelos egoístas e maus.

— Por que será que eles pensam assim? São espíritos, deveriam saber e apoiar as boas causas.

— Para você ver. Por isso, cuidado com ele.

— Eugênio nunca acreditou em nada disso. Ele não irá a um centro espírita. Amaro está perdendo tempo.

— Não sei, não. Ele tem argumentos, e também está envolvendo Olívia. Ela está muito interessada. Anda até lendo os livros que ele emprestou. Não me admiraria se uma noite dessas ela o acompanhasse ao centro.

— Olívia? Ela nunca acreditou em nada disso. Nem quando nossos pais morreram no desastre e algumas pessoas vieram falar de mensagens que eles teriam nos mandado do além. Nós nem quisemos ouvir. Agora estou em dúvida. Eles teriam mesmo mandado aquelas mensagens?

— O que é isso? Também está ficando impressionada?

— Eu não. Mas, se estou viva depois de haver morrido, eles também estão. Gostaria de encontrá-los. Seria possível?

— Possível é. Mas, neste universo imenso, como localizá-los? Depois, eles podem estar reencarnados.

— Vai ver que é por isso que ainda não nos encontramos. Há alguma maneira de descobrir isso?

— Há. Mas saiba que, apesar de termos alguns poderes, estamos longe de poder saber tudo. Há limites não só para nosso conhecimento como para sairmos de nosso plano.

— Então aqui é quase igual ao mundo. Podemos muito pouco.

— Podemos muitas coisas. Mas não tudo. Ponha isso em sua cabeça e deixe de querer bisbilhotar. Aliás, Sabino não gosta de muita curiosidade. Diz que aqui temos tudo de que precisamos. Por isso, se quer viver bem, trate de se acomodar.

— Está bem. Pode ficar sossegado. Estou gostando muito de meu trabalho. Ajudar os outros faz bem. Estou me sentindo útil.

— Melhor assim. Agora pode ir. Não se esqueça das recomendações. Trate de tirar essas ideias da cabeça de sua irmã. Ela quer conversar com você.

— Eu gostaria muito de falar com ela.

— Você pode sempre que quiser. Mas não naquele centro espírita. Nunca faça a loucura de entrar lá. Pode se arrepender muito.

— Por quê?

— Eles podem tirar sua força e convencê-la a ficar do lado deles.

— Isso, não. Preciso cuidar de minha família.

— Então tome cuidado. Faça o que estou dizendo.

Eles se separaram e pouco depois seus vultos desapareceram no horizonte.

Capítulo 14

A tarde estava acabando quando Elisa, após passar parte do dia ao lado das crianças e estado com Eugênio no escritório, sentiu saudade de Olívia e resolveu procurá-la. Encontrou-a em seu escritório ocupada em examinar alguns projetos. Aproximou-se emocionada, abraçando-a com carinho. Embora não a pudesse ver, Olívia parou o que estava fazendo e lembrou-se de Elisa com saudade.

Sentia-se muito só. Lembrou-se de Amaro e pensou que, se tudo que ele lhe contara fosse verdade mesmo, se Elisa estivesse viva em outro mundo, faria tudo para comunicar-se com ela. Pensar nisso era confortante, mas, ao mesmo tempo, como ter certeza de que não estava sendo iludida? As pessoas desejam tanto rever os que partiram que bem podiam estar fantasiando, para fugir ao sofrimento do nunca mais.

Ela era pessoa instruída, prática, habituada desde cedo a enfrentar os problemas da vida. Não podia deixar-se envolver por falsas esperanças. Temia ser enganada. No entanto, Amaro parecera-lhe honesto e sincero. Afirmava que a vida continua depois da morte. Ficara impressionada com os livros que lera, escritos por pessoas cultas e sérias, cujas pesquisas haviam comprovado essa teoria. Como saber a verdade?

Se pudesse crer! Falar com Elisa, saber como estava, o que lhe acontecera... Dizer-lhe que as crianças estavam bem, que podia ficar em paz, que ela cuidaria do bem-estar delas e jamais as abandonaria. Seria tão bom!

Elisa, abraçada a ela, sentia as lágrimas correrem pelas faces. Gostaria de dizer-lhe que estava ali, que tudo isso era verdade, que a morte de seu corpo não a havia privado de continuar existindo, que era a mesma de sempre, amando os filhos, a família, entristecida por não poder mais cuidar deles como antes, que confiava nela e sabia que cuidaria de seus filhos com amor. Era cruel estar ali e não conseguir fazer-se entender.

— Olívia, estou aqui. Acredite! A morte não é o fim. Ah, se eu pudesse fazer alguma coisa para que me visse...

Olívia sentiu-se muito triste. Nunca como naquele instante a lembrança de Elisa se fizera tão forte.

"Preciso saber a verdade!", pensou ela, agoniada.

O telefone tocou, e ela atendeu:

— Amaro! Estava pensando em você!

— E eu pensava em você. Quer jantar comigo esta noite?

— Quero. Precisamos mesmo conversar.

— Aconteceu alguma coisa?

— Nada. É que hoje estou me sentindo particularmente triste. Não consigo tirar Elisa do pensamento. Você tem o dom de me acalmar. Agradeço haver ligado.

— Quer que vá buscá-la aí, às seis e meia? Assim teremos mais tempo para conversar.

— Ótimo. Estarei esperando.

Elisa olhou-a preocupada. Precisava afastar esse Amaro de Olívia. Não era ele o perigo que Jairo mencionara? Esperou, vendo-a guardar as coisas e arrumar-se cuidadosamente. Ela continuava bonita e elegante, pensou. Sabia viver e não era boba como ela, que aparentava ser muito mais velha do que era. Por que não lhe dera ouvidos?

Quando ela desceu, acompanhou-a. Estaria vigilante e afastaria Amaro do caminho dela de uma vez por todas. Ele chegou, e, quando entraram no carro, Elisa acomodou-se no banco traseiro. Aprendera que o primeiro passo era observar, para depois agir.

Eles conversavam e Olívia desabafara falando da saudade que sentia, da falta que Elisa lhe fazia, do amor que sentia por ela e do desejo de poder saber se tudo quanto ele lhe dissera e ela lera nos livros era verdade.

— A única maneira de saber é experimentar — respondeu ele quando ela se calou. — A verdade não é patrimônio de ninguém.

A sobrevivência do espírito após a morte pode ser comprovada. Nossos entes queridos que partiram continuam vivos em outro lugar. A comunicação com eles é possível, já tem acontecido. Contanto que respeitemos as condições naturais do processo, podemos obter o mesmo resultado.

— Desde que me falou isso, não penso em outra coisa. Se isso é verdade, se Elisa está viva no outro mundo, quero falar com ela, saber como está, o que aconteceu no dia de sua morte, se foi acidente mesmo, como eu penso. Sei que, onde ela estiver, deve estar muito preocupada com as crianças que ela deixou sozinhas fechadas em casa, coisa que nunca fizera antes. Acha que poderei falar com ela?

— Possível é. Mas é preciso saber se ela pode vir até nós, se está bem o bastante para poder comunicar-se, se tem permissão para fazê-lo.

— Não podemos evocá-la? Se a chamarmos, ela não viria?

Amaro havia parado o carro em uma rua tranquila para poderem conversar mais à vontade. Olhou-a sério e respondeu:

— Não seria bom para ela fazermos isso.

— Por quê?

— Nós não sabemos onde nem como Elisa se encontra. Pode estar em recuperação em algum lugar sem poder sair. Nesse caso, sentindo nosso chamado sem poder atender, sentiria-se angustiada, desejaria vir de qualquer forma. Poderia revoltar-se, pondo a perder todo o trabalho de sua recuperação.

— A morte não liberta o espírito do sofrimento?

— A morte liberta do corpo. Os sofrimentos são do espírito, que, depois de haver desencarnado, conserva os mesmos sentimentos, as mesmas dificuldades que tinha em vida. Muda o estado, mas o espírito continua igual.

— Quer dizer então que Elisa pode estar sofrendo por causa do acidente?

— Depende de como ela viu o acontecimento. Fisicamente ela não sentiu nada. Uma morte instantânea, como foi a dela, priva o espírito da lucidez naquela hora. Tudo depende de como ela viu os fatos ao acordar no astral. Se teve calma, concordou com a orientação dos espíritos socorristas, colocou-se sob a proteção deles, está bem. Embora possa estar triste, com saudade ou desejosa de ver a família, com a assistência adequada logo estará recuperada e até em condições não só de visitar vocês como até de ajudar dentro de suas possibilidades. Isso só será possível quando ela puder controlar as emoções. Evocá-la poderá contribuir para que ela se emocione e ponha tudo a perder.

Elisa olhava-o admirada, não perdendo nenhuma de suas palavras. Como ele podia conhecer tudo isso vivendo neste mundo?

Olívia indagou:

— E se ela se revoltou? Conheço Elisa. Ela era passiva, bondosa, mas, quando queria uma coisa, teimava, e ninguém conseguia demovê-la. Ela não iria se conformar em deixar as crianças.

— Se ela houver feito isso, poderá estar circulando em volta de vocês, influenciando seus pensamentos, interferindo em suas vidas.

— Você acha que ela pode já saber de tudo quanto está acontecendo, ter visto as crianças?

— É possível.

— Nesse caso, seria fácil falar com ela. Evocá-la não atrapalharia em nada. Ao contrário.

— Como não temos certeza de onde ela está, o mais adequado é esperar que ela se comunique espontaneamente.

— Como, se ela está invisível a nós?

— Através de um médium. Ele é o canal por onde ela poderá comunicar-se.

— Como conseguir isso?

— Indo ao centro espírita. É lá que essas coisas ocorrem de maneira adequada, com a devida proteção dos espíritos superiores e com bons resultados para ambas as partes.

— Nesse caso, quando você for, quero ir também. Preciso saber a verdade.

Ouvindo essas palavras, Elisa resolveu interferir. Embora a conversa de Amaro fosse sugestiva, ela sabia que estava correndo perigo. Jairo advertira-a.

Aproximou-se de Amaro, concentrou-se para magnetizá-lo, ao mesmo tempo que lhe dizia:

— Você não vai levá-la a esse lugar. Não permitirei. Se tentar, eu e meus amigos vamos reagir. Você não vai conseguir.

Amaro sentiu certo mal-estar, enquanto seu corpo se arrepiava como se estivesse com febre. Sem se impressionar, ele disse calmo:

— Amanhã à noite poderemos ir.

— Acha que vou conseguir?

— É provável. Tudo depende de como as coisas estão.

Elisa, vendo-o imperturbável, irritou-se e continuou a seu lado enviando pensamentos fortes na tentativa de influenciá-lo.

— Isso não vai adiantar com ele.

Elisa olhou assustada o homem de meia-idade que se sentara calmamente no banco traseiro do carro.

— Quem é você? Parece que já o vi em algum lugar.

— Sou Amílcar. Já nos falamos uma vez, lembra-se?

— Vagamente. O que faz aqui?

— Sou amigo de Amaro. Trabalhamos juntos. Você está perdendo tempo. Amaro não vai se deixar envolver por suas energias. Está treinado para isso.

— Por isso ele não estava me atendendo. Por que você veio? O que quer?

— Nada. Trabalho com ele. Sempre que alguém tenta fazer o que você fez, eu sinto e me aproximo.

— Você é o magnetizador dele?

— Não. Sou o companheiro.

— Veio defendê-lo?

— Não. Ele sabe defender-se muito bem. Você nunca conseguiria perturbá-lo, por mais que tentasse.

— Ele sentiu minha presença. Estremeceu, teve arrepios.

— Percebeu, mas isso não quer dizer que fez o que você quis. É diferente. Eu vim só para conversar com você.

— Bem que me avisaram. Vocês chegam mansos, com essa conversinha, e vão conseguindo nos dominar. Comigo não vai ser assim. Estou protegida.

— Você é livre para fazer o que quiser, mas terá de colher os resultados de seus atos.

— Você fala como se eu estivesse fazendo alguma coisa errada. Não estou fazendo nada de mau. Cuido de minha família, o que sempre foi minha obrigação. Estou procurando ajudar os outros.

— Ajudar os outros não é fácil. Às vezes você pensa que está ajudando e está só complicando.

— Não é o meu caso. Felizmente tenho amigos importantes e estou sendo bem orientada.

— Julgar, interferir na vida dos outros nunca deu bons resultados.

— Por quê? Eu posso distinguir o bem do mal.

— Tem certeza? Quando você estava no mundo, fez o que achava melhor. Pensou que estava fazendo bem. Pelos resultados, já deve ter percebido o quanto estava enganada.

Pelo rosto de Elisa passou uma sombra de tristeza.

— Isso aconteceu porque eu era muito ingênua e não sabia das coisas. Agora não. Estou aprendendo. Sou outra pessoa.

— Você é inteligente e poderia estar muito melhor do que está se houvesse aceitado a proteção dos espíritos superiores. Em vez de estar se envolvendo com pessoas desconhecidas e complicando sua vida, estaria em condições de ajudar efetivamente sua família. Não é isso o que deseja?

— É. Mas eles não me deixaram fazer o que eu queria. Durante toda a vida fui dependente. Primeiro de Olívia, depois de Eugênio. Agora estou livre. Pela primeira vez posso fazer o que tenho vontade. Você acha que eu concordaria em voltar a ser dependente, fazer tudo que eles querem? Depois, não gostei da conversa. Eles não culpavam Eugênio pelo que ele fez. Senti-me injuriada. Fui enganada, desrespeitada, ofendida. Tenho direito a tirar uma desforra.

— Se eu fosse você, esqueceria isso e trataria de melhorar as condições espirituais. Você ainda não recuperou nada da memória. Quando isso acontecer, pode vir a arrepender-se amargamente de sua atitude de agora.

Elisa deu de ombros.

— Bem que Jairo me avisou que vocês tentariam convencer--me a deixar as coisas como estão. Saiba que não vai conseguir. Não vou entrar em sua conversa. Sei aonde pretende chegar.

Amílcar sorriu levemente.

— Garanto que está perdendo uma boa chance de melhorar sua situação. Faça como quiser, mas depois, quando estiver em dificuldade, não diga que não lhe avisei.

— Isso nunca vai acontecer. Tenho amigos influentes e de grande poder.

— Não se iluda com as aparências. A verdade sempre aparece e a desilusão é um preço amargo. Olívia vai ao centro espírita com Amaro. Por que não os acompanha?

— Eu?! De forma alguma! Bem que desconfiei... Era isso que você queria com toda essa história e essa fala mansa. Lá eu não piso. E mais: impedirei Olívia de ir. Ela também não irá.

— Não gostaria de conversar com ela?

— Gostaria, mas não lá. Sei que vocês estão preparando uma armadilha. Eu seria louca se concordasse.

— Então reconhece que lá estarão espíritos de grande poder, aos quais você não poderia resistir.

— Eles têm recursos que desconheço.

— Eles têm amor e conhecimento. É isso o que lhe desejam oferecer.

— Não creio. Depois, estou muito bem como estou. Não preciso de nada. O que eu gostaria era de voltar atrás e viver no mundo com minha família. Queria que nada disso houvesse acontecido. Como é impossível, estou conformada. Só me resta velar por meus filhos e obrigar Eugênio a cumprir suas obrigações de pai.

— Você quer mais do que isso. Você não quer que ele refaça sua vida com outra pessoa.

— Não quero mesmo. Meus filhos nunca terão uma madrasta.

— Poderia ser uma pessoa boa e cuidar bem deles. Eles necessitam de atenção e de amor.

— Têm o pai e Olívia.

— Você está com ciúme. Ainda gosta dele.

— Engana-se. Eu o amava muito, mas agora odeio. Depois do que me fez, ele não tem o direito de ser feliz. Eu estou aqui, sofrendo por sua culpa, longe de meus filhos, sozinha, amargando meu destino.

— A vingança é um sentimento perverso. Só faz mal. A vida faz tudo certo. O que lhe aconteceu deve ter uma boa razão, mas agora você não consegue perceber. Não acuse ninguém por seus problemas. Cada um atrai para si as experiências de que precisa para aprender a viver. Aceite o que lhe aconteceu e tente descobrir como atraiu para si esta situação. Pense, medite, aceite e procure melhorar seus conhecimentos, aprender a viver melhor. Se deseja deixar a dependência e ser livre, comece por assumir completa responsabilidade por sua vida. Esse é o caminho adequado para reencontrar a serenidade e a alegria de viver.

Enquanto Amílcar falava, uma luz branda saía de seu peito e envolvia Elisa, que baixou a cabeça tocada de funda emoção. De repente, ela sentiu uma insegurança, como uma criança que houvesse sido apanhada em falta e não soubesse como proceder. Lágrimas corriam por suas faces.

— Ah, se eu pudesse voltar a ser feliz! — disse com tristeza.

— Você pode. Nós fomos criados para a felicidade. Se sofremos, é porque nos desviamos do rumo adequado e nos perdemos nas ilusões. Enfrente corajosamente seus problemas sem medo. Com a ajuda de Deus, encontrará o que procura. Comece por acompanhar Olívia ao centro. Verá que as coisas são diferentes do que imagina.

De repente, Elisa ouviu a voz de Jairo chamando-a:

— Elisa, reaja! Não se deixe envolver. Saia já daí!

Ela estremeceu e deu um pulo para trás. Sentiu que Jairo a puxava com força. No mesmo instante, viu-se em outro lugar e ele, indignado, fitando-a disse:

— Que estúpida! Entrou na dele com facilidade. Você é pior que uma criança. Não pode andar sozinha por aí. Depois de tudo que lhe disse, como pôde fazer isso?

Trêmula, Elisa não sabia o que responder. Ele prosseguiu:

— Fui avisado do perigo e fiquei o tempo todo tentando me comunicar com você, mas foi inútil. Precisei largar tudo e vir correndo arrancá-la do domínio deles. Se Sabino souber, não a deixará mais visitar sua família.

— Ele falava tantas coisas! Disse que vou me arrepender de não querer a ajuda deles.

— E você ouviu! Que tola! Acho que vou ter de conversar com Sabino. Senão, qualquer dia destes você vai se meter em apuros. Depois de tudo quanto fizemos para ajudá-la... Devia se envergonhar. Meia dúzia de palavras e você cede. Que confiança poderemos ter em você?

Envergonhada, Elisa não sabia o que dizer.

— Não precisa ficar zangado. Não vai acontecer de novo. Juro. Eu não iria deixar vocês. Eu disse que não iria fazer o que ele queria.

— É, mas estava quase cedendo. Se não sou rápido, a esta hora talvez já estivesse presa nas malhas deles. É isso o que quer?

— Deus me livre!

— Então, cuidado. Faça sempre o que eu disser. Em todo caso, levarei o fato ao conhecimento de Sabino. Não posso facilitar.

— Não! Por favor... Ele pode me prender, proibir de sair de novo. Dê-me mais uma chance. Garanto que não vai se arrepender. Desta vez estou mais esperta. Não vou deixar-me envolver. Agora já sei como eles são perigosos.

Jairo suspirou e ficou pensativo por alguns instantes, depois disse:

— Se eu contar, ele vai mesmo deixar você presa por algum tempo. Não sei, não. É muita responsabilidade. E se você fraquejar de novo? Aí eu é que terei de responder por isso. Sabino é muito bom, ajuda todo mundo, mas é justo. Não permite falhas. Quem fraquejar é punido. É a nossa lei.

— Não faça isso. Juro que não darei mais motivos para ser punida.

— Está bem. Como foi a primeira vez, passa. Você nunca tinha estado com eles. Mas de agora em diante não terá perdão. Se fraquejar, contarei a Sabino.

— Obrigada, Jairo. Você é meu amigo mesmo. Pode crer que nunca mais terá nenhum motivo para se aborrecer. E agora, o que faremos com Olívia? Ela parecia disposta a ir ao centro com Amaro. Tentei influenciá-lo, mas ele resistiu. Não consegui senão incomodá-lo um pouco. Já que eu não posso, gostaria que você os impedisse de ir àquele lugar. Olívia está de boa-fé, quer falar comigo.

— Se você não for lá, ela não vai conseguir nada.

— Você não vai cuidar de Amaro? Poderíamos chamar reforços e dominá-lo.

— Bem se vê que não conhece nada. Ele está sob proteção dos seres da luz. Seria perigoso demais.

— Quer dizer que eles têm mais poder do que Sabino?

— Não se trata disso. Sabino prefere não interferir no trabalho deles. Uma guerra não seria proveitosa. O melhor é usar a astúcia e conseguir tudo com diplomacia. Isso é fácil, uma vez que eles não interferem na decisão das pessoas. Eles falam, tentam convencer e esperam. Nunca obrigam. Só usam a força em casos extremos. E isso não nos convém. Quando eles percebem, nós já conseguimos tudo que queríamos.

Elisa riu satisfeita.

— Quer dizer que vocês são mais espertos.

— Somos. Aí está nossa força.

— Vou voltar e tentar convencer Olívia a não ir com Amaro.

— Por hoje chega. Você tem seu trabalho a fazer. Já esqueceu? Depois, seria perigoso. Olívia vai ao centro. Se ela ficar impressionada e acreditar neles, amanhã você poderá colocar a dúvida em sua cabeça, fazendo-a pensar que tudo não passou de ilusão. Assim, vai conseguir muito mais do que se expondo ao perigo.

Elisa concordou satisfeita. Realmente, Jairo sabia das coisas. Fazendo o que ele dizia, tudo sairia como eles queriam. Disposta a obedecer, Elisa acompanhou o amigo com entusiasmo.

190

Capítulo 15

Sentada em uma sala espaçosa e clara, no meio de silenciosa plateia, Olívia esperava a sessão começar. Diante deles, uma mesa com alguns livros, uma bandeja com uma jarra de água e copos, um vaso com flores. Amaro e outros frequentadores do centro haviam se sentado ao redor dela.

Ele a apresentara a uma jovem senhora, dizendo:

— Ester lhe fará companhia. Faço parte do grupo e tenho de colaborar. Qualquer dúvida, ela estará apta a esclarecer.

Olívia sorriu tentando aparentar calma. Desde que entrara ali, sentia-se ansiosa, inquieta. Aquilo era loucura. Talvez fosse melhor ir embora. Não era uma pessoa fraca nem medrosa, entretanto lhe parecia que, se ficasse ali, algo de terrível iria acontecer. Seu impulso era de sair correndo, mas ela se dominou envergonhada.

Ester tomou seu braço, dizendo baixinho:

— Vamos nos sentar. Aguente firme, que logo tudo vai passar.

Olívia olhou-a desconfiada. Não tinha dito nada. Como ela podia saber que não estava se sentindo bem? Teria deixado transparecer?

— É a primeira vez que venho a um centro espírita — disse, tentando parecer natural. — Faz tempo que você vem aqui?

— Desde que desenvolvi mediunidade. Há mais de cinco anos.

— Ah! Você é médium…

— Sou.

— Esse é um dom.

— Não é bem assim. Mediunidade é uma condição natural do ser humano. Todos nós somos influenciáveis e influenciamos os outros.

— Eu nunca senti nada.

— É que não percebeu. Quem não conhece o assunto sente as influências, mas dá outras explicações para isso. Você está sendo envolvida por um espírito desde que entrou aqui.

— Eu?

— Não sentiu arrepios, medo, vontade de sair correndo?

— Como sabe?

— Eu registrei isso e sei o que está acontecendo.

— Sabe?

— Há alguém interessado em que você não fique aqui.

— Por quê?

— Isso eu não sei. Talvez seja interessante para ele que você continue descrente, que não encontre aqui o que veio buscar.

Olívia iria responder, mas não houve tempo, porque a reunião começou com o dirigente fazendo uma prece. Depois, outro abriu um livro e leu uma mensagem sobre a força da fé. Durante vinte minutos, eles comentaram o assunto da noite. Depois as luzes se apagaram, ficando acesa apenas uma luz azul.

O coração de Olívia batia forte, e ela começou a suar frio, fazendo esforço enorme para controlar-se, para não se levantar e sair. Ester percebeu e segurou sua mão, dizendo baixinho:

— Calma. Não tenha medo. Você já está sendo ajudada.

Nesse momento, uma mulher ao redor da mesa deu um soco na mesa e gritou enraivecida:

— Soltem-me. Não me segurem. Deixem-me sair.

Um senhor levantou-se e, colocando a mão sobre a cabeça dela, disse calmo:

— Calma. Não tenha medo. Queremos ajudar você.

— É mentira! Vocês querem me prender, isso sim. Estou prevenido.

— Fale a verdade. Você estava prejudicando uma pessoa. Invadiu nosso recinto e pretendia que ela fosse embora. Do que tem medo?

— De nada. Ela não acredita. Por que perdem tempo com ela?

— Não desvie o assunto. Você a estava envolvendo, querendo controlá-la. Pensou que não iria ser notado.

O mal-estar de Olívia desaparecera como por encanto, e ela, admirada, não perdia uma palavra do que eles diziam.

— Você precisa de ajuda. Sua vida está mal. Por que se uniu a esse grupo? Não vê que prejudicando os outros está atraindo sofrimento para si? Por que faz o que eles mandam?

— Não estamos prejudicando ninguém. Ao contrário: ajudamos que a justiça seja feita. Você não sabe de nada. Quero ir embora. Deixe-me sair.

— Não sairá daqui enquanto não tirar todas as energias que colocou sobre ela.

— Não posso. Se fizer isso, serei punido.

— Se não fizer, será levado para esse local. Veja.

— Não. Por favor. Lá não!

— Então trate de cooperar. Faça a limpeza.

— Eles vão me punir! Tenho medo.

— Se fizer isso, cuidaremos de você. Nossos amigos espirituais vão levá-lo a um local onde se sentirá bem.

Houve uma pausa. Depois ele disse:

— Está bem. Vou tirar o véu que coloquei diante dos olhos dela. Mas isso não será o bastante. Há outros cuidando do caso.

— Faça sua parte e deixe o resto com Deus.

Olívia sentiu novamente arrepios pelo corpo e bocejou insistentemente. Depois sentiu sono e, enquanto outros falavam, ela cochilou por algum tempo. Levou um susto quando as luzes se acenderam. Como pudera adormecer sentada? Isso nunca lhe acontecera.

— Desculpe, acho que cochilei...

Ester sorriu:

— Isso é assim mesmo. Sente-se bem agora?

— Muito bem.

Amaro aproximou-se:

— Tudo bem?

— Agora estou. Não sei se foi por estar no meio das pessoas, mas senti-me indisposta. Se não fosse Ester, talvez eu tivesse saído.

— Já havia sentido isso antes? — indagou Amaro.

— Às vezes sou um pouco inquieta. Não gosto de aglomeração. Parece que falta o ar. Tenho de sair para respirar. Mas nunca foi tão forte como hoje. Depois peguei no sono. Nunca me aconteceu de dormir sentada. Logo quando eu queria prestar atenção para ver se Elisa apareceria. Ela deu algum sinal?

— Não. Hoje não.

193

— Preciso ir — disse Ester. — Foi um prazer conhecê-la. Volte sempre.

— Obrigada.

— Até a semana que vem e obrigado — tornou Amaro. — Vamos embora. Estou com fome. Você não? Sei de um lugar aqui perto onde poderemos fazer um lanche delicioso.

— Eu desejo comer alguma coisa. Vamos.

Foram caminhando até a lanchonete. Quando estavam devidamente acomodados, Amaro perguntou:

— E aí, o que lhe pareceu a reunião?

— Diferente do que imaginava. As pessoas falavam com naturalidade. Não havia rituais nem misticismo. Não vi nada de sobrenatural.

— Não há mesmo. Tudo na vida é natural. O nascimento, a morte, a sobrevivência do espírito, a existência de vida em outras dimensões, a possibilidade de nos comunicarmos com eles, a reencarnação.

— Não penso assim. Essas coisas parecem-me misteriosas e assustadoras.

— Tudo que desconhecemos parece misterioso. À medida que vamos nos tornando cientes, as coisas tornam-se naturais. Quem hoje questionaria a eletricidade, as ondas do rádio e da televisão? No entanto, até bem pouco tempo atrás, para muitos, elas não passavam de um sonho irrealizável. A verdade tem múltiplas facetas, e nós ainda percebemos muito pouco.

— Nisso você está certo.

— Você tem mediunidade e nunca percebeu.

— Eu?! Não acredito.

— Mas é verdade. Você é forte, corajosa, firme, sabe o que quer. Mas tem muita sensibilidade. Quando conhece uma pessoa, sente logo se pode confiar nela ou não. Sabe como tratá-la. Chega a perceber como ela pensa.

Olívia sorriu, divertida.

— Está descrevendo minha personalidade. Sou assim mesmo. Mas isso não significa que eu tenha mediunidade.

— Significa que tem o sexto sentido bem desenvolvido. Hoje percebi que vai além. Consegue captar as energias dos espíritos desencarnados também. Gostaria de explicar-lhe o que aconteceu esta noite.

— Confesso que até agora não entendi.

— Quando você se sentiu mal, não se entregou. Reagiu.

— É verdade. Não sou impressionável nem fraca. Faço isso sempre.

— Fazendo isso, conseguiu segurar um espírito.

— Como?

— Isso mesmo. Aquele espírito perturbador que se manifestou logo que as luzes se apagaram estava com você. Ele pertence a um grupo interessado em afastá-la do centro. Quando entramos lá, ele a envolveu, tentando magnetizá-la.

— Com que fim?

— Para que você fosse embora. Mas, como resistiu e não fez o que ele queria, foi mais forte do que ele, que acabou ficando preso em sua energia e nós pudemos atraí-lo para aquela médium e conversar com ele.

Olívia abriu a boca, fechou-a de novo, e não disse nada.

Amaro prosseguiu:

— Quando ele começou a falar por meio de Marilda, você se sentiu melhor. Não foi?

— É verdade.

— Claro. Ele foi afastado de sua aura.

— Mas depois senti sono, bocejei muito e acabei dormindo sentada. Nunca me aconteceu.

— Ele havia colocado energias negativas em você para dificultar sua visão, a fim de que não percebesse o que estava acontecendo. Quando ele resolveu cooperar, teve de tirar essas energias, e foi nessa hora que você sentiu. Os mentores espirituais, para ajudá-la, retiraram você do corpo, por isso dormiu. Quando acordou, não se sentia bem?

— Muito bem.

— E agora, como se sente?

— Ótima. Mas eu sempre estive bem. Não fui pedir nada para mim. Só queria comunicar-me com Elisa, saber como ela está, ter notícias.

— Há alguém interessado em que você não entre em contato com ela.

— Não creio. Quem poderia fazer isso, e por quê? Sempre nos relacionamos bem com as pessoas. Nunca tivemos inimizades. Cuidamos de nossa vida. Eu ainda sou mais exigente, mas Elisa era cordata e bondosa.

— Sei disso. Mas aquele espírito estava tentando tirá-la do centro. Pertencia a uma falange organizada do astral que não tem ainda muito conhecimento e estava ali para impedi-la de falar com Elisa.

Olívia assustou-se:

— O que isso significa? Elisa não está bem?

— Não sei. Ainda não tivemos nenhuma notícia.

— Terá sofrido com o acidente? Os espíritos sentem dor?

— Com o acidente, não creio. Ela morreu na hora. Pelo que sei, quando isso acontece, eles não sentem nada. Nem sequer se recordam como foi. Quanto a sentir dor, sentem sim. As emoções no astral são muito mais fortes do que aqui. As impressões dolorosas provocam dor e sofrimento.

— Elisa estará sofrendo?

— Não da forma como você pensa. Se ela não aceitou os fatos, se deseja continuar envolvida com os que ficaram na Terra, pode ter muitos problemas.

— Que tipo de problemas?

— Envolver-se com espíritos ignorantes.

— Elisa sempre foi muito boa. Isso não lhe garante proteção?

— Ela teria proteção ainda que houvesse sido ruim. A ajuda espiritual existe para todos. Ninguém está desprotegido. O que acontece é que, quando a pessoa não aceita a orientação, revolta-se, age como lhe parece melhor, os mentores espirituais não interferem. Sabem que ela vai aprender pela experiência. Mandam vibrações de amor e esperam que ela amadureça.

Olívia ficou pensativa por alguns instantes, depois disse:

— Isso me preocupa. Elisa sempre foi muito boa, mas teimosa. Se lhe pediram para se afastar da família, receio que ela não tenha obedecido.

— Nesse caso, em vez de ir para as colônias de ajuda, onde iria recuperar-se, ela pode ter decidido ficar em volta de vocês, na tentativa de ajudá-los.

— Isso é ruim? Ela nos ama. Só pode ajudar-nos.

— A intenção dela pode ser essa, mas estará em condições de fazê-lo? Como ficará revivendo seus problemas familiares sem poder dizer nada? Depois, na crosta da Terra, perambulando entre nós, há espíritos de todos os níveis. Ela não tem experiência em conviver com eles. No desejo de ajudar a família, ela pode ter se envolvido com grupos perigosos.

196

— Você pensa que esteja acontecendo isso? Elisa era mesmo muito ingênua. Acreditava em tudo quanto lhe diziam. É um traço dela que sempre me preocupou. Nesse caso, como poderemos ajudar?

— Não posso afirmar nada ainda. O que sei é que alguém tem interesse em que você não vá ao centro e fale com ela. O que será que temem?

— Isso é o que não consigo entender.

— Podem estar armando algo e não querem ser descobertos.

— Pensei que nunca mais Elisa iria me preocupar. Quando poderia imaginar que ela o faria até depois de morta? Essa é uma ideia louca, mas me deixa muito inquieta. Se seu espírito continua vivo depois da morte, se ela anda solta por aí, não é difícil que se tenha metido em confusão. Ela era tão passiva, tão ingênua...

— Preocupar-se não vai ajudar. Nós precisamos conservar a calma e a fé. Não cai uma folha da árvore sem a vontade de Deus. Quando pensar nela, reze, visualize-a bem e entregue tudo nas mãos de Deus. Quando nós não podemos fazer, ele pode. Nesta noite, nossos amigos espirituais começaram o atendimento a Elisa, por meio de você.

— Mas ela nem apareceu...

— Isso não importa. Vamos nos manter firmes e com fé.

— Você acha mesmo?

— Tenho certeza. Na semana que vem, voltaremos à reunião.

— Teremos de esperar uma semana? Não pode ser antes?

— Não. Vamos aguardar com serenidade e alegria. Evite qualquer pensamento de angústia e tristeza.

— Farei um esforço. Estou ansiosa para que esse dia chegue.

Amaro sorriu. Ele sabia que cada coisa tinha sua hora e o momento adequado para acontecer.

***

Elisa, sentada em uma poltrona no quarto de Inês, não via a hora que o tempo passasse e pudesse ir ao encontro de Jairo. Ele lhe prometera acompanhar Olívia ao tal centro espírita e contar-lhe os resultados. Ela estava curiosa. Bem que gostaria de ver como era essa história de se comunicar com as pessoas. Mas tinha de ficar ali, no posto que lhe fora destinado.

Era madrugada e Carlos ainda não chegara. Inês remexia-se na cama, insone. Recebera um telefonema anônimo. Uma voz feminina informava que, enquanto ela estava em casa com os filhos, Carlos estava ao lado de uma jovem e bela mulher. Abatida, triste, deprimida, Inês, num acesso de desespero, pensou em suicidar-se. Foi até o banheiro e apanhou o vidro de calmantes que o médico receitara e pensou: "Se eu tomar tudo isso, nunca mais vou acordar".

Elisa ficou apavorada. Precisava fazer alguma coisa. Estava ali para ajudar Inês e não podia permitir isso. Suicídio era tornar a situação pior. Inês continuaria vivendo, sofrendo, arrependida, tendo deixado seus filhos órfãos e sem poder fazer nada. Os problemas ainda seriam os mesmos, mas a situação, mais grave.

Aproximou-se dela procurando transmitir-lhe pensamentos de ânimo e fazendo-a lembrar-se dos filhos. Pensando neles, Inês recolocou o vidro de calmantes no lugar. Elisa respirou aliviada. Ainda bem. Mas com a mente cheia de pensamentos dolorosos, Inês sofria, e Elisa, assistindo a seu tormento, sentia aumentar sua raiva contra Carlos. Aproximou-se de Inês, dizendo-lhe ao ouvido:

— Por que continua vivendo com Carlos? Ele não presta. Quanto antes se libertar dele, melhor. Está aqui sofrendo, perdendo sua mocidade, ficando feia, velha, enquanto ele está com outra mais jovem, mais bonita. Até quando vai tolerar essa situação? Reaja. Hoje, quando ele chegar, diga que quer a separação. Mande-o embora de casa.

Inês pensava: "Preciso reagir. Separar-me. Ele não me ama mais, se é que me amou algum dia. Estou me consumindo, tornando a vida de meus filhos um inferno. Eles não têm paz, vivem apavorados com as brigas. Não é justo".

Remexia-se no leito, aflita.

"Se ele for embora, vou ficar só. Tenho horror à solidão. Não quero ficar só. Não vai aparecer outro que me queira. Estou tão acabada! Depois, e se eu arranjar outro pior? Nunca tive sorte na vida. Tudo sempre foi difícil para mim. Há mulheres para as quais tudo dá certo. Os maridos são fiéis, andam sempre atrás delas e elas nem ligam. Acho que os homens gostam das que são malvadas. Quem é bondosa não é valorizada. Mas que fazer? Eu sou assim. Não gosto de brigas nem de discussões. Faço tudo para viver em paz. Por que será que não consigo?"

Percebendo os pensamentos de Inês, Elisa pensava: "Como ela é boba! Tão boba e ingênua como eu. Ah, se fosse hoje, com o que sei, faria tudo diferente. Geninho iria cortar um dobrado comigo. Teria de fazer tudo o quanto eu desejasse".

E, aproximando-se de Inês, disse-lhe:

— Abra os olhos. Não seja tão idiota. Não tenha medo de brigar. Se não reagir, ele nunca vai respeitar. Não tenha medo. Nós estamos aqui e não vamos deixar acontecer nada a você. Quando ele chegar, não o deixe dormir em sua cama. Ele vem dos braços de outra, e você vai aguentar isso?

Inês decidiu:

"Vou pôr o pijama dele no quarto de hóspedes e fechar a porta do quarto. Nesta noite ele não vai dormir comigo. Chega de ser resto das outras. Ele precisa aprender a me respeitar."

Levantou-se e levou tudo para o outro quarto, voltou, fechou a porta à chave e deitou-se novamente. Elisa olhou satisfeita. Agora, era vigiar para que ela não se arrependesse. Precisavam dar uma lição naquele desavergonhado.

Quase uma hora depois, Carlos chegou e, vendo a porta fechada, bateu várias vezes chamando por Inês, ordenando-lhe que abrisse. Ela, trêmula, não obedeceu. Elisa a seu lado dizia-lhe firme:

— Isso mesmo. Não abra. Não tenha medo.

Carlos começou a gritar, dizendo que iria arrebentar a porta. Inês fez menção de levantar-se. Não queria assustar as crianças. Elisa tentou detê-la, mas estava difícil. Quando ela pretendia ir até a porta, Carlos se calou. Coração batendo forte, ela esperou. Mas ele não disse mais nada.

Adalberto entrou no quarto, e Elisa, vendo-o, disse com satisfação:

— Logo vi que o silêncio dele tinha uma causa. Você o obrigou a se calar.

— Isso mesmo. Ele se sentiu mal e foi para o outro quarto. Acha que foi da bebida. Gostei de ver. Inês está reagindo. Como conseguiu isso?

Elisa contou tudo e finalizou:

— Precisamos ter cuidado. Ela pensou em suicídio. Não será perigoso?

— Pobre Inês. É o desespero que faz isso. Falarei com Sabino. Precisamos ultimar a execução de Carlos.

— Execução? — estranhou Elisa.

— Temos de tirá-lo do caminho de Inês. Ele está acabando com ela e com os filhos. Não o fizemos antes porque ela não estava preparada. Agora, creio que está chegando a hora.

— O que vão fazer com ele? — indagou Elisa, assustada.

— Não se preocupe com isso. Nada que não seja justo. Ele já foi julgado e condenado. Terá de cumprir a sentença.

— De que forma?

— Esses detalhes não devem preocupá-la. Você tem feito um bom trabalho. Vou recomendá-la a Sabino. Sou-lhe muito grato.

— Faço isso também pela felicidade de Inês. Ela é muito boa e merece.

— Obrigado.

— Espero que amanhã cedo Carlos não brigue com Inês por causa da porta fechada.

— Vai tentar, mas estarei por perto.

Já havia clareado quando o substituto de Elisa chegou e ela pôde ir embora. Resolveu procurar Jairo para se informar sobre os acontecimentos da véspera. Quando o encontrou, foi logo dizendo:

— E então? Como foi ontem com Olívia no centro?

— Ainda bem que você não foi. Não lhe disse que o lugar era uma armadilha? Pois foi.

— Como assim? O que aconteceu? Você foi até lá?

— Eu? Não. Sabino mandou Sólon acompanhar Olívia e fazê--la não se sentir bem lá dentro e sair.

— Olhe lá o que vocês vão fazer com Olívia. Não quero que nada de mau lhe aconteça.

— Não é nada disso. Sólon só iria fazê-la sentir-se sufocada e ter vontade de sair dali. Mas a coisa não funcionou.

— Como assim?

— Ele é um bom magnetizador, mas ela não atendeu o que ele queria. Esse é sempre um risco quando vamos magnetizar alguém. Sua irmã é um osso duro de roer. Não esperávamos por isso.

— Ela é durona mesmo, não é boba como eu. Mas conte... O que foi?

— Ela não fez o que ele queria, segurou Sólon e ele acabou sendo apanhado por eles. Ficou lá, prisioneiro.

— Que horror! Eles o prenderam?

200

— Prenderam. Não disse que era perigoso? Aconteceu isso com ele, que é tão experiente! Já pensou o que aconteceria com você se estivesse lá? Eles a prenderiam e nunca mais sairia.

— Que tristeza! Isso nunca acontecerá. E agora? Sabino não vai libertá-lo?

— No momento, não. Acha melhor não intervir. Por isso, eu digo: cuide-se bem. Não se deixe apanhar. Não vá lá de forma alguma.

— Fique sossegado. Não irei mesmo.

— Antes assim. É para seu próprio bem.

— Eu sei — concordou Elisa, confortada.

Por mais que desejasse conversar com Olívia, lá ela não iria. Deveria haver outras formas de fazer contato com ela. Não era só naquele lugar tão perigoso que ela poderia fazer isso. Quando descobrisse, teria a alegria de dizer-lhe que estava bem e que sabia de tudo quanto acontecera na vida da família. Diria também o quanto se sentia saudosa. Continuava a mesma, amando a todos como sempre. Olívia gostaria de saber que ela mudara, não era mais a boba de sempre. Agora era Eugênio que estava em suas mãos. Ela é quem dava as cartas na vida de ambos.

A esse pensamento, sorriu alegre. Um dia ainda teria a satisfação de dizer isso não só à irmã, mas também ao marido. Ela agora era outra mulher, mais vivida, experiente, mais ativa. Um dia eles saberiam disso.

Capítulo 16

Eugênio entrou em casa preocupado. Elvira chamara-o dizendo que Nelinha estava com muita febre. Subiu para o quarto da filha e, vendo Elvira sentada ao lado da cama, perguntou:

— E então? Baixou a febre?

— Não. Já dei o remédio que o senhor mandou, mas a febre continua alta.

— Quanto tempo faz?

— Uns vinte minutos.

— Hum... Já deveria ter feito efeito.

Nelinha, corada, olhos lacrimejantes, tossia de vez em quando.

— Será gripe? — disse Eugênio.

— Parece. Só que gripe não dá febre tão alta. Ela está com trinta e nove graus.

— Vou chamar o médico. Isso pode complicar.

Eugênio foi telefonar, e Nelinha reclamava choramingando:

— Papai, fique comigo. Está doendo minha cabeça.

— Seu pai já volta — prometeu Elvira. — Não chore.

— Quero minha mãe!

— Ela não pode vir. Acalme-se. Seu pai volta logo.

Nelinha pareceu não ouvir e continuou:

— Mamãe! Onde você está? Por que me abandonou?

Elvira, penalizada, tentava confortá-la, mas ela chorava e continuava chamando pela mãe.

Elisa, que estava no escritório com Eugênio, acompanhara-o e, emocionada, abraçava Nelinha, dizendo:

— Estou aqui, filha. Nunca a abandonei. Não chore.

Vendo que ela não registrava sua presença, resolveu experimentar o que havia aprendido. Concentrou-se e envolveu Nelinha com amor, repetindo com firmeza:

— Estou aqui. Sou eu. Veja. Você pode me ver e sentir. Vim para ajudar. Não chore.

Nelinha parou de chorar e esboçou um sorriso dizendo contente:

— Mamãe! Você veio! Eu sabia que você não iria me abandonar. Fique comigo! Estou me sentindo tão mal!

Elisa abraçava-a com amor, e com pensamento firme dizia:

— Você vai ficar bem. Eu estou aqui.

Elvira, ouvindo as palavras de Nelinha, assustou-se. Ela estava delirando. A febre teria subido? Colocou o termômetro novamente e esperou. A menina adormecera, mas pela respiração agitada ela percebia que a febre não baixara. Eugênio voltou em seguida.

— Falei com o médico. Dentro de pouco estará aqui.

— É bom mesmo. Ela está delirando.

— Delirando?

— Chamava pela mãe. Depois disse que ela estava aqui. Olhe o termômetro. A febre não subiu. Será que a alma de dona Elisa veio mesmo?

— Não diga besteira, Elvira. Quem morre não volta.

— Ela disse que a mãe veio e que sabia que ela nunca a abandonaria. Precisava ver a cara de felicidade dela. Parecia que estava vendo mesmo. Estou ficando com medo.

— Só me faltava esta! Não percebe que ela chama pela mãe porque está se sentindo mal? Toda criança quer a mãe nessa hora. Ela está fantasiando. É uma maneira de satisfazer sua vontade de ter a mãe de volta. É só alucinação. Quando a febre passar, ela nem se lembrará disso.

Elvira olhou desconfiada. Seu irmão contava sempre histórias de assombração, e ela sentia muito medo. Ele costumava brincar com ela dizendo:

— Tome cuidado. Trate bem das crianças. A alma da mãe delas está vigiando. Se judiar delas, vai aparecer e pedir contas.

Apesar de saber que ele não acreditava no que estava dizendo, ela não queria nada com alma do outro mundo. Se desconfiasse que a mãe das crianças poderia estar por ali, deixaria o emprego. Gostava de trabalhar lá. Não tinha patroa para mandar. Dona Olívia

204

era educada e o doutor Eugênio tratava-a bem. Afeiçoara-se às crianças e elas também a tratavam com carinho.

— Em todo caso, senhor Eugênio, seria bom que mandasse benzer a casa. Nunca se sabe.

— Deixe de bobagem. Precisamos é tratar de Nelinha.

O médico chegou pouco depois e examinou Nelinha, dizendo por fim:

— Ela está com sarampo. Não é nada grave. Alguns cuidados e ela ficará bem. Os outros já tiveram?

— Já. Faz tempo. Nelinha ainda não havia nascido.

— Os cuidados são os mesmos.

— Gostaria que me dissesse o que fazer. Naquele tempo, minha mulher cuidava de tudo, e eu não sei como tratar essa doença.

— É contagiosa. Vocês também já tiveram?

Eles já haviam tido, e o médico receitou os medicamentos. Depois que ele se foi, Eugênio mandou Elvira à farmácia e sentou-se ao lado da filha. De vez em quando colocava a mão na testa dela e percebia que a febre continuava alta. O médico dissera que era assim mesmo. Mas, olhando o rostinho corado de Nelinha, Eugênio sentia o coração oprimido. Criança não deveria ficar doente, pensava.

Ela acordou tossindo e com olhos lacrimejando muito. Ele deu uma colherada de remédio e pingou um remédio no nariz.

— Está melhor, filha? — perguntou ansioso.

— Estou. Onde está mamãe? Ela foi embora outra vez?

Eugênio tentou desconversar:

— O médico disse que é sarampo. Logo você estará boa.

— Você a viu, papai?

— Quem?

— Mamãe. Ela me abraçou muito e disse que nunca vai me abandonar.

— Não, eu não vi.

— Aquele machucado que ela tem na testa foi do desastre?

Eugênio sobressaltou-se. Como Nelinha sabia que Elisa ficara com um ferimento na testa? Ela não vira o corpo da mãe. Com certeza alguém teria contado. Teria sido Olívia? Não. Ela tinha muito cuidado com as crianças. Não seria capaz dessa maldade. Precisava saber.

— Quem falou que sua mãe ficou com a testa machucada?

— Ninguém, papai. Eu vi. Ela tinha uma marca de ferida na testa. Sabe que ainda não sarou?

205

— Vamos deixar isso de lado. Você precisa repousar para o remédio fazer efeito logo e você sarar.

— Conte-me uma história.

Eugênio concordou e tentou distraí-la contando algumas histórias. No fim da tarde, Olívia e Amaro apareceram para ver Nelinha. Vendo-os juntos, Eugênio sorriu. Eles agora não se largavam. Olívia parecia-lhe menos agressiva. Teria Amaro domado a fera?

Enquanto Olívia ficava com Nelinha no quarto, Eugênio conversou com Amaro, contando-lhe as palavras de Nelinha.

— Ela delirou por causa da febre. Teve uma alucinação. Mas como é que podia saber que Elisa tinha uma marca na testa? Quem teria contado? Nunca comentamos isso em casa, e as crianças não viram a mãe depois de morta. Sabe como é, nós quisemos poupá--las. Isso me deixou intrigado.

— A explicação é fácil e simples. Nelinha chamou e ela veio. Sempre foi mãe amorosa. Não resistiria a um chamado desses.

— Você diz isso com uma facilidade! Como se fosse possível! Elisa está morta! Eu vi quando a enterraram.

— Você viu quando enterraram o corpo, mas não tem condições de ver onde está o espírito dela. Acredite, Eugênio, Elisa continua viva em outro mundo. Hoje você teve uma prova disso. Por que é tão resistente?

Antes que respondesse, Olívia apareceu na sala, assustada.

— Nelinha disse que viu Elisa! Será mesmo?

— Ela está com febre alta. Teve uma alucinação.

— Vamos conversar com ela de novo — sugeriu Amaro.

Juntos, subiram ao quarto de Nelinha, e Amaro sentou-se ao lado da cama, dizendo com naturalidade:

— Sua mãe veio visitar você. Conte para mim como foi isso.

— Eu estava chamando mamãe, porque minha cabeça doía muito e eu estava com frio. Eu queria vê-la. Aí, ela veio, abraçou-me e disse: "Estou aqui, filha, sou eu, veja. Nunca a abandonei. Não chore. Você vai ficar bem. Eu estou aqui". Vi o machucado dela na testa e queria perguntar se tinha sido do acidente. Mas estava tão bom o abraço dela, senti tanto sono que dormi. Quando acordei, ela já tinha ido embora. Quando ela voltar, vou perguntar onde é a casa dela. Será que eu posso ir lá de vez em quando?

— Não. Onde ela mora, nós ainda não podemos ir.

— Você sabe onde é?

— Sei que é longe, em outro mundo. É difícil para ela vir até aqui. Você precisa entender e não ficar chamando-a. Tenha paciência. Saiba que, se ela pudesse, estaria aqui. Se não está, é porque Deus quis que ela fosse para outro lugar. Ele sabe o que é melhor.

— Eu queria que ela ficasse aqui comigo como antes.

— Ela também gostaria. Mas não é possível por enquanto. Ela agora só pode visitar de vez em quando.

— Espero que ela venha de novo.

— Ela estava bem? Alegre e disposta?

— Não. Estava chorando. Acho que ficou triste por me ver doente. Ela emagreceu e estava pálida.

— Você estava chorando, ela ficou preocupada com você. Quando pensar nela, procure se lembrar de como ela era, cheia de saúde e alegria. Você vai sarar logo, e ela vai ficar bem.

De volta à sala, Eugênio comentou:

— Não sei se é bom alimentar a ilusão dela como você fez. Ela pensou que essa visita foi real.

— E foi. Elisa esteve mesmo aqui com ela e talvez ainda esteja.

— Será? — disse Olívia, impressionada.

— Como duvidar depois do que Nelinha contou? Ela deu detalhes.

— Disse que Elisa estava magra, pálida e chorando — considerou Olívia.

— Essa deve ser a realidade. As crianças na idade de Nelinha têm muita facilidade de perceber o mundo astral. É comum elas verem determinados espíritos. Algumas costumam ter amigos e passam horas na companhia deles. Os pais acreditam que seja só imaginação. Mas não. Elas percebem mesmo a presença deles. Com o tempo, geralmente depois dos sete anos, elas estão mais integradas na reencarnação e esquecem o mundo astral.

— Se Elisa esteve ou está aqui, podemos tentar falar com ela. Seria possível? — perguntou Olívia.

— Não. Nós não temos os elementos adequados para isso.

— Um médium de incorporação? — perguntou ela.

— Pelo visto, você já entrou na conversa dele — interveio Eugênio, admirado. — Logo você, sempre tão pé no chão, tão materialista.

— Olívia é mais sensata do que você. Há algum tempo está estudando o assunto. Você deveria fazer o mesmo. Garanto que está precisando.

— Por quê?

— Ajudaria sua vida e a de sua família. Depois, pelo que Nelinha disse, Elisa ainda não está bem. Seria uma forma de ajudá-la a equilibrar-se.

— Você acha que ela não está bem mesmo? — tornou Olívia, séria.

— Pelo que Nelinha descreveu, ela ainda está sofrida e não superou o que aconteceu.

— Vocês estão dando demasiada importância ao que Nelinha disse. Ela tem só quatro anos. Além disso, queimava em febre.

— Seja como for, você deveria ir ao centro espírita. Rezar não lhe faria mal algum.

— Deixe para Olívia. Ela sempre quer saber tudo. Eu não quero me meter nisso.

— Pois eu quero. Se existe alguma coisa, eu vou descobrir. Se Elisa continua existindo em algum lugar, se é verdade mesmo que pode comunicar-se conosco, eu quero falar com ela.

— Isso é fantasia! Nunca ninguém voltou para dizer o que acontece depois da morte. Morreu, acabou — enfatizou Eugênio.

— Negar simplesmente não resolve nada. Depois do que tenho lido, das pesquisas de tantas pessoas sérias e cultas que se convenceram de que a vida continua após a morte, minha descrença está desaparecendo. Há muitas coisas neste mundo que ainda não podemos compreender... nossos olhos enxergam tão pouco... nossos sentidos nos enganam tanto... quantas coisas haverá que nós ainda não percebemos?

— Mas, daí a pensar que alguém que já morreu e foi enterrado possa voltar, é uma loucura.

— A vida é uma aventura espetacular — interveio Amaro. — Muitos séculos atrás, quem no mundo poderia acreditar que estivéssemos todos vivendo em cima de uma bola que gira no espaço, em grande parte coberta de água, sem que ela se derrame ou que um de nós caia? Também não é uma loucura? Entretanto, hoje ninguém mais questiona isso.

— Não questiona porque já está cientificamente provado. O que não acontece com a vida após a morte — retrucou Eugênio.

— Pode ainda não estar para você, que nega sem investigar. O que significa que o faz sem base. Já existem provas concludentes sobre a vida após a morte, mas o preconceito ainda é grande. As manifestações dos espíritos acontecem em toda parte e raras são as famílias que não podem contar alguma coisa sobre isso. Ocorre que as pessoas têm medo de não serem compreendidas e preferem guardar segredo sobre esses fatos. Dia virá que a ciência oficial, mais amadurecida e sem ter mais como negar, será forçada a reconhecer a continuidade da vida após a morte.

— Até lá vou continuar descrente — disse Eugênio. — Não vou entrar nessa ilusão.

Amaro olhou-o sério e respondeu:

— Do jeito que as coisas estão, melhor seria que você não pensasse assim. Sua descrença pode vir a lhe trazer mais problemas do que já está tendo. Sou seu amigo há muitos anos. Sempre tive minhas convicções espirituais e nunca lhe disse nada sobre isso nem tentei convencê-lo a que compartilhasse de minhas opiniões. Porém agora você está sendo chamado a pensar na vida espiritual. Quando isso acontece, não dá mais para escapar. Quanto mais resistir, mais a pressão aumentará ao seu redor.

Eugênio sentiu um arrepio de medo e tentou disfarçar:

— O que quer dizer com isso?

— Que você está maduro para entender certas coisas e a vida o está pressionando. Não tenho dúvida de que você está sendo chamado para começar a enxergar além do mundo material e olhar a vida de outra forma, mais lúcida e completa. Precisa progredir espiritualmente e não pode fazer isso sem sair do mundo estreito onde você vive. Precisa abrir sua mente, alargar seu espaço, ampliar suas fronteiras.

Amaro falava mansamente, mas com voz firme. Eugênio, admirado, escutava sentindo-se leve como se houvesse alguma coisa diferente no ar.

Amaro continuou:

— Aproveite, Eugênio. Enriqueça sua alma, fortaleça seu espírito, e tudo em sua vida será diferente. A pretexto de não se iludir, você mergulha na descrença, que é a maior ilusão. É a fé que alimenta e conforta. Você ainda não tem essa crença, mas nada o impede de pensar no assunto, de investigar, de procurar uma prova, seja do que for que possa dar-lhe uma resposta. Qualquer coisa será preferível a negar por negar. Você está fechando os olhos para não ver. Isso não vai modificar os fatos, a tragédia que se abateu sobre sua vida, a infelicidade de Elisa, que ainda não encontrou a paz, os problemas angustiantes de sua vida pessoal que se agravaram e poderão se tornar ainda maiores.

— Eu quero esquecer e você me obriga a pensar nesse assunto. Só eu sei a falta que Elisa me faz e ninguém mais do que eu lamenta o que aconteceu. Mas ela morreu e eu estou vivo, preciso cuidar de minha vida, não posso continuar pensando nisso. Essa história de que ela está viva e infeliz no outro mundo é muito distante e não me parece real. O que posso fazer? Estou sendo sincero.

— Sei disso. Mas por que resiste tanto a ir conosco a uma reunião no centro espírita? Estará com medo?

— Claro que não. É que não me sinto bem com essa ideia. Não sou religioso. Acredito em Deus, mas não gosto das religiões. Rezo à minha maneira. Depois, nunca aceitei essa história de médiuns e espíritos. Sendo assim, o que irei fazer lá? Estarei sendo hipócrita. Não vou me sentir bem, tenho certeza.

— Está bem. Respeito sua opinião, embora continue achando que seria muito melhor se fosse conosco. Em todo caso, não vou mais falar nisso. Quando resolver ir, é só me avisar.

— Esse dia nunca chegará — disse Eugênio, convicto.

— Não diga isso, que pode se arrepender — retrucou Olívia.

— Você gostaria muito que eu me arrependesse só para provar que eu estava errado. Mas não terá esse prazer — respondeu Eugênio, sarcástico.

— Elvira tem de ir embora e vou subir para ficar com Nelinha — tornou Olívia, tentando ignorar a resposta do cunhado.

Depois que ela subiu, Eugênio comentou:

— Viu como ela é? Sempre que pode, quer me derrubar. O prazer dela é me ver no chão.

— Não seja ingrato. Ela tem dado muita assistência às crianças. Se não fosse por ela, você teria tido muito mais problemas.

— Isso é, mas ela não perde ocasião para mostrar o quanto me odeia.

— Você está exagerando. Ela não morre de amores por você, mas, daí a odiar, vai grande distância. Não seja dramático.

Em um canto da sala, Elisa presenciara toda a conversa. Gostaria de poder aparecer ali, para provar para Eugênio que ela continuava viva, mas era impossível. Viu quando Amílcar chegou e, por intermédio de Amaro, conversou com Eugênio. Se por um lado ela estava preocupada com a doença de Nelinha e com a vontade que eles tinham de levar Eugênio ao centro espírita, por outro, pensava: "Como Eugênio é ignorante! Sempre pensei que ele soubesse mais do que eu e agora estou vendo que eu sou mais esperta. Ele nem imagina que eu estou aqui, fazendo com ele o que quero. Quantas coisas aprendi que ele nem sonha. Ele não passa de um pretensioso que não enxerga um palmo diante do nariz".

Amílcar aproximou-se de Elisa:

— Como vai, minha filha?

— Bem. Estou preocupada com Nelinha. Ela está com muita febre.

— Você sabe que o sarampo é assim mesmo. Amanhã ela já estará bem.

— Tem certeza?

— Tenho. Você vai passar a noite aqui?

— Bem que eu gostaria. Infelizmente não posso. Eu trabalho, tenho de ir.

— Por que não pede dispensa por esta noite? Assim poderá ficar ao lado dela.

Elisa suspirou:

— Eu gostaria muito, mas é impossível. Meu chefe é muito rigoroso. Não tolera falhas de disciplina.

Amílcar olhou-a firme nos olhos e perguntou:

— Você está feliz vivendo naquele lugar?

O rosto de Elisa entristeceu-se, e ela respondeu:

— Há muito tempo que não sei o que é felicidade. Desde aquele dia em que fui abandonada, nunca mais pude ser feliz.

— Ninguém pode ser feliz conservando a mágoa no coração. Se deseja encontrar a paz interior e a felicidade, precisa primeiro aprender a perdoar. Esse é o primeiro passo.

O rosto de Elisa transformou-se e seus olhos brilharam de rancor.

— Como posso perdoar, se dei todo o meu amor, minha dedicação a Eugênio, se me esqueci de mim para cuidar do bem-estar dele, e ele me trocou por outra? Se ele me enlouqueceu a tal ponto que saí desnorteada e por causa disso perdi a vida naquele acidente? Como esquecer meus filhos pequenos que ficaram sós, sem que eu possa cuidar deles como sempre fiz? Quem poderá me devolver tudo quanto perdi?

— A vingança e o rancor também não vão trazer tudo de volta. Só podem agravar seus padecimentos e atrasar a conquista de sua paz. O perdão dará alívio a seu coração aflito e fará mais por você do que qualquer outra coisa.

— Sinto que o senhor é bom e quer ajudar-me. Agradeço sua intenção, mas só eu sei a dor que me vai na alma. Eugênio tem de pagar pelo que me fez.

— Você vai se machucar ainda mais.

— Agora nada mais importa. Perdi tudo quanto eu mais amava. O que me resta, senão amargar minha tristeza e vigiar minha família, protegendo meus filhos para que nada de mau lhes aconteça?

— Você poderia fazer mais se estivesse bem. Você está doente, Elisa. Precisa se tratar.

— Tenho amigos que cuidam de mim. Nada me falta.

— Em todo caso, gostaria que pensasse um pouco no que eu lhe disse. Gosto de você e quero ser seu amigo. Se um dia as coisas piorarem e precisar de ajuda, basta me chamar e irei vê-la. Lembre-se disso.

Elisa agradeceu confortada. Quando conversava com Amílcar, sentia-se bem. Mas não podia concordar com o que ele dizia. Subiu ao quarto de Nelinha e aproximou-se de Olívia, que, sentada ao lado da cama, velava, colocando de quando em quando a mão na testa da menina para ver se a febre havia baixado. Ela ainda tinha bastante febre, mas notava-se que estava mais tranquila. Parecia melhor.

— Olívia — disse Elisa —, que vontade de falar com você! De abraçá-la, de colocar a cabeça em seu colo e falar tudo que sinto como quando nós éramos crianças! Tempo bom aquele! Apesar da morte de nossos pais, nós conseguimos viver muito bem. Você está começando a entender que eu continuo viva. Que bom se eu pudesse aparecer agora, para dizer: é verdade! Eu estou aqui. Mas não posso. E o pior: tenho de ir embora. Não tenho sequer o direito de ficar ao lado de Nelinha. Por que fui comprometer-me com aquela gente? Se não tivesse feito isso, agora poderia ficar aqui o quanto quisesse.

Olívia recordou-se de Elisa e pensou: "Se ela estivesse aqui, estaria sentada em meu lugar".

A vida fora cruel com Elisa. Se ela estivesse mesmo viva no outro mundo, deveria estar muito triste por não poder cuidar de Nelinha. Sem pensar bem o que fazia, Olívia disse em voz alta:

— Fique tranquila, Elisa. Eu não sairei daqui até a febre passar. Pode ficar em paz, que estou fazendo o que você faria.

Elisa sorriu. De alguma forma, Olívia registrara suas palavras. Mais calma, saiu apressada. A hora estava avançada, e ela se dirigiu

212

rapidamente ao apartamento de Inês. Tinha de substituir uma companheira. Esta já estava impaciente:

— Puxa, Elisa, hoje você demorou.

— Desculpe, mas minha filha estava com muita febre e eu fiquei lá mais do que deveria.

— Está bem. Já vou indo. Hoje as coisas aqui prometem. Parece que é a grande noite. Você sabia?

— A grande noite?

— Pois é. A cobrança da sentença. Mas estou atrasada, preciso ir. Jairo depois lhe conta tudo.

Ela se foi, e Elisa não entendeu nada do que ela lhe dissera. Que sentença seria aquela? Adalberto mencionara o julgamento de Carlos e uma sentença. Seria isso? Experimentou uma sensação desagradável. Não gostava de confusão. O que estaria para acontecer?

Deu uma volta pelo apartamento e não encontrou nada de anormal. Inês, como sempre, jogada na cama. O marido, por sua vez, não aparecera para o jantar. A mesa posta e as panelas no fogão revelavam que nem Inês havia se alimentado. As crianças já estavam no quarto, e a empregada, cansada de esperar para servir o jantar, também se recolhera.

"Como ela é boba!", pensou Elisa. "Eu nunca mais farei isso. Se eu voltar a nascer na Terra, conforme me disseram, e me casar de novo, ninguém vai mais me fazer de trouxa. Eu é que vou dar as cartas. Homem nenhum vai mais mandar em mim. Aprendi a minha lição."

Acomodou-se na poltrona, no quarto de Inês, e esperou. Estava amanhecendo quando Adalberto apareceu, olhou para Inês adormecida e disse a Elisa:

— Ela está bem? Tomou muito remédio?

— Não. Esta noite não tomou nada.

— Você precisa ficar preparada para ajudá-la. Ela está melhor, mas não sei ainda como vai reagir quando souber.

— Souber o quê?

— A justiça cumpriu-se.

— De que forma? O que aconteceu?

Antes que Adalberto pudesse responder, o telefone tocou. Inês acordou e atendeu:

— Alô... O quê? Meu Deus! Tem certeza? Onde? Irei imediatamente.

Ela estava pálida. Adalberto e Elisa correram para sustentá-la, transmitindo-lhe energias revigorantes. Cambaleante, Inês chamou a empregada, dizendo nervosa:

— Telefonaram da polícia. Carlos foi assaltado, parece que se feriu. Preciso ir lá imediatamente.

— Vou com a senhora. Não seria melhor telefonar para o doutor Siqueira?

— Não vamos precisar de advogado. Preciso ver se Carlos está bem. Sempre temi que acontecesse algo. Ele bebe, sai de madrugada, leva muito dinheiro nos bolsos. Meu Deus! Estou tão nervosa que nem acho a roupa para vestir.

— Eu ajudo a senhora. Vou chamar o motorista para tirar o carro.

A criada procurou a roupa, entregou a Inês e telefonou para o emrpegado pedindo o carro. Correu para o quarto, vestiu-se rapidamente e voltou para ajudar Inês a acabar de se arrumar. Ela parecia uma barata tonta e não sabia o que fazer.

— Precisamos fortalecê-la bem — disse Adalberto. — O momento é crucial.

— Carlos está mal? — indagou Elisa.

— Carlos está morto — retrucou Adalberto. — A justiça foi cumprida.

Elisa estremeceu e teve medo. Estava apavorada. Eles teriam alguma coisa a ver com a morte de Carlos? Adalberto olhou-a sério e ordenou:

— Não seja mole nesta hora. O que é isso? Tem de reagir. Pensei que você fosse melhor.

Elisa, assustada, procurou não se impressionar.

— Desculpe, é meu primeiro trabalho. Não estou acostumada com um caso desses.

— Pois trate de se acostumar. Não podemos fraquejar agora. Não percebe que Inês precisa de todo o nosso apoio? Trabalhamos tanto para isso!

Elisa concordou e procurou não pensar. O assalto acontecera, e eles não tinham nada a ver com isso. Tratou de ajudar Inês transmitindo-lhe energias revigorantes.

Entraram no carro. Inês estava sendo amparada por Adalberto de um lado e pela criada de outro. Elisa, sentada ao lado do motorista, fazia grande esforço para se controlar.

Na delegacia, a notícia da tragédia. Carlos fora assaltado e assassinado. A polícia acreditava que ele tentara reagir e o mataram. Levaram o carro e o dinheiro; em seu bolso ficara um documento com o qual ele fora identificado.

Inês desmaiou e não teve condições de fazer o reconhecimento do corpo. O motorista e a criada fizeram-no, enquanto Inês era socorrida por um médico. Elisa, pálida, ao entrar na delegacia, notara a presença de alguns companheiros da organização tomando conta do corpo de Carlos. Assustada, fez o possível para não demonstrar o medo que sentia. Se o fizesse, com certeza seria punida.

Adalberto, satisfeito, comandava a operação dizendo aos companheiros que tomassem conta do corpo de Carlos, não deixando ninguém se aproximar.

— Vamos — disse a Elisa. — Sua tarefa é cuidar de Inês. Ela pode dar trabalho quando acordar. Felizmente o médico lhe deu forte sedativo, e ela dormirá por algumas horas, o suficiente para resistir ao primeiro impacto.

— O que devo fazer? — indagou Elisa, esforçando-se para vencer o mal-estar e o medo que sentia.

— Vigiar. Dar-lhe energias de fortalecimento. Sustentá-la — olhou-a desconfiado. — Terá condições de fazer isso? Você me parece perturbada.

— Eu não sabia de nada. Fiquei assustada, mas já passou. Sei como fazer isso.

— Então vá. Se ela voltar a si, chame-me imediatamente.

— Está certo.

Elisa postou-se ao lado de Inês, que havia sido acomodada em uma poltrona. A polícia, depois de haver tomado declarações dos dois empregados, liberou-os. Colocaram Inês deitada no assento traseiro do carro, amparada pela empregada. Elisa sentou-se na frente, ao lado do motorista. Estava penalizada com a situação. Apesar de conhecer os problemas do marido, Inês o amava. Por outro lado, agora estaria livre dele e poderia refazer sua vida.

De repente um pensamento a assaltou. A morte estava longe de ser uma solução. Carlos se conformaria em deixar Inês em paz? Fora do corpo, não iria atormentá-la ainda mais? Talvez fosse por isso que Adalberto colocara os companheiros vigiando-o, para que não perturbasse a família. Nesse caso, teria sido um bem. Teria sido só isso? Eles teriam participado do crime?

215

A esse pensamento, um arrepio de medo acometeu-a. Não, isso não podia ser verdade. Ela desejava vingança, mas seria incapaz de uma atrocidade dessas.

Se ao menos ela pudesse sair da organização... E se eles a perseguissem, prendessem e torturassem? Havia ouvido algumas histórias nas quais se recusara a acreditar. Seriam verdadeiras?

De qualquer forma, precisava tomar cuidado. Eles eram argutos e percebiam seus pensamentos. O mais prudente seria ignorar, fingir que não sabia de nada.

Na casa de Inês, havia desolação e tristeza. As crianças haviam acordado e se assustado com o estado da mãe.

— Ela ficou nervosa porque aconteceu um acidente com seu pai, e o médico deu a ela um calmante. Ela está bem — explicou a empregada.

— Onde está papai? — indagou um deles.

— No hospital — mentiu ela. — Sofreu um acidente e ficou machucado. Depois sua mãe conta tudo a vocês.

Acomodaram Inês na cama e trataram de chamar o médico dela. Conhecendo-a bem, eles queriam que ele estivesse lá quando ela acordasse.

Elisa acomodou-se no quarto. Naquele dia, ela não poderia sair dali. Pensava em Nelinha, gostaria de vê-la e saber se sua febre havia passado, mas Adalberto fora categórico. Ela teria de ficar ao lado de Inês quanto tempo fosse preciso.

As horas foram passando sem que Inês desse sinal de vida. Passava do meio-dia quando ela se remexeu no leito, e Elisa, percebendo que ela estava acordando, pensou em Adalberto, chamando-o. Em poucos instantes, ele apareceu acompanhado de Jairo e mais dois companheiros.

— E então? — indagou. — Tudo calmo por aqui?

— Tudo. Ela parece que está acordando.

— Vamos ajudá-la — disse Adalberto postando-se à cabeceira da cama, colocando os companheiros ao redor. — Vamos dar-lhe energias revigorantes.

Concentraram-se e Elisa esforçou-se para colaborar, o que não era difícil, porque a figura abatida de Inês e o drama de sua vida a comoviam muito. Adalberto aproximou-se de Inês, dizendo-lhe ao ouvido:

216

— Inês, soou o dia de sua liberdade. Finalmente está livre! Nunca mais aquele infeliz se aproveitará de sua fraqueza nem de sua ingenuidade. Esse capítulo de sua vida está encerrado.

Inês, atordoada, passou a mão pela testa, tentando se recordar do que havia acontecido. De repente lembrou-se: Carlos fora assaltado e estava morto. Teria sido um pesadelo? Teria sonhado ou seria verdade? Precisava saber.

Chamou a empregada, fazendo um enorme esforço para que a ouvisse.

— Janete! Janete!

Ela atendeu prontamente.

— Diga que não aconteceu nada, que eu sonhei, que não é verdade... Que Carlos não foi assaltado e... Diga... Não me deixe neste desespero.

— Tenha calma, dona Inês. Não adianta nada a senhora se desesperar agora. O doutor Silva está a caminho e vai cuidar da senhora.

— Janete, isso não aconteceu, não pode ter acontecido!

A mulher continuava em silêncio, não querendo agravar a situação.

— Eu quero levantar — disse ela agitada. — Preciso vê-lo, saber a verdade. Ajude-me. Onde ele está?

— Calma, dona Inês. A senhora precisa ser forte. As crianças estão assustadas e não sabem de nada. Precisa ver como eles estão pálidos. O que será deles se a senhora perder a serenidade?

Inês olhou-a e ficou pensativa por alguns segundos. Janete tinha razão. As crianças precisavam dela. Teria de encontrar forças para reagir. Se ao menos seu pai estivesse vivo e pudesse ajudá-la naquela hora amarga!

Adalberto, comovido, colocou a mão sobre o peito de Inês, dizendo com amor:

— Minha querida! Eu estou aqui. Nunca a abandonei. Eu a amo como sempre. Você vai reagir, ficar bem, cuidar de seus filhos e levar uma vida feliz. Nós cuidaremos para que aquele canalha não a incomode nunca mais. Um dia, você saberá toda a verdade e nos agradecerá por a termos libertado dele.

Inês respirou fundo.

Naquele instante, o doutor Silva entrou no quarto. Vendo-o, ela se sentou na cama e pediu:

— Doutor, ajude-me! Preciso ser forte, mas não sei se suportarei tamanho golpe! Não posso conformar-me com o que aconteceu.

Ele a abraçou, dizendo:

— Vim para ajudá-la. Ficarei a seu lado o tempo que quiser. Deite-se. O calmante que lhe deram foi muito forte, você não tem condições de se levantar.

— Estou tonta, mas não quero dormir. Meus filhos precisam de mim e quero ver Carlos. Hei de ter forças para vê-lo. Prometa que não o levarão sem que eu me despeça dele.

— Para conseguir fazer isso, precisa reagir e tentar melhorar. Sei que é difícil, mas é o melhor que tem a fazer agora. Os meninos estão apavorados. Tentei acalmá-los, mas ainda não sabem a verdade. Você precisa ser forte nesta hora.

— Se eu me acalmar, poderei vê-lo?

— Naturalmente. Você vai tomar alguns remédios que irão ajudá-la a ficar firme.

— Tenho medo de que o levem sem que eu veja.

— Isso não vai acontecer. O corpo vai demorar um pouco para ser liberado. Eu e o doutor Siqueira vamos tratar de tudo. Pode ficar tranquila. Não faremos nada sem seu conhecimento.

Inês deixou-se cair na cama, suspirando angustiada, depois disse:

— Sempre tive medo de que algo acontecesse a Carlos. Mas agora ainda não me parece verdade.

O médico ficou conversando com Inês, e Adalberto, satisfeito, considerou:

— O pior já passou. Foi melhor do que eu esperava. Agora é só uma questão de tempo. Tenho de sair, e vocês dois fiquem dando energias a ela. Voltarei mais tarde.

Elisa, que contava poder sair, teve de ficar. Jairo ficaria com ela. Quando se viu a sós com ele, ela disse:

— Pensei que eu fosse ser liberada. Estou preocupada com Nelinha.

— Fique tranquila, ela está melhor.

Elisa animou-se:

— Você foi vê-la?

— Passei por lá hoje cedo. Eu tinha certeza de que me faria essa pergunta.

— Ela está sem febre?

— O sarampo estourou e a febre diminuiu.

— Será que hoje vou poder vê-la?

— Estamos em uma emergência. Não podemos facilitar. Se tudo correr bem, verei o que posso fazer.

— Obrigada.

Inês, junto ao médico, conversara com os filhos, que, abraçados a ela, estavam muito assustados. Elisa, vendo a tristeza deles, não continha as lágrimas. Observando sua emoção, Jairo considerou:

— Você é boba, não pode entrar na tristeza deles. O que aconteceu foi para o bem. De agora em diante, eles poderão viver melhor, livres da presença daquele safado.

— Uma coisa me preocupa: o que Carlos vai fazer quando acordar? E se ele não desistir da família e ficar aqui amolando?

Jairo sorriu tranquilo.

— Bem se vê que você não sabe de nada! Depois de tanto trabalho para arranjar tudo, você acha que Adalberto o deixaria livre para fazer o que quisesse? Para isso, nossos companheiros estão tomando conta dele. Assim que se libertar do corpo e acordar, ele será levado para a organização. Lá terá de responder pelos crimes que tem praticado. Seu julgamento já foi feito, e ele pegou uma pena grande. Pode ter certeza de que, nesta vida, não incomodará mais a família.

Elisa sentiu um calafrio de medo, mas fez o possível para disfarçar.

— Disseram-me que ele estava condenado e teria de cumprir a sentença. Esse assalto favoreceu a que vocês pudessem apanhá-lo.

Jairo olhou-a com ar de superioridade.

— Claro que favoreceu. Tudo foi planejado minuciosamente. Você sabe como é: Inês precisou de tempo para ser preparada e aguentar esse fato. Quando ela ficou madura, foi fácil induzir esses ladrões a assaltá-lo.

— Quer dizer que vocês fizeram tudo isso? — disse Elisa, procurando encobrir o terror que isso lhe provocava.

— Claro. E tudo saiu como planejamos. Agora, Carlos será levado para a prisão e pagará por todos os seus crimes.

Elisa não respondeu. Tinha medo de que ele percebesse o que ela estava pensando. Eles haviam chegado ao crime para concluir sua vingança! Naquela hora, ela se arrependeu de haver se metido com aquela gente. Gostaria de poder sair, mas como fazer isso sem provocar uma reação desagradável? Precisava pensar e encontrar uma maneira. Deveria haver outro lugar e outras pessoas melhores com as quais pudesse morar.

219

Capítulo 17

Eugênio apressou-se em sair do escritório. Estava atrasado. Combinara apanhar Lurdes na saída do trabalho.

Enquanto se dirigia para o local, pensava: nunca trabalhara tanto e nunca ganhara tão pouco! Antigamente os negócios eram fáceis, mas agora, para fechar algum, tinha de suar a camisa. Estava em uma maré de falta de sorte. Só conseguia ganhar para as despesas. Nunca tivera de controlar seus gastos. Qualquer despesa extra agora descontrolava seu orçamento.

Lurdes esperava-o bem-disposta, como sempre. Sua presença fazia-o esquecer por momentos as preocupações. Gostaria de dedicar mais tempo a esses encontros, mas ainda não estava sendo possível.

Não conseguira arranjar outra empregada que dormisse no emprego. As crianças haviam se afeiçoado a Elvira, que as tratava com paciência e carinho. Não tinha certeza se outra o faria. Por isso, sujeitava-se a ir cedo para casa. Aos domingos, ficava sozinho com elas. Lurdes visitara-os quando ele ficara impossibilitado de sair, e as crianças, temerosas de que ele se interessasse por ela, não a receberam bem. Ele sentia que elas ainda não estavam preparadas para aceitar que ele se casasse de novo.

Lurdes era atraente, ele gostava dela. Era uma moça decente, que poderia tornar-se uma boa esposa, ajudá-lo a cuidar de sua família. Mas, do jeito que as coisas haviam acontecido, teria de esperar para tomar uma decisão. A forma chocante e repentina da morte de Elisa traumatizara as crianças. Ele precisava ser paciente. Conquistar o amor e a compreensão de Marina tornara-se importante. Com o tempo, vendo sua dedicação, ela compreenderia e voltaria a amá-lo.

Quando Lurdes entrou no carro, após os cumprimentos, ele disse:

— Desculpe o atraso. Não pude sair mais cedo.

— Entendo.

— Obrigado. Você tem sido muito compreensiva comigo. Não sei o que faria sem você. Esses momentos que passamos juntos têm me ajudado a superar os problemas que tenho tido. Gostaria de poder ficar a seu lado o quanto tivesse vontade, sem ter hora para chegar em casa.

Lurdes sorriu:

— Eu também. Você sabe que eu gosto de você e estou disposta a esperar que as coisas possam ser diferentes.

Eugênio parou o carro em uma rua tranquila de um bairro residencial e, abraçando-a, beijou-a nos lábios repetidamente.

— Eu quero você — disse. — Não aguento mais ficar assim. Precisamos encontrar uma maneira de nos vermos em algum lugar onde eu possa mostrar o quanto a quero. Talvez eu consiga tempo para fazermos outra viagem. Você irá?

— Talvez.

— Diga que sim, e eu tentarei arranjar tudo.

— Não sei se é direito.

— Você havia concordado.

— Eu fui, mas deu no que deu. E eu pensei: será que não foi um aviso de que eu não deveria ter ido?

— Foi um acidente, poderia ter acontecido a qualquer um.

— Mas aconteceu conosco. Isso me fez pensar. Quando a vida não quer uma coisa, é melhor não forçar. Vamos esperar. Esperamos até agora. Quando você puder fazer tudo direito, então, sim, seremos felizes.

— Podemos ser felizes desde agora. Esperar para quê? Eu preciso de você. Assim que as crianças aceitarem melhor a situação, que Marina compreender como as coisas aconteceram, poderemos nos casar. Você não entende minha ansiedade?

— Tanto entendo que estou cooperando. Você não disse agora mesmo que estou sendo muito compreensiva?

— Não neste ponto.

Naquele instante, Elisa entrou no carro.

Enquanto Nelinha estivera doente, Eugênio saía do trabalho e ia direto para casa, mas, agora que ela já estava bem, Elisa sabia que ele procuraria Lurdes. Tendo um tempo livre, Elisa havia ido ao escritório e, não o encontrando, tratou de localizá-lo mentalizando-o. Havia aprendido a fazer isso. Tendo conseguido, foi até lá.

Eugênio, abraçado a Lurdes, beijava-a com paixão, tentando vencer sua resistência em entregar-se a ele. Ela resistia. Mesmo estando apaixonada por ele, não conseguia vencer o receio de estar fazendo algo errado. Tentou soltar-se de seus braços, dizendo:

— Por favor, Eugênio. Não faça isso!

— Nós vamos nos casar! Eu prometo. Assim que as crianças esquecerem um pouco, nós nos casaremos. É só uma questão de tempo.

Elisa, pálida, sentiu uma onda de rancor. Para ele era fácil esquecer, substituí-la, dar seus filhos nas mãos de outra mulher. Mas ela não iria admitir. Ele não poderia tirá-la do caminho como um objeto que depois de usado não serve mais. Ela estava morta, sofria a solidão, a angústia de não poder mais voltar. Ele fora o culpado de tudo, tinha de pagar.

Atirou-se sobre ele, dizendo rancorosa:

— Nunca, entendeu? Você nunca irá fazer isso. Não vou permitir. Você não será de outra mulher, eu juro!

Eugênio sentiu uma tontura, e sua visão turvou-se por alguns instantes. Empalideceu, soltando Lurdes imediatamente.

— O que foi? — disse ela assustada. — Está sentindo-se mal?

Ele tentou afrouxar a gravata, respirando com dificuldade. Lurdes ajudou-o a desabotoar a camisa e abriu a janela do carro. Eugênio suava frio.

— Parece que vou desmaiar — disse assustado. — Estou enjoado.

— Vamos sair do carro, andar um pouco — disse ela.

— Estou tonto, espere um pouco.

Fechou os olhos, recostando-se no banco do carro. Seu rosto estava coberto de suor. Lurdes olhou-o séria e disse:

— Vamos rezar.

— Rezar?!!

— Sim. É disso que está precisando.

Lurdes fechou os olhos e rezou, evocando a ajuda de seus guias espirituais. Elisa, percebendo que ela chamava por socorro,

223

tentou impedi-la segurando seu braço, enviando-lhe energias parali-
santes e dizendo:

— Você vai se afastar dele. Não vai vê-lo nunca mais. Eu
a proíbo. Se não me obedecer, vai se arrepender.

Lurdes estremeceu e concentrou-se ainda mais. Vendo que ela
resistia, Elisa utilizou toda a sua força para detê-la, e foi nessa hora
que Lurdes a viu. Foi um relance, mas foi o bastante.

Elisa percebeu que fora vista, e, ao mesmo tempo, sentiu-se arremessada a distância. Isso nunca lhe acontecera. Assustada, tentou
voltar, mas, por mais força que fizesse, não conseguia sair do lugar.
Lurdes continuava em prece, e de seu coração saía uma luz azul que
envolvia o lugar onde eles estavam. Por mais que tentasse, Elisa não
conseguia atravessar aquela luz e aproximar-se deles.

Lurdes abriu os olhos, perguntando:

— Está melhor?

— Estou — respondeu ele, aliviado. — Não sei o que é isso.
O médico disse que é estresse. Estou ficando assustado. Devo ter
algum problema de saúde.

— Você não está doente — disse ela com voz firme.

— Como pode dizer isso?

— Porque eu sei. Você precisa urgente ir a um centro espírita.

— Você também?

— Se já foi alertado, tanto melhor. O que você tem ficou bem
claro. Eu vi o espírito que está atacando você.

— Viu?!

— Vi. Acho que é Elisa, sua mulher. Ela está cheia de ódio. Não
quer que você se case novamente e pretende vingar-se do que você
lhe fez.

— Você sabe que não tive culpa do acidente.

— Não sou eu quem pensa assim, é ela.

Eugênio remexeu-se no banco do carro, dizendo assustado:

— Não pode ser. Você não viu nada disso. Ela morreu e está
bem enterrada. Eu vi. Como poderia estar aqui?

— A vida não acaba com a morte do corpo. O espírito dela estava aqui e atacou-nos. Ameaçou-me e proibiu-me de sair com você.

Eugênio passou as mãos pelos cabelos, aflito.

— Não posso crer. É uma loucura. Isso não pode ser verdade.

— Mas é. Ela estava pálida e tem uma ferida na testa. É magra, cabelos castanho-claros, amarrados atrás com uma fita. Trajava um vestido verde-claro, com bolinhas pretas.

Eugênio começou a tremer assustado. Lurdes não conhecera Elisa e, mesmo que a houvesse visto em algum lugar, como poderia saber a forma que ela usava os cabelos e o vestido com o qual fora enterrada?

— Isto é uma loucura! Eu me recuso a crer.

— Como eu poderia saber como ela é se não a houvesse visto? Foi um relance, mas eu consegui.

— Não posso admitir. Elisa era dócil e amorosa. Nunca seria capaz de uma atitude dessas. Era uma mulher nobre, de sentimentos elevados. Se espíritos existem, alguém pode estar fazendo-se passar por ela. Os padres dizem que o demônio pode tomar a forma que quiser para assustar as pessoas.

— Não seja ingênuo. Sei o que estou afirmando. Por que tem tanto medo de admitir a verdade? Até quando vai continuar sofrendo esses ataques e permitindo que ela abuse de você? Precisa se defender. Por outro lado, ela precisa ser ajudada. Está em péssimo estado e incapaz de tomar uma decisão melhor. Do jeito que as coisas estão, não é de admirar que sua vida esteja tão confusa e que tenha tantos problemas.

— Não sei o que dizer.

— No momento, você precisa de ajuda e deve procurar um lugar onde possa recebê-la. Depois que resolver isso, fará o que quiser.

— Você fala como se fosse fácil. Eu nunca acreditei em nada disso. Sempre pensei que essa história de espíritos fosse mentira.

— Está vendo que não é. Eu também não me preocupava com esses assuntos até o dia em que comecei a ter visões, e os médicos diziam que eu estava tendo alucinações. Quase enlouqueci de verdade. Tomei tantos medicamentos que nem conseguia raciocinar mais. Foi quando alguém me levou a um lugar onde descobri que o que eu tinha era apenas mediunidade. Estudei o assunto, aprendi a lidar com minha sensibilidade e fiquei muito bem.

— Você frequenta um centro espírita?

— Frequento. Faço um trabalho voluntário e procuro alimento para meu espírito.

— Você está sempre bem.

— Aprendi a me ligar com bons pensamentos e com Deus.

— Não é que eu não creia em Deus. Pelo contrário: penso que deve haver uma força maior que comanda o universo. Mas, para ser franco, não gosto de religião. Há tantas contradições, eles não se entendem nem entre si.

— Você fala dos religiosos. Eles são pessoas, têm limitações. Não pode basear-se neles para desenvolver sua fé. Eu falo dos fatos da vida. Das leis naturais que comandam o universo. Deus é grande demais para nosso entendimento. Dele apenas captamos reflexos, e, mesmo assim, quando o conseguimos, nossa vida se ilumina.

— Custa-me entender. Minha vida sempre deslizou maravilhosamente bem. De repente, quando pensei que poderia melhorá-la ainda mais, a tragédia abateu-se sobre mim e a partir daí tudo começou a dar errado. Às vezes, penso que estou sendo castigado. Neste mundo cruel, ninguém pode ser feliz. Deus pode estar cobrando-me em dobro os anos felizes que desfrutei.

— Que horror, Eugênio! Não diga isso nem por brincadeira. Deus não castiga ninguém. Todos nós fomos criados para a felicidade. Esse é nosso destino. Mas, para que ele se cumpra, precisamos desenvolver nossa consciência. A lucidez é condição essencial para ser feliz. Enquanto alimentarmos ilusões, crenças inadequadas, inexperiência, isso não acontecerá. É a vivência que amadurece. É enfrentando situações conflitantes, desenvolvendo nossa força interior que vamos aprender. A conquista da sabedoria é o preço da felicidade. Quanto mais ingênuos, mais seremos estimulados pela vida a reagir. Antes, você não era tão feliz como diz. Se isso fosse verdade, não teria procurado um novo amor. Observando seu caso, posso perceber que você não tinha intimidade com seus filhos e acredito que nem mesmo com Elisa. Seu relacionamento estava inexpressivo. Na verdade, você foi casado com ela, mas nunca se integrou de fato nem a conheceu verdadeiramente.

— Também não é assim! Ela era competente e cuidava de tudo com perfeição. Eu não precisava me preocupar. Em casa, as coisas andavam sempre na mais perfeita ordem.

— Mas a vida não é apenas organização. É vivência, participação, sentimento, bem-estar, alegria. Não são só as funções que contam. São as pequenas coisas do dia a dia, os momentos de troca amorosa, as coisas que são verdadeiras e nos causam prazer. Na verdade, pelo que sei, você nunca desfrutou das alegrias da vida familiar.

— Eu chegava cansado do trabalho e queria me distrair. Em casa tudo sempre andava bem.

— Não precisa explicar nada. Quero apenas que perceba que você amadureceu muito ultimamente. Tornou-se mais humano, mais verdadeiro.

— Isso é. Mudei muito.

— Quando se casar de novo, sua postura será diferente do que foi. Seu relacionamento com seus filhos não será modificado.

— Tem razão. Eu vivia alheio. Não que eu desejasse me omitir; pensava que cuidar deles fosse uma função de Elisa. Aliás, no começo eu quis colaborar, mas ela não deixou. Sempre que eu quis me aproximar deles, ela arranjava uma desculpa. Só percebi isso quando me vi sozinho com eles sem saber como me relacionar.

Elisa observava amargurada, sem poder intervir. O que ele dizia era verdade, mas ela era a mãe. A ela competia essa tarefa. Não podia abrir mão de seu dever. Eugênio estava sendo cruel, mas, ao mesmo tempo, pela primeira vez ela se perguntou se teria errado em não deixar que ele a ajudasse a cuidar das crianças. Se ela houvesse agido diferentemente, ele teria se ligado mais à família?

Elisa torceu as mãos em desespero. Por que nunca ninguém lhe ensinara nada sobre isso? Por que uma menina se casa sem experiência de nada, iludida e cheia de sonhos, carregando sobre os ombros a responsabilidade de dirigir uma família sem estar convenientemente preparada?

Como fora cega! Enquanto cheia de boa vontade ela aprendia as regras da sociedade no desempenho de suas funções, esquecera-se de ser mulher, mergulhara de corpo e alma no papel que exigiam dela e deixara de lado a felicidade. Tornara-se uma esposa perfeita, mas perdera o amor de Eugênio. Tarde demais percebeu que não era isso o que ele desejava. Ele queria a mulher, não apenas a esposa. Naquela hora reconheceu amargurada que lavar, passar, cozinhar, cuidar do conforto da família era bom, mas poderia ser feito por qualquer pessoa, até por uma criada, bastando para isso que ela a comandasse. Manter acesa a chama do amor, além de torná-la mais feliz, teria preservado sua união.

Entretanto, ela fizera tudo isso por amor. Acreditava estar dando o melhor de si. Adorava quando ele a beijava e entregava-se a ele com paixão, mas procurava não demonstrar. Ela era a esposa, a mãe; se o fizesse, ele poderia julgá-la vulgar. Lágrimas desciam-lhe pelas faces e ela dava vazão à sua angústia. Por que não percebera o quanto ele era romântico e amoroso? Por que só agora, vendo-o nos braços de outra, compreendia isso?

Lembrou-se do amor dos primeiros tempos de casamento. Como haviam sido felizes! Em que momento as coisas começaram a mudar? A gravidez, o nascimento de Marina, o receio de não cuidar direito do bebê. Foi quando ela começou a não acompanhar mais o marido. Não podia abandonar a criança para sair com ele. Marina era tão pequenina, tão dependente! Não sabia ainda falar. E se a maltratassem? Não podia deixá-la com ninguém.

Lembrou que no começo ele reclamara, mas depois se acostumou. Não a convidava mais. Saía com os amigos. Afinal, trabalhava o dia inteiro e precisava distrair-se.

E ela? Por que se sujeitara a ficar em casa cuidando dos filhos sem parar, lavando, passando, cozinhando, limpando, atravessando noites em claro quando eles tinham problemas, enquanto Eugênio na cama ressonava tranquilamente? Por que, apesar de saber que ele ganhava bem, nunca quis contratar uma empregada? Desejara poupá-lo, sacrificara-se acreditando que ele compreendesse que o fazia por amor. Como fora tola!

— Você se casou por amor? — indagou Lurdes.

— Sim. Sempre gostei de Elisa.

— Estou falando de amor. Você sentia atração por ela?

— Sentia. Ela era muito bonita.

— Mas depois se apaixonou por outra e queria deixá-la.

— É... nem sei como aconteceu. Depois de nosso casamento, ela mudou muito. Estava sempre às voltas com o trabalho doméstico, com as crianças, mal me dava atenção. Foi ficando diferente. Depois, você sabe como é: a rotina, a falta de interesse... Não sei como, mas a atração dos primeiros tempos acabou. Quando isso acontece, é o diabo. Fica difícil continuar.

Fez uma pausa e baixou a cabeça pensativo. Elisa, embora não pudesse aproximar-se muito deles, não perdia uma só palavra.

Depois de alguns minutos, ele prosseguiu:

— Ela era o que se pode chamar de uma esposa perfeita. Eu gostava dela, sempre gostei. Há momentos em que me sinto culpado pelo que aconteceu, mas por outro lado sinto que não fiz nada de mau. Ultimamente ela não me atraía mais. Era como se fosse uma irmã muito querida e nada mais. Minha natureza é romântica. Não

228

posso viver sem amor. Preciso de amor, de sexo. Isso me motiva a viver, a trabalhar, me traz felicidade. Quando encontrei Eunice, minha vida estava uma rotina insuportável. Eu vivia irritado e me sentia muito só. Ela despertou em mim a paixão e eu me entreguei completamente. Aquela vida dupla não era agradável. Cada vez que eu olhava para Elisa, sentia-me mal, então decidi ser sincero, sair de casa. E deu no que deu.

— Pelo jeito, você também não amava Eunice.

— Não. Depois compreendi isso, e minha dor tornou-se maior. Eu havia destruído meu lar, prejudicado Elisa, por uma ilusão. Sofri muito. O arrependimento machuca e é uma ferida difícil de carregar. Principalmente quando Marina e Olívia me acusam.

Lurdes passou a mão pela cabeça de Eugênio levemente, acariciando-o.

— Como está essa ferida agora? Ainda dói?

— Ainda. É difícil esquecer.

— Se você pudesse ver Elisa, encontrar-se frente a frente com ela, o que lhe diria?

Ele se emocionou e fez o possível para se controlar.

— Não sei. Gostaria que ela compreendesse, que me perdoasse, que soubesse que voltei para casa e tenho procurado ser um bom pai, que, apesar de tudo, eu a quero muito bem e lamento de coração o que aconteceu.

— Tenho certeza de que ela está aqui e ouvindo o que você diz.

— Se eu pudesse ter essa certeza! Infelizmente não tenho sua fé. Não posso acreditar que ela possa estar aqui agora.

Elisa torcia as mãos angustiada. Ele lhe parecia sincero. Ela percebera seu desinteresse. Ele não a procurava mais como nos primeiros tempos, mas ela pensara que isso era normal em todos os casamentos. Sempre ouvira dizer que com o tempo o amor se modifica, a paixão se acalma e acaba se tornando só amizade. Naquele momento, Elisa teve consciência do quanto estivera enganada. Olívia tentara abrir-lhe os olhos, por que não a ouvira?

— Mesmo assim, seria bom se procurasse um centro de atendimento espiritual. Mesmo não acreditando, faça isso por ela, pelo muito que ela fez por você.

Elisa levantou-se assustada. Não queria que ele fosse a esse lugar. Depois do que ouvira, não estava muito preocupada com o que lhe pudesse acontecer. Agora nada mais importava. Sua vida estava

229

perdida e a felicidade não voltaria nunca mais. Mas temia que a prendessem e ela não pudesse mais ver os filhos. Eles eram sua alegria. Não poderia suportar ficar longe deles, sem saber o que lhes estava acontecendo. Ficou aliviada quando Eugênio respondeu:

— Sei que tem boas intenções, que deseja ajudar-me, mas não irei. Não me sinto com coragem.

— Faça como quiser — disse ela. — Em todo caso, estou à sua disposição. Quando resolver, é só me avisar.

— Obrigado — respondeu ele, abraçando-a e beijando-a nos lábios demoradamente.

Lurdes afastou-o com delicadeza, dizendo:

— Agora não.

— Por quê? Eu a amo e desejo sentir que me ama.

— Eu também o amo. Mas Elisa pode estar aqui ainda. Não gostaria que ela se sentisse infeliz.

— Essa agora! Você pensa mesmo isso ou está usando essa desculpa para me conter?

— Não preciso de desculpas. Vamos deixar para outro dia. Depois, está na hora de irmos embora. Quer que as crianças fiquem sozinhas?

— Está bem, você venceu, vamos embora. Não posso esperar mais.

Elisa olhou para Lurdes com admiração. Como ela podia saber de todas essas coisas? Quando estava no mundo, nunca ouvira falar nada disso. Apesar de sua tristeza, sentia-se menos revoltada. Saber que Eugênio se sentia arrependido, que a deixara porque não queria continuar enganando-a, perceber que ela também errara em alguns pontos aliviara um pouco sua raiva.

Ao chegar em casa, Elisa foi ver as crianças. Ela gostaria de poder ficar ali bastante tempo, mas não podia. Precisava continuar dando assistência a Inês. Desejava deixar a organização, mas não sabia como. Eles levavam muito a sério os compromissos, e ela temia não poder desligar-se com facilidade. Por que aceitara a ajuda deles?

***

Elisa chegou ao apartamento de Inês um pouco atrasada.

— Se continuar perdendo a hora e deixando-me aqui sem poder sair, terei de me queixar a Jairo — disse o companheiro ao qual ela iria substituir.

230

— Desculpe. Isso não vai se repetir. Prometo.

— Vamos ver. Também tenho meus compromissos. Não posso adiá-los por sua causa.

— Não diga nada, por favor. Nunca mais terá queixa de mim, eu juro.

— Está bem. Já vou indo. Por aqui está tudo bem.

Fazia dois meses que Carlos havia morrido. Notava-se uma mudança geral no ambiente. Havia flores nos vasos, a empregada cantarolava na cozinha, as crianças no quarto brincavam alegres.

Elisa suspirou satisfeita. Inês, sentada na sala, ouvia música clássica. Sentia-se triste, mas conformada. De certa forma, depois de viver durante tanto tempo sob tensão, sentia-se aliviada por não ter de esperar a volta de Carlos, sem saber como ele viria. Se teria bebido, andado com outras mulheres, se metido em confusão. Na verdade, ela temeu o tempo todo que acontecesse uma tragédia e, quando finalmente aconteceu, ela conseguiu relaxar.

A música sempre fora sua grande paixão. Gostava dos clássicos e deliciava-se em ouvi-los. Mas Carlos não gostava desse tipo de música, e ela, envolvida também pelas preocupações familiares, acabara por não sentir mais esse prazer.

Fez tudo quanto sabia para viver bem com Carlos apesar das diferenças de temperamento que havia entre eles, mas não conseguiu. Sua arrasadora paixão por ele fazia-a deixar de tudo para obedecer-lhe cegamente. Apesar de sentir-se menos tensa, perguntava-se o que fazer agora sem ele. Ele era o homem de sua vida. Nunca haveria outro. Só não desistia da vida por causa dos filhos. Eles só podiam contar com ela no mundo. Dedicaria sua vida a cuidar deles.

Elisa aproximou-se. Gostaria de poder ajudá-la. Ela era tão moça, tão bonita! Tinha dinheiro, poderia refazer sua vida, ser feliz! Ah, se ela pudesse estar na Terra, ainda que sozinha, sem Eugênio, só com os filhos! Haveria de valorizar cada minuto. Eugênio não a amava mais, gostava de outra. Ela poderia também encontrar um novo amor, alguém que a amasse de verdade.

A esse pensamento, assustou-se. Que ideia! Mesmo que estivesse viva na Terra e que Eugênio a houvesse abandonado, não teria coragem de pensar em outro. Ela era casada! Era mãe! Como seus filhos receberiam uma coisa dessas? Mas não era dela que se tratava e sim de Inês. Ela estava viúva e bem poderia encontrar a felicidade. Elisa aproximou-se dela, dizendo-lhe ao ouvido:

231

— Você está livre agora! Viva sua vida com alegria. Você pode, tem dinheiro. Vá passear, viajar, gozar a vida. Aproveite enquanto pode.

Inês sentiu vontade de viajar, conhecer outros lugares, sair da rotina. Elisa sorriu satisfeita e iria sentar-se em um sofá quando foi surpreendida por uma sensação desagradável.

Viu Carlos entrar na sala, pálido, desfigurado, trazendo ainda no corpo as feridas que o vitimaram, olhos muito abertos, gritando rancoroso:

— Eles pensaram em acabar comigo, mas enganaram-se. Sou mais forte do que eles! Esta é minha casa e aqui mando eu!

Estava acompanhado de alguns companheiros de aparência desagradável e disse-lhes com firmeza:

— Façam o que mandei. Montem guarda e não deixem ninguém entrar. Se for preciso, usem suas armas.

Depois se voltou e, vendo Elisa, que em um canto, apavorada, tentava chamar os companheiros, aproximou-se dela, segurando-a com força e dizendo com raiva:

— Você me arruinou! Ajudou a me matar! Preparou aquela infame armadilha! Agora vai pagar.

Elisa tremia qual folha sacudida pelo vento. Quando conseguiu falar, disse:

— Está enganado. Não tive nada a ver com sua morte. Estou aqui porque gosto de Inês e desejo ajudá-la.

— É mentira! Você pertence ao grupo deles. Trabalha para Adalberto. Vocês vão ver com quem estão lidando.

Sem perceber nada, Inês sentiu-se inquieta e desligou a música. Sentia arrepios pelo corpo, medo e angústia. Subiu para ver se as crianças estavam bem. Havia violência por toda parte, os assaltos eram comuns. E se os marginais que vitimaram Carlos resolvessem entrar em sua casa? Ela agora estava sozinha com as crianças. Quem os defenderia? Angustiada, resolveu telefonar para o doutor Siqueira e pedir ajuda.

Elisa, pálida, trêmula, apavorada, debatia-se tentando escapar de Carlos sem conseguir. Ele chamou dois de seus companheiros, ordenando:

— Segurem-na. Não a deixem fugir. Aquele bandido me paga. Ele e todos os malditos que o ajudaram.

Elisa fitou-os receosa. Eles tinham péssima aparência, deveriam ser criminosos da pior espécie. O que pretendiam fazer com ela?

232

Por que Jairo não aparecia para ajudá-la? Ela o chamara com veemência. E Adalberto não havia prendido Carlos e levado para a organização? Como havia conseguido escapar?

Carlos circulou pelo apartamento, dando ordens a seus homens que guardassem a casa e o avisassem se alguém se aproximasse. Depois de andar de um lado a outro e certificar-se de que não havia ninguém mais além de Elisa, aproximou-se dela dizendo:

— Agora você vai me contar tudo.

— Contar o quê?

— Como foi que tramaram minha morte e quem mais ajudou Adalberto a me destruir?

— Eu não sei de nada.

Carlos olhou-a rancoroso:

— Vai saber logo, logo. Depois do que fizeram comigo, não terei piedade de ninguém. Se não cooperar, vai se arrepender.

Elisa tremia assustada:

— Estou dizendo a verdade, juro! Eu não sabia o que eles iam fazer. Sou nova na organização. Eles me pediram para ajudar Inês, tomar conta dela, e eu vim.

Carlos olhava-a desconfiado.

— Não se faça de santa. Se fosse boa, não teria se juntado a esses assassinos.

— Acho que está enganado. Eles nunca fariam isso. Eles estão do lado da justiça. Querem endireitar as coisas. Defender os fracos contra os fortes.

— Você é idiota? Então não sabe que eles andam por aí mandando em todo mundo, destruindo quem não faz o que eles querem? Chama de justiça o que fizeram comigo?

— Não estará enganado? Você foi morto por marginais. Quem pode prever uma coisa dessas?

Os olhos de Carlos brilharam rancorosos enquanto ele respondeu:

— Foram eles que tramaram minha destruição. Eu sei que induziram aqueles bandidos a me matar! Quando acordei, eles me prenderam e me levaram para aquela cela imunda. Vangloriaram-se pelo que fizeram. Disseram que eu havia sido julgado e condenado. Como se eles fossem os donos do mundo! — ele riu sarcástico. — Mas eu consegui levar a melhor. Tenho poderes, sabe? Agora, vou me preparar para a vingança. Ninguém escapará! Vou arrasar todos vocês e as pessoas que vocês mais amam! Vão se arrepender amargamente de se haverem envolvido nessa trama.

Elisa não conteve o horror. Pensou em sua família, nas crianças a quem tanto amava, e arrependeu-se amargamente de ter se envolvido naquela história. Por que fora tão boba? Por que se metera nos assuntos alheios? Ela não tinha nada com aquela gente e agora estava presa àquela situação terrível. E seus amigos, que não apareciam para ajudá-la? Eles que se diziam tão fortes, como não conseguiam dominar Carlos?

Lágrimas de terror desciam pelas faces de Elisa, e ela disse:

— Por favor! Estou dizendo a verdade! Lamento o que lhe aconteceu e garanto que não fiz nada para isso.

— Se você prestasse, não estaria com eles. Não acredito no que diz.

Elisa chorava desesperada.

— Pode crer. Eu seria incapaz de matar uma mosca! Se soubesse o que iria acontecer, não teria me metido aqui. Gosto de Inês. É uma pessoa bondosa e sofredora, como eu. Só quis ajudá-la, nada mais. E depois — continuou nervosa —, se eu não obedecesse, eles me prenderiam. Fiquei com medo. Bem que eu não queria, mas fui obrigada.

Carlos olhava-a pensativo, depois disse:

— Quer que eu acredite nisso?

— É verdade! No começo, eles foram bondosos comigo, ajudaram-me. Eu estava desesperada. Morri num acidente de carro e deixei meus filhos fechados em casa sozinhos. Eu não sabia que havia morrido, estava confusa. Só queria ajudar minha família!

Elisa, soluçando, desesperada, prosseguiu:

— Eles me ajudaram e depois exigiram que eu pagasse a ajuda. Disseram que eu deveria trabalhar para eles, ameaçaram-me e eu tive de obedecer. Nunca me falaram o que iriam fazer. Só soube que Adalberto era seu inimigo em outros tempos, e os dois amavam a mesma mulher.

— Quem lhe disse isso?

— Eles. Disseram que Inês estava fraca e precisava reagir, melhorar. Eu vim e fiquei ao lado dela, tentando dar-lhe forças. Juro que só fiz isso.

Ele a olhou balançando a cabeça negativamente:

— Custa-me crer. Você parece estar dizendo a verdade.

— Deixe-me ir embora. Eu lhe peço!

— Para você ir correndo até eles e contar o que viu aqui? Acha que sou idiota?

— Se eu sair daqui, juro que nunca mais vou ter com eles.

— De que forma? Não está devendo a eles?

— Estou, mas não volto mais lá.

— Bem se vê que é novata mesmo. Acha que pode livrar-se deles assim? Não sabe como são vingativos! Adalberto odeia-me porque nunca pôde mandar em mim. Sempre quis manipular-me, mas nunca conseguiu. Por isso me odeia!

— Posso ir para longe, onde eles não possam me encontrar.

Carlos riu irônico:

— Você? Ignorante desse jeito? Se eles descobrem que quer ir embora, vão torturá-la até que resolva obedecer cegamente às suas ordens. É assim que eles mantêm aquela maldita organização.

Elisa sentia-se realmente apavorada.

— Hei de dar um jeito. Depois do que aconteceu, não volto mais para lá. Isso eu juro.

— Vai ficar aqui comigo. Vai ter de me obedecer. Você me deve uma reparação — riu mordaz e continuou: — Ajudou-os contra mim. Agora vai ter de me ajudar contra eles. Exijo que faça isso. Será a única maneira de pagar o que me deve.

— Por favor! Deixe-me ir embora! Juro que nunca mais farei nada que possa prejudicá-lo!

Carlos levantou-se decidido, olhando-a sério:

— Chega de lamúrias. Você vai me obedecer. Agora quem manda em você sou eu. É minha escrava. E não adianta querer me enganar. Estou ligado em você, e, se tentar alguma coisa, vai se arrepender. Agora, vá para o lado de Inês. Ela está nervosa, e isso me irrita. Preciso de sossego para pensar. Você não disse que quer ajudá-la? Então vá lá e faça-a se acalmar. Se ela ficar aflita, vai atrair Adalberto, e eu quero que ele só venha quando eu já estiver devidamente preparado.

Elisa iria responder, mas ele não lhe deu chance. Empurrou-a com força, dizendo:

— Vamos, ande. Trate de fazê-la se acalmar, ou eu não respondo por mim.

Elisa foi até o quarto de Inês, onde ela, angustiada, abraçada às crianças, esperava impaciente a chegada do doutor Siqueira.

Inês sentia vontade de colocar um guarda do lado de fora do apartamento. Não se sentia segura.

Elisa ainda estava trêmula e não conseguia acalmar-se. Como iria transmitir calma a Inês se ela também estava nervosa? Encolheu-se a um canto do aposento e tentou pedir ajuda aos amigos. Ela estava sendo sincera. Não queria voltar à organização, mas, naquele instante, a quem recorrer senão a eles? Não lhe haviam prometido proteção e garantido que estava tudo sob controle e que nada de mau lhe aconteceria? Pensando nisso, decidiu chamar os companheiros. Precisava libertar-se daquela situação. Depois daria um jeito de retirar-se da organização.

Concentrou o pensamento em Adalberto, pedindo ajuda. Em poucos segundos, sentiu que estava sendo sacudida brutalmente. Abriu os olhos e Carlos estava diante dela.

— O que está fazendo? Não lhe disse que estava vigilante? Pensou que podia enganar-me?

Furioso, ele começou a bater-lhe, e ela se sentiu desfalecer. O corpo doía-lhe terrivelmente, e, a cada tapa que ele lhe dava, sua cabeça rodava. Por fim ele a atirou a um canto, dizendo com raiva:

— Comigo é assim. Se não me obedecer, vai ver uma coisa. Não sou nenhum idiota. Trate de fazer o que mandei se não quiser levar mais. Vamos, levante-se e desta vez faça o que eu disse.

Elisa sentia-se mal, mas, com medo de apanhar mais, fez um tremendo esforço para levantar-se e postou-se ao lado de Inês, tentando acalmar-se.

— Veja lá o que vai fazer — vociferou ele, irritado. — Se ela piorar, você me paga. Preciso de calma para pensar. Exijo que me obedeçam, todos vocês.

Elisa, lágrimas descendo pelas faces pálidas, fez um grande esforço para se acalmar. Se Inês fizesse alguma besteira, Carlos desforraria nela. Uma experiência fora o bastante. Não queria passar por aquilo de novo. Tratou de obedecer como pôde. Porém, arrependia-se amargamente de ter se envolvido com aquelas pessoas. Se ao menos ela pudesse se livrar, seria esperta o bastante e nunca mais se meteria com quem quer que fosse. Enquanto isso, não lhe restava outra opção senão ficar ali e tentar fazer o melhor.

236

Capítulo 18

Elisa olhou desconsolada para Inês sem saber o que fazer para acalmá-la. Quando ela entrava em depressão, tomava seus calmantes e ficava estirada na cama, Elisa podia pelo menos ter um pouco de sossego. Mas quando ela ficava inquieta, andando pela casa, apavorada e em crise, Carlos irritava-se:

— Você não está aqui para ajudá-la? Por que não a faz se calar? Ela está me irritando! — dizia ele, descarregando sua raiva, espancando-a brutalmente.

Fazia três dias que ela estava prisioneira dele, sofrendo suas agressões, sem poder sair por um momento sequer.

Apavorada, Elisa perguntava-se por que Adalberto não aparecia para salvá-las. Se ele não se preocupava com ela, Elisa, esperava que ele pensasse em Inês, sofrendo por causa da presença daqueles espíritos perversos.

De que adiantou eles o terem matado? Antes, pelo menos, ele ficava fora a maior parte do tempo e, ao regressar, de madrugada, bêbado, cansado, logo dormia. Agora, ficava lá todo o tempo, destilando ódio contra tudo e contra todos, tornando o ambiente da casa irrespirável a ponto de ninguém mais ter sossego. A criada só não ia embora por pena das crianças. Inês, tendo crises de terror e de depressão; os meninos, abatidos e sem apetite, um com dor de cabeça, o outro com náuseas, vomitando cada vez que ingeria qualquer alimento. A situação deles estava um horror! Com a morte de Carlos, a situação tornara-se muito pior.

Elisa, apavorada, achava que, executando-o, eles haviam errado tremendamente. Onde estava Adalberto, que não vinha consertar o que fizera de errado? Eles não se intitulavam justiceiros? Carlos estava se aproveitando de uma mulher indefesa, que era ela mesma, e infelicitando sua própria família.

Inês andava de um lado a outro inquieta.

— Janete! Janete!

— Senhora.

— Por que o vigia não está no *hall* de entrada?

— Ele está, dona Inês.

— Não está, não. Eu espiei e não o vi.

— Ele foi ao banheiro por um instante, mas já voltou, a senhora pode ver. Ele está lá.

Inês abriu a porta do quarto e espiou. Ele estava lá mesmo. Suspirou e disse:

— Não quero que ele saia nem por um instante. Estou pagando para ele ficar lá, vigiando.

— Sim, senhora. Acho bom chamar o doutor de novo. Nequinho está vomitando muito. Agora mesmo ele tomou suco de laranja e pôs tudo para fora.

O rosto de Inês contraiu-se:

— Meu Deus! O que será que ainda vai acontecer?

— Não vai acontecer nada, dona Inês. Acalme-se. O médico virá, receitará outro remédio e ele vai ficar bem.

Inês torceu as mãos em desespero:

— Não sei, não… Estou me sentindo insegura. Algo de ruim vai acontecer. Não sei o que é, mas tenho a sensação de que esta casa vai ser invadida… Preciso proteger meus filhos… Não sei como…

Janete aproximou-se dela, e Elisa aproveitou para transmitir-lhe energias calmantes.

— A senhora está assim pelo que aconteceu — disse Janete.

— Foi horrível. Mas passou. Não vai acontecer de novo. O prédio está protegido e temos um vigia dentro do apartamento. Ele está armado.

Inês acalmou-se um pouco:

— É… pode ser. Vá, telefone para o doutor. Vamos ver Nequinho.

— Dona Inês, a vizinha do 51 tem perguntado da senhora. Ela deseja fazer-lhe uma visita.

— Não estou com disposição para receber ninguém.

— Não se recorda dela? Sempre conversava com ela no jardim do prédio quando levava as crianças para tomar ar. Vocês conversavam muito.

— Eu sei. Ela é muito agradável. Mas prefiro ficar só.

— Esta casa está muito triste. A senhora precisa distrair-se. Depois, o filho dela é da idade de Nequinho. Eles gostam de brincar juntos. Se eles viessem, talvez ele melhorasse.

Inês suspirou:

— Está bem. Estou sendo egoísta, pensando só em mim. Diga a ela que venha e traga o menino.

Janete sorriu satisfeita. Não aguentava mais o clima de tristeza daquela casa. Sentia-se sufocar. Dona Inês precisava distrair-se, fazer novas amizades, agora que estava livre daquele marido.

Passava um pouco das três quando Marilda chegou acompanhada do filho. Janete atendeu-a com satisfação, fazendo-a entrar. O médico examinara cuidadosamente Nequinho e não encontrara nada de especial. Disse que ele estava nervoso, chocado pelos acontecimentos, e precisava distrair-se. Receitou vitaminas e um calmante suave.

— Não se esqueça, dona Inês: ele precisa de alegria, distração.

Por isso, quando Rubinho chegou com a mãe, foi recebido efusivamente e logo conduzido ao quarto dos meninos para brincar. Inês, fazendo Marilda sentar-se na sala, explicou:

— Ele não está muito bem, mas pode ficar tranquila que o médico disse que não é nada. Não tem perigo seu filho brincar com ele. O caso dele é só nervoso. Sabe como é, depois do que passamos...

— Sinto muito, Inês. Desejo expressar minha tristeza e dizer que estou à sua disposição para o que precisar.

— Obrigada. Infelizmente, nada há que possamos fazer. A morte é irreversível.

— É verdade. Resta-nos a possibilidade de rezar e seguir adiante. Afinal, a vida continua e você tem dois filhos para criar.

— Se não fosse por eles, não estaria mais aqui. Juro que para mim tudo acabou.

— Não diga isso. Você é moça, pode refazer sua vida.

Inês meneou a cabeça, dizendo amargurada:

— Carlos era tudo para mim. Sei que ele não foi o marido que eu gostaria que fosse, mas o que posso fazer? Meu sentimento por ele continua vivo. Sinto um vazio, uma tristeza sem fim. Depois, vê-lo morrer daquele jeito... foi horrível!

— Não vamos recordar o que passou. Quando falar nele, esqueça esse pedaço ruim e lembre-se de como ele era quando estava bem.

— Não posso esquecer como ele ficou depois de morto.

— Faça um esforço. O tempo é um grande remédio. A ferida vai cicatrizar. Tudo passa neste mundo. Com a ajuda de Deus, vocês vão se refazer.

— Não acredito nisso. Você fala em Deus, tem fé, mas eu não. A vida tem sido injusta comigo. É difícil ter fé quando a vida nos maltrata.

— A vida não maltrata ninguém, só responde ao que lhe damos.

— Só recebi maldade e nunca fiz mal a ninguém.

— Tem feito mal a você mesma.

— Isso não tem importância. Fui uma filha dedicada e sempre fiz o que meu pai queria. Depois, com o marido, foi a mesma coisa: apaguei-me para fazer só o que ele gostava. Só fiz o bem e recebi sofrimento.

— Para Deus, você vale tanto quanto seu pai ou seu marido. Quando se julga menos, se coloca para trás, se desvaloriza, está fazendo mal a você mesma, deixando de viver todo o bem que a vida deseja lhe dar.

Inês olhou-a admirada.

— Você diz coisas que nunca ouvi. Sempre me ensinaram que, no amor, a renúncia, o sacrifício e a abnegação são fundamentais. Fiz tudo isso. Nunca fui egoísta. Nunca pensei em mim, só neles.

— Pensar em você não é ser egoísta. É seu primeiro dever. O que você pode oferecer aos que ama se estiver mal e precisar que eles cuidem de você? Para mim, o egoísta é o que descuida de si mesmo esperando que os outros cuidem dele.

— Não estou entendendo aonde quer chegar...

— É simples. Você se dedicou exclusivamente ao marido, aos filhos. Esqueceu-se de si, só pensou neles. O que pretendia fazendo isso?

— Conquistar o amor deles. Fiz tudo por amor.

— O que pensaria se eles não correspondessem a esse amor de maneira igual à sua?

Inês permaneceu pensativa por alguns segundos, depois disse:

— Sofreria muito. A ingratidão dói — calou-se hesitante, depois continuou: — Sabe como é, os homens são diferentes, menos românticos. Carlos não era delicado, e eu sofri muito. Para ser franca,

240

ele nunca me amou como eu queria. Ele era tudo para mim, enquanto eu não era tudo para ele. Para mim, estar com ele era o bastante; para ele, não. Preferia os amigos frequentemente, deixando-me sozinha. Casei-me por amor, esperava que ele me fizesse feliz. Nunca consegui. Por isso, perdi a fé. Sempre dei tudo e nunca tive nada.

— Eu não diria isso. Você tem a vida, dois filhos maravilhosos, uma bela casa, é saudável, moça, tem muitas coisas boas.

— Você diz isso porque não passou pelo que passei...

— Realmente. Sua vida não tem sido um mar de rosas. Nunca se perguntou por quê? Nunca se interessou em saber como atraiu uma situação dessas?

— Não. Como poderia saber? Falta de sorte, infelicidade. Nasci com esse destino.

— Nós fazemos nosso destino. A vida nos dá de acordo com o que acreditamos. Se você cultiva pensamentos negativos, se acredita que está destinada ao sofrimento, é isso que vai obter. Nossas crenças determinam nossa vida.

Inês olhou-a admirada:

— Não creio. Sempre desejei a felicidade. Sonhei com ela a vida inteira. Quando me casei com Carlos, julguei havê-la encontrado. Isso não aconteceu. Ele não me deu tudo quanto eu esperava.

— Esse foi seu engano maior. Você sofreu porque se iludiu, fantasiou, fugiu da realidade. Ele pode ter dado todo o seu amor, mas o que ele tinha para dar não era o que você esperava. Cada um dá o que tem e não o que gostaríamos que nos dessem.

— Eu dei tudo, por que deveria conformar-me com menos?

— Essa foi uma escolha sua, não dele. Será que ele queria tudo quanto você quis dar-lhe?

— Às vezes penso que não. Quanto mais eu cedia, mais ele me humilhava.

— Talvez sentisse que você pretendia manipulá-lo e tinha medo.

— Medo de mim? Nunca quis manipular ninguém. Ao contrário: sempre fui passiva e obediente.

— Para poder exigir mais. Quanto mais bondosa você se tornava, maior era a culpa dele por não fazer o que você queria. Você mesma disse: "Deu tudo, por que deveria conformar-se com menos?" Era isso o que queria. Só que ele não tinha. Nunca poderia dar-lhe. Você desejava o impossível e sofria por isso. Quanto mais você sofria, mais ele aparecia como responsável por sua dor.

241

— Você diz coisas estranhas. Nunca exigi nada dele a não ser amor.

— Amor como você queria, da forma como você gostava. Inês, você pode sair desse sofrimento, mudar sua vida para melhor, vencer os problemas que a afligem, tornar-se uma mulher feliz.

— Para mim, não há mais esperança!

— Ao dizer isso, está escolhendo seu futuro. Pode ter certeza de que é isso que terá. Entretanto, está em suas mãos mudá-lo. Basta querer. Não gostaria de viver melhor, com mais alegria e fazer de sua vida uma experiência boa?

— Gostaria por meus filhos. Tenho pensado que não é justo para eles, tão crianças, viverem ao lado de uma pessoa triste como eu. Mas o que fazer com a depressão? Não tenho forças para sair dela.

— Não tem ou não quer?

— Não me sinto capaz.

— Você é capaz. Precisa querer de verdade. Enterrar o passado de uma vez. Nada que fizer vai modificar o que já passou. Não adianta você ficar remoendo coisas que aconteceram. Elas nunca mais voltarão. Houve momentos bons, momentos tristes, mas tudo acabou. Por que continuar sofrendo por coisas que não poderá modificar? Liberte-se delas.

— De que forma? Não consigo esquecer a tragédia que nos vitimou. Eu havia melhorado um pouco, mas não sei o que se passa comigo. Sinto-me inquieta, tenho medo. Tenho a sensação de que minha casa está sendo invadida por malfeitores e não consigo pensar em outra coisa. Coloquei um vigia, mas apesar disso essa angústia não passa.

— Está assim desde que seu marido morreu?

— Não. Nos primeiros dias, apesar de deprimida, sofrida, de certa forma a tensão desapareceu. Eu vivia preocupada com Carlos, como se pressentisse o que iria acontecer. Ele saía à noite, voltava de madrugada, bebia… Sabe como é: eu só sossegava quando ele chegava. Depois do que aconteceu, não havia mais nada para esperar, e eu, por esse lado, senti-me até aliviada. Mas de alguns dias para cá, não sei o que é, os meninos estão indispostos; eu, apavorada, inquieta. Será que vai acontecer mais alguma tragédia?

— Não. O que tinha de ser já aconteceu. Como eu já lhe disse tempos atrás, sou médium e frequento um centro espírita. Se quiser, posso pedir ajuda espiritual para você.

— Faria isso por mim?

— Claro. Com prazer. Gostaria que cooperasse conosco, procurando cultivar pensamentos mais positivos. Vai ter de se esforçar para isso. Mas é um trabalho que só você pode fazer e que vai ajudar a melhorar o ambiente de sua casa e equilibrar a saúde de seus filhos.

— Vocês rezando por mim, não vai ajudar?

— Vai. Vamos pedir e os espíritos de luz virão até aqui lhes dar energias renovadoras. Mas, para que elas possam penetrar no ambiente, você vai precisar cooperar.

— Como assim?

— Nossos pensamentos são tão densos, tão fortes, que formam uma massa de energia compacta ao nosso redor. Nós chamamos de aura. Se você não abrir espaço, as energias passam sem penetrar e você não se beneficiará delas. Agora, se você melhorar seu padrão mental, pensar em coisas mais agradáveis, mais positivas, vai absorvê-las e sentir-se melhor.

Elisa aproximara-se e ouvia com interesse. Desconfiada, observava Marilda. Ela ia ao tal centro espírita. Seria perigosa?

— Sua visita fez-me bem. Quando chegou, eu estava desesperada; agora estou mais calma. Nequinho vomitou e Zeca está com dor de cabeça. Sei que você dá passes. Poderia dar um passe neles?

— Certamente. Mas você vai me ajudar e rezar comigo.

— Está bem.

Elas subiram até o quarto onde os meninos brincavam, e Marilda, depois de conversar um pouco com eles, disse com naturalidade:

— Nequinho está indisposto e nós vamos fazer uma oração para ele ficar bom. Vocês me ajudam?

Eles concordaram, e, depois que se sentaram, ela colocou a mão direita sobre a testa de menino e pediu:

— Cada um de vocês converse com Deus e peça ajuda para ele e para esta casa. Basta pensar e desejar.

Marilda fechou os olhos e silenciosamente evocou seus guias espirituais. De seu coração saíam energias coloridas e brilhantes que envolviam o corpinho de Nequinho, massageando-o. Ele começou a tossir e a suar.

— Isso, meu filho. Jogue fora toda essa energia ruim. Acenda uma luz em seu coração e ligue-se com Jesus. Ele vai curar você.

Elisa acompanhara-os e, a um canto, observava surpreendida. Uma enfermeira entrara no aposento trazendo alguns apetrechos.

243

Colocou-se atrás de Nequinho, e, à medida que ele tossia, saía de seu corpo uma substância viscosa e escura que ela recolhia com o aparelho que trazia. Marilda continuava orando em silêncio e envolvendo o corpo do menino com energias coloridas.

Elisa estava maravilhada. Que poder era aquele que ela nunca havia visto? Tanto os meninos como Marilda e Inês estavam isolados dentro de uma luz azulada e poderosa. Carlos observava tudo a certa distância, com curiosidade. Quando Marilda subiu para dar o passe, um de seus asseclas, assustado, quis intervir, mas Carlos ordenou:

— Não. Ela vai curar Nequinho. Deixe-os em paz.

Marilda deu passes em todas as crianças e aproximou-se de Inês, colocando a mão em sua cabeça, dizendo:

— Pense em seu marido.

Inês comoveu-se. Lágrimas desciam-lhe pelas faces.

— Fale com ele — tornou Marilda com voz suave. — Diga-lhe o que sente. Despeça-se dele.

— Não posso deixá-lo ir! — murmurou ela com voz trêmula.

— É preciso. Vamos rezar por ele, para que ele seja feliz e possa encontrar a paz.

Do coração de Marilda saíam energias cor-de-rosa que envolviam Inês, e ela pensou emocionada: "Carlos! Como eu gostaria que estivesse aqui! Que pudesse sentir o quanto eu lamento o que aconteceu. Sempre tive medo de que isso acontecesse. Você abusava da vida. Agora é tarde demais. Nada há para fazer".

Carlos aproximara-se atraído por uma força maior. Seu rosto perdera a hirteza de ódio, e seus olhos brilhavam de emoção. Ah, se ele pudesse voltar à vida! Se ao menos por alguns momentos ele pudesse dizer o que sentia! O quanto sofria por haver deixado o mundo de forma tão abrupta. Ele queria viver! Queria voltar!

Inês continuava falando com ele em pensamento: "Se eu pudesse abraçá-lo de novo, dizer o quanto o amo e como sofro por não ter sequer me despedido de você...".

— Despeça-se agora — disse Marilda, como que ouvindo seus pensamentos. — Deseje que ele aceite o novo caminho e siga em paz. A justiça pertence a Deus. A vingança só agrava e infelicita ainda mais. Entregue seu destino nas mãos de Deus e siga em paz. Diga isso a ele.

— Carlos — murmurou Inês baixinho, com voz que a emoção embargava —, sei que você é vingativo. Não costumava perdoar. Mas pense pelo menos uma vez em sua felicidade e não guarde ódio no coração. Esteja onde estiver, desejo que seja muito feliz.

— O destino separou-nos e agora cada um de nós deve seguir por caminhos diferentes. Eu aceito isso, e você pode ir com Deus e seja feliz. Um dia, nos encontraremos em melhores condições e então seremos mais felizes. Enquanto isso, vamos cada um cuidar da própria vida e viver em paz.

— Repita isso, sugeriu Marilda.

Inês deu fundo suspiro e obedeceu, enquanto Marilda lhe aplicava passes. Elisa chorava comovida com a cena e pensando em seu próprio drama. Carlos, triste, abatido, calado, observava. A enfermeira atendia Zequinha, alisando-lhe a cabeça e aspirando, com o aparelho que trazia, uma substância escura que saía dela.

Quando Marilda terminou, voltou-se para Nequinho e perguntou:

— Está melhor?

— Estou. Os arrepios passaram e eu senti tanto calor! Estou até com fome. Queria comer um sanduíche de presunto.

Preocupada, Inês olhou para Marilda.

— Acho pesado. Ele vomitou tanto. Melhor algo mais leve.

— Não há problema. Ele sente vontade de presunto, pode dar. Vai fazer-lhe bem.

Inês mandou Janete buscar sanduíches para todos e trazer refrigerantes. Enquanto os meninos comiam com alegria, Inês considerou:

— Abençoada hora em que você veio. Estou me sentindo aliviada. Nequinho está até corado. Zequinha mudou de cara. Você fez um milagre.

— Nada que você não possa fazer.

— Gostaria de ir a esse centro a que você vai.

— Quando quiser.

— E quero aprender essa história de pensamento positivo. Parece-me que funciona mesmo.

Marilda sorriu com satisfação. Elisa observava curiosa. Olhando Marilda, ela agora lhe parecia uma pessoa comum. Como conseguia ter tanto poder? Elisa pensou: e se ela aproveitasse o momento para fugir dali? Carlos parecia-lhe imerso nos próprios pensamentos, e ela poderia sair sem que ele notasse. Afastou-se lentamente, e, quando ia sair, uma mão agarrou-a. Era um dos homens de Carlos.

— Aonde pensa que vai? Só vai sair quando o doutor Carlos deixar.

245

Empurrou-a violentamente para dentro, e Elisa, temerosa, refugiou-se no quarto onde Marilda ainda estava conversando com Inês. Ali se sentia mais segura. Eles não se atreviam a entrar. Quando Marilda se levantou para despedir-se, Elisa aproximou-se. Se pelo menos ela pudesse ajudá-la! Se Marilda pudesse vê-la, saber que era prisioneira, poderia pedir-lhe para libertá-la.

A enfermeira que cuidara dos meninos olhou para Elisa e disse baixinho:

— Faça suas orações e tenha fé. Buscaremos ajudá-la.

Elisa exultou. O que ela mais desejava era sair dali, ver as crianças e nunca mais se envolver com a vida de ninguém. Porém estava difícil. Carlos permanecera pensativo e triste depois que Marilda se foi, mas seus companheiros continuavam vigilantes, observando-a.

As palavras da enfermeira não lhe saíam da mente. Ela não estava habituada a rezar. Não era pessoa de fé. Acreditava que, não fazendo mal a ninguém, cumprindo com sua obrigação, merecia viver bem. Não era isso que lhe acontecera. Desde aquele dia fatídico, sua vida havia se transformado em tragédia que a cada momento se tornava pior. Recusara-se a acompanhar os que diziam querer ajudá-la, tentara reagir contra a traição de Geninho, e o que conseguira? Ficar prisioneira e ser maltratada por um grupo de malfeitores.

Marilda estava unida a espíritos de grande poder. Nunca havia assistido a nada igual. Carlos e seus homens, e até ela mesma, tiveram de ficar a distância. Se eles quisessem, certamente poderiam tê-la salvado com facilidade. Por que não o fizeram? Deviam saber que ela se encontrava ali para ajudar Inês e a família e fora feita prisioneira.

Suspirou angustiada. As palavras da enfermeira voltavam-lhe à mente. Seria melhor obedecer. Inês, mais refeita, colocara novamente o disco de música clássica e, pensativa, acomodara-se no sofá. Carlos sentara-se em um canto da sala e permanecia imerso nos próprios pensamentos. Os outros continuavam alerta, vigiando. Eles temiam que Adalberto viesse com seus companheiros para tentar prendê-los.

Elisa acomodou-se por sua vez, fechou os olhos e começou a rezar uma ave-maria. Lembrou-se da infância. Ela constantemente acordava durante a noite e ficava com medo. Tinha pesadelos, levantava-se e ia correndo ao quarto da mãe, que pacientemente a levava novamente para a cama dizendo:

— Para não ter pesadelos, precisa rezar antes de dormir.

246

— Eu tenho medo. Quero ficar com você. Quero que você fique aqui me olhando para ver se tenho outro pesadelo. Não quero que vá dormir!

— Estou cansada e preciso dormir. Amanhã terei de levantar cedo.

— Quando você dorme, eu fico sozinha. Tenho medo!

— Quando estou dormindo, Nossa Senhora, que é a mãe de todos, cuida de você — dizia Rosa. — É para ela que precisa rezar. Ela nunca deixa de socorrer uma criança em perigo. Vamos, reze uma ave-maria e tudo ficará em paz.

Elisa, segurando a mão de Rosa, rezava e aos poucos adormecia novamente. Lembrou-se da mãe com saudade. Nunca se conformara com a morte dos pais naquele acidente. Eles eram tão bons! Não mereciam morrer daquela forma. Fora a partir daí que ela deixara de rezar. Sua mãe havia rezado a vida inteira; do que lhe valera? Nunca como naquele momento sentiu tanta saudade da mãe. Agora que sabia que a morte era só uma mudança de lugar, onde estariam seus pais? Como seria bom poder encontrá-los agora que ela tanto precisava! Eles deveriam estar mais experientes e com certeza poderiam aconselhá-la.

Ela continuava rezando uma ave-maria atrás da outra e lembrou-se de um retrato de Maria de Nazaré que havia no quarto de sua mãe. Ela era muito devota de Nossa Senhora. Olhando o rosto de Maria, Elisa percebeu o quanto era bonita e doce. Era bondosa e havia sofrido muito. Poderia compreender sua dor. Ela vira seu filho amado morrer cruelmente de forma injusta. Quem melhor do que ela para saber o que era a dor de perder os filhos? Ela perdera os seus, todos de uma vez. Podia vê-los, mas não abraçá-los, tampouco conversar com eles, vê-los crescer, orientá-los para que fossem felizes. Para eles, ela não existia mais.

Emocionada, Elisa pediu:

— Ajude-me, mãe do céu! Ensine-me a entender o que é melhor. Estou tão perdida! Mostre-me o caminho certo. Estou cansada de sofrer! Só tenho feito bobagens. Estou arrependida. Quero sair desta situação dolorosa. Ajude-me, eu peço. Farei o que for possível!

Nesse momento, Elisa viu uma luz azul muito brilhante e ouviu uma voz suave que lhe dizia:

— Tenha um pouco mais de paciência. Continue rezando. Você foi ouvida.

Essa luz aproximou-se e envolveu-a, e Elisa sentiu enorme bem-estar, como há muito tempo não se lembrava de sentir. As lágrimas continuavam correndo por seu rosto e parecia que toda a sua angústia e amargura saíam com elas. Quando passou, estava mais calma.

Agora sabia que a oração era poderosa forma de comunicação com as forças superiores da vida. Em algum lugar, alguém a escutara e lhe mandara aquelas energias maravilhosas que lhe fizeram tanto bem. Sua mãe estava certa. Nossa Senhora era a mãe de todos e estava velando por ela. Nunca mais se sentiria só. Haviam lhe pedido um pouco mais de paciência. Enquanto esperava, ela não se esqueceria de rezar.

Capítulo 19

Eugênio chegou em casa apressado. Passava das oito, mas felizmente Elvira não havia ido embora ainda.

— Atrasei-me um pouco — explicou ele. — Estava preocupado. Nelinha está bem, mas por enquanto não quero que ela fique sozinha. Ainda bem que esperou.

— Meu namorado também se atrasou hoje. Posso ir agora? As crianças já comeram e a mesa está posta para o senhor.

— Obrigado. Pode ir, claro.

Depois que ela se foi, ele foi ver as crianças, tomou um banho e desceu para o jantar. Marina estava na cozinha.

— Você já jantou? — indagou ele.

— Já.

Ele notou que ela estava esquentando o jantar e não disse nada. Se ela já havia comido, estava fazendo isso para ele. Emocionou-se. Havia notado que nas últimas semanas ela estava menos agressiva. Com o tempo, ela haveria de compreender e perdoar. Ele sentia que não devia pressionar. Por isso, fez de conta que não notara nada. Apanhou o prato, serviu-se, e, quando ele se sentou para comer, ela subiu para o quarto.

O que estava acontecendo com ele era estranho. As palavras de Lurdes ainda estavam vivas em sua memória. Ela teria mesmo visto Elisa?

Nelinha dissera a mesma coisa. Claro que ela poderia ter imaginado; estava com febre, poderia ter sido uma alucinação. A febre alta pode provocar alucinações. Mas como ela poderia saber que

Elisa ficara com um ferimento na testa? Ela não vira a mãe depois do acidente e ninguém lhe contara esse detalhe. Olívia afirmava nunca ter mencionado isso.

Com Lurdes o fato era ainda mais impressionante. Ela não conhecia Elisa. Poderia tê-la visto com ele em algum encontro casual, mas como poderia descrever o vestido com o qual ela fora enterrada e o ferimento? Ele não se lembrava de ter mencionado isso a ela.

Amaro afirmava que a vida continua depois da morte. Seria verdade mesmo? Até Olívia dissera que estava estudando esses fenômenos e que eram verdadeiros. Passou a mão pelos cabelos, suspirando fundo. Se ele pudesse descobrir a verdade! Lurdes garantira que Elisa estava lá, vendo e ouvindo tudo que eles diziam. E se fosse verdade mesmo? Claro que seria muito doloroso, para ela, vê-lo ao lado de outra mulher.

Isso não podia ser. Ele estava delirando, imaginando, deixando-se levar pelas aparências. Precisava reagir. Acreditar nisso seria loucura. Terminou o jantar, apanhou o jornal e subiu para ver se as crianças haviam feito as lições para o dia seguinte. Mas, por mais esforço que fizesse para esquecer, as palavras de Lurdes voltavam-lhe à mente a todo instante.

✳✳✳

Apesar de mais calma, Elisa continuava na casa de Inês sem poder sair. Depois daquela tarde, Carlos ficara mais deprimido. Seus companheiros tentavam animá-lo:

— Não se deixe abater! Vamos precisar de toda a nossa força quando eles vierem atrás de nós — disse um deles.

— Eu não quero voltar mais àquela prisão horrorosa! — considerou outro com ar ameaçador. — Se você afrouxar, eu posso assumir o comando. Se eles vierem aqui, vão se arrepender!

— Isso mesmo! — concordou um terceiro.

— Quem manda aqui sou eu! — disse Carlos, readquirindo um pouco da antiga energia. — Nós não vamos voltar mais àquele lugar. Eles que não tentem nos pegar.

Elisa ouvia calada. Em vão, implorara a Carlos que a deixasse ir embora. Falara dos filhos, tentara comovê-lo dizendo que a filha estava doente, mas ele estava irredutível.

250

— Preciso de você para tomar conta de Inês. Não disse que essa era sua função? Então!

— Eu posso continuar ajudando Inês, mas preciso ir até em casa ver meus filhos. Deixe-me ir e prometo voltar e ficar aqui, mas preciso saber o que está acontecendo lá. Faz dias que estou aqui sem sair. Quase uma semana. Nunca fiquei tanto tempo longe deles.

— Já disse que não. Se deixar você sair, quem garante que não vai atrás daqueles bandidos dar com a língua nos dentes e dizer que estamos aqui?

— Eu nunca faria isso! — garantiu ela. — Quero me livrar deles. Nunca mais pretendo ir até lá! Depois, eles são bem informados e devem saber que estamos aqui.

— Mas não conhecem nossas armas nem como pretendemos enfrentá-los. Você fica.

— Até quando?

— Até quando eu quiser. Agora chega de criar problemas.

Elisa recolheu-se a um canto, pensativa. Talvez Marilda pudesse ajudá-la da mesma forma que ajudara as crianças. Depois daquele dia, os meninos haviam melhorado e até Inês reduzira suas crises de inquietação. Permanecia horas ouvindo música, lendo, recordando momentos felizes de sua vida. Parecia-lhe menos angustiada.

Elisa esperava Marilda com ansiedade. Quando ela voltasse, talvez aquela enfermeira viesse junto. Então poderia conversar com ela, dizer-lhe que estava rezando e esperando, conforme ela lhe recomendara. Mas, em vez de aparecer, Marilda telefonara para Inês, convidando-a para ir ao centro espírita com ela naquela noite.

Elisa ficou decepcionada. Não era isso que ela esperava. Inês concordou em ir com ela. Marilda passaria às sete da noite para buscá-la.

Os homens de Carlos ficaram apreensivos.

— Vai deixá-la ir a esse lugar? — indagou um deles. — Acho perigoso.

— O que eles podem fazer? — alegou Carlos.

— Podem se intrometer em nossos negócios — disse o outro.

— É verdade. Naquela tarde em que ela veio aqui, você lembra como ficou? Perdeu toda a força. Eles são poderosos, nós não pudemos aproximar-nos. E se eles nos prenderem? Um amigo meu acompanhou um parente e eu nunca mais o vi. Ele sumiu de vez.

— Começo a pensar que tem razão. Enquanto ela veio ajudar a família, tudo bem. Mas, meter-se em nossa vida, isso não. É melhor mesmo Inês não ir.

— O que vai fazer?

— Cuidar disso.

Elisa observava curiosa. Carlos saiu, e ela não sabia aonde ele havia ido. Minutos depois, Janete entrou na sala em que Inês estava, dizendo aflita:

— Dona Inês, preciso sair imediatamente. Minha mãe caiu da escada e machucou-se. A vizinha levou-a para o hospital e ainda não voltaram. Preciso ver o que está acontecendo.

— Espere mais um pouco. Elas vão telefonar. Vai ver que não foi nada.

— Estou aflita. Preciso ir...

— Logo hoje, que combinei com Marilda de sair?

— Sinto muito, dona Inês. Fica para outro dia.

— Está bem. Se é assim, o que posso fazer?

Ela se foi apressada, e Inês imediatamente telefonou para Marilda desmarcando o compromisso, porque não tinha com quem deixar as crianças.

Carlos, que já voltara, postou-se ao lado de Inês, dizendo-lhe categórico:

— Você não vai a esse lugar. Eu não quero!

— Inês, faça um esforço. Agora que você deve ir! — dizia Marilda. — Traga os meninos, e eles poderão ficar com Rubinho e minha empregada.

— Fico-lhe muito grata, mas é melhor deixar para outro dia — respondeu Inês. — Sabe como é, eu também fiquei preocupada. Iremos na semana que vem.

— Seja como quiser — disse Marilda. — Colocarei seu nome no livro de orações.

— Muito obrigada.

Carlos sorriu satisfeito, e Elisa sentiu-se triste e desanimada. Até quando teria de esperar? E se Marilda demorasse para visitar Inês de novo? Carlos aproximara-se de Inês, abraçando-a e dizendo-lhe satisfeito:

— Continue assim. Enquanto fizer o que eu quero, nós nos daremos bem. Você sempre me obedeceu; não será agora que vai me abandonar.

252

Inês lembrou-se de Carlos com saudade. Como viveria sem ele dali para a frente? Foi para a sala e sentou-se no sofá, enterrando a cabeça nas mãos. Sua vida estava acabada. Nunca mais seria feliz. Lágrimas desciam-lhe pelas faces.

Elisa não se conteve:

— Se quer que ela continue calma, deixe-a em paz. Quando se aproxima dela, dá nisso. Não vê que a está infelicitando ainda mais?

Carlos irritou-se:

— Cale-se! Não se meta. Pensa que não sei que você pretende colocá-la contra mim? Você e aquele canalha do Adalberto. Fique sabendo que Inês me pertence e ninguém conseguirá tirá-la de mim. Quem se meter entre nós vai se arrepender.

Elisa afastou-se temerosa. Ele era bem capaz de agredi-la novamente. Mais uma vez arrependeu-se amargamente de haver se metido naquela enrascada. Que ingênua havia sido! Quem poderia imaginar o que aconteceu? A organização parecia-lhe tão poderosa! Por que teria permitido que alguns malfeitores, além de fugir, ainda os continuassem desafiando daquela forma? Onde estariam Jairo, os outros, sempre tão atentos e eficientes?

Carlos pareceu ler seus pensamentos, porque disse com raiva:

— Não adianta apelar para aqueles canalhas. Eles não virão. Sabem que estamos dispostos a tudo e bem preparados. São covardes. Só agem às escondidas e atacam pelas costas. Mas isso não vai acontecer conosco. Eles que venham! Quero ter o prazer de dar-lhes uma lição!

Elisa, encolhida a um canto, não respondeu, mas, assim que ele desviou a atenção, ela começou a rezar. Estava arrependida. Se Deus lhe desse chance de escapar dali, nunca mais se meteria na vida de ninguém.

Quando na manhã seguinte Marilda telefonou dizendo que passaria por lá à tarde, para uma visita, Elisa exultou. Finalmente! Preocupada, percebeu que Carlos ficara contrariado.

— Essa mulher está se metendo muito em nossa vida. — comentou ele, irritado. — Está precisando de uma lição.

Elisa estremeceu. Ele era bem capaz de impedir Marilda de fazer a visita. Mas, antes que ele pudesse tratar do assunto, um dos homens chamou-o, preocupado:

— Carlos, estamos sendo vigiados.

— Tem certeza?

— Tenho. Vi um vulto no corredor olhando furtivamente para dentro, e, quando percebeu que eu o havia visto, desapareceu. Foi rápido, mas tenho certeza de que havia alguém lá.

— Hum... Certamente eles estão preparando uma ofensiva. Vamos cuidar de preparar-lhes uma boa recepção. Até que enfim vamos acabar com eles. Depois disso, nunca mais se meterão conosco. Eles vão ver só!

Elisa, apesar de temerosa, animou-se um pouco. Era uma perspectiva de liberdade.

Carlos reuniu todos os seus homens e mandou redobrar a vigilância. Enquanto isso, ele e mais dois encarregaram-se de preparar as armas e as munições.

Elisa estava admirada. Nunca imaginara que, depois de mortos, os homens pudessem continuar guerreando com armas, bombas e tudo! Notou que, apesar de algumas serem semelhantes às que havia no mundo, outras eram bem diferentes, parecendo-lhe ainda mais perigosas.

Notando seu interesse, Carlos comentou irônico:

— Nunca viu uma destas? Trate de obedecer e nunca queira experimentá-la. Garanto que se arrependeria amargamente.

— Pelo que sei, só se morre uma vez. Somos imortais. Nunca conseguirá nos destruir.

Ele riu com superioridade:

— Como você é burra! Dá-me vontade de fazer um rombo em você, só para mostrar o que ela faz! Garanto que você preferiria morrer a ficar com a dor desse ferimento. E esse será meu castigo: eles vão sofrer, mas não poderão morrer! Vão querer acabar com a dor, mas ela vai continuar queimando seus corpos!

Elisa calou-se. Ele era tão maldoso que era bem capaz de atirar nela! Encolheu-se ainda mais em seu canto, rezando e pedindo a ajuda de Deus. Começava a perceber que no mundo onde estava agora, se não havia um corpo de carne para ser atingido, havia outros meios terríveis e dolorosos de manifestar a maldade. Ela não queria viver nesse mundo. Estava cansada de sofrer, de conviver com pessoas desclassificadas e infelizes. Ela era uma mulher honesta, boa, cumpridora de seus deveres. O que lhe acontecera não era justo. Ela não merecia estar ali sendo constantemente ameaçada por malfeitores.

Foi com alívio que viu Marilda chegar horas mais tarde. Carlos, ocupado em defender-se, esquecera-se de sua visita. Ao entrar, ela percebeu logo o abatimento de Inês. Contudo, não disse nada. Abraçou-a com carinho, tentando manter uma conversa agradável.

— Janete contou-me que sua mãe já está bem. Felizmente não houve nada grave.

— Ainda bem. Ela ficou dois dias fora. Não sei o que faria sem ela! Sabe como é: não tenho boa saúde, e além disso ainda não estou refeita do duro golpe que sofri.

— Você tem ficado muito só. Precisa sair, respirar ar puro. Por que não passeia um pouco com os meninos? Andar faz bem. Ficar fechada aqui, só recordando os momentos dolorosos... está arruinando sua saúde.

— Não sinto vontade...

— Pense no bem-estar de seus filhos. Eles precisam de você agora mais do que nunca. Depois, chorar, lamentar-se, ficar deprimida não vai trazer de volta quem partiu, só vai machucar ainda mais.

Inês suspirou triste:

— Sei que tem razão. Mas Carlos era tudo para mim. Era uma obsessão, uma doença, um vício. Apesar de tudo quanto ele fazia, sempre foi difícil para mim ficar sem ele.

— Talvez tenha sido por isso que a vida separou os dois.

— Não estou entendendo!

— Sua dependência a estava prejudicando. Amar, estar junto não é isso. Como você mesma diz, seu amor por ele era obsessivo. Você estava pendurada nele; mesmo sofrendo a seu lado, não conseguia deixá-lo.

— É verdade! Você sabe que ele nunca foi bom marido. Muitas vezes pensei em ir embora, mas nunca consegui.

— O que você sente por ele não é amor, é apego. De alguma forma você acredita que precisa dele. Isso a estava prejudicando. A vida deseja que você descubra sua própria força, que possa agir por si mesma, que assuma responsabilidade pela própria vida. Isso não vai impedi-la de amar, de usufruir a companhia de quem ama. Ao contrário, vai lhe dar condições de encontrar o companheiro mais adequado para sua felicidade. Felicidade, Inês, não é nada do que você conhece como vida em comum.

— Nunca fui feliz com Carlos. Essa paixão tem me infelicitado. Eu vivia muito bem com meu pai, que sempre me tratou com amor e carinho. Fazia todas as minhas vontades. Era Deus no céu e eu na Terra. Depois que conheci Carlos, começou o inferno. Meu pai nunca o aceitou. Reconheço que ele tinha suas razões, mas o que fazer? Eu não podia viver sem ele. Era como o ar que eu respirava.

— Por isso a vida os separou, para que você possa vencer essa paixão infeliz. Você é moça, tem muitos anos de vida pela frente. Ainda poderá refazer sua vida, encontrar outra pessoa que a faça feliz.

— Para mim, o amor acabou. Se me libertar dessa paixão, dessa ânsia e desse vazio que me consomem e tiram a alegria de viver, juro que nunca mais quero amar ninguém. Vou fechar meu coração a qualquer sentimento de afeto.

— É cedo para falar sobre isso. Deixe o tempo correr. Dedique-se à felicidade de seus filhos. Eles precisam de seu carinho e de sua companhia.

— É por eles que continuo vivendo.

— É importante que se interesse pela vida espiritual. Ligando-se com Deus, poderá encontrar a paz que procura.

— Quero ir com você ao centro.

— Iremos na quinta-feira. Quando chegar o dia, novos obstáculos poderão aparecer para impedi-la. Nesse caso, precisará manter a vontade firme e ir, aconteça o que acontecer.

— Você me assusta! Por que diz isso?

— Porque há alguns espíritos interessados em que você não vá.

— Como sabe?

— Dá para sentir. Depois, o que aconteceu no dia em que você queria ir é sintomático. Eles temem que, se você for ao centro, terão de ir embora. Como desejam ficar aqui, fazem tudo para impedi-la de ir.

— Não entendo. Tudo lá não é para o bem? Se eles fossem para lá, não seriam auxiliados e poderiam melhorar? Você não disse que Nequinho estava com energias de um espírito doente?

— É verdade. Se eles forem lá, serão atendidos, receberão muita ajuda. Garanto que se libertariam de muitos sofrimentos. Mas eles não sabem disso. Acreditam que seriam castigados por seus erros, têm muito medo.

Elisa aproximara-se e ouvia com interesse. Marilda tinha poder, disso ela não duvidava. Havia visto o que ela fizera com os meninos. Nem mesmo Carlos tentara fazer algo contra ela. Mas esse lugar seria mesmo bom? Jairo teria mentido? Começava a suspeitar de que ele se aproveitara de sua credulidade. Afinal, com eles, ela nunca vira uma luz tão grande como a que iluminara Marilda. Talvez ela pudesse ajudá-la. Aproximou-se dela e disse-lhe ao ouvido:

— Marilda, ajude-me, por favor! Estou desesperada! Não sei o que está acontecendo com meus filhos! Estou prisioneira desses malfeitores! Por favor, faça alguma coisa por mim!

Marilda estremeceu. Não registrou as palavras desesperadas de Elisa, mas sentiu uma onda de medo e de inquietação. Imediatamente se ligou mentalmente com seus amigos espirituais. Na mesma hora, Elisa viu entrar a enfermeira que ela tanto esperara rever.

Dirigiu-se a ela com satisfação:

— Finalmente! Tenho esperado ansiosamente sua volta.

— Precisamos conversar. Deixe Marilda em paz.

— Estava pedindo ajuda. Sei que ela é poderosa e pode ajudar-me. Estou desesperada. Sou prisioneira e não sei mais o que fazer para libertar-me desses malfeitores.

— Não é fácil fazer o que pede. Você se meteu com eles de livre vontade.

— Isso, não. Eu tentava ajudar Inês. Não tenho nada a ver com a briga deles.

— Quando aceitou a ajuda dos membros da organização, estava criando ligações que agora serão difíceis de romper.

— Estou vendo que sabe de tudo! Estou arrependida do que fiz. Não quero mais nada com eles. Descobri que não são tão poderosos como diziam e me deixaram aqui prisioneira, sem me socorrer. Depois, estou cansada de tanto sofrimento. Quero descansar, cuidar só de minha família e nada mais. Preciso ver meus filhos. Faz semanas que estou aqui sem saber de Nelinha, que estava doente!

— Se está mesmo arrependida, vou ver o que posso fazer.

— Não vá embora, por favor. Tenho rezado, conforme me pediu. Não aguento mais ficar aqui. Eles me maltratam e estão à espera de Adalberto para acabar com ele. Estou assustada. Não gosto de brigas. Sou de paz. Leve-me com você. Não me deixe aqui sozinha com eles novamente.

— Não posso fazer isso. Como eu disse, vou procurar ajudá-la. Enquanto isso, confie em Deus e continue rezando. Afaste-se deles o mais que puder. Cultive pensamentos bons. Quando se sentir triste, procure lembrar-se dos bons momentos de sua vida.

A enfermeira olhava-a com carinho e Elisa não resistiu. Deu vazão à angústia que sentia, e as lágrimas desceram por suas faces.

— Ah, se eu pudesse voltar atrás! Se eu pudesse viver novamente com meu marido e meus filhos, eu seria a mulher mais feliz deste mundo!

— Agora é impossível, Elisa! Mas a vida tem outras compensações, e você pode encontrar novamente a felicidade. Esqueça o passado e perdoe. A mágoa e a revolta só trazem mais sofrimento, mais dor. É o amor e o perdão que libertam e ajudam. A felicidade não existe sem eles. Agora preciso ir.

— Não se esqueça de mim, por favor! Estou sofrendo muito.

— Meu nome é Renata. Quando se sentir só, fale comigo. Mesmo que eu não possa aparecer, responderei seu chamado. Vou pedir por você a nossos superiores. Veremos o que será possível fazer. Confie e continue rezando.

— Não me abandone, por favor!

Renata sorriu:

— Ninguém está abandonado. Se quer ajuda, comece por ajudar-se acabando com o drama. Seu lado dramático tem lhe trazido muita infelicidade. Está na hora de aprender o quanto ele é inútil. Quando olhar os fatos com mais naturalidade, perceberá que tudo poderia ter sido menos doloroso se você não fosse tão dramática.

Ela se afastou, e Elisa notou que Marilda estava tomando chá com Inês e que ela estava bem mais animada. Suspirou aliviada. Felizmente Carlos continuava ocupado e não percebera sua conversa com Renata.

As palavras dela não lhe saíam da cabeça. Era fácil falar para que ela não fizesse drama. Fora enganada pelo marido, abandonada, atingida por aquele desastre horrível, ficara sem poder cuidar dos filhos. Como podia conformar-se? Como não chorar sua infelicidade? Reconhecia que exagerara um pouco com Geninho. Se houvesse sido mais calma quando ele a abandonara, não teria saído de casa desesperada naquela noite e aquela desgraça não lhe teria acontecido.

Renata tinha razão quanto a isso. Estava tão pendurada no marido que viver sem ele lhe parecia impossível. Como fora boba! Se pudesse voltar atrás, não agiria daquela forma. Compreendia que de certa maneira havia relaxado com a própria aparência. Não se valorizara, colocara Eugênio sempre em primeiro plano! Arrependia-se amargamente dessa atitude! Para um homem, é mais importante a mulher, a amante, do que a esposa dócil, perfeita, obediente e dedicada. Esse fora seu erro!

Para ela, Eugênio era uma espécie de super-homem, ao qual deveria servir, e que, tendo um bom desempenho como mãe e esposa, seria amada e protegida para sempre!

Como estava enganada! Ele era apenas um homem comum, como tantos, romântico e sensual, querendo usufruir tudo da vida! Agora que o conhecera por dentro, reconhecia que, se houvesse encarado a realidade e sido mais esperta, poderia reconquistá-lo com facilidade. Ele amava os filhos e a havia amado um dia. Se ela voltasse a ser como nos primeiros tempos, tinha certeza de que ele voltaria para casa.

Rememorando o passado, Elisa lamentou sua imprudência. Na verdade, ela contribuíra para sua infelicidade. Reconhecer isso deu-lhe uma visão mais clara dos fatos. Renata estava certa. Fora ela quem se metera com a organização pretendendo castigar Eugênio. Se ela também contribuíra para sua desgraça, não tinha nenhuma razão em querer vingar-se dele. Percebia que, se ele fora leviano, ela fora ingênua. Ambos estavam despreparados para a vida em comum.

Na verdade, ele pretendera ser sincero e expor os fatos. Se ela não tivesse feito na cabeça um drama tão grande, poderia ainda estar viva, cuidando dos filhos. Agora, isso lhe parecia o mais importante. A presença de Eugênio a seu lado era indesejada. Sentia que não o amava mais como antes. Agora que via nele um homem comum, cheio de dúvidas, inseguro, sua afeição por ele desaparecera. Só o amor dos filhos machucava seu coração. Daria tudo, faria qualquer sacrifício para poder estar novamente vivendo com eles, podendo abraçá-los e beijá-los. Mas, infelizmente, era impossível.

Queria ir embora dali, onde estava oprimida e assustada, mas sentia medo do futuro. Na Terra sentia-se segura. Fora arremessada a um mundo desconhecido e perigoso. Para defender-se, como deveria proceder? Onde encontrar pessoas decentes, nas quais pudesse confiar, e viver melhor? Em meio a tudo quanto lhe acontecera, Marilda e Renata inspiravam-lhe confiança. Dava para perceber que eram gente de bem, muito diferentes dos membros da organização e daqueles malfeitores. Por que não notara isso antes? Poderia ter se poupado de muitos problemas.

Lembrou-se de Amaro. Ele teria tanto poder quanto Marilda? Seu amigo Amílcar tentara ajudá-la. Arrependeu-se de não haver seguido seus conselhos. Estava cega. O ciúme, o ódio, a vingança não a deixaram enxergar a verdade. Quanta ilusão! Eugênio não valia tanto trabalho! Agora ele poderia namorar quem quisesse. Só não permitiria que ele colocasse outra mulher em casa, em seu lugar. Seus filhos não ficariam sob a guarda de uma madrasta! Estava convencida de que eles seriam maltratados e sofreriam.

Elisa suspirou agoniada. Ah, se ela pudesse sair dali! Mas isso era impossível, e ela precisava esperar.

Marilda despediu-se, tendo combinado que elas iriam ao centro espírita na quinta-feira à noite. Ela havia afirmado que a ajuda espiritual viria, e Elisa perguntava-se de que forma isso aconteceria. Aqueles malfeitores seriam expulsos de lá? Ela ficaria livre? Rezava para que isso acontecesse. Faltavam dois dias ainda, e o tempo custaria a passar.

Carlos continuava entretido conversando com os companheiros, preparando armadilhas para surpreender os inimigos, caso aparecessem.

— Sinto que eles virão — dizia convicto. — Algo me diz que estão por perto. É chegada a hora da luta definitiva. Adalberto vai levar uma lição tão grande que nunca mais terá coragem de meter-se em nossa vida! Aquele cachorro!

Olhando-o, Elisa assustou-se. Acabava de ver vários vultos escuros em volta dele. O que seria aquilo? Ela nunca vira isso antes!

— Afaste-se deles e reze! — dissera Renata.

Elisa afastou-se o mais que pôde, ficando ao lado de Inês, que, estendida no sofá, estava calma, começando a ler um livro que Marilda lhe emprestara. O que seriam aquelas sombras escuras ao lado de Carlos? Como ele ou os companheiros não percebiam aquelas presenças? Sim, porque aqueles vultos lhe pareceram pessoas. Elisa, trêmula, temia o que poderia acontecer. E se aqueles vultos fossem da organização? Eles teriam conhecimento de tudo quanto Carlos estava tramando e certamente dariam o troco. E ela, que não tinha nada com a briga deles, estava no meio daquela guerra. O que lhe poderia acontecer ainda?

Apavorada, Elisa começou a rezar chamando Renata, pedindo-lhe ajuda.

— Elisa!

Ela tentou ver quem a estava chamando, mas nada viu.

— Elisa! Sou eu... Renata! Ouvi seu chamado. Acalme-se. Estamos atentos.

— Onde você está? — perguntou ela, aflita.

— Aqui, mas vocês não me podem ver. Vamos nos comunicar pelo pensamento.

Elisa admirou-se. Embora não pudesse ver Renata, ouvia claramente sua voz.

— Como posso fazer isso? — indagou Elisa.

— Já está fazendo. Basta pensar e eu escuto.

— Estou com medo! Carlos está rodeado de vultos escuros. Eles vão nos atacar?

— Os vultos que você viu são os espíritos que convivem com Carlos há muito tempo. Seus companheiros de bebida e de farra.

— Mas vieram agora. Foi a primeira vez que os vi!

— Sempre estiveram com ele. Você está melhorando sua percepção, Elisa. Está se tornando mais lúcida e percebendo melhor as energias que a cercam. Suas orações estão ajudando a equilibrar suas energias. Continue orando e confie em dias melhores.

— Eles não vão me atacar?

— Enquanto afastar-se deles, nada acontecerá.

— Não posso me afastar muito. O apartamento é pequeno.

— Não falo da distância física, mas da distância energética. Eles só pensam no mal. Se você fizer o oposto, pensar só no bem, eles não a alcançarão. Você aprendeu a magnetizar e sabe que a vontade é importante. Se você melhorar o padrão de seus pensamentos, vai emitir energias positivas e magnetizar sua aura positivamente. Eles não terão nenhum poder sobre você. Percebeu como eles não se envolveram com Marilda?

— É por isso?

— É. Continue como até aqui. Cultive pensamentos bons. Ajude esta família tentando espalhar calma e paz nesta casa. Além de sentir-se muito melhor, não correrá nenhum perigo com eles.

— Está bem. Farei o que me pede. Não me abandone, por favor. Estou arrependida! Percebi o quanto fui imprudente e ingênua! Não quero mais me vingar de Eugênio. Para mim, ele pode ter a mulher que quiser!

— Continue rezando, Elisa. E lembre-se de que o bem é mais forte do que tudo.

Elisa não ouviu mais nada. Quem diria! Ela, conversando em pensamento com uma pessoa invisível! Que mundo curioso esse em que ela estava! Além de Renata, haveria outras pessoas ali que ela não conseguia ver? Sentiu leve sensação de desconforto. Ela poderia

261

estar sendo vigiada sem saber. O melhor que tinha a fazer era confiar em Renata e seguir seus conselhos. Ela falava no bem, era bondosa e atendera seu apelo. Como pudera ouvir o que ela dizia? Sentada em uma poltrona ao lado de Inês, Elisa pensou em Deus e silenciosamente começou a rezar.

A noite chegou e Carlos começou a sentir-se inquieto. Andava de um lado a outro, nervoso, verificando se cada um de seus homens estava em seu posto, recomendando-lhes atenção.

— Prestem muita atenção. Vocês não podem distrair-se um momento sequer. Sinto que eles estão perto, aguardando o momento de nos atacar. Vão aparecer a qualquer instante. Precisamos estar preparados.

À medida que o tempo passava, sua ansiedade crescia. Elisa distanciara-se o mais que podia e, assustada, continuava rezando. Ela também se sentia inquieta. Havia algo no ar que a intimidava. Muitas vezes, ao olhar para Carlos, vislumbrara os vultos escuros que o rodeavam e temia que eles a vissem e viessem atacá-la. Inês remexia-se no leito sem conseguir dormir, apesar de haver ingerido dose dupla do calmante habitual.

Passava da uma quando um dos homens chamou Carlos, gritando agitado:

— Eles estão do lado de fora. Eu vi Adalberto. Passou rapidamente, mas garanto que era ele.

— Chegou a hora! — disse Carlos. — Eles vão se arrepender de terem vindo! Está tudo preparado?

— Sim.

— Então vamos acender o círculo — ordenou Carlos.

Acionaram um botão em um dos aparelhos que haviam montado ali e imediatamente se formou um círculo incandescente ao redor do apartamento.

Carlos sorriu satisfeito.

— Quero vê-los encostar nessa barreira! — disse ele com voz triunfante.

Elisa, apavorada, rezava maquinalmente, já que não conseguia desviar o olhar do que estava acontecendo. Ela viu dois homens tentarem entrar. Ao chegarem próximo ao círculo de fogo, eles deram um grito e foram atirados a muitos metros de distância.

Carlos e seus homens deram um grito de alegria. Mas em seguida, o círculo de fogo foi atingido por algumas bolas, parecendo de metal escuro, disparadas pelos que estavam do lado de fora, que cortaram o círculo, dilacerando alguns pedaços, e ele foi se apagando. Por mais que Carlos e seus homens tentassem recuperá-lo, não conseguiram.

Elisa ouviu a voz de Adalberto, dizendo colérica:

— Você está perdido, Carlos! Entregue-se! Saia já daí.

Alguns homens de Adalberto haviam se atirado contra os vigias de Carlos, mantendo luta corporal. Como eram em maior número, conseguiram por fim dominá-los.

Carlos, vendo-se acuado, gritou com raiva:

— Vá embora! Você nunca vai me pegar de novo! Vou destruir quem ousar entrar aqui!

Apanhou uma arma e atirou nos homens que estavam entrando no apartamento, derrubando-os. Eles gritavam de dor, e Carlos, furioso, berrava fora de si:

— Afastem-se. Estou disposto a destruí-los. Não se atrevam a aproximar-se mais. Saiam imediatamente!

Os dois que ele ferira gritavam de dor, retorcendo-se no chão. Os demais, embora armados, compreenderam que suas armas não se comparavam à dele e, assustados, afastaram-se, arrastando os companheiros.

Do lado de fora, Adalberto gritou:

— Não se iluda. Não vai conseguir nos vencer. Temos recursos para prendê-lo, você sabe. Aí, então, seu julgamento será muito pior. Terá novos crimes a responder.

— Vá embora! Você não vai mais me prender. Desista.

— Não vou desistir. Você vai pagar por seus crimes de qualquer maneira!

— Se tentar entrar aqui, vai se arrepender — disse Carlos. — Vou acabar com Inês, trazê-la para cá. Assim, ela ficará comigo para sempre, longe de você.

— Não se atreva a tocar nela! — vociferou Adalberto com voz que o ódio enrouquecia.

— Pois é o que farei. Ela tem de vir para cá. Não está feliz sem mim, vive chorando e dizendo que não pode esquecer-me, que me ama. É a mim que ela quer. Você não é nada para ela. Deixe-a em paz. Ela é minha, e você não conseguirá tirá-la de mim. Por isso, se quer que ela continue viva na Terra, deixe-me em paz. Se tentar prender-me, juro que acabo com ela. E você sabe que eu o farei!

— Que você é perverso, eu sei. Terá coragem de deixar seus filhos sem mãe?

— Meus filhos ficarão bem. Ela é fraca e não tem condições de cuidar bem deles. Ficarão melhor sem ela.

— Não se atreva a fazer isso! — esbravejou Adalberto. — Garanto que se arrependerá.

— Não tenho medo de suas ameaças! Deixe-me em paz e ela ficará bem. Se perceber que quer atacar-me, acabo com ela. Juro que faço isso.

— Deixe-a em paz — disse Adalberto. — Vou embora, mas lembre-se de que não desisti e que estou vigilante. Qualquer coisa que faça contra ela, acabo com você.

— Vá embora e deixe-nos em paz. Estou cuidando de minha família. Estou no meu direito. Você é quem está nos perturbando. Lembre-se: estou alerta. Se perceber qualquer movimentação contra mim, qualquer ameaça, acabo com ela. Quero ver se, estando ela aqui comigo, você vai se atrever a me ameaçar. Sabe que ela o odiaria por causa disso.

Adalberto não respondeu. Carlos, arma em punho, olhos muito abertos, permaneceu em estado de alerta durante algum tempo. Um dos homens aproximou-se, dizendo:

— Eles foram embora, Carlos. Nós vencemos!

— É. Vieram buscar e levaram. Comigo é assim. Se voltarem, vão ver uma coisa!

— Antônio e Miguel estão muito feridos.

— Você e José cuidem deles. Mas a vigilância continua agora mais do que nunca. Precisamos vigiar constantemente, revezando--nos no posto.

Elisa, agoniada, tentava acalmar Inês, que, agitada, andava de um lado a outro, tendo ido acudir um dos meninos que chorava dizendo que tivera um pesadelo. Com mãos trêmulas, ela dera um copo de água com açúcar a Nequinho e tentara acalmá-lo, mas sentia a cabeça doendo terrivelmente e o estômago enjoado.

Elisa fazia o que podia para ajudar, mas ela mesma estava muito assustada e mal conseguia conter-se. Seu desejo era sair dali, deixar aquele lugar onde aqueles vultos circulavam livremente e o ar estava sufocante. Uma sensação de peso e de tristeza esmagava-a. E era com muita dificuldade que ela conseguia continuar murmurando uma oração, como a agarrar-se na esperança de atrair a ajuda de Renata ou dos amigos espirituais de Marilda.

Ouvira as ameaças de Carlos. Sentia que ele seria bem capaz de tentar acabar com Inês. Precisava falar com Renata e contar-lhe tudo. Carlos teria esse poder? A vida e a morte poderiam estar no arbítrio de pessoas desclassificadas como ele? Inês era pessoa boa e não fazia mal a ninguém. Isso não era justo. Nada na vida era justo. Ela também sempre fora bondosa e dedicada. Entretanto, estava ali, metida naquela confusão da qual não conseguia sair.

Aos poucos, Carlos foi se acalmando. Nequinho adormeceu, e Inês finalmente conseguiu pegar no sono. Elisa, entretanto, continuava pensando, pensando. A vida era muito diferente do que ela imaginara. Havia muitos mistérios e ela percebia o quanto era ingênua e despreparada para viver naquele mundo onde estava agora. Pela primeira vez começou a pensar que errou em preferir ficar sozinha e fazer tudo quanto queria. Além de não conseguir ajudar a família, ainda se metera naquela encrenca da qual não sabia sair.

O melhor agora seria obedecer a quem tinha mais conhecimento e tentar aprender um pouco mais.

Se ao menos Renata viesse conversar com ela! Tinha tantas perguntas a fazer, tantas coisas a compreender!

Lembrou-se de seus filhos, e a saudade doeu fundo. Se ao menos pudesse ter notícias deles! Estariam bem? Lágrimas corriam por seu rosto, e ela daria tudo para acordar daquele pesadelo em que sua vida se transformara e voltar a viver com eles. Mas isso não era possível, e ela precisava conformar-se. Que tempo bom aquele! Quanto amor sentira quando tinha seus filhos nos braços! Lembrou que, se não podia ir até onde eles estavam, podia mandar-lhes pensamentos de amor e de bem-estar. Ela sabia como fazer isso.

Fechou os olhos e visualizou Marina, mandando-lhe energias de amor. Depois foi a vez de Juninho, e, no fim, pensou em Nelinha. De repente, sentiu sua emoção aumentar enquanto Nelinha a abraçava, cobrindo seu rosto de beijos. Elisa abriu os olhos e não conseguiu conter a emoção. Ela estava ali, apertando-a nos braços e dizendo com sua vozinha doce:

— Mamãe, que saudade!

Apertando-a nos braços, Elisa sentia como se alguém a tivesse transportado ao paraíso. Seu peito dilatara-se cheio de amor, e um calor gostoso e imenso invadiu-a.

Quando conseguiu falar, disse:

— É você mesmo? Que felicidade!

— Sou eu. A moça que me trouxe mandou um recado. Disse para você ficar firme, que tudo vai ficar bem. Confie em Deus!

— Foi Renata! Sei que foi ela!

Aconchegada no colo de Elisa, Nelinha deixou-se ficar durante algum tempo. Depois, Elisa viu Renata aproximar-se:

— Obrigada — disse com os olhos brilhantes de emoção. — Você não sabe o bem que me fez!

— Sabia que iria ficar feliz. Agora precisamos ir. Tenho de levá--la de volta.

Elisa beijou a testa de Nelinha com amor, depois a entregou adormecida a Renata, dizendo:

— Foi o melhor presente que poderia dar-me. Como estão os outros?

— Bem. Acalme seu coração. Eles estão protegidos. Ninguém fica sem proteção.

— Estou com medo. Carlos ameaçou matar Inês. Você acha que ele teria esse poder?

— Infelizmente, Inês continua muito dependente dele. Assim, ela transfere todo o seu poder a ele. Contudo, estamos tentando aju-dar. Vamos confiar em Deus.

— Mas isso não é justo. Ela é boa pessoa, e ele é um malfeitor. Ela precisa de defesa.

— A melhor defesa é tomar posse de si. Quem faz isso impede que os outros interfiram em sua vida. Inês sempre fez somente o que ele quis. Estabeleceu assim uma ligação que é difícil de cortar. Ela vo-luntariamente se colocou nas mãos dele. Há longo tempo, vimos ten-tando separá-los, cortar esses vínculos. Mas ela não quer. E, quanto mais a vida tenta separá-los, mais ela deseja estar com ele. Agindo assim, só quando ela perceber o quanto essa maneira de amar a pre-judica e desejar sair é que conseguiremos ajudar. Lembre-se, Elisa, não existe nenhuma injustiça no mundo. Tudo está certo como está. As pessoas têm tudo para libertar-se dos problemas, mas são elas que preferem determinados caminhos. A vida dá-lhes a liberdade de escolher. Assim, cada um vai aprender por si mesmo.

— Quer dizer que, se ele quiser trazê-la para cá, pode conseguir?

— Pode, se ela deixar. Se desejar ficar perto dele ou achar que só será feliz com ele. Nesse caso, será difícil conseguir evitar.

— Como ela é boba! Tão moça e tão bonita, com dois filhos para cuidar! Se eu pudesse ficar com os meus, enfrentaria qualquer situação.

— Você pensa assim agora. Inês ainda não sabe. Nesse tempo que ainda estiver com ela, procure ajudá-la a entender. Será uma forma de evitar o pior.

— Farei. Gosto dela. Se se deixar iludir por ele, vai sofrer muito.

— Contamos com você, Elisa. Agora temos de ir. Nelinha precisa voltar ao corpo.

— Obrigada, Renata. Nunca esquecerei o que fez por mim.

— Continue rezando e confiando, Elisa. Dias melhores virão.

Renata afastou-se com Nelinha adormecida nos braços, e Elisa, mais calma e agradecida, murmurou sentida prece, deitou-se ao lado de Inês e finalmente adormeceu.

Capítulo 20

Olívia chegou em casa apressada. Ficara trabalhando até mais tarde e dali a meia hora Amaro passaria para apanhá-la. Estava suada, cansada, e resolveu tomar uma chuveirada. Apesar da rapidez com que tomou banho, sentiu-se aliviada. Se não desse tempo para comer alguma coisa, poderia fazê-lo mais tarde.

Sabia que a porta do centro se fecharia às oito da noite, e quem chegasse depois ficaria de fora. Ela estava muito interessada naquelas sessões, nas quais experimentava novas emoções e aprendia coisas novas. Ficava motivada com o fato de qualquer pessoa poder experimentar suas faculdades mediúnicas, e a curiosidade de saber onde se situava nesse processo entusiasmava-a.

Ela gostava de entender como as coisas aconteciam e nunca se dedicara à religião por achar que tudo era hipotético e não havia como saber até que ponto o que eles diziam era verdade. Ler as pesquisas científicas sobre os fenômenos da mediunidade era interessante, mas a possibilidade de testar até que ponto eles eram verdadeiros fascinava-a ainda mais. Amaro dissera-lhe que ela poderia experimentar.

Desde a primeira noite que fora ao centro espírita, Olívia começara a sentir diversas sensações que não entendia, mas que Amaro esclarecia, apontando as possibilidades, pedindo-lhe que ficasse atenta, observando melhor o que sentia nesses momentos.

Descobrira coisas interessantes nas quais nunca pensara, e a cada dia motivava-se mais.

Eugênio ouvia-a conversando com Amaro e não entendia como sua cunhada, sempre tão materialista, tão "durona", se deixara envolver. Ela agora tinha como certo que Elisa estaria "viva" em algum lugar e tentava comunicar-se. Quando ele discordava, ela citava alguns fatos como provas, que ele julgava apenas "coincidências".

Advertia-o de que deveria ir ao centro espírita e que sua descrença estava interferindo nos problemas do dia a dia. Ele não concordava. Pensava até que ela, agora, como não tinha mais nada para implicar com ele, tomara isso como desculpa para criticá-lo.

Olívia acabou de arrumar-se e ainda teve tempo de tomar um copo de leite para poder aguentar até o jantar, que seria depois da reunião. Desceu para esperar Amaro no saguão. Ele era pontual e chegou logo depois.

Chegaram ao centro dez minutos antes da hora. Olívia acomodou-se nas cadeiras, enquanto Amaro, como sempre, dirigia-se à mesa. Pouco depois, Marilda chegou acompanhada por Inês e, vendo Olívia, cumprimentou-a amável.

— Sente-se aí, Inês. Como eu lhe disse, não posso ficar a seu lado, preciso sentar-me à mesa — olhando para Olívia, disse com um sorriso: — Você ficará em boa companhia.

Olívia olhou para Inês e, notando seu abatimento, interessou-se. Sempre quando estava sentada lá, ficava pensando nos dramas que levam as pessoas a procurar o conforto espiritual. Ela mesma fora em busca de alívio para sua dor. A perda de Elisa chocara-a e a orfandade dos sobrinhos sensibilizava-a muito. Por isso, quando Marilda se afastou, ela procurou conversar com Inês:

— Meu nome é Olívia — disse. — Você está doente?

— Estou triste. Meu marido foi assassinado e não consigo aceitar. Tenho sofrido muito! Ele era tudo para mim. Não posso viver sem ele. Tenho vontade de morrer.

— Sinto muito... Como é seu nome?

— Inês.

— Pois é, Inês, avalio o que está passando. Perdi minha irmã em um acidente. Ela deixou três filhos pequenos... Uma tristeza! Você tem filhos?

— Dois meninos. É o que me segura, porque, se não fosse por eles, acabaria com tudo de uma vez.

— Não diga isso! Seus filhos precisam de você. A mãe faz mais falta do que o pai.

— Eu sei. Mas há momentos em que a saudade aperta e parece que vou enlouquecer.

270

— É a primeira vez que vem aqui?

— É.

— Aconteça o que acontecer, não se afaste. Aqui encontrei conforto. Nunca me incomodei com religião nenhuma. Não era descrente, mas não frequentava nenhum lugar. Mas saber que a vida continua depois da morte e que minha irmã Elisa está viva em algum lugar, na outra dimensão, conforta-me. Aqui é o lugar onde você pode obter essa certeza. Isso fez muito bem a meu coração saudoso e aflito.

— Marilda fala isso. Se eu pudesse ter essa certeza...

As luzes diminuíram, e elas se calaram. A reunião iria começar. Depois da prece, eles abriram ao acaso o *Evangelho Segundo o Espiritismo*. Algumas pessoas ao redor da mesa comentaram o tema da noite. Depois, as luzes apagaram-se e os médiuns deixaram-se envolver pelos espíritos desencarnados.

A certa altura, um dos médiuns levantou-se, dizendo:

— Vim aqui hoje para falar com minha filha. É urgente. Ela está presente nesta sala.

O dirigente respondeu com voz calma:

— Você pode dar seu recado. Se ela está presente, vai ouvir.

— Quero ir até onde ela está. Por que me seguram? Desejo abraçá-la, dizer-lhe que ainda a amo e que estou sofrendo muito com tudo quanto ela está passando.

— Acalme-se. Não é preciso abraçá-la. Você pode, mesmo de onde está, mandar-lhe vibrações de carinho. Sei que você sabe como fazer isso.

— Eu sei. Mas esta oportunidade é única, preciso aproveitar. É como se eu ainda estivesse no mundo. Por favor!

— Vou consultar os superiores — respondeu o dirigente.

Houve alguns instantes de silêncio, depois ele continuou:

— Ela ainda não está preparada para isso. Vai confundi-la e emocioná-la ainda mais. Você só pode dizer-lhe coisas que a ajudem a recuperar o equilíbrio interior. Qualquer referência ao assunto que você sabe não será tolerada. Se tentar, será afastado.

— Isso é injusto. Ela corre perigo, e eu preciso avisá-la. Aquele infeliz está interessado em trazê-la para cá de qualquer jeito. Não posso entrar lá, porque ele tomou conta da casa e está armado. Qualquer tentativa que eu fizer para salvá-la, ele vai desforrar nela!

Não posso deixar minha filha à mercê dele e daqueles malfeitores! Vocês precisam entender, ajudar-me!

— Ela ainda se liga muito a ele. Sua interferência só está piorando a situação. Por que não confia em Deus e não os deixa em paz?

— Confiar? Deus está muito longe. Ele viu todo o sofrimento dela em todos os anos de casamento e nunca fez nada para ajudá-la. Se não fôssemos eu e meus homens, ele ainda estaria vivo, judiando dela e dos filhos!

— Sua intromissão só prejudicou os dois. Pense nisso. Deixe--os em paz e trate de cuidar de sua própria vida. Você já está seriamente comprometido com as leis de Deus, e, quando menos esperar, tudo quanto tem feito voltará contra você, esmagando-o. E, então, haverá pranto e sofrimento, e ninguém poderá fazer nada a seu favor. Acorde enquanto é tempo! Você pode começar desde agora um esforço de recuperação interior, dedicando-se a ajudar as pessoas que tem prejudicado. Essa seria a melhor forma de evitar os problemas que terá para enfrentar.

— Eu sei o que estou fazendo e não será você quem irá me dizer como devo conduzir minha vida. Jamais desistirei. Inês é minha. Sempre foi. E nunca será dele. Não descansarei enquanto não os separar. É comigo que ela deverá ficar. É a mim que ela deve amar! Se não fosse por ele, ela estaria comigo até agora!

— Se não quer atender ao que estou pedindo, será afastado do caminho dela por algum tempo.

— Vocês não têm forças para me impedir.

— Esse é um assunto que terá de resolver com nossos superiores. Agora vá, deixe o médium. Sua oportunidade acabou.

Ele ia retrucar, mas de súbito o médium suspirou fundo e deixou-se cair na cadeira, com o corpo sacudido por forte tremor. Depois, abriu os olhos e respirou fundo, voltando ao estado normal.

Desde que ele começara a falar, Inês fora acometida de forte emoção. Tremia, chorava, e Olívia tentara acalmá-la, segurando suas mãos geladas e pedindo-lhe baixinho que rezasse e tivesse confiança em Deus. À medida que ele falava, ela ia chorando cada vez mais forte. Quando ele disse seu nome, ela se agarrou a Olívia, dizendo:

— É meu pai! Ele está aqui. Eu sei que é ele!

— Não chore — disse Olívia, sem saber como ajudá-la. — Vamos ouvir o que ele quer lhe dizer. Preste atenção. Senão vai perder a mensagem.

Essas palavras tiveram o dom de fazê-la controlar-se e ela parou de chorar. Seu corpo era sacudido por estremecimentos, e Olívia alisava-lhe os cabelos com carinho, abraçando-a na tentativa de transmitir-lhe conforto.

Quando ele terminou, o dirigente aproximou-se de Inês e, tomando sua mão, conduziu-a a uma cadeira perto da mesa, pedindo a um médium que lhe aplicasse energias de refazimento.

— Pense em sua casa — pediu ele. — Imagine que Jesus está entrando lá e abençoando sua família. Ligue-se com Deus, pense no bem.

Inês esforçou-se por obedecer e, aos poucos, enquanto o médium estendia as mãos aplicando o passe, ela foi se sentindo mais serena e relaxada. Chegou a sentir sono e por alguns segundos pareceu-lhe haver adormecido. Reagiu abrindo os olhos.

Em seguida, foi feita a prece de encerramento, e, quando as luzes se acenderam, Olívia levantou-se e foi até Inês, sentando-se a seu lado.

— Está melhor? — indagou ela com interesse.

— Estou, obrigada. Desculpe tê-la incomodado. Foi mais forte do que eu. Não consegui me controlar.

Olívia sorriu.

— Não se preocupe. Também já passei por algo semelhante.

Marilda e Amaro aproximaram-se, oferecendo a ambas um pouco de água energizada.

— Você viu, Marilda? Foi meu pai quem se comunicou. Eu senti que era ele logo que começou a falar. Quando ele falou meu nome, não aguentei. Foi uma emoção muito grande. Tive vontade de levantar e ir abraçá-lo. Mas fiquei paralisada, tamanha a emoção.

— Ainda bem que se conteve. Sua emoção iria dificultar a comunicação. Ele teria sido levado mais depressa. Nossos mentores dizem que a emoção descontrolada é muito prejudicial.

— Ele estava desesperado. Sempre foi muito apegado a mim! Quando estava vivo, não se separava de mim para nada. Foi muito difícil, para ele, aceitar meu casamento. Odiava meu marido. Eu tinha esperança de que com o tempo eles se entendessem. Mas qual nada! Também, Carlos dava-lhe motivos de sobra para implicar. Sabe como é, nunca foi um marido bom. Para meu pai, eu merecia toda a felicidade do mundo, e Carlos tinha muitos problemas. Arranjava mulheres fora, bebia, era boêmio, ficava na rua até a madrugada.

— Pelo que ele disse, a briga deles continua mesmo depois da morte — disse Olívia, admirada. — Nunca pensei que isso pudesse acontecer.

— As pessoas não mudam apenas por haverem morrido. Elas continuam as mesmas, e tanto o amor quanto o ódio que elas guardam no coração permanecem.

— Gostaria tanto que eles se entendessem! — tornou Inês com tristeza.

— Eles agora tomaram outro rumo, e você precisa esquecer o passado, cuidar de sua vida, de seus filhos. Você é jovem e pode ser feliz — garantiu Marilda.

— Para mim, tudo acabou — disse Inês.

— Não diga isso — tornou Amaro. — Amanhã será outro dia. Os que morreram estão no outro mundo agora. Por muito tempo você não os verá. Portanto, trate de reagir, pensar em si mesma e em seus filhos. A vida guarda muitas surpresas, e ninguém sabe o que acontecerá amanhã. Deixe o passado! Pense no presente, na beleza da vida, no amor de seus filhos, no quanto ainda pode fazer neste mundo. E um dia, quando for o momento e chegar a hora de você morrer, então pensará em como vai lidar com eles. A vida está lhe dando uma pausa para descansar. Aproveite. Faça alguma coisa por si mesma.

Inês olhava-o admirada.

— Sempre vivi com eles! — disse pensativa. — Primeiro papai, depois Carlos. Nunca imaginei minha vida sem eles. Estou perdida, não sei o que fazer.

— Está na hora de deixar de ser aquela menina mimada e sem força nenhuma. Foi para isso que você ficou sozinha. Deus entregou em suas mãos dois espíritos, porque ele sabe que você tem capacidade de orientá-los melhor do que seu pai ou seu marido. Sua família, foi em suas mãos que Deus confiou.

Ouvindo as palavras de Marilda, Inês comoveu-se. Nunca havia pensado nisso. Realmente, seus filhos estavam em suas mãos. Ela é quem deveria decidir como educá-los, orientá-los, prepará-los para a vida. De repente, sentiu-se mais forte. Ela os amava e sabia que por eles seria capaz de muitas coisas.

Olívia ouvia calada, pensando em seu próprio drama. Deus levara Elisa e deixara as crianças entregues à responsabilidade de Eugênio. Teria ele melhores condições de orientá-los do que ela?

Essa pergunta começou a incomodá-la. Marilda convidou Inês para ir embora, e Olívia abraçou-a com carinho.

— Cuide-se bem — disse com olhos brilhantes de emoção. — Sua vida é preciosa para seus filhos!

— Farei o possível! Obrigada por tudo.

— Espero vê-la na semana que vem.

— Virei, se Marilda convidar. Estou me sentindo confortada.

— Viremos, sim — adiantou Marilda com um sorriso, despedindo-se dos amigos.

Olívia saiu com Amaro para jantar. Sentados à mesa no restaurante, ele perguntou:

— Você está tão calada! Aconteceu alguma coisa?

— O caso de Inês emocionou-me. Fez-me pensar em Elisa e em seus filhos sem mãe.

— O caso de Elisa é diferente. Eugênio assumiu a família e está fazendo o que pode. Está se sensibilizando, descobrindo o prazer da paternidade. As crianças estão amparadas.

— Inês está desorientada. Mas o sentimento materno é muito forte. Tenho certeza de que ela irá reagir. O tempo é santo remédio.

— A vida libertou-a do cativeiro, e ela nem sequer percebeu. A dependência cria laços que obscurecem a visão e deturpam os fatos.

— Pelo que ela disse, seu marido era péssimo, mas ainda assim ela queria ficar a seu lado. Por que será que as mulheres se tornam tão cegas quando gostam de alguém?

Amaro sorriu enquanto respondia:

— Não sei. Talvez a educação seja um dos fatores. As meninas são criadas para obedecer ao pai, ao marido, aos mais velhos. As que não se rebelam acabam dependentes e fracas. Esse parece ser o caso de Inês. Contudo, creio que sua dependência vem de longe. De outras vidas.

— Como sabe?

— Pelo que o espírito do pai dela disse, compreendi que os dois, ele e o genro, são rivais. Ambos disputam o amor dela.

— Não pode ser! Ele é o pai!

— Foi, nesta encarnação. Houve tempo em que ele foi o amante, o marido.

— Apesar de haver estudado o assunto, certas coisas da reencarnação ainda confundem minha cabeça. O amor de pai é diferente do amor de marido.

— Quando a paixão é muito forte e carnal, uma encarnação dentro dos limites da família, como pai e filha, por exemplo, vai contribuir para, aos poucos, ir modificando esse sentimento, tornando-o mais verdadeiro, mais profundo.

— Que interessante!

— Nesses casos, pode acontecer que desponte entre eles uma atração física mais forte. Mas, salvo alguns casos em que os envolvidos são mais primitivos, eles repelem essas sensações por julgá-las pecaminosas, permitindo-se apenas o apego e o carinho da companhia constante. É o que me parece ser o caso de Inês.

— Você lhe disse que Deus lhe confiou a guarda dos filhos por julgá-la mais capaz do que o marido para isso. Acha mesmo, ou falou para animá-la? Ela me pareceu tão frágil, tão perturbada...

— Ela está fora de si. Por viver tanto tempo dependente, mimada pelo pai, pendurada no marido, perdeu a individualidade. Isto é, não sabe mais do que gosta nem do que é capaz, não tem vontade própria. O que eu lhe disse é verdade.

— Dessa forma, como poderá ser apta a cuidar dos filhos?

— A vida sempre sabe o que faz. Deus nunca erra. Tirou suas muletas. Sozinha, tendo de decidir o que fazer daqui para a frente, ela vai ter de aprender a usar seus próprios recursos. E posso garantir que todas as pessoas, por mais frágeis que pareçam ser, guardam dentro de si toda a força necessária. Além do mais, como você disse, o amor materno é forte, e esse será o estímulo para que ela desperte sua força interior.

— Uma coisa me intriga. Eugênio foi sempre desligado, ausente da família, desinteressado, enquanto Elisa era a mãe por excelência, dedicada, correta, bondosa. Se o que você disse é verdade, Deus teria confiado mais em Eugênio do que em Elisa para cuidar das crianças? Não posso aceitar isso!

— Eu logo vi que você tinha alguma coisa quando saímos do centro. Estava calada, pensativa!

— Sei que você é amigo de Eugênio, que vê qualidades nele, mas, se as compararmos com as de Elisa, ele perde longe.

— As pessoas são diferentes, não é justo compará-las. Uma coisa posso afirmar: não há nada errado nesta vida. O que há é apenas nossa incapacidade de compreender. É difícil saber por que aconteceu aquele acidente com Elisa. Talvez ela precisasse dessa mudança, para aprender a lição do desapego, e com ele fosse o contrário. Se, como diz, ele era desligado, deveria perceber a beleza da família, do amor filial etc. Aliás, Eugênio sempre foi muito carnal. Tenho certeza de que o afeto dos filhos está lhe fazendo um bem enorme.

— Até aí concordo. Sua mudança continua surpreendendo-me.

— A vida tem suas razões. Elisa, sendo tão apegada e dedicada, talvez acabasse por superproteger os filhos, mimando-os, tornando-os fracos e incapazes. Que eu saiba, uma mãe abnegada, que faz tudo sozinha, não dando espaço a que os filhos errem para aprender, acaba por prejudicá-los.

Olívia mordeu os lábios. Apesar de querer elevar Elisa, reconhecia que ela era assim mesmo e que Amaro tinha razão.

Inês entrou em casa acompanhada de Marilda. Sentia-se mais animada. Vendo que a amiga fazia menção de retirar-se, pediu:

— Fique mais um pouco! Sinto-me tão bem a seu lado! Vou pedir a Janete para fazer um chá.

— Já preparei, dona Inês. Deixei até a mesa posta na copa — disse Janete, que acabara de entrar na sala.

Marilda aceitou e as duas sentaram-se para tomar o chá com bolo. Inês crivara a amiga de perguntas sobre a comunicação do pai. Elisa, que as vira entrar, aproximara-se interessada.

— Ele disse que estou correndo perigo — disse Inês. — Não entendi muito bem por quê. Quando ele falou que minha casa estava cheia de malfeitores, tive muito medo. Se não fosse aquela moça tão bonita e educada que me confortou, nem sei o que faria.

— Olívia é muito amiga de Amaro. Ela perdeu a única irmã em um acidente e sofreu muito com a separação.

— Ela me contou. O pior é que a irmã deixou três crianças pequenas. Deve ter sido horrível!

Elisa ouvia emocionada e surpreendida. Estavam falando dela! Então, Olívia continuava frequentando o centro que, por coincidência, era o mesmo de Marilda!

— Ela não perde a esperança de comunicar-se com Elisa — continuou Marilda, pensativa.

— Eu fui pela primeira vez e meu pai comunicou-se, falou até meu nome. Por que será que ela não consegue?

— Difícil dizer. Sabemos que a vida continua após a morte, que nossos entes queridos vivem em outro mundo. Algumas vezes conseguimos nos comunicar com eles, mas ainda estamos longe de conhecer tudo sobre o assunto. O que tenho observado é que os

277

que morreram, quando conseguem, procuram comunicar-se com seus familiares.

— Que perigo seria esse que meu pai disse? Será que os ladrões que assaltaram Carlos pretendem vir aqui? Houve tempo em que eu nem conseguia dormir, de tanto medo. Parecia mesmo que minha casa estava cheia de bandidos e que eles nos iriam pegar a qualquer momento!

Marilda abanou a cabeça negativamente.

— Não creio que seja isso. O espírito de seu pai estava nervoso e descontrolado. Talvez tenha se referido à presença de espíritos desencarnados. Você tem ficado muito envolvida por pensamentos de tristeza, desespero. Sua casa estava cheia de energias negativas, de dor e mágoa. Elas atraem a presença de espíritos infelizes que pensam da mesma forma!

— Que horror! Você já me havia falado. Mas é que sinto tanta tristeza, tanta revolta, tanta dor! Não estou encontrando forças para sair disso.

— Pense que com isso está criando um ambiente perigoso para seus filhos, e reaja. Os espíritos superiores estão cuidando de seu caso e vão dar-lhe forças para conseguir melhorar o padrão de seus pensamentos. Mas você precisa querer. Só quando você quiser fazer isso é que eles poderão ajudá-la.

— Eu quero, mas não consigo!

— Isso não é verdade. Quando você quer realmente, consegue. É que foi sempre muito mimada e ainda não se conforma em ter de cuidar de si mesma.

— Está sendo rude. Depois de tudo quanto passei!

Marilda olhou-a firme nos olhos enquanto dizia:

— É verdade. Sua vida tem sido uma tragédia. Agora chega. Tem oportunidade de torná-la mais feliz. Seu pai, que lhe tirava a chance de aprender e de crescer, não está mais aqui. Seu marido, que a agredia moral e até fisicamente todo o tempo, para ver se você reagia, também se foi. Agora você está só, sem ninguém que faça a parte que lhe compete. Até quando vai chorar, bater o pé como criança birrenta, porque a vida lhe tirou as muletas, e decidir crescer, ser gente, aprender como se fazem as coisas, assumir a responsabilidade por si e cuidar de seus filhos, ajudando-os a crescer?

Inês olhou-a surpreendida. Baixou a cabeça sem encontrar palavras para responder. Marilda continuou:

— Alguém precisava dizer-lhe a verdade. Você não é a mulher inútil, fraca, incapacitada que parece ser. Dentro de você há uma alma que deseja expressar-se, há uma mãe que ama seus filhos e deseja o melhor para eles, há uma mulher jovem e bonita, cheia de qualidades e potencialidades a desenvolver e que pode fazer na vida algo melhor do que chorar um passado que não volta mais e um tempo em que nunca foi feliz! Agora você é livre! Pode refazer sua vida como quiser, criar sua felicidade e a de sua família, fazer de seus momentos algo melhor. Dar graças a Deus pelas coisas boas que possui.

— Você vê em mim tudo isso? Acredita que eu seja capaz?

— Tenho certeza. O passado morreu, Inês. Está enterrado junto com seus mortos. Nunca mais voltará. Mas a vida continua e cada dia pode ser um novo momento de felicidade. O futuro ainda não aconteceu. Na realidade, você só tem o momento presente! Por que teima em infelicitá-lo?

— É difícil esquecer os entes queridos! Nunca conseguirei.

— O amor, as lembranças, os momentos bons do passado podem ser guardados dentro do coração. O que você não pode é usar essas recordações para infelicitar mais sua vida e a de sua família. Pense nisso, Inês, e perceba quanto tempo perdido!

— Você fala de felicidade. Para mim, esse tempo acabou.

— Pois agora é que ele está começando. Se tiver o propósito de reagir, de enxotar os pensamentos dolorosos e de buscar a alegria, dentro de pouco tempo tudo terá mudado em sua vida e na de sua família. E, dessa forma, terá expulsado de seu lar os espíritos malfeitores que tanto teme. Eles irão embora por não encontrarem mais ambiente propício.

Elisa ouvia deliciada, pensando em como Marilda era sábia. Se alguém lhe tivesse falado daquela forma quando ainda estava no mundo, talvez não tivesse morrido naquele acidente. Para ela, as coisas estavam claras. Por que Inês teimava em não perceber?

Lembrou-se do conselho de Renata e aproximou-se de Inês, dizendo-lhe ao ouvido:

— Faça o que ela está dizendo! Você está livre! Ah, se eu pudesse estar em seu lugar! Saberia apreciar cada momento, abraçaria meus filhos, os ajudaria com a lição, os veria crescer, aprender! Andaria livremente pelas ruas, compraria lindas roupas, iria aos salões de beleza, aos teatros, procuraria amigos! Você tem dinheiro! Por que não aproveita sua liberdade? Viva a vida, seja feliz, pense em você!

Inês suspirou pensativa, depois disse:

— Estou começando a pensar que tem razão. Tenho sofrido muito. Meu pai era muito bom e dedicado, mas irritava-me com seus excessos. Nunca me deu liberdade! Quando conheci Carlos, foi um sacrifício. Papai fez tudo para impedir nosso casamento.

— Talvez por saber que você não poderia ser feliz com ele.

— Ele não o conhecia ainda. Não podia saber. Depois, ele era ciumento com tudo e todos. Não gostava nem que eu tivesse amigas.

— Agora você está livre! Pode fazer o que quiser, ir para onde quiser, com quem quiser. Já pensou que bom? Para começar, o que gostaria de fazer? Um teatro, uma viagem...

— Não sei. Primeiro preciso cuidar um pouco de minha aparência. Estou envelhecida.

— Isso, Inês! Um tratamento de beleza seria ideal. Um bom corte de cabelo, uma renovação no guarda-roupa. Se quiser, poderei acompanhá-la.

Inês hesitou:

— Não sei... Talvez seja ainda muito cedo... Faz tão pouco tempo que Carlos se foi...

— Ele não voltará, mesmo que fique chorando em casa. É preciso reagir, reconquistar sua saúde, criar um ambiente gostoso para seus filhos. Eles precisam de um lar feliz. Você nunca teve chance de cuidar de si. Comece agora. Isso lhe fará um bem enorme. A vida é bela, Inês, está na hora de perceber isso.

Elisa ouvia com satisfação, mas dissimulou, porque Carlos entrou na copa acompanhado por um de seus homens.

— Eu não disse, Carlos, que ela iria virar a cabeça dela? Se você não reagir, logo sua mulher estará pondo as manguinhas de fora. Vai deixar? E se ela o expulsar daqui?

— Cale-se — respondeu Carlos, irritado. — Ela nunca fará isso! O que essa mulherzinha diz não me importa. Eu sei que basta eu a abraçar, falar de amor, e tudo voltará a ser como antes. Inês é minha, ouviu bem? Ninguém e nada terá força bastante para separá-la de mim!

O outro meneou a cabeça negativamente.

— Estou avisando! Você confia demais. Mulher é volúvel.

Carlos sorriu com superioridade.

— Você não conhece as mulheres! Por isso a sua o traiu daquela forma!

280

O outro deu um salto e segurou o braço de Carlos, dizendo-lhe colérico:

— Cale a boca! Não admito que ninguém toque nesse assunto! Por causa disso foi que me meti com a organização.

— E não conseguiu nada, porque sua mulher foi mais forte do que você.

— Se tocar de novo nesse assunto, vou-me embora de vez e nunca mais me verá. Estou aqui, perdendo tempo, enquanto você se acomodou e deixou de lado nossos planos. Não foi o que combinamos.

— Não gosto de ameaças! Se quiser nos deixar, pode ir. Tenho certeza de que os homens da organização que cercam a casa o prenderão em seguida. Não percebeu que aqui estamos em segurança? Enquanto estivermos com Inês, Adalberto não permitirá nenhum ataque.

— Você disse que não tinha medo dele, que poderia derrotá--lo. Onde está sua valentia? Estamos encurralados e você nada faz.

Carlos aproximou-se dele, olhando-o nos olhos ameaçadoramente.

— Não me pressione! Posso ficar nervoso e, quando perco a calma, não respondo por mim. Trate de moderar sua linguagem e de me obedecer. O chefe ainda sou eu, esqueceu?

O outro baixou a cabeça, e Carlos aproximou-se de Inês, abraçando-a e dizendo-lhe ao ouvido:

— Você não vai me abandonar! Ficará comigo para sempre! Nós nos amamos, recorda-se? Sinto falta de seus beijos, de suas carícias, de seu aconchego. Você não é nada sem mim.

Inês empalideceu e baixou a cabeça:

— O que foi? — indagou Marilda.

— Quando você fala, parece que as coisas mudam, mas de repente sinto uma tristeza tão grande... Começo a recordar-me dos beijos de Carlos, dos momentos de amor que vivemos juntos, e sinto que nunca poderei esquecer. Não me iludo, Marilda. Sei que você quer ajudar-me, mas sinto que não terei forças para reagir. É difícil crer que Carlos esteja morto. Para mim, ele continua vivo. Posso sentir sua presença, seu rosto perto do meu, seus braços em volta de meu corpo! Sei que é ilusão, mas ele ainda está vivo dentro de mim.

Marilda olhou-a penalizada, mas procurou sorrir confiante.

— Até certo ponto, isso é natural. Vamos ser pacientes. O tempo é um santo remédio. Amanhã será outro dia. Agora, preciso ir.

281

Marilda despediu-se, e Elisa viu com tristeza o olhar desafiador de Carlos para o companheiro, seu sorriso irônico enquanto dizia:

— Eu não disse? Tudo continua como sempre. Eu sei como fazer isso!

Capítulo 21

Eugênio estugou o passo, estava atrasado. Ele finalmente havia conseguido contratar uma senhora para passar a noite com as crianças.

Sentia-se particularmente feliz nesse sábado. Depois da morte de Elisa, era a primeira vez que podia sair à noite sem hora para voltar. Convidara Lurdes para o teatro e um jantar em um restaurante elegante. Depois, quem sabe, o tão sonhado momento de amor.

Queria que aquela noite fosse perfeita. Havia caprichado na aparência e antegozava o prazer daquele encontro. Aquele namoro, que a princípio fora um passatempo, ganhara força, e ele se sentia apaixonado por ela.

Naqueles dois anos de viuvez, aprendera muito sobre o casamento. Reconhecia que havia sido negligente, envolvendo-se com outras mulheres, não se aproximando dos filhos. Percebeu também que escolhera mal a mulher para casar-se. Reconhecia que era de temperamento romântico, apaixonado, ardente. Elisa, calma, pacata, disciplinada e passiva, estava longe de satisfazer suas necessidades. Apesar de reconhecer suas qualidades de bondade, honestidade, dedicação, sabia que era preciso algo mais para alimentar a chama do amor.

Parecia-lhe ouvir a voz de sua mãe aconselhando:

— Pode ter muitas aventuras, meu filho, você é homem! Mas, na hora de se casar, precisa encontrar uma mulher honesta, obediente, bondosa, recatada. É preciso cuidado para escolher a mãe de seus filhos!

Ao conhecer Elisa, pensara haver encontrado essa mulher ideal para o casamento. Ela tinha todas as qualidades necessárias. Além disso, era bonita, e ele se apaixonou.

Agora, porém, pensava muito diferente. Apesar de apreciar a liberdade, Eugênio gostava da vida em família. Sentia prazer ao chegar em casa e abraçar os filhos, ouvindo-os tagarelar alegremente sobre os acontecimentos do dia. Marina carregava sua pasta, colocando-a no escritório, enquanto Nelinha ia buscar seus chinelos, e Juninho, fazendo-o sentar-se no sofá, tirava seus sapatos. Depois, Nelinha sentava-se em seus joelhos, e Marina trazia-lhe um copo de suco de laranja ou de água gelada.

O carinho deles encantava-o, e, por mais que desejasse sair e usufruir mais liberdade, era com muito prazer que ia para casa. Embora Marina fosse reservada, ele percebia que ela perdera a animosidade e se aproximava dele com naturalidade. Ele a tratava com respeito e carinho. O que ele mais desejava era que um dia ela o amasse tanto quanto os outros dois.

Reconhecia que a influência de Olívia fora decisiva para essa mudança de Marina. Sua cunhada estava muito diferente. Já não o agredia como antigamente e até o tratava com certa delicadeza.

Ela e Amaro não se largavam; Eugênio andava desconfiado de que eles estavam namorando. Quando mencionava isso ao amigo, ele sorria, dizendo:

— Eu e Olívia somos bons amigos.

— Não sei, não. Andam sempre juntos! Para mim, isso é sintomático.

— Você só se aproxima de uma mulher quando o interessa!

— É verdade. Mas, apesar de nossos desentendimentos, posso enxergar que ela é uma bela mulher.

— Tem razão. Bela, inteligente, lúcida.

— Pena que seja tão fria.

Amaro sorriu.

— Bem se vê que não conhece Olívia! Sob aquela discreta aparência, esconde-se um vulcão.

Eugênio sorriu.

— Bem me pareceu que estava apaixonado por ela! Só assim para ver essas qualidades nela.

— Para dizer a verdade, se ela me quisesse, eu seria o homem mais feliz do mundo.

— Eu não disse? Já se declarou?

— Ela não me ama. Posso perceber isso.

— Se você a quer, não custa tentar.

— Para afastá-la e perder sua amizade? De forma alguma. Independentemente dessa minha fraqueza, sua amizade é muito importante para mim. Não desejo perdê-la.

— Olívia mudou muito desde que o conheceu. Deixou de me hostilizar, ficou mais compreensiva, cooperando mais com a família. Eu gostaria muito que vocês se casassem. Talvez com isso ela se humanizasse.

— Você está enganado com relação a ela. Não é uma mulher passiva. É forte e encara os problemas. Mas é humana, sensível. Não esqueça que, quando Elisa morreu, foi ela quem o ajudou a solucionar os problemas decorrentes.

— Quanto a isso, tem razão. Eu estava tão chocado, tão perturbado, que não sei o que teria sido de mim e das crianças sem a ajuda dela. Mas isso não muda seu temperamento arredio, orgulhoso. Quando Elisa era viva, vivia falando mal de mim, aconselhando-a a me desafiar, a se rebelar contra mim.

— O tempo acabou mostrando que ela estava certa.

— Você também?

— Ela percebeu que vocês não eram felizes, embora aparentassem. Alertava a irmã a que mudasse a maneira de agir, cuidasse mais de si mesma. Ela sabia que você saía com outras mulheres; como acha que se sentia? Apesar de conhecer suas aventuras extraconjugais, nunca contou nada à irmã.

— Por que não queria dar-lhe esse desgosto. Naquele tempo, se ela pudesse, teria nos separado.

— Pode ser. É que ela via que vocês não eram feitos um para o outro. Afinal, por que a critica? Você não chegou à mesma conclusão depois? Não desejou a separação?

Eugênio não se deu por vencido:

— E você viu no que deu. Seja como for, Olívia agora está mais cordata. Não implica comigo como antes.

— Você não foi o marido que ela sonhou para Elisa. Vocês nunca foram amigos. Ela não o conhecia intimamente. Suas atitudes com a família irritavam-na. Achava que você abusava da ingenuidade de Elisa, enganando-a com outras mulheres, não lhe dando o conforto que podia.

— Olhando as coisas desse modo, posso até entender. Por que será que agora ela mudou?

— Porque você também mudou. Assumiu com dignidade suas funções de pai e tem se esforçado para fazer seus filhos felizes. Ela os adora. Quando fala neles, seus olhos brilham e seu rosto modifica-se.

— Mas, quando Elisa morreu, não quis tomar conta deles. Se gostasse tanto como você diz, teria ficado com eles. Cheguei a propor que viesse morar aqui em casa e eu me mudaria, pagaria todas as despesas, mas ela disse que os filhos eram meus e eu é que deveria cuidar deles.

— No que ela estava certa. Você ganhou com isso. Seus filhos aprenderam a amá-lo e, pelo que observei, até Marina está mais cordata.

— Olívia não fez isso para me ajudar. Ao contrário. Jurou que se vingaria e que eu nunca mais seria feliz!

— Ela disse isso em um momento de dor. Nunca seria capaz de fazer nada contra você.

— Pelo jeito, você a considera muito.

— É verdade. Pena que você não a tenha conhecido melhor. É uma mulher excepcional.

Eugênio riu malicioso.

— Você está caidinho! Para enxergar isso em Olívia, é preciso mesmo muita boa vontade.

Lurdes já o esperava, e foram apressados para o teatro. Eugênio parecia outra pessoa, alegre, descontraído, bem-disposto. Lurdes olhava-o embevecida.

Ao saírem do teatro, ela comentou:

— Como você está bem! Parece até que remoçou!

— Estou muito feliz nesta noite. Desde que Elisa morreu, é a primeira vez que me sinto assim. Minha vida agora parece estar voltando ao normal.

— A alegria faz bem à alma. Se as pessoas soubessem disso, nunca se entregariam à tristeza.

— Há momentos na vida em que não dá para sentir alegria. Mas, como tudo passa, hoje estou muito feliz. Desejo que esta noite seja maravilhosa. A seu lado tudo fica mais bonito.

Ela sorriu feliz. Para completar a noite, ele reservara mesa para jantar em uma boate. Pretendia pedir a Lurdes que se aproximasse mais das crianças. Queria que elas a conhecessem melhor.

Quando estivessem se entendendo, poderiam pensar em casamento. Pensava sinceramente que Lurdes tinha todas as qualidades e que juntos seriam felizes.

O ambiente era requintado e a orquestra tocava uma música romântica. Eugênio, satisfeito, experimentou o vinho e, depois de o garçom encher as taças, fez um brinde:

— Ao nosso futuro!

— De felicidade, alegria e amor! — completou ela, levantando a taça e tocando delicadamente a dele.

Enquanto esperavam o jantar, foram dançar. Eugênio adorava dançar e era exímio dançarino. Só pararam quando o jantar foi servido.

— Há quanto tempo não me divertia tanto! — disse ele alegre. — Parece mentira que estou aqui e que o pesadelo acabou.

Antes que Lurdes respondesse, Eugênio, surpreendido, olhou para a porta principal. Amaro e Olívia acabavam de entrar e, conduzidos a uma mesa, sentaram-se.

— Não é sua cunhada?

— É. Com meu amigo Amaro. Ele está apaixonado por ela.

— É uma mulher muito bonita!

— Bonita, mas sem graça.

— Você diz isso porque não se dá bem com ela.

— Isso já passou. Agora ela está mais cordata. Percebeu que não sou tão ruim quanto ela imaginava.

— Vocês agora são amigos?

— Amigos, amigos, não. Mas podemos conviver sem brigar.

— Você ainda guarda ressentimentos.

— De forma alguma.

— A maneira como fala dela mostra que não esqueceu.

— Você está enganada. Para mostrar que não guardo nenhum rancor, vou convidá-los à nossa mesa.

Chamou o garçom e pediu que ele os convidasse. Apesar da pose, Eugênio sentiu-se um pouco ansioso enquanto esperavam. E se Olívia recusasse? Nesse caso, ele estaria bem, ela é que passaria por antipática.

Vendo-os se levantar, sentiu-se particularmente envaidecido. Ela havia aceitado. Levantou-se delicadamente quando se aproximaram, cumprimentando-a educadamente:

— Como vai, Olívia? Esta é Lurdes, acho que já se conhecem.

— Bem. Já nos vimos, sim. Como vai, Lurdes?

Depois de se acomodarem, Olívia disse com delicadeza:

— Vocês já estão jantando. Continuem, por favor. Nós pedimos agora, temos mesmo de esperar.

— Não sabia que frequentava esta boate — disse Eugênio a Amaro.

— Temos vindo aqui algumas vezes. A comida é excelente e a música, maravilhosa. Olívia adora este lugar.

— Depois de dois anos, é a primeira vez que saio para me divertir. Finalmente encontrei uma senhora muito boa, que ficou com as crianças — explicou Eugênio olhando furtivamente para Olívia. Não queria que ela pensasse que ele havia deixado as crianças sozinhas.

Enquanto esperavam pelo jantar, Amaro convidou Olívia para dançar, e Eugênio, curioso, disfarçadamente os observava. Nunca imaginara que sua cunhada gostasse de dançar e que o fizesse tão bem. Era surpreendente seus olhos brilhantes de prazer, sua elegância e leveza.

— Você ficou tão calado! — tornou Lurdes. — A presença de sua cunhada entristeceu-o? Trouxe recordações do passado?

Eugênio sacudiu a cabeça negativamente.

— Não. O que houve com Elisa foi doloroso, mas já esqueci.

— Você estava tão alegre, e agora ficou pensativo...

Ele sorriu ao responder:

— Continuo alegre. Estava observando Olívia. Nunca pensei que ela soubesse dançar. É a primeira vez que nos encontramos em uma boate.

— Ela dança divinamente! Dá para entender por que Amaro está apaixonado por ela!

— É. Eles estão se divertindo. Quer dançar?

Apesar do ar despreocupado, Eugênio não conseguia desviar a atenção de Olívia. Percebeu como a presença dela atraía a atenção masculina por onde passava.

"Isso é porque não a conhecem!", pensava ele, irritado.

Disposto a aproveitar aquela noite, Eugênio disfarçava a irritação, mostrando-se alegre e espirituoso.

— Eugênio disse-me que você frequenta um centro espírita e o convidou — disse Lurdes dirigindo-se a Amaro.

— É verdade, mas ele não vai.

— Eu gostaria de ir.

288

— É um lugar muito bom — aduziu Olívia com entusiasmo. — Tenho aprendido muito lá.

— Nasci em uma família espírita. Sou do interior. Em minha cidade, frequentava um centro muito bom. Mas, depois que vim morar em São Paulo, não encontrei meu lugar. Isto é, um lugar onde eu me sinta ligada espiritualmente.

— Isso é fundamental — esclareceu Amaro. — Cada centro espírita tem um grupo de espíritos que o dirige no astral. Quando você encontra aquele ao qual estava convivendo no astral antes de reencarnar, a ligação é imediata e prazerosa.

— Eu me sinto muito bem naquele centro — disse Olívia. — Quer dizer que sou ligada àquele grupo de espíritos que está lá?

— Com certeza. Às vezes, a pessoa fica algum tempo frequentando um centro para aprender o que precisa, mas depois sempre acaba buscando seu grupo de afinidade. É lá que se sentirá realizada.

Eugênio ouvia contrariado. Queria se divertir, e não falar de espíritos. Várias vezes ensaiou uma frase para dizer, mas os três estavam tão interessados no assunto que conversavam que ele não conseguiu.

— Faz tempo que você está frequentando o centro? — indagou Lurdes, interessada.

— Quase um ano. A princípio fui lá na esperança de receber alguma mensagem de Elisa.

— E recebeu? — indagou Lurdes.

— Infelizmente, não. Mas tenho estudado o assunto e sei que isso não depende de nós, mas deles. Se Elisa pudesse comunicar-se comigo, já o teria feito.

— Vocês estão se iludindo — tornou Eugênio, procurando dissimular a irritação. — Ela está morta e nunca mais voltará para falar com ninguém!

— Você não está dizendo a verdade! Eu a vi naquela tarde no carro, lembra-se?

Eugênio remexeu-se na cadeira contrariado. Sentia-se nervoso com aquele assunto. Ia responder, mas Amaro não lhe deu tempo e perguntou:

— Pode descrever o que aconteceu?

— Posso. Foi tão forte que fiquei impressionada por vários dias. Bem... — ela se calou embaraçada, olhando para Olívia.

— Pode falar — disse Amaro com firmeza. — Olívia entenderá.

289

— Claro! — tornou Olívia, interessada. — Finalmente notícias de Elisa! Seja lá o que for, quero saber.

Ignorando o olhar furioso de Eugênio, Lurdes explicou:

— Nós estávamos namorando no carro. Como Eugênio precisa ir para casa antes das oito, costuma ir buscar-me no trabalho. Ele estava particularmente amoroso naquela tarde e, então, quando me beijava, começou a passar mal. Empalideceu, faltou-lhe o ar, parecia que iria desmaiar. Foi aí que eu a vi, furiosa, ameaçadora, apertando o pescoço dele. Comecei a rezar, chamei meus guias espirituais, e ela o largou, mas fixou-me bem e com tal ódio que me parece vê-la ainda.

— Você a conhecia? — indagou Amaro.

— Bem, certa vez, há muitos anos eu a vi com Eugênio. Você sabe que Eugênio e eu tivemos alguns encontros sem maiores consequências.

— Você a reconheceu? — indagou Olívia.

— Estava muito diferente, mas eu senti que era ela! Estava com um vestido de bolinhas pretas e tinha uma ferida na testa. Deduzi que fora do acidente.

Olívia iria retrucar, mas calou-se. Era verdade. Mesmo a tendo conhecido, como Lurdes poderia saber o vestido com o qual ela fora enterrada e principalmente a marca em sua testa? A mesma descrição de Nelinha! Suspirou preocupada. Olhou para Amaro, esperando suas palavras.

— Era ela — disse ele convicto. — Eu já pressentia que ela não se havia conformado com sua situação; agora estamos vendo que é verdade. Eu bem havia falado a você, Eugênio, que deveria ir ao centro conosco.

— E essa agora? Vim aqui para divertir-me, esquecer as mágoas, e vocês ficam falando dessa tragédia? Acham que é justo isso? — reclamou Eugênio, agoniado.

Olívia olhou-o com tristeza, dizendo:

— Desculpe se estamos estragando sua noite. Mas deve convir que ter notícias de Elisa é muito importante. Nós não planejamos nada. Encontramo-nos aqui, talvez com a ajuda de Deus, para que eu pudesse pelo menos saber alguma coisa sobre ela. Você não se preocupa em saber como ela está, depois de tudo? Nunca se perguntou como ela estaria enfrentando a saudade dos filhos, a mudança, sua vida truncada de forma tão violenta?

Olívia falava com emoção, e Eugênio, fitando-a, percebeu o brilho das lágrimas em seus olhos.

— Eu não me pergunto nada. Não creio que ela continue vivendo em outro mundo. Não quero atormentar-me com essas ideias — disse ele.

— Como pode ser tão resistente? — retorquiu Olívia. — As provas de que ela continua existindo estão se avolumando à sua volta. Por que se nega a vê-las? Tem medo de que ela venha cobrar-lhe alguma coisa? É o peso de sua culpa que o está perturbando?

Eugênio olhou-a firme nos olhos. Até quando Olívia o culparia pela morte de Elisa? Respondeu com voz firme:

— Se existe uma culpa, foi a de não ter sido experiente o bastante para não me casar com ela.

— Pretende ofendê-la até agora? — retrucou ela com voz dorida.

— Não. O que quero dizer é que só agora, tarde demais, reconheço que nosso casamento foi um erro. Elisa tinha todas as virtudes e qualidades, mas não era a mulher adequada a meu temperamento. Juntos, nunca seríamos felizes. Éramos muito diferentes um do outro. Cedo ou tarde nossa união acabaria.

— Sempre achei isso mesmo! — concordou Olívia com tristeza. — Eu sempre soube que um dia ainda se separariam.

— Nesse caso, por que me culpa? Fui sincero. Quando percebi que não a amava mais, separei-me. E deu no que deu. Nunca pensei que isso pudesse acontecer. Achei que com o tempo ela esqueceria e acabaria encontrando outra pessoa que a pudesse fazer feliz como merecia. Era isso o que eu queria. O acidente não foi culpa minha!

Lurdes, preocupada, colocou a mão no braço de Eugênio, dizendo:

— Sinto muito. Lamento haver tocado nesse assunto.

— Chega de tristeza — disse Amaro. — Essa tragédia já foi. Passou. Não vamos voltar ao passado. Acabou. Vocês sabem que ninguém tem culpa de nada. A vida joga com as pessoas e sabe o que está fazendo. Ela quer que todos aprendam a viver melhor. Apesar do que passaram, vocês dois aprenderam muitas coisas com essa triste experiência. Vamos olhar só o que foi positivo. O resto está nas mãos de Deus.

— Pensei que eu houvesse esquecido, mas parece que tudo conspira para que eu me lembre — reclamou Eugênio.

— Amanhã poderemos voltar ao assunto. Porém hoje é noite de alegria. Viemos aqui nos divertir. Vamos dançar, Olívia.

Olívia entristecera-se, e havia mil perguntas que gostaria de fazer a Amaro sobre Elisa. Mas entendia os sentimentos de Eugênio. Ele estava se esforçando para fazer sua parte com a família. O momento não era propício para falar sobre a tragédia. Levantou-se sorrindo, procurando retomar a alegria de momentos antes.

Observando-os, Lurdes convidou:

— Vamos dançar, Eugênio?

Ele pareceu não ouvir:

— Você viu como ela me detesta? Não perde chance para me culpar. Essa mulher me odeia! Ela nunca me perdoará!

— Você exagera. Havia tristeza em seus olhos, não ódio. Ela não o odeia. Ama a irmã, e fica triste quando se recorda do que aconteceu.

— Você não precisava falar do que viu.

— Senti vontade de contar. Era importante para ela saber. Assim poderá ajudar o espírito de Elisa. Sei que ela ainda não está bem. Se você acreditasse, seria tão bom! Poderia contribuir para que ela melhorasse e, então, teria condições de resolver os problemas de sua vida.

— Você insiste...

— Porque gosto de você. Sei que não conseguirá refazer sua vida amorosa enquanto não esclarecer o espírito dela. Ela não deseja que ninguém se aproxime de seus filhos, e tudo faz para impedir que você se case novamente. Sem que ela mude de ideia, você não vai conseguir ser feliz!

— Você diz isso com tanta firmeza! Acredita mesmo no que está afirmando?

— Claro. Eu a vi e senti sua revolta, sua raiva. Sei o que estou dizendo. Ela está comandando a sua vida e a da família. Você só vai conseguir fazer o que ela deixar.

— Elisa não era mandona. Mesmo que fosse verdade o que você diz, ela nunca faria isso comigo. Sempre foi obediente, passiva.

— Isso era antes de passar pelo que passou. Agora está revoltada. Além disso, tem medo de que você se case e que sua esposa maltrate as crianças.

— Isso eu nunca permitiria!

— Nós sabemos disso, mas ela não sabe. Depois do que aconteceu, não confia mais em você. Já pensou que ela agora pode ler seus pensamentos, ver onde você vai e com quem se relaciona?

Eugênio remexeu-se na cadeira.

— Isso é horrível! Deus não permitiria essa invasão. Não posso crer!

— Por mais que pareça estranho, é verdade. Um espírito pode nos observar, ler nossos pensamentos sem que percebamos. Elisa pode estar acompanhando todos os seus passos e saber tudo que você faz.

— Eu não faço nada de mais. Mas incomoda-me pensar que alguém possa estar me vigiando. É difícil de acreditar!

— Você pensa assim porque nunca se interessou em estudar esses assuntos. Se o tivesse feito, teria outra opinião. Eu comecei a ver os espíritos desde criança. Pensava que todas as pessoas pudessem vê-los de vez em quando, como eu. Minha mãe, assustada a princípio, passou a frequentar um centro espírita e aceitou minha mediunidade de forma natural. Quando descobri que nem todos podiam ver o que eu via, ela me ajudou a compreender, ensinando-me a disciplinar minha sensibilidade. Enquanto morei em minha cidade, frequentei esse centro e aprendi muito. Presenciei fatos interessantes, comprovei a sobrevivência do espírito depois da morte e sei que eles podem comunicar-se conosco.

— Seja sincera: você acredita mesmo que a vida continua depois da morte? Que Elisa continua viva em outro lugar?

— Tenho certeza disso. Eu a vi. Quer maior prova?

— Você não estaria sugestionada pelo fato de estar namorando um viúvo?

— De forma alguma. Depois, como eu podia saber o vestido que ela usava e a localização de seu ferimento?

— Isso me intriga. Será que não foi por telepatia? Eu sabia como ela estava, e você pode ter captado isso de meu inconsciente.

— Por que você complica tanto um fato tão simples? De que forma eu iria tirar de seu inconsciente uma imagem da qual você nem se recordava naquele momento? Você estava me beijando pensando nela?

— Isso, não. Você sabe que, nos últimos tempos, Elisa era como uma irmã para mim. Eu não sentia atração por ela como mulher. Naquela hora, eu só via você na minha frente!

— Convença-se de que era ela mesma! Estava com raiva e queria nos separar. Ela gostava de você. Como pensa que reagiria vendo-nos namorar?

Eugênio remexeu-se na cadeira.

— É. Se ela visse, acho que ficaria com raiva mesmo.

— Seria natural. Ela estava se julgando traída.

— Você fala dela como se estivesse mesmo viva!

— E ela está. Convença-se disso de uma vez.

— Não é fácil. Quando penso nisso, sinto um arrepio pelo corpo. Não sei como vocês podem falar de gente morta com essa naturalidade.

Lurdes sorriu.

— Por que não? Morrer é natural neste mundo. Todos nós morreremos um dia. Bom é saber que a morte não é o fim e que vamos continuar vivendo em outro mundo. As pessoas que amamos e que morreram, simplesmente, foram para outro lugar, e um dia ainda nos encontraremos novamente. Não é maravilhoso?

— Visto dessa forma, pode ser. Mas como ter certeza? Como saber se isso é verdade?

— Interessando-se em estudar os fatos. Pesquisando. Experimentando. Olívia está fazendo isso e você mesmo disse o quanto ela mudou a maneira de ser.

— É. Mudou. Mas ainda continua com raiva de mim. Viu como me culpa?

— Ela continua sofrendo pela morte da irmã. Pelo que sei, não tinha mais ninguém no mundo.

— Isso não lhe dá o direito de me crucificar.

— Não seja tão dramático. Pelo que sei, ela o tem ajudado com as crianças.

— Você fala como Amaro. Não sei por que vocês vão sempre a favor dela. Ele ainda está apaixonado por ela, mas você...

— Eu me interesso por sua felicidade e por seu bem-estar. Vamos esquecer esse assunto. Não quer dançar?

Eugênio iria retrucar, mas mudou de ideia. Pretendia se divertir. Esquecer. Retomar a mesma alegria de antes. Levantou-se prontamente, dizendo:

— Isso mesmo. Vamos nos divertir.

Não voltaram a comentar o assunto. Passava das três quando Olívia e Amaro se despediram.

— Amanhã à tarde pensei em ver as crianças — tornou Olívia. — Vocês vão sair?

— Vou levá-los para almoçar fora, mas depois das três estaremos em casa.

— Está bem. Irei vê-los. Até amanhã — e dirigindo-se a Lurdes: — Vou ao centro às quintas-feiras. Gostaria que você fosse nesse dia para nos encontrarmos. Alguma coisa me diz que, você indo, teremos notícias de Elisa.

— O melhor seria Eugênio ir — respondeu ela.

— Seja como for, você está ligada a ele. Sua presença pode ajudar.

— Está bem. Irei.

Despediram-se, e, apesar de esforçar-se para divertir-se, Eugênio não conseguiu. Era muita falta de sorte ter encontrado Olívia logo na primeira noite de liberdade. Contrariado, esqueceu completamente suas pretensões com Lurdes. Aquela noite que iria ser motivo de comemoração, quando ele pretendia fazer planos para o futuro, tornara-se uma noite comum e sem importância. Fazendo imenso esforço para manter a aparência de alegria, Eugênio dançou mais um pouco, bebeu mais vinho, mas não conseguiu fazer a alegria voltar.

***

No carro com Amaro, Olívia não se conteve:

— Agora podemos falar sobre Elisa. Acha que ela está mal como Lurdes viu?

— Eu sabia que ela estava seguindo Eugênio. Falei com ele, pedi que tomasse providências. Mas ele não acreditou.

— O que podemos fazer para ajudá-la? Fico angustiada ao pensar no quanto ela pode estar sofrendo.

— Não entre nesse tipo de energia. Se quer ajudá-la, precisa ficar calma e confiar em Deus.

— O que posso fazer? Rezar?

— Se isso a conforta, reze. Penso que não deve preocupar-se. Ela está sendo ajudada por nossos amigos espirituais. Eles têm seus próprios métodos. E eu garanto que são muito mais eficientes do que os nossos.

— Tem certeza de que eles a estão ajudando?

— Tenho. Amílcar está tomando conta dela.

— Por que nunca me contou nada?

— Para não preocupá-la. Ele me disse que ela se envolveu com um grupo de espíritos justiceiros, provavelmente na tentativa de vingar-se de Eugênio.

— Elisa não era vingativa!

— Ela mudou. Foi vista perseguindo Eugênio.

— Por que não a levaram ao centro para receber ajuda?

— Ela tem medo de ir.

— Gostaria tanto de falar com ela, saber como está, o que tem feito!

— Confie e espere. Ainda vai ter notícias dela.

— Quando?

— Quando for oportuno. Tudo acontece da maneira certa, na hora que tem de ser.

— Fico ansiosa! Você acha que Eugênio está apaixonado por Lurdes?

— Parece que sim. Faz tempo que só sai com ela. Lurdes é uma moça boa. Daria excelente mãe para as crianças.

Olívia sobressaltou-se:

— Ele está pensando em se casar?

— Por que se admira? Seria uma ótima solução para ele.

— Ainda é muito cedo.

— Eu não acho. Faz dois anos que está viúvo. Tenho a impressão de que você não concorda que ele se case novamente.

— Não é bem isso. Tenho dúvidas a respeito. Como as crianças a receberiam? Não estão preparadas para aceitar outra mulher em lugar de sua mãe. E, depois, há Elisa. Se ela estiver mesmo seguindo Eugênio, vai sofrer muito vendo-o casar-se com outra. Já chega o que sofreu com sua traição. Ele não a respeitou quando viva, pelo menos que a respeite depois de morta!

Amaro meneou a cabeça negativamente.

— Você está enganada, Olívia. Ele tem todo o direito de reconstruir sua vida e a de sua família. Elisa é que tem de entender que não pode intervir na vida dele.

— Ela vai ficar preocupada com os filhos!

— Terá de abrir mão deles. A vida determinou a separação. Pode ser duro, mas ela terá de compreender que não tem o direito de intervir, a não ser para dar-lhes amor e bem-estar.

— Elisa era muito agarrada a eles. Sempre quis fazer tudo. Quando eles eram pequeninos, eu queria ajudar, ela não deixava.

— Talvez por isso hoje esteja aprendendo a lição do desapego. Lembre-se, Olívia, que ninguém é de ninguém. Será muito bom para ela entender isso.

— Vai ser difícil. Agora entendo o que Lurdes quis dizer. Ela deve mesmo estar com raiva e com ciúme.

— Procure não se envolver tanto com as emoções dela. Podem afetar seu equilíbrio. Se deseja ajudá-la, precisa estar bem.

— Eu deveria estar contente por haver obtido notícias de Elisa. Contudo, não sei por que sinto-me inquieta, angustiada, triste — suspirou fundo e prosseguiu: — Não gosto de sentir-me assim.

— Você entrou demais nas energias de Eugênio e de Elisa. Ao chegar em casa, faça uma meditação, reze, peça ajuda aos amigos espirituais. Entregue suas preocupações nas mãos de Deus e trate de esquecer esse assunto.

— Está bem. Farei isso.

Chegando em casa, Olívia tomou um banho e preparou-se para dormir. Estendida no leito, procurou relaxar. Rezou pedindo ajuda para Elisa, para as crianças e para Eugênio. Temia que ele se casasse e as crianças viessem a sofrer com isso. Fez tudo quanto Amaro recomendou, mas não se sentiu melhor.

Mil pensamentos tumultuavam sua cabeça, e já havia amanhecido de todo quando ela, cansada, finalmente conseguiu adormecer.

Capítulo 22

Apesar de haver dormido tarde na noite anterior, Eugênio levantou-se cedo naquele domingo. Sentia-se insatisfeito, inquieto, inseguro. Por quê? Antes tomava decisões, tinha objetivos, sabia o que queria. Agora não sentia a mesma facilidade. Isso o desgostava. Estaria se tornando incapaz?

Depois de tomar o café, sentou-se na sala para ler o jornal, mas não conseguia fixar sua atenção nas notícias. Ele não era mais um adolescente. Não podia permitir-se a fraquezas que poderiam resultar em problemas para sua família. Na véspera, saíra de casa disposto a falar com Lurdes seriamente. Estava certo de que a amava e de que ela seria a esposa ideal para tomar conta de seus filhos. Entretanto, seu entusiasmo arrefecera e agora já não tinha mais certeza de nada. As crianças conheciam Lurdes e não demonstravam simpatia por ela. Mudariam se a conhecessem melhor?

Na noite anterior, saíra com o propósito de declarar-se e de levar Lurdes para um hotel. Passara a semana inteira antegozando o prazer desse encontro, fantasiando como seria. Por que de repente perdera completamente a vontade? Seu antigo problema estaria de volta?

Passou a mão pelos cabelos, preocupado. O que estava acontecendo com ele não era normal. Sempre fora ousado, audacioso e nunca perdera a oportunidade de estar com uma bela mulher. Por que perdera o interesse?

Pensou em Olívia. A presença dela teria algo a ver com o que lhe acontecera? Vê-la era recordar-se do passado. Era pensar que, de alguma forma, ele desencadeara a tragédia que havia matado

Elisa e o reduzira àquela triste situação. Quando poderia esquecer? Teria de suportar esse peso pelo resto da vida?

Pensamentos sombrios incomodavam-no, tirando-lhe a alegria e a paz.

Quando Amaro chegou para irem almoçar juntos, percebeu logo que Eugênio não estava bem. Enquanto as crianças se arrumavam para sair com eles, tentou conversar:

— Ontem você estava tão bem, tão alegre! Fazia tempo que eu não o via assim. Aconteceu alguma coisa?

— Não sei o que está se passando comigo. Sempre fui firme, determinado. Agora, estou confuso, insatisfeito, inseguro.

— Por que pensa isso?

— Porque ontem eu estava certo do que queria. Saí de casa disposto a pedir Lurdes em casamento. Claro, depois que ela se aproximasse mais das crianças e elas a apreciassem. Só pensava na noite de amor que teríamos. De repente, perdi o interesse, não lhe disse nada. Esfriei. Agora já não sei mais o que quero. Um casamento com ela me parece quase impossível.

— Você não a ama!

— É uma mulher maravilhosa! Seria a esposa perfeita! Depois, ela me atrai. Até ontem acreditava estar perdidamente apaixonado. Agora...

— Pretende ter outra esposa perfeita, igual a Elisa?

— Dizendo isso, você me confunde mais. Além de gostar, eu preciso me casar com alguém que cuide bem das crianças. Tem de ser uma mulher especial.

— Talvez não seja a hora de se casar de novo.

— Pode ser. Não é isso o que me preocupa. Posso continuar a viver bem, como até aqui. Mas não gosto de sentir-me inseguro, de ser leviano, ora querendo, ora não.

— Você tem dormido bem?

— Não. Minha cabeça parece um vulcão. No trabalho, não consigo a mesma lucidez de antigamente. Quando me esforço para prestar mais atenção, sinto atordoamento, sono, mal-estar. O doutor Júlio chamou-me para conversar. Disse que a tragédia com Elisa havia perturbado minhas ideias e, no fim, aconselhou-me a consultar um psiquiatra. Você acha que ele está certo? Estou começando a pensar nisso. Não posso mais continuar assim.

— Seu problema é espiritual, não mental. Você reagiu bem a tudo quanto lhe aconteceu. Assumiu a família, fez tudo certo. Quem está com problemas mentais não faz o que você fez.

— Então, por que não posso voltar a ser como antes?

— Claro que você mudou. Amadureceu. Aprendeu a olhar outros lados de sua vida.

— Nesse caso, eu deveria sentir-me melhor.

— Você saiu de uma situação a qual estava habituado, em que se julgava seguro, para enfrentar novos desafios. De certa forma, isso pode ter provocado um pouco de insegurança.

— No início, fiquei desnorteado. Escolhera uma coisa e a vida chamou-me para outra completamente diferente. Mas, hoje, o fato de haver assumido a família sozinho parece-me natural e não me assusta mais. Ao contrário, não saberia mais pensar em mim sem eles. Não creio que meu problema venha daí. Antigamente eu ganhava bem e achava que as crianças precisavam de muito pouco para manter-se. Gastava a maior soma comigo, nas coisas que me davam prazer. Agora percebo a necessidade de dar-lhes uma boa educação, coloquei-os em um colégio melhor, preciso ganhar mais. E o que me acontece? Estou me sentindo limitado, incompetente, como nunca fui. É desanimador!

— Você é muito resistente! Nunca se perguntou o porquê de tudo quanto lhe aconteceu?

— Mil vezes. Essa é uma pergunta sem resposta.

— Não é verdade. A vida não faz nada sem uma finalidade. Quando ela age precipitando os fatos, é porque sabe que você já tem condições de aproveitar, amadurecer.

— Estarei sendo castigado por não ter dado a importância que devia a meus filhos e desejar abandoná-los?

— Que ideia! Não é nada disso. Estou vendo que você ainda não se libertou da culpa pela morte de Elisa.

— De uma certa forma, contribuí para isso.

— Você não teve culpa de nada. Fez o que lhe pareceu melhor naquele tempo. Nunca pensou que o acidente pudesse ocorrer.

— É verdade.

— Nesse caso, de que se culpa? O que lhe aconteceu não foi um castigo. A vida sempre faz o melhor. Ela mudou seu destino porque o caminho que você havia escolhido não era aquele que lhe daria mais felicidade. Ela o chamou para uma reavaliação de seus sentimentos e também para que despertasse para a vida espiritual. Você sempre foi desligado desse assunto. Está sendo forçado a pensar nele. Ontem foi se divertir, e o que aconteceu? A vida nos juntou para a conversa que tivemos. Não lhe parece mais do que uma simples coincidência?

— Encontrá-los nesta imensa cidade sem havermos combinado foi surpreendente.

— Nada acontece por acaso. A vida é mágica e cada coisa tem uma importância particular. Você está sendo pressionado de todas as formas. Nelinha viu Elisa, Lurdes também. Olívia já está convencida de que ela vive em outro mundo. Só você ainda resiste. O que espera?

— Nada. Eu desejo apenas tocar minha vida e a de minha família o melhor possível.

— Se espera que as coisas voltem a ser como antes, perca as ilusões. Você já não é o mesmo, seus filhos também não. Vocês estão maduros para perceber a espiritualidade e não vão poder voltar atrás.

— O que quer dizer?

— Quanto mais você resistir, mais a vida vai pressioná-lo, até que você aceite.

— Você fala, mas não sei se isso é verdade! Essa história de espíritos parece-me tão irreal!

— Não lhe peço que acredite no que estou dizendo, mas que pelo menos estude o assunto. Vá assistir a algumas sessões no centro.

— Por que insiste nisso?

— Por que você tem tanto medo de ir lá?

— Não tenho medo de nada. É que nunca acreditei em nada disso. Parece-me constrangedor ir a um centro espírita.

Amaro riu bem-humorado:

— É só para continuar a ser "durão" comigo e com Olívia? Saiba que, se você não for, o problema será só seu. Eu e ela continuaremos cada dia melhor. Não sei se poderá dizer o mesmo.

— Até parece que ir lá vai resolver todos os meus problemas. Isso chega a ser fanatismo.

— Você está falando de algo que não conhece. Nunca foi, nunca experimentou e já condenou. Se pretende ser tão radical, não se fala mais nisso.

— Radical? Eu?!

— Radical e preconceituoso, sim. Não foi, não conhece e não gosta. Quer mais preconceito do que isso?

302

— Qualquer noite destas, irei a esse centro só para que não pense que sou tudo isso.

— Quando quiser ir, terei prazer em acompanhá-lo.

— Vamos almoçar, que as crianças estão com fome. É tarde e Olívia resolveu vir vê-los esta tarde.

— Você está é querendo fugir ao assunto. Nunca se preocupou com as visitas de Olívia!

— Eu prometi estar em casa. Vamos embora.

Amaro sorriu e resolveu não insistir. Contudo, na quinta-feira seguinte, conversou com ele no escritório, renovando o convite:

— Hoje à noite irei com Olívia ao centro. Quer ir conosco?

— Não posso. Tenho de ir para casa cedo. Não programei ninguém para ficar com as crianças.

— Fica para outra vez.

Eugênio concordou aliviado. Parecia-lhe absurdo, mas, quando pensava em ir até lá, sentia arrepios e uma sensação de desconforto. Não queria admitir que tinha medo do que poderia ocorrer. Não acreditava em nada daquilo, mas e se Elisa viesse mesmo pedir-lhe contas? A esse pensamento, sentia-se assustado. Estava chocado com a tragédia e desejava esquecer. Não iria procurar nada.

***

Amaro comentou com Olívia a atitude de Eugênio, finalizando:

— Ele diz que não acredita, mas fica apavorado só em falar nisso!

— Ele nunca virá!

— Não penso assim. Quando Deus quer, não há como fugir.

Ao entrarem no salão das reuniões, Olívia passou o olhar pela assistência pensando em Inês. Quando a viu, imediatamente foi cumprimentá-la.

— Que bom que você veio! — disse abraçando-a.

— Fiquei em dúvida se deveria... Estava sentindo-me muito deprimida, sem vontade de sair... Mas Marilda passou em casa e animou-me.

— Fez bem. Precisa reagir. Não pode deixar-se dominar pela tristeza.

— Tenho esperança de saber notícias de Carlos. Daria tudo para poder falar com ele... saber como está...

— Eu também gostaria de falar com Elisa. Quem sabe hoje teremos mais sorte.

Calaram-se, porque as luzes se apagaram. A reunião iria começar. Após a leitura de um trecho de *O Livro dos Espíritos*, dos comentários esclarecedores dos dirigentes, das orações costumeiras, o silêncio se fez.

Olívia quase não prestou atenção ao que eles haviam dito, porquanto Inês, a seu lado, sentia-se mal. Várias vezes fizera menção de levantar-se para sair, e Olívia tentava acalmá-la, falando baixinho que logo tudo iria passar, segurando suas mãos geladas e trêmulas. Quebrando o silêncio da sala, Inês começou a soluçar e a gritar:

— Ajudem-me ! Estou desesperado! Ajudem-me!

Imediatamente, Marilda levantou-se da mesa e foi ter com ela, dizendo com voz serena:

— Vamos ajudar. Acalme-se. Venha, Inês.

Ela se levantou e Marilda fê-la sentar-se em seu lugar ao redor da mesa. Ela soluçava sem parar.

— Pronto. Você pode falar. Como poderemos ajudá-lo?

Inês levantou a cabeça e esforçou-se para conter os soluços que lhe sacudiam o corpo. Marilda continuou:

— Não se preocupe. Fale o que está sentindo. Deus vai nos ajudar.

— Estou sofrendo todos os tormentos do inferno! — disse ela.
— Pensei que havia resolvido definitivamente o problema, mas agora percebo que só o agravei! As coisas estão piores do que antes! A culpa é minha! Eu mereço ser castigado, não ela. Meu Deus, o que fiz de minha vida? Quem poderá me socorrer nesta hora?

— Deus! Peça ajuda a Ele!

— Eu não mereço! Precipitei as coisas. Estava desesperado! Não aguentava mais ver os maus-tratos que ela sofria ao lado dele!

— Não se martirize. O passado não volta mais. Pense no que você pode fazer agora de melhor.

— Estou manietado! O miserável ameaça-me! Sei que ele cumprirá! Ele é perverso! Estou sem poder fazer nada!

— O que você não pode fazer, entregue nas mãos de Deus! Ele tem sabedoria para fazer o que for mais adequado.

— Deixar as coisas como estão? Impossível!

— Você nada pode fazer. Pretende agravar mais a situação?

— Ela precisa saber! Ele pretende continuar dominando-a mesmo depois de morto! Não posso tolerar isso!

304

— Por que não para com esse jogo de poder? Você quer que ele se afaste para voltar a dominá-la.

— Mas eu a amo e posso zelar por sua felicidade! Ele não! Estava cheio de aventuras e nem sequer a respeitava!

— Quem ama liberta. Se a amasse mesmo, a deixaria em paz para seguir seu destino.

— Não posso! Ela ficaria com ele!

— Quem pode saber o futuro? Deixe-a em paz. Cuide de você, que está infeliz e descontrolado.

— Estou assim porque, apesar de tudo, não consegui libertá-la dele. Anos planejando, trabalhando para isso, e agora está tudo perdido.

— Cada um é livre para escolher seu caminho. Você não é dono de ninguém. Já interferiu demais na vida deles. Deixe a vingança de lado. Afaste-se e cuide de sua vida. Veja em que estado lastimável você está!

— Tudo parecia ir tão bem! Nunca pensei que pudesse dar errado! Eu estava do lado da justiça. Ele foi julgado e condenado!

— Nós não temos condições de julgar ninguém. Você estava enganado!

— Trabalhei anos na organização, eles sabiam de tudo. Fizeram o julgamento e condenaram-no. Por que agora se recusam a intervir e me deixam sozinho com meu desespero? Eles se diziam tão poderosos, e agora percebo que seus poderes são limitados. Eles são incapazes de aprisioná-lo de novo!

— Você pede ajuda. Para ser ajudado, precisa se ajudar, perdoar, acabar com ideias de vingança. Elas estão infelicitando vocês todos. A única forma de melhorar essa situação é deixá-los em paz, entregar tudo nas mãos de Deus.

— É difícil... Não posso...

— Pode, sim.

— Como fazer isso?

— Desligando-se dela de uma vez. Libertando-a!

— Não suportarei a separação!

— Não seja dramático. Sua atitude só tem contribuído para a infelicidade de todos. Seja generoso. Deixe-a em paz. Se fizer isso, nós o ajudaremos a se recuperar. E, quando estiver bem, poderá voltar a vê-la.

— Farei qualquer coisa para que ela seja feliz!

305

— Comece deixando-a seguir o próprio caminho. Ela precisa crescer, aprender outras coisas, encontrar a felicidade. Não acha que tem sofrido bastante?

— Acho. Sinto-me exausto e sem forças. Mas, se eu a deixar, ele vai atormentá-la, e ela estará sem defesa.

— Nós a ajudaremos. Ele também terá de deixá-la.

— Nesse caso, concordo. Se conseguir que ela se liberte dele, farei tudo quanto me disserem. Mas preciso ter certeza, sossegar meu coração.

— Você será informado, prometo. Agora, vá junto com essa moça que está a seu lado. Ela lhe dirá o que fazer e o conduzirá a um lugar de recuperação.

— Tenho medo da organização! Eles não queriam que eu os deixasse. Alegaram que estou comprometido com eles!

— Se deseja mesmo deixá-los, nós o protegeremos e nada lhe acontecerá. Agora vá.

Fundo suspiro escapou do peito de Inês, e ela se deixou cair trêmula sobre a mesa. Marilda apanhou um copo com água e fê-la ingerir alguns goles, dizendo:

— Já passou. Reze e procure pensar em Deus.

Quando a sessão terminou, Olívia levantou-se e foi ter com Inês, que, ainda trêmula, sentia-se atordoada.

— Sente-se melhor? — indagou.

— Sim. Apesar de tudo, estou calma.

Amaro aproximou-se sorrindo e dizendo:

— Mediunidade! Você tem mediunidade! Nunca percebeu?

Inês meneou a cabeça negativamente:

— Mas fui eu quem falou! Foi esquisito, porque eu estava vendo e ouvindo tudo, mas não conseguia parar. Minha boca falava sem eu pensar, e eu sentia desespero, tristeza, medo, remorso e culpa! Não dá para explicar tudo que senti. O que aconteceu de verdade? Eu me sentia como se fosse meu pai! Foi muito estranho!

— Foi o espírito de seu pai que falou por intermédio de você. A maior parte do que experimentou era o sentimento dele — esclareceu Marilda.

— Nesse caso, ele estava sofrendo muito!

— Estava. Mas foi ajudado, graças a você. Graças à sua mediunidade, ele pôde desabafar, entender algumas coisas. Ele era

306

muito apegado a você. Desde que morreu, nunca deixou de estar a seu lado.

— Ele era assim mesmo. Às vezes até me dava medo. Nunca vi tanto apego! Chegava até a me incomodar!

— Agora ele entendeu e vai deixá-la em paz — disse Amaro, calmo.

Inês sacudiu a cabeça, pensativa:

— Não sei, não. Custa-me crer que ele tenha me deixado.

— Deixou, sim. Foi levado por nossos amigos espirituais para um lugar de recuperação onde, além de receber ajuda para se reequilibrar, vai aprender a viver melhor. Só poderá visitá-la quando estiver em melhores condições — confirmou Marilda.

Inês suspirou:

— Ele sempre implicou com Carlos. Até depois de morto, ele o perseguiu. Não entendi bem o que ele quis dizer, o que ele fez para as coisas piorarem. Acho que ele gostou do que aconteceu.

— Não pense nisso para não atraí-lo novamente. Agora é sua vez de libertá-lo. Ele precisa retomar o próprio caminho — tornou Amaro.

— Por que será que ele estava com medo de Carlos?

— Procure não pensar nisso. Você agora precisa cuidar de sua saúde, recuperar suas forças. Deixe-os em paz. Eles partiram e você ficou. Significa que seu caminho agora é diferente do deles. Enquanto eles precisam aprender a viver no outro mundo, enfrentar seus problemas, seguir para a frente, você terá de viver aqui, cuidando de seus filhos, aprendendo a cuidar de si. É isso que a vida deseja agora, e ela sempre quer o melhor — disse Marilda, convicta.

— É verdade — ajuntou Olívia com voz firme. — Você agora está livre para fazer o que quiser. Já pensou que maravilha?

Inês meneou a cabeça negativamente:

— Eu preferia que eles estivessem comigo. Sinto-me insegura, não sei o que fazer da vida...

— Se jogar fora o passado e pensar em sua felicidade, tenho certeza de que aprenderá bem depressa! — tornou Marilda sorrindo.

— Eu e Olívia vamos comer algo. Vocês nos acompanham?

— O que aconteceu hoje me intriga. Eu gostaria de conversar mais — disse Inês.

— Infelizmente hoje não poderei demorar — esclareceu Marilda.

— Preciso voltar com ela — disse Inês. — Mas vocês poderiam ir para minha casa! Comeremos alguma coisa e poderemos conversar mais um pouco! Depois do que me aconteceu esta noite, sei que não vou conseguir dormir.

Amaro olhou para Olívia, que sorriu e respondeu:

— Para mim, está bem. Só que não vamos nos demorar muito, porque amanhã terei de acordar cedo.

***

Naquela noite, Elisa, vendo Inês aprontar-se para sair com Marilda, sentira-se triste. Sua situação não se resolvia, e ela não suportava mais a falta de notícias dos seus. Carlos parecia muito à vontade, sem se preocupar com os problemas dela e dos demais que o acompanhavam.

Depois que elas saíram para o centro, Elisa aproximou-se de Carlos:

— Precisamos conversar. Não posso ficar mais aqui. Tenho família, preciso cuidar de meus filhos e de minha vida. Por favor! Eu peço! Deixe-me ir embora. Juro que nada farei que possa prejudicá-lo. Ao contrário: estou cansada da organização e não pretendo voltar mais lá.

Carlos olhou-a com certa indiferença.

— Você diz isso agora. Assim que sair daqui, vai procurar aquele covarde!

— Juro que não! Mal o conheço. Não tenho nada a ver com ele.

— Mentira! Estava trabalhando para ele.

— Só aceitei porque queria ajudar Inês. Tive pena dela. Agora estou arrependida. Não devia ter me envolvido neste caso...

— Mas envolveu-se. Quando você está por perto, Inês acalma-se. Preciso de você aqui, ao lado dela.

— Ela está melhor, já não precisa de mim.

— Você fará o que eu quiser, entendeu? — gritou ele, pegando-a pelos ombros e sacudindo-a com força. Elisa tonteou e procurou segurar-se para não cair. Não tinha coragem de enfrentá-lo. Receosa, disse com voz súplice:

— Está bem. Mas pense no que eu pedi.

— Ela tem razão — disse um dos homens que se aproximara. — Isto aqui não está certo. Estamos perdendo muito tempo. Eu também tenho negócios para tratar. Não posso ficar aqui toda a vida à espera de que você decida enfrentar Adalberto.

Carlos olhou-o irritado.

— Você não é como ela. Se quer ir, vá. A porta está aberta. Mas depois não grite por mim quando a organização o prender. Sabe que eles não descansarão enquanto não nos apanharem. Se quisermos vencer, teremos de ser mais astuciosos do que eles.

— Esta calmaria me deixa nervoso! — disse outro que ouvira as palavras do colega.

— A mim também. Mas não podemos facilitar. Teremos de esperar. Aqui estamos seguros.

Vendo inúteis suas rogativas, Elisa afastou-se, postando-se a um canto do quarto de Inês, mais uma vez lamentando sua ingenuidade ao envolver-se com eles. Triste, começou a rezar, implorando ajuda, pensando em Renata e em Amílcar. Lembrando-se de tudo quanto lhe acontecera, Elisa deixava que as lágrimas corressem livremente, dando vazão à angústia que sentia. O que seria dela dali para a frente? Estaria destinada a ficar prisioneira daqueles facínoras até quando? Estava cansada. Pediu a Deus que a ajudasse, tirando-a daquela triste situação.

Sentiu-se mais calma depois disso. Naquele instante, percebeu uma claridade a um canto do quarto, e Renata apareceu dizendo-lhe:

— Hoje chegamos mais próximo da solução dos problemas que os afligem. Adalberto resolveu cooperar. Concordou em deixar Inês e Carlos em paz.

— Nesse caso poderei ir embora?

— Mais depressa do que imagina.

— Se me ajudar, poderei ir agora.

— Isso não será possível. Precisamos de você aí mais um pouco.

— Se Adalberto se afastou, não haverá mais briga. Posso cuidar de minha vida.

— Temos de ajudar Carlos a compreender.

Elisa meneou a cabeça:

— Esse nunca entenderá! É duro como uma pedra!

— Deus tem seus próprios meios. Tenhamos fé. Adalberto veio comigo e deseja falar-lhe.

Elisa, admirada, viu entrar Adalberto pálido, abatido, apoiado por dois enfermeiros.

Ele se aproximou dela, dizendo com voz triste:

— Elisa, sei que está angustiada, mas não pude fazer nada para libertá-la! Você viu como Carlos me ameaçou... Em meio a nosso sofrimento, percebi que você é bondosa e tem feito muito bem a Inês. Estou agoniado, não tenho forças para lutar mais. Compreendi que preciso afastar-me por uns tempos para refazer-me. Dói muito deixar Inês, principalmente por ver que Carlos continua aí, prejudicando-a como sempre. Prometeram-me que ele também irá embora, que sua permanência ao lado dela não será por muito tempo, por isso rogo a você que não a abandone. Confio que você tudo fará para ampará-la, caso ele tente algo contra ela.

Elisa, comovida, sentia que as lágrimas voltavam a cair. Onde estava aquele homem orgulhoso, seguro de si, forte, cheio de pose que conhecera? Era difícil reconhecê-lo nesse ser inseguro e agoniado que lhe falava.

— Gosto de Inês. Ela é tão sofrida quanto eu. Farei tudo que puder para ajudá-la. Entretanto, sou fraca e não posso nada. Estou cheia de problemas e vivo angustiada longe dos meus, prisioneira, sem saber o que vai ser de minha vida.

— Segundo me disseram, as coisas vão mudar, e você poderá também resolver sua vida. Não volte à organização. Eles estão enganados e não sabem o que estão fazendo. Não se iluda mais com eles. Precisamos ter a ajuda dos filhos da luz!

A voz de Adalberto era fraca, mas Elisa entendeu.

— Também estou arrependida. Não quero mais nada com eles. Se eu sair desta, nunca mais voltarei lá.

— Agora temos de ir — tornou Renata. — Continue rezando e confiando. Tudo vai ser resolvido.

— Por favor, acalme meu coração! Diga que a protegerá! Confio em você!

Elisa sentiu-se valorizada. Olhou-o nos olhos, dizendo firme:

— Pode contar comigo. Ficarei atenta.

— Qualquer coisa, peça ajuda, chame por Renata.

— Acalme-se, Adalberto. Ela sabe como fazer. Este lugar está sob nosso controle. Tudo que acontecer aqui nós saberemos. Vamos embora.

— Adeus, Elisa. Beije as crianças por mim.

— Adeus, Adalberto. Felicidades!

310

Quando eles se afastaram, Elisa sentiu-se mais animada. Sua liberdade logo seria realidade. Dirigiu-se à sala temerosa de que Carlos houvesse visto algo.

Encolhido a um canto, ele não estava bem. Praguejava e andava de um lado a outro, inquieto. Um dos homens aproximou-se dele, dizendo:

— O que foi? Você não me parece bem.

— As dores voltaram. De repente recomeçaram. Veja: este ferimento está novamente sangrando.

— Você precisa de socorro médico. A situação pode piorar.

— Vire essa boca para lá! Nada vai piorar. Vou ficar bom. Esqueceu que já passei pela morte?

— Por isso mesmo. E se não passar? Vai ficar sentindo isso quanto tempo?

— Já estava quase bom. Não sei por que piorou. Vai ter de passar.

— Não sei, não... Precisa tratar-se.

Carlos irritou-se:

— De que jeito? Esqueceu que estamos presos aqui?

— É por isso que precisamos fazer alguma coisa. Não podemos ficar aqui para sempre. Até você, que estava muito à vontade em sua própria casa, agora começa a ficar ruim.

— Começo a pensar que tem razão. Esta situação começa a me cansar. E esta dor que não passa?

— Está sangrando muito. Tem de fazer alguma coisa para parar.

Realmente, os ferimentos de Carlos sangravam sem que ele pudesse fazer nada. Instintivamente, passou pelo quarto onde Elisa estava e foi ao banheiro na tentativa de procurar algo que o aliviasse.

Elisa, vendo-o, assustou-se:

— Você está mal! — disse.

— Estou, mas não é por isso que você vai escapar. Estou de olho aberto.

— Precisa de ajuda.

Ele sacudiu a cabeça negativamente:

— Ninguém pode me ajudar.

— Seu estado pode agravar-se. Ontem, seus ferimentos estavam só irritados, mas hoje estão sangrando muito. Por que não procura ajuda?

— Não vê que é impossível? Estou preso aqui, e, se sair, Adalberto e os outros me prendem de novo.

311

— Você não precisa sair para obter ajuda.

— Você sabe o que fazer para estancar o sangue?

— Não. Mas conheço alguém que pode.

— Você é da organização. Não quero nada com eles. Está me armando uma...

— Está enganado. Também não quero nada com a organização. Por causa deles me meti nesta confusão. Quando me livrar, quero ficar bem longe deles.

— Está me dizendo a verdade? Você tem raiva de mim, por que me ajudaria?

— Não gosto de você, isso é verdade. Mas não posso ver ninguém sofrendo desse jeito sem ajudar. Sou humana e nunca fiz mal a ninguém. Você não me conhece.

Carlos olhou-a firme, como que querendo penetrar seus pensamentos. Depois disse:

— Estou lavando as feridas, mas o sangue não para. Se ao menos eu soubesse um remédio...

— Isso eu não sei. Mas conheço uma pessoa que tem me ajudado muito desde que fiquei prisioneira. Talvez possa ajudá-lo.

Ele a olhou desconfiado.

— Não vi ninguém estranho aqui. Como alguém entrou e eu não percebi?

— Ela só fica visível quando quer e para quem quer. Tem muitos poderes. Eu estava muito angustiada, e, se não fosse por ela, nem sei o que teria sido de mim.

— Se tivesse mesmo poder, teria libertado você. Por que não o fez?

— Por que ela quer que eu fique mais um pouco perto de Inês. Diz que preciso ajudá-la.

Carlos fez um gesto ameaçador:

— Não quero estranhos aqui! Avise-a que não apareça mais. Se a encontro, ela vai se arrepender.

Elisa deu de ombros, dizendo:

— Você é quem sabe! Está sofrendo, acabando-se, precisando de ajuda, e continua maldoso. Não direi mais nada. Arranje-se como puder. Se lhe acontecer algo pior, a culpa é só sua.

Ele ameaçou agredi-la, respondendo com raiva:

— Saia da minha frente. Não preciso de sua ajuda.

312

Elisa saiu do banheiro e foi até a sala exatamente quando Inês abriu a porta e, para sua surpresa, Olívia e Amaro entraram com ela. Emocionada, Elisa abraçou Olívia, chorando copiosamente.

Olívia, embora não a pudesse ver, foi acometida de grande emoção. Era pessoa controlada, não se emocionava com facilidade. Entretanto, sentada no sofá, a custo continha o pranto. Amaro olhava-a preocupado e não se conteve:

— O que foi, Olívia? Não se sente bem?

— Aconteceu uma coisa estranha. Meu coração disparou e sinto muita vontade de chorar. Eu estava tão bem...

— Foi só entrar aqui... — disse Inês, que se sentara também depois de pedir a Janete que providenciasse o lanche. — Tenho chorado muito, e você deve ter sentido essas energias. Marilda disse-me que, quando eu choro e lamento, estou poluindo o ambiente de minha casa, enchendo-o de energias ruins, prejudicando minha família. Não acreditei muito, mas agora, vendo você, penso que ela estava certa.

— Não sei se foi isso — respondeu Olívia, pensativa. — Apesar da vontade de chorar, não sinto tristeza. Ao contrário: é uma sensação de alívio, alguma coisa muito familiar, que não sei o que é.

— Seria bom trazer alguns médiuns aqui para uma reunião — sugeriu Amaro. — Sinto que ajudaria muito sua recuperação.

Carlos, que os observava, não gostou da ideia. Aproximou-se de Amaro e disse-lhe com raiva:

— Vá embora. Ninguém o chamou aqui. Se tentar fazer o que diz, vai se arrepender.

Amaro registrou certo mal-estar, mas controlou-se. Havia percebido alguns vultos escuros à sua volta. Continuou calmamente:

— Seria uma forma de receber a ajuda dos bons espíritos.

— Eu gostaria muito. Antes de ir ao centro no dia da sessão, fico inquieta, nervosa, sinto receio de ir. No entanto, eu vou e volto sempre melhor. Penso que, se eles viessem rezar aqui em casa, todos nos sentiríamos melhor.

— É verdade. Se você quiser, falarei com os dirigentes e poderemos marcar para a semana que vem.

Carlos irritou-se ainda mais. Avançou em Amaro, dizendo:

— Proíbo-o de fazer isso! Era só o que me faltava!

Amaro sentiu o impacto e fechou os olhos, orando em silêncio. Sentia-se mal e seu corpo cobrira-se de frio suor.

313

— O que foi? — indagou Olívia, assustada. — Está se sentindo mal?

— Rezem — disse ele. — Ajudem-me.

Elas começaram a rezar maquinalmente, mas estavam assustadas demais para pôr sentido na oração.

— Preciso receber um espírito — disse Amaro. — Vocês precisam conversar com ele.

— Não sei como fazer isso! — disse Inês, apavorada.

— Olívia pode. Não dá para esperar mais! — disse ele fazendo enorme esforço para controlar-se.

— Está bem — tornou Olívia, decidida. — Tentarei.

Elisa, abraçada a Olívia, tentava protegê-la. Temia que Carlos e seus homens em sua revolta também a agredissem.

Amaro concordou e em seguida começou a contorcer-se na cadeira gemendo e gritando com voz rouca:

— Vão embora! Não quero ninguém aqui. Se tentarem alguma coisa, vão se ver comigo.

— Acalme-se — disse Olívia. — Não vamos fazer-lhe mal.

— É mentira. Vocês todos estão contra mim, querem afastar-me de Inês. Mas não vão conseguir. Ela me pertence, entenderam? É minha. Só faz o que eu quero. Sempre foi assim e sempre será.

— Não estamos contra você — respondeu Olívia. — Só queremos ajudá-lo.

— Não creio. Vocês querem é meu fim. Mas não vão conseguir. Sou forte, e nada vai me tirar daqui.

Elisa resolveu intervir. Lembrou-se das aulas de magnetização e, colocando a mão na testa de Olívia, procurou transmitir-lhe seus pensamentos e percebeu com satisfação que ela repetia suas palavras.

— Veja como você está mal. Você precisa de atendimento médico. Não pode ficar como está. Até quando vai aguentar?

— Eu aguento. Sei que vai passar.

— Suas feridas sangram e, a cada dia, vão piorar até que sem forças você perca os sentidos. Nesse dia, será arrebatado por seus inimigos, que só esperam isso para apanhá-lo.

— Como sabe? Quem lhe contou isso?

Elisa viu que Amílcar se aproximara envolvendo Olívia, que imediatamente respondeu:

— Viemos ajudá-lo. Podemos levá-lo a um hospital onde será tratado. Precisa curar seus ferimentos.

314

— Que garantia me dão que não vão prender-me?

— Não vamos prendê-lo. Mas, para atendê-lo, você precisa prometer que vai obedecer ao tratamento, cooperando com os médicos e fazendo o que eles disserem.

— E se eu não quiser?

— Ficará como está. Não temos tempo a perder com quem não quer se ajudar. É uma chance que você tem. É pegar ou largar.

— Depois poderei voltar aqui?

— Só quando estiver muito melhor. De que lhe adiantaria vir sem estar curado para começar tudo de novo?

— O que vão querer em troca dessa ajuda?

— Que obedeça à disciplina do hospital.

— Não posso sair daqui. Se eu sair, Adalberto vai voltar.

— Ele foi ajudado hoje e concordou em deixar Inês em paz.

— Não creio.

— Se for conosco, vamos mostrar-lhe onde e como ele está.

— Vocês têm poder para isso?

— Deus pode tudo. Agora vamos. Quanto antes começar seu tratamento, melhor.

— Se eu sair, meus amigos serão presos. Nossos inimigos estão esperando do lado de fora.

— Se eles quiserem ir, poderemos levá-los conosco para nossa colônia, desde que concordem em atender à disciplina. Garanto que não irão se arrepender.

— Vou perguntar-lhes. — Amaro fez alguns segundos de silêncio, depois continuou: — Farão qualquer coisa para se livrarem da organização.

— Muito bem. O tempo urge. Vamos embora — disse Olívia.

— Eu vou, Inês. Mas eu volto. Adeus.

Amaro suspirou, estremeceu e abriu os olhos. Olívia deixou-se cair em uma poltrona, olhando admirada para Inês, que soluçava.

— Era ele! — disse Inês, por fim. — Senti que era ele! Meu Deus, ele estava aqui sangrando o tempo todo e eu nunca o vi. Por isso me sentia tão aflita. Os dois se foram... O que será de mim agora? Que farei da vida sem eles? Quero ir com ele... Quero morrer também...

Olívia levantou-se e, aproximando-se de Inês, disse-lhe com voz diferenciada:

— Como você é boba! Agora está livre! Deveria festejar, gritar de alegria. Não sabe do que se livrou. Se eu pudesse estar aí, em

315

seu lugar, com meus filhos, não iria fazer questão nenhuma daquele meu marido sem-vergonha e traidor. Abra os olhos, Inês: você tem dinheiro, tem uma linda casa, dois filhos saudáveis. É moça e bonita. O que está esperando para viver? Ah! Se eu estivesse em seu lugar, que feliz seria! Todos os dias agradeceria a Deus a bênção da vida! Enxugue suas lágrimas e de hoje em diante seja você mesma. Faça o que lhe der vontade. Aproveite. É só o que eu posso dizer.

— Quem é você? — indagou Inês, curiosa. — Parece-me familiar.

— Faz tempo que estou com você. Estava aqui presa, primeiro por Adalberto, depois por Carlos. Agora estou livre para ver meus filhos e fazer o que quero. Nunca mais vou me prender. Queria lhe dizer que tive muita pena de seus sofrimentos. Eu também fui como você, mas aprendi que não vale a pena. Se quando estava no mundo eu soubesse o que sei hoje, tudo teria sido diferente. Agora é muito tarde para mim, mas você ainda está aí, com seus filhos, tem tempo de recomeçar. Acredite, chorar por um homem desleal e malvado é inútil. Você pode viver melhor. Não se acovarde. Antes, agradeça a Deus por ter se livrado dele.

Amaro aproximou-se de Olívia, dizendo com voz suave:

— Agora está tudo bem. Você está livre. Amílcar disse-me que veio buscá-la.

— Não posso — respondeu Elisa. — Preciso ver meus filhos. É com eles que quero ficar.

— É impossível. Você precisa refazer-se. Quando estiver bem, poderá visitá-los, ajudá-los.

— Eu preciso vê-los! Estou libertando-me deles e tornando--me prisioneira de vocês?

— Não se trata disso. Você vai apenas para equilibrar-se. Se ficar sozinha, pode acontecer-lhe algo pior. Precisa aprender a proteger-se. Estou informado de que você tem condições de viver melhor. Se houvesse atendido nosso apelo tempos atrás, não teria sofrido o que sofreu.

Elisa suspirou, enquanto lágrimas desciam por seu rosto pálido. Amaro colocou a mão sobre sua testa dizendo:

— Agora vá. Deixe Olívia em paz. Quando se sentir melhor, poderá voltar.

— Olívia, cuide das crianças por mim! Eu deveria ter ouvido você! Por que não a escutei? Estou sofrendo muito! Por favor, não deixe outra mulher tomar conta delas. Faça isso por mim! Eu lhe peço! Só confio em você!

316

Olívia tremia como folha sacudida pelo vento. Amaro percebeu que ela estava no limite de suas forças. Por isso, rezou pedindo a Amílcar que a socorresse.

Amílcar aproximou-se de Elisa, que, abraçada a Olívia, chorava copiosamente.

— Não faça isso. Você a está perturbando. Se prometer obedecer, levarei você para ver as crianças.

Imediatamente, Elisa parou de chorar e concordou. Respirou fundo, dizendo:

— Eu vou. Quando puder, voltarei para conversar. Adeus.

Olívia tonteou e teria caído se Amaro não a houvesse amparado, fazendo-a sentar-se no sofá. Estava gelada e seu corpo estremecia de vez em quando.

— Calma, Olívia. Ela já se foi. Vai passar — disse Amaro enquanto trabalhava com as mãos, tirando as energias perturbadoras que Olívia absorvera.

Minutos depois, ela se sentiu melhor. Inês trouxe um copo com água e ela bebeu alguns goles. Depois, olhou para Amaro, dizendo aflita:

— Não sei o que aconteceu comigo. Acho que estou misturando as coisas. Não posso entender. Desde que entrei aqui, emocionei-me, senti a presença de Elisa. Não sou sugestionável. O que aconteceu? Todo o tempo eu falava como se fosse ela! De tanto desejar vê-la, será que criei tudo isso? Não foi animismo? Eu não sou médium!

Amaro olhou-a calmo e respondeu:

— Você é médium. Lembra-se de como se sentiu quando foi ao centro pela primeira vez? Tenho observado você. Tem muita sensibilidade. Percebe os fatos rapidamente.

— Mas e hoje, o que aconteceu? Foi fantasia minha?

— Não. Por incrível que possa parecer, Elisa estava aqui quando chegamos. Foi ela quem falou conosco há pouco. Estou certo disso. Eu a vi abraçada a você, chorando muito.

— Foi por isso que me emocionei tanto quando cheguei. Ela estava aqui! Disse que era prisioneira. O que estaria fazendo? Por que estava com Inês? Ela falou como se a conhecesse bem. Quando Elisa estava viva, nós não a conhecíamos. Não posso entender.

— Não posso responder isso. O que sei é que era ela e que falou por intermédio de você o tempo todo. Sou médium consciente. Enquanto Carlos falava através de mim, não era você quem conversava com ele, era Elisa.

— Por isso, as palavras vinham-me com tanta facilidade. Parecia-me vê-lo sangrando, pálido, sofrendo. Como podia saber o que estava acontecendo com ele?

— Elisa sabia, e você percebia os pensamentos dela. É um efeito comum. Quando um espírito desencarnado nos envolve, seus pensamentos misturam-se aos nossos e fica difícil diferenciá-los. Podemos perceber isso quando desconhecemos certos fatos e nos referimos a eles, quando sentimos ou pensamos coisas que são muito diferentes de nossos pensamentos habituais.

— Elisa chorava, não estava bem. Tanto tempo depois de sua morte, ainda sofre?

— Ela amadureceu, tenho certeza. Pelos conselhos que deu a Inês, podemos perceber como ela se modificou.

— É verdade. Ela pensava muito diferente. É triste descobrir que ela está sofrendo.

— Não deve levar a sério esse sofrimento. Ela se emocionou vendo-a, sentindo sua proximidade. Junto a você, deve ter sentido mais saudade dos filhos. Mas ela concordou em seguir com Amílcar, e esse fato foi o mais importante. Eu sabia que ela estava revoltada e não queria obedecer às orientações dos espíritos superiores que pretendiam ajudá-la. O mundo astral é muito perigoso para quem, sem conhecimento de como ele funciona, resolva enfrentá-lo. Principalmente pretendendo usar os conceitos que aprendeu no mundo. Cedo descobrirá o quanto estava despreparado. É o que deve ter acontecido com Elisa.

— E agora, o que acontecerá a ela? — perguntou Olívia.

— Se ela atender à disciplina, melhorará a cada dia e logo estará em condições de visitar a família, sem perturbar ninguém e até podendo ajudá-los com energias positivas.

— Ela não quer que outra mulher tome conta das crianças. Pediu que eu tome conta delas. Senti isso muito forte. Todo desespero dela concentra-se nisso. Acho até que ela já não ama o marido como antes. Senti que ela o despreza.

— É um problema difícil. Com o tempo, ela terá de compreender que não é dona dos filhos. Eles terão de seguir seu próprio destino e só Deus sabe o que lhes está reservado. Conheço Eugênio. É um homem romântico, não vai ficar sozinho o resto da vida. Qualquer dia destes vai se casar de novo. Elisa não poderá fazer nada.

— Ela pediu para eu tomar conta deles. Quero-os bem, como se fossem meus filhos. Mas você sabe como penso. A responsabilidade é do pai. Não posso tirá-los dele. Mesmo sendo como ele é, percebi que mudou muito desde que assumiu as crianças.

— Eugênio é melhor do que você pensa.

— Ele é seu amigo. Você gosta dele.

— Gosto mesmo. Para ser franco, acho que tudo aconteceu por causa de sua honestidade. Se ele continuasse enganando Elisa, ela nunca perceberia. Ele foi sincero, não a amava mais e não desejava enganá-la por mais tempo. Isso não é defeito. Para mim, chega a ser qualidade. Ninguém manda nos sentimentos. Você os sente, e a vontade não tem nada com isso.

— É. Pode ser que tenha razão, olhando desse lado. Elisa era muito boba. Cansei de abrir-lhe os olhos.

— Nenhum homem gosta de ver na esposa apenas a mãe. Ele precisa de algo mais: ele precisa da mulher, do amor.

— Pelo que estou entendendo, o espírito da irmã de Olívia estava aqui em casa comigo. Foi isso? — interveio Inês.

— Sim. Não podemos entender o porquê, mas a vida tem seus próprios caminhos — esclareceu Amaro.

— Pelo jeito, ela sofreu com o marido tanto quanto eu — continuou Inês, interessada.

— Muito — respondeu Olívia. — Ela era muito ingênua. Tudo era para ele, ela se apagava para que ele brilhasse. Cansei de dizer-lhe que estava errada. Ela não se cuidava e ele estava sempre bem. Até o dia em que ele fez a mala e disse-lhe que iria embora com outra.

— Você me contou do acidente. Foi por causa dele?

— Foi.

— Ele não teve culpa — disse Amaro, sério. — Nunca pensou que ela fosse sair feito louca pelas ruas. Se houve culpa, foi dela.

— Ela estava cega de dor! — tornou Inês. — Se me acontecesse a mesma coisa, nem sei o que teria feito.

— Ninguém é dono de ninguém. As pessoas têm o direito de decidir o próprio caminho. Você está iludida. Agarrar-se aos outros nunca vai dar-lhe felicidade.

— Felicidade! — repetiu Inês com amargura. — Isso não existe. Não faz parte deste mundo.

— Você está enganada. Felicidade existe, e é possível a qualquer pessoa conquistá-la — respondeu Amaro.

— Se isso fosse verdade, não haveria tanto sofrimento no mundo — retorquiu ela.

319

— É que para ser feliz é preciso encontrar o caminho. Por enquanto, o que vai pelo mundo só nos mostra que muitos ainda estão dentro de velhos conceitos, de valores que nunca deram certo e recusam-se a deixá-los para tentar algo melhor. Você se lamenta, mas continua vivendo há várias encarnações dentro dos mesmos padrões de pensamento. Não percebe que, enquanto continuar com as mesmas atitudes, as mesmas ideias, as mesmas crenças, sua vida vai continuar igual? — esclareceu Amaro.

— Como ter certeza de que preciso fazer algo diferente? Depois, sinto-me fraca, sem forças. Como enfrentar a vida, principalmente agora, sozinha e desamparada?

— Só você é responsável pelo que lhe acontece. São suas atitudes que determinam os fatos de sua vida. Se tudo vai mal, se não está feliz, é porque não tem agido da melhor maneira. Não acredita que seja capaz, que tenha capacidade para viver bem. Isso não é verdade. Todo o poder está dentro de você. Pendurando-se nos outros, está negando a própria força. Por isso se sente fraca, mas garanto que poderá retomá-la quando quiser. Basta confiar em você. Prestar atenção e descobrir o que sua alma sente. Obedecer a seus sentimentos, não fazer o que os outros determinam. Além disso, você não está sozinha nem desamparada. Tem dois filhos e ajuda espiritual.

— Acha que eu seria capaz de conduzir minha vida?

— A sua e a de seus filhos, até que tenham idade suficiente.

— Você diz isso para me animar.

— Engana-se. Se Deus confiou em você deixando duas crianças em suas mãos, por que eu deveria duvidar? Ele sempre faz tudo certo — concluiu Amaro com um sorriso.

— É verdade — interveio Olívia. — O mesmo aconteceu com Eugênio. Deus levou Elisa e deixou as crianças nas mãos dele. A princípio duvidei que ele tivesse condições de fazer isso. Mas, agora, depois de dois anos, devo confessar que ele se saiu bem. As crianças estão alegres, saudáveis, e ele cuida de tudo. Até Marina, que era tão revoltada, parece que anda às boas com ele. Tenho notado que ela nunca mais se referiu a ele com raiva e até anda se achegando mais.

— Eugênio é muito amoroso e adora as crianças. Quando um sentimento é verdadeiro, tem muita força.

— Se ele se casar novamente, as coisas poderão mudar. As crianças têm muito ciúme dele. Lurdes é pessoa agradável e bondosa.

320

Eugênio tem se esforçado para que gostem dela, mas tenho observado que a tratam com frieza e má vontade — tornou Olívia.

Amaro deu de ombros ao dizer:

— Ele tem todo o direito de refazer sua vida afetiva. Assim como eles também um dia escolherão seu próprio caminho. Quando chegar a hora, terão de compreender.

— Se ele está muito ligado aos filhos, pode resolver não se casar só para não magoá-los — considerou Inês.

— Eugênio nunca fará isso! — disse Olívia. — Ele abandonou Elisa e fará o mesmo com os filhos, se encontrar um novo amor. Vocês vão ver.

— Você acha isso errado? — indagou Amaro. — Pensa que ele não deveria casar-se novamente?

Olívia ficou pensativa durante alguns segundos. Depois disse:

— Seria bem melhor. Casar para quê? Ele pode continuar tendo seus casos como até agora e não impingir para as crianças uma madrasta.

— Você também tem medo de que ele se case?

— Tenho. Quando ele colocar outra mulher dentro de casa, não terei mais liberdade de cuidar das crianças como até agora. Depois, tenho certeza de que elas irão se revoltar. Principalmente Marina.

Amaro olhou-a sério ao dizer:

— Apesar das aventuras e do movimento que Eugênio faz, sei que ele ainda não amou de verdade. Gostava de Elisa, mas amor, mesmo, não foi.

— E Lurdes? É bonita, e ele na boate parecia muito apaixonado — disse Olívia.

— Parecia. No domingo, estava inseguro e não sabia o que queria. Não é amor, não. O dia em que ele amar de verdade, tenho certeza de que se casará e ninguém conseguirá impedir. Mesmo que você duvide, Eugênio é sincero.

— Para mim, ele é volúvel. Pula de aventura em aventura. É incapaz de um sentimento verdadeiro.

Amaro meneou a cabeça negativamente.

— É justamente o contrário. Por não gostar de fingir, ele troca de namoradas. O que ele está fazendo são tentativas de encontrar aquela que ele imagina existir em algum lugar. A princípio se entusiasma, mas com o tempo acaba percebendo que não ama, e desiste.

— Vocês, homens, arrumam desculpas para a leviandade — disse Olívia.

— Meu marido nem isso fazia. Tinha outras mulheres e orgulhava-se disso — tornou Inês, amargurada.

— Vocês estão olhando a superfície. Não conheci seu marido. Não posso opinar. Porém Eugênio eu conheço bem. Somos amigos há muitos anos. Não é leviano. Vocês estão muito amargas e generalizando. Há homens muito sinceros e capazes de amar com grande dedicação e sinceridade.

— Se ele se casar novamente, quem nos garante que um dia não vá fazer o mesmo que fez com Elisa?

— Você não pode garantir seus sentimentos pelo resto da vida. Você os sente ou não. Você muda, as coisas mudam, a vida traça outros rumos para as pessoas. Nada para. Como afirmar que vai amar para sempre? Um relacionamento entre pessoas que se respeitam vai gerar amizade que pode estender-se por várias reencarnações. Mas aquele algo mais que faz o coração bater mais forte, que coloca magia num simples toque, que enche a vida de beleza e de motivação, ninguém pode comandar. Quando acontece e encontra reciprocidade, é um encantamento. Quando acaba, não há nada que se possa fazer senão dizer adeus. Insistir, tentar reacender a chama só vai destruir as boas lembranças que ficaram. Você, Olívia, já amou alguma vez?

— Não. Pretendo viver em paz. O amor é desgastante.

— Quando acontecer, não poderá controlar — respondeu Amaro sorrindo.

— Qual nada! Não me impressiono nem me envolvo com facilidade. Gosto de namorar, mas não pretendo ir além. Não quero perder a liberdade. Vocês, homens, adoram mandar, e eu não gosto de obedecer. Só faço o que sinto vontade. Desde cedo habituei-me a cuidar de minha vida, e tenho me saído muito bem. Sou independente e não saberia viver de outra forma.

— Não pretende casar-se, ter filhos? — indagou Inês, admirada. — Deseja ficar sozinha pelo resto da vida?

Olívia deu de ombros.

— Nunca rejeito uma boa companhia. Tenho muitos amigos, namoro quando encontro alguém interessante. Quanto a crianças, tenho meus sobrinhos. Está muito bom assim. O futuro não me preocupa. Ainda mais agora que Amaro afirma que a vida cuida de tudo para nosso bem. O que tiver de ser, será.

Nos olhos de Amaro havia um brilho indefinível quando ele disse:

— Tem razão, Olívia. O que tiver de ser será.

322

Capítulo 23

Elisa levantou-se e dirigiu-se à janela, abrindo-a. O sol entrou, invadindo o quarto simples, mas confortável. O dia estava lindo, porém ela não prestou atenção, imersa em seus pensamentos íntimos. Que horas seriam? Percorreu o olhar pelo aposento e viu que estava sozinha. O que seria dela dali para a frente? Como suportar a vida longe dos que amava?

Na noite anterior, Amílcar incumbira Renata de acompanhar Elisa até sua antiga casa para ver os filhos. Enquanto se dirigiam para lá, Renata dissera:

— Você está emocionada, mas precisa dominar-se para não perturbar as crianças. Lembre-se de que essa é a condição para que possa voltar a vê-los sempre que quiser.

— É verdade mesmo? Poderei vê-los sempre?

— Poderá, desde que sua presença não lhes cause problemas.

— Eu nunca faria nada que os perturbasse.

— Voluntariamente, não. Mas, se não dominar suas emoções, é isso que vai acontecer.

— Estou saudosa. Sinto vontade de abraçá-los, beijá-los. Não poderei fazer isso?

— Pode, desde que não misture sentimentos negativos. Só alegria, amor, felicidade. Não é isso que deseja para eles?

— É. Farei tudo para vê-los felizes.

— Então comece agora.

Entraram. Passava das onze, e as crianças dormiam tranquilas. Eugênio, acordado, lia sentado na poltrona da sala. Vendo-o, Elisa fez um gesto de contrariedade. Renata observou:

— Controle-se. Não se deixe dominar por sentimentos passados.

— É difícil não lembrar — respondeu ela, triste.

— Faça um esforço. Um dia compreenderá que tudo aconteceu da melhor maneira.

— Depois de tanto tempo, ainda dói.

— Eu sei. Mas perdoe. Esqueça. Você agora está começando uma vida nova. Deixe o passado ir embora e junto com ele as mágoas e as tristezas.

Elisa suspirou, ficou pensativa durante alguns segundos, depois disse:

— Tem razão. Pensei que houvesse esquecido tudo.

— Em suas condições, reencontrar o passado ajuda a repensar e a ver os fatos de uma maneira renovada. Aproveite. Limpe sua alma de qualquer sentimento de revolta. Entregue todos os seus problemas nas mãos de Deus. Lembre-se de que toda a mágoa que cultivar no coração machucará apenas a você, impedindo-a de encontrar a felicidade. Liberte-se dela!

— Tem razão. Depois do que me aconteceu, só tenho me machucado inutilmente. Por causa de minha raiva foi que me meti naquela confusão. Muitas vezes me arrependi de não haver escutado vocês.

— Ainda bem que compreendeu. Vamos ver as crianças.

Uma vez no quarto, Elisa aproximou-se dos filhos, contemplando-os com amor, beijando-os com carinho.

— Eles são todo o meu tesouro — disse.

— Eles são espíritos livres, antes de tudo — considerou Renata. — Não se esqueça disso.

Elisa, embevecida, não se cansava de contemplá-los.

— Veja como estão crescidos! Até Nelinha está grande! Meu Deus! O que eu não daria para poder estar no mundo, vivendo ao lado deles!

— É preciso conformar-se, Elisa. A vida age sempre pelo melhor. Agora temos de ir.

— Quanto tempo ficarei impedida de vir vê-los?

— Não sei. Vai depender de você. Se continuar como até aqui, não vai demorar.

— Eles estão adormecidos. Onde estarão seus espíritos? Uma vez, você levou Nelinha para ver-me. Gostaria de poder encontrá-los, falar com eles.

— No momento não é possível. Eles estão em um lugar de recreação astral. Sentem muito sua falta e, por isso, muitas noites são levados para lá a fim de renovar as energias.

— Quando eu estiver melhor, poderão vir ver-me?

— De vez em quando, sim. Tudo vai depender de como eles vão reagir à sua presença. Como são pequenos, poderão apegar-se, o que não seria conveniente. Para você, é tempo de viver aqui no astral. Para eles, é tempo de viver na Terra. Tudo anda melhor quando obedecemos aos ciclos da natureza.

Elisa permaneceu mais alguns minutos junto aos filhos, beijando-os novamente, e concordou em ir embora. Lutou com as lágrimas, mas, no fim, elas correram por suas faces, e ela procurou desculpar-se:

— Sinto muito. Não queria chorar.

Renata abraçou-a.

— Você é valente. Vai conseguir.

Elisa procurou sorrir, e, abraçadas, as duas deixaram a casa. Uma vez fora, Renata passou o braço na cintura dela, dizendo:

— Vamos viajar acima da faixa da organização dos justiceiros, para evitar encontros desagradáveis.

Elisa olhou-a admirada:

— Você pode fazer isso?

— Nós podemos. Vamos.

Elisa sentiu-se impulsionada para o alto e maravilhou-se com a leveza que sentia. À medida que subiam, o céu ia ficando mais claro, e a noite mais estrelada e bonita. Passaram por campos, montanhas, e Elisa encantava-se olhando as cidades terrenas lá embaixo, que iam ficando cada vez mais distantes.

Por fim, chegaram a uma muralha cujo comprimento se perdia na escuridão da noite, e Elisa não pôde precisar o fim. Pararam em frente a um enorme portão, e Renata acionou um pequeno aparelho que trazia à cintura. Uma voz fez-se ouvir, perguntando quem era. Renata deu o nome e um código, e logo um espaço se abriu na lateral do portão.

As duas entraram em um enorme jardim, cortado por ruas largas fartamente iluminadas. Elisa surpreendeu-se com o movimento de pessoas que circulavam, apesar do adiantado da hora.

Renata sorriu e explicou:

— Aqui não precisamos dormir tantas horas como na Terra. Podemos aproveitar melhor o tempo.

325

— As pessoas têm aparência alegre, agradável, muito diferente das que havia na organização... — Elisa calou-se embaraçada.

— É isso mesmo. O nível aqui é melhor. A maioria superou aquela fase. Vou levar você para seus aposentos. Precisa descansar, refazer-se. Amanhã será outro dia. Você vai começar uma nova vida!

Elisa, emocionada, entrou com ela em um belíssimo prédio, onde a apresentou a uma atendente que a abraçou dizendo:

— Seja bem-vinda. Meu nome é Vanda.

Depois de despedir-se de Renata, Vanda conduziu Elisa ao segundo andar, abrindo a porta do quarto e dizendo:

— Sobre o toucador há alguns produtos aromáticos, as indicações estão no rótulo. Sobre a mesa, há sucos e algumas frutas. Tudo que está aqui pode ser consumido, utilizado. Foram preparados para você. Não deixe de utilizá-los. Aproveite para descansar. Durma bem.

Quando ela se foi, Elisa olhou curiosa para o aposento, onde havia alguns móveis muito parecidos com os da Terra, em estilo clássico do começo do século. Aproximou-se do guarda-roupa e olhou-se no enorme espelho oval da porta.

Assustou-se com sua aparência. Estava magra, abatida, cabelos em desalinho, o vestido roto. Gostaria de tomar um banho, mas como, se ali não havia banheiro nem chuveiro? Aproximou-se do toucador e apanhou um frasco cheio de um líquido cor de cenoura. No rótulo leu "Creme Restaurador — utilizar depois da limpeza, aplicando de forma circular". Havia vários, cada um de uma cor. Ela os leu e depois resolveu experimentar. Tirou o velho vestido e abriu o frasco azul que era indicado para usar primeiro. Foi passando no corpo e logo uma sensação agradável de frescor a envolveu. Seguindo a indicação, esperou alguns instantes e aplicou o creme restaurador. Imediatamente sentiu forte sensação de calor e de bem-estar. Escovou os cabelos, pulverizando neles os frascos conforme a indicação. Depois disso, sentiu-se bem como há muitos anos não se sentia. Abriu o guarda-roupa e tirou uma túnica verde-clara, de tecido leve e macio que a encantou.

Sentou-se à mesa e ficou indecisa diante dos três frascos de suco. Cada um era de uma cor. Escolheu o laranja e experimentou-o. Era grosso mas ao mesmo tempo leve. Tinha o cheiro de uma fruta que ela não conseguiu identificar e o gosto muito agradável. Tomou tudo. Depois, sentiu-se relaxada e confortável. Há quanto tempo não

326

conseguia dormir? Deitou-se na cama macia que pareceu abraçá-la delicadamente, provocando um sono irresistível.

Olhando o sol pela janela, concluiu que deveria ser muito tarde. Por que dormira tanto? O que deveria fazer agora? Como proceder naquele primeiro dia?

Alguém bateu levemente na porta e Elisa foi abrir.

— Bom dia, Elisa. Meu nome é Vera. Dormiu bem?

— Muito bem. Fazia muito tempo que eu não dormia tanto. Entre, por favor.

— Parece estar muito bem — respondeu Vera entrando e sentando-se na poltrona.

Ansiosa por conversar, Elisa sentou-se na outra poltrona ao lado da visitante e continuou:

— Estou só. Não sei o que fazer. Sinto-me ansiosa. Sei que vocês são muito bons, mas tenho medo de não fazer bem minha parte. Sinto-me insegura.

— É natural. Logo conhecerá pessoas, fará amigos, se sentirá à vontade.

— Estou me sentindo muito sozinha. Deixei toda a minha família.

— A solidão tem um recado: está na hora de ficar com você. De conhecer-se e de aprender a cuidar de si. É para isso que ela aparece.

— Mas é triste e dói muito. Sempre coloquei os outros em primeiro lugar. Fui dedicada e amorosa. Apesar disso, fui rejeitada e atirada a esta solidão. Isso não é justo.

— Você se abandonou durante muito tempo.

— Cumpri meus deveres de mulher e mãe!

— Não cumpriu o dever mais importante, que era cuidar de você! Não construiu sua felicidade interior, não alimentou seu espírito. Projetou-se nos outros, colocou sua felicidade nas mãos deles. E, quando eles não assumiram essa posição, você se revoltou. Com a revolta, provocou o acidente que a vitimou.

Elisa sentiu que as lágrimas desciam por seu rosto enquanto dizia:

— Eu fiz tudo por ele e por nossos filhos. O dever dele era fazer o mesmo por mim.

— Ele não é você. Tem sua própria maneira de sentir e de pensar. Querer que os outros façam isto ou aquilo é uma ilusão que continua infelicitando as pessoas. Para ser feliz e viver bem em qualquer lugar, mesmo aqui, é preciso aprender a respeitar o espaço de

327

cada um. A liberdade de pensar é que permite às pessoas serem mais verdadeiras.

— Quisera pensar como você. Mas não consigo.

— Você não quer deixar de lado as velhas ilusões. Um dia descobrirá o quanto elas complicaram sua vida.

— Tem razão. O amor não existe. A sinceridade é ilusão. Os homens são hipócritas e malvados. Nunca mais vou amar ninguém.

Vera sorriu:

— Não seja tão amarga, Elisa. Tudo passa e tudo muda. Seu dia chegará. Daqui a meia hora você tem uma entrevista com o diretor deste andar — disse Vera levantando-se. — Está precisando de alguma coisa? Tudo que quiser, pode falar comigo. Estou aqui para ajudá-la. Está vendo esse aparelho ao lado da cama? O botão cinco é o meu. Durante o dia, sou eu; à noite, é Vanda.

Elisa levantou-se dizendo:

— Eu preciso saber como as pessoas vivem aqui. Isto é, as roupas, como eu faço para me apresentar ao diretor.

— No armário há algumas roupas. Aqui as pessoas são livres e vestem-se como gostam. Os funcionários colocam uniformes. A cor é conforme a função. Você pode se vestir como quiser. Virei buscá-la dentro de meia hora.

Depois que ela se foi, Elisa abriu o guarda-roupa e procurou o que vestir. Estava indecisa. Preferia que Vera houvesse sugerido alguma coisa. Ela nunca sabia o que seria oportuno. Quando na Terra, habituara-se a perguntar tudo a Olívia. Era ela quem lhe dizia o que ficava bom, o que era mais adequado para esta ou aquela ocasião. Agora tinha de escolher.

Experimentou várias, sem se decidir. Tudo lhe parecia inadequado. O tempo passava, e ela acabou vestindo qualquer uma. Olhou-se no espelho e viu que estava com melhor aparência. O repouso fizera-lhe bem. Já não estava tão abatida.

Vera chegou logo depois e conduziu-a ao andar superior, fazendo-a entrar em uma sala clara e agradável.

— Sente-se, Elisa.

Depois de acomodar-se, ela não conteve a curiosidade:

— Vou falar com o chefe?

— Vai falar com o assistente do coordenador deste andar.

A porta abriu-se, e Elisa foi recebida por um moço de fisionomia agradável, olhos de um azul muito límpido que a fixaram atenciosos.

— Entre, Elisa. Meu nome é Vítor — disse ele indicando-lhe uma poltrona para que ela se sentasse. Quando a viu acomodada, sentou-se por sua vez e continuou: — Desejo dar-lhe as boas-vindas. Sei que chegou ontem e estou à sua disposição para esclarecer suas dúvidas.

Ela, que a princípio estava nervosa, sentiu-se mais à vontade diante da atitude dele. Confidenciou:

— Sinto-me muito só. É a primeira vez que deixo minha família. Não conheço ninguém aqui. Não me leve a mal. Tenho sido tratada com muita consideração, mas estou angustiada, sem rumo. Não sei o que fazer aqui nem qual será meu destino daqui para a frente. Não estava preparada para o que aconteceu. Morri em um acidente.

Os olhos dele fixos nela pareciam penetrar o mais íntimo de seus pensamentos. Ficou calado durante alguns segundos, depois disse:

— Nossa comunidade é um lugar de recuperação. Aqui, você vai rever sua última encarnação, estudar suas atitudes, descobrir como atraiu as experiências de sua vida.

— Como eu atraí?

— Sim. O que lhe aconteceu foi o resultado de suas atitudes. Os acontecimentos de sua vida foram provocados por você.

Elisa meneou a cabeça negativamente.

— Não posso concordar. E o que os outros nos fazem? Quem criou os problemas foi meu marido. E eles afetaram toda a vida de nossa família.

— Está querendo dividir a responsabilidade com ele, quando ela é só sua.

Elisa levantou-se indignada.

— Está querendo dizer que fui a culpada do que aconteceu?

— Não se trata de culpar ninguém. Um dia vai perceber que foi sua forma de agir que a trouxe aqui. Está na hora de crescer, Elisa. De descobrir quem é você, do que gosta. De testar a própria capacidade e perceber o que já pode fazer de bom. Você tem uma bagagem muito boa de experiências conseguidas em outras vidas, que pode dar-lhe mais felicidade e alegria.

Elisa deixou-se cair na poltrona, dizendo desanimada:

— Vocês falam de outras vidas, mas não me recordo de nada. Custa-me crer que tenham existido.

— Suas lembranças estão bloqueadas por enquanto. Seu estágio aqui será temporário. Digamos que será como uma estação de tratamento. Quando estiver pronta, poderá mudar-se para sua cidade de origem.

— Voltarei para a Terra?

— Não foi isso que eu quis dizer. Irá para a cidade onde vivia antes de reencarnar. Lá é seu lugar de origem. É o lugar que lhe pertence por nível de evolução.

Inquieta, ela se remexeu na cadeira.

— Quer dizer que não ficarei aqui?

— Ficará durante algum tempo. O bastante para aprender o que nós lhe podemos oferecer. Depois irá para seu mundo. Garanto-lhe que ficará muito feliz quando isso acontecer. Lá, encontrará as pessoas com as quais se afina e isso lhe dará uma gostosa sensação de bem-estar.

— Poderei ver minha família na Terra?

— Poderá. Em nossa comunidade, você tem todos os recursos de que necessita para melhorar suas condições. Vou dar-lhe uma lista de cursos que já poderá fazer.

Elisa apanhou a lista que ele lhe oferecia e perguntou:

— Qual me aconselha a fazer primeiro?

— É você quem vai escolher.

— É difícil para mim. Não sei escolher...

— Leia os nomes com atenção. O que lhe parecer mais atraente, faça.

— Bem que você poderia me indicar um.

— Em nossa comunidade, respeitamos a vontade de cada um. Você é dona de sua vida. Tem todo o direito de escolher o que quer fazer. Tenho certeza de que escolherá o melhor. Tem capacidade para fazer isso.

Elisa levantou a cabeça surpreendida. O tom convicto dele impedia-a de retrucar. Teria ouvido bem? Apesar do que fizera, ele confiava nela?

— Tentarei — disse.

Ele se levantou.

— Está bem. Tem os horários. Vera lhe dará as informações sobre nossas atividades de lazer e a apresentará a outros moradores. — Estendeu a mão para ela. — Desejo-lhe muitas alegrias em sua estada conosco e muito progresso. Felicidades.

Elisa apertou a mão que ele lhe estendera e retirou-se. Vera esperava-a do lado de fora.

— Como se sente? — indagou.

— Bem. Embora ele tenha dito coisas com as quais não concordei muito.

Vera sorriu, dizendo:

— Vítor possui um senso de realidade muito desenvolvido. Melhor seria que você pensasse bem em tudo quanto ele lhe explicou. Posso garantir que ele sabe o que está dizendo.

Elisa meneou a cabeça:

— Não sei, não. Os homens, em qualquer lugar, gostam de proteger uns aos outros. Ele quis convencer-me de que só eu fui responsável pelo que me aconteceu. Posso ter sido imprudente, mas Eugênio foi quem criou todo o problema. A maior culpa é dele!

— Quando conhecer Vítor melhor, saberá que ele nunca protegeria nem favoreceria ninguém. Lembre-se de que você não está mais vivendo na Terra, onde as pessoas dissimulam e agem de acordo com os próprios interesses. Aqui, cada um aparece como é, não há como mentir nem encobrir seus sentimentos. Todos os cargos em nossa comunidade obedecem à hierarquia espiritual, ao nível de conhecimento e capacidade de cada um. São escolhidos pelos espíritos superiores. Presto serviços aqui há longo tempo e nunca os vi errar. Se não concorda com ele, seria aconselhável pensar melhor, rever os fatos e descobrir o porquê das palavras dele. Poupará tempo e trabalho.

— Vou tentar. Quanto aos cursos, não sei qual escolher... Ele me deu uma lista...

— Ótimo. É sinal de que você já está madura para entender muitas coisas. Há pessoas que passam por vários tratamentos antes de iniciar qualquer tipo de atividade educacional.

— Ele disse que eu tinha capacidade de escolher — tornou Elisa com certa satisfação.

— Tenho certeza de que sim. Fico feliz por você!

— Em todo caso, não poderia ajudar-me nisso?

— Só você tem condições de sentir o que lhe seria útil agora. Todos esses são indicados para você.

Elisa abriu a lista e passou os olhos pelos títulos.

— Tenho me sentido muito só. Talvez, esse que ensina a vencer a solidão seja bom.

— Equilibrar emoções é fundamental.

— É difícil para mim ficar longe de meus filhos.

— Você tem familiares que já regressaram ao astral. Por que não tenta encontrá-los?

— Gostaria de saber onde estão meus pais. Eles morreram quando eu era adolescente. Mas não sei como fazer isso. Pelo que percebi, aqui não se pode ir para onde se quer. Mesmo que pudesse, depois do que me aconteceu, não teria coragem para aventurar-me. O mundo astral parece-me mais perigoso do que a Terra.

— Nas dimensões muito próximas à crosta terrestre, há espaços ocupados por espíritos mais primitivos. Circular por esses lugares sem conhecimento pode acarretar sérios problemas. Mas você pode recorrer aos nossos arquivos e tentar localizar as pessoas que deseja encontrar.

O rosto de Elisa distendeu-se radiante.

— Verdade? Posso descobrir onde está minha mãe?

— Pode. Dependendo de como e onde se encontra, poderá até estabelecer contato.

— Eu quero. Você me ajuda?

— Claro. Vamos até lá.

Vera conduziu-a a outro prédio, onde Elisa preencheu uma ficha com os dados dos pais.

— Vamos investigar e depois daremos uma resposta — disse-lhe a atendente.

— Posso esperar aqui? — indagou Elisa, ansiosa.

— Pode passar amanhã, e lhe darei uma resposta. A lista de solicitações é grande.

— Está bem. Virei.

Saíram e Vera levou-a para conhecer outros departamentos da comunidade. Elisa admirava-se com a organização e a beleza dos lugares, onde tudo parecia funcionar muito bem. Andando pelos jardins floridos, Elisa não se conteve:

— Parece impossível que eu esteja andando em um jardim fora da Terra.

— Do que se admira? O universo é dividido em faixas diferenciadas de energias, e cada uma delas é sólida para os seres que as habitam. Tudo é relativo. A Terra só é sólida para os que têm um corpo de carne. Para nós, é gasosa e inconsistente.

— Isso também me intriga. Atravessar as paredes das casas na Terra ainda me assusta. Fiz isso com facilidade.

Vera sorriu, dizendo:

— Espiar a vida das pessoas nunca dá bons resultados.

— Concordo. Para mim até que foi bom. Pelo menos fiquei conhecendo melhor meu marido. Percebi o quanto estava iludida. Vendo como ele é, perdi todo o interesse. Não o amo mais. Acho que nunca o amei.

— Nesse caso, pode esquecer e deixá-lo seguir seu caminho.

— Isso, não. E as crianças? Deixá-lo casar-se de novo e arranjar uma madrasta para elas?

— As crianças necessitam de alguém que tome conta delas. Já que você está impossibilitada, outra terá de fazer isso.

— Não concordo. Uma madrasta não seria como eu. Não teria paciência com elas.

— Você está sendo preconceituosa. Ele poderá encontrar uma mulher dedicada e bondosa que ame seus filhos de verdade.

— Não creio. A única mulher que poderia tomar conta deles é minha irmã, Olívia. Ela, tenho certeza de que seria melhor do que eu. Mas ela se recusou a assumir as crianças, dizendo que o dever é do pai. Está certa.

— Você prefere que elas fiquem com uma empregada a que fiquem com uma pessoa que tenha mais envolvimento e interesse na felicidade delas?

— Preferia estar lá, com elas.

— Não seja criança, Elisa. Sabe que isso é impossível.

— Sei. Mas é disso que eu gostaria.

— Se sua irmã se casasse com Eugênio, seria perfeito.

Elisa olhou-a incrédula e deu uma gargalhada.

— Olívia! Ela nunca faria isso. Não gostava de Eugênio. Vivia dizendo que ele era falso e que eu era uma boba.

— As pessoas podem mudar.

— Olívia não. Isso seria desejar o impossível.

Vera sorriu.

— Com relação às suas vidas passadas, você não se recorda de nada?

— Nada. Vítor mencionou isso, mas custa-me crer que tenha vivido outras vidas.

— O clima aqui é favorável para despertar essas reminiscências.

— Se vivi outras vidas, gostaria muito de me lembrar delas.

Havia nos olhos de Vera uma expressão indefinível quando disse:

— Isso pode acontecer mais depressa do que imagina!

333

Elisa sentiu ligeiro sobressalto e uma sensação de medo, mas, apesar do inexplicável receio que sentia, foi dominada por uma forte curiosidade que a fez dizer:

— Gostaria que fosse hoje. Quando será que vai acontecer?

Vera não respondeu. Deu de ombros e sorriu. As duas continuaram andando silenciosas, cada uma imersa nos próprios pensamentos.

À porta do quarto de Elisa, elas pararam. Vera disse:

— À noite temos várias atividades interessantes na comunidade. Se quiser sair um pouco, teremos prazer em acompanhá-la. Basta chamar.

— Está certo.

Elisa entrou e, pensativa, sentou-se na cama.

Sentia-se só. Estava no meio de pessoas desconhecidas. Não negava que eram agradáveis, mas ela sentia saudade da família e de sua vida na Terra.

Sentiu fome. Sobre a mesa havia uma jarra de suco cor de laranja e uma bandeja com alguns pães. Apanhou um e experimentou. Estava delicioso. Tomou um copo do suco que era espesso e meio adocicado, e ela não pôde adivinhar qual era a fruta.

Sentindo-se alimentada, estendeu-se no leito. Mesmo sabendo que sua situação era irreversível, ela pensava na alegria que teria se pudesse voltar a viver no mundo com os filhos. Isso era impossível! Por que lhe acontecera aquele acidente, por quê? Lágrimas desciam por seu rosto, e ela as deixou correr livremente. Começou a recordar-se de seu casamento, do namoro e da infância. À medida que recordava, viu-se deitada no berço e vislumbrou o rosto de sua mãe inclinado sobre ela com carinho. Ela era ainda bebê, como poderia lembrar-se?

Depois, viu a mãe grávida e feliz, conversando com o pai sobre sua alegria em esperar o primeiro filho. Percebeu que ela era essa criança. Sentiu-se envolvida por um torpor que a deixava prostrada, mas, ao mesmo tempo, sentiu aumentar sua lucidez. Uma mulher jovem estava à sua frente e ela a reconheceu: essa sou eu!! Sua aparência era diferente, mas era ela! Tinha certeza.

Quis gritar, mas não conseguiu. Que estranho fenômeno estava acontecendo com ela? Esforçou-se por perceber mais. Fixando melhor o olhar sobre ela, percebeu que estava em uma sala e havia um homem moço, de boa aparência, sentado no sofá. Embora ele fosse diferente, ela o reconheceu:

— É Eugênio! Somos eu e ele! Mas quando? Por que estamos diferentes do que somos?

Notou que as roupas eram antigas, assim como a decoração da sala. Viu a moça aproximar-se dele, sentando-se a seu lado e dizendo com voz triste:

— Chamei-o aqui porque não suporto mais viver sem seu amor! Desde que nos conhecemos, não tenho paz. Sonho com você, vejo-o por toda parte! Sei que é impossível ficarmos juntos! Por isso, quero despedir-me. Vou desaparecer. Nunca mais me verá!

Ele se levantou emocionado.

— Por favor! Não faça isso! Eu gosto de você.

— Mas você é casado, tem filhos! Nunca poderemos viver juntos!

Ela começou a chorar, e ele segurou suas mãos, forçando-a a levantar-se.

— Não chore! — disse.

Ela soluçava mais e mais. Ele a abraçou e a beijou com carinho. Elisa sentiu toda a emoção daquele beijo. Essa cena desapareceu e ela suspirou aflita. Sabia que já havia vivenciado aquela situação, mas não podia lembrar-se onde. Pouco depois, ela viu a moça um pouco mais madura, em outro local, mais amplo e luxuoso. Estava raivosa e descontrolada. A porta abriu-se e o mesmo moço, um pouco mais velho, entrou. Ela foi logo dizendo com raiva:

— Você me abandona por causa dela! Quando vai resolver nossa vida? Tenho dedicado a você minha mocidade, feito tudo para que seja feliz. Tenho sentido que você não me ama mais.

— Não se trata disso. Você sabe que tenho responsabilidade com minha família. Meus filhos precisam de mim. Devo acompanhar as meninas em sociedade.

— É mentira! Você não me quer mais!

— Na verdade, acho que já prejudiquei demais sua vida. Você está livre. Darei a você, além desta casa que passarei em seu nome, uma importância suficiente para manter uma boa renda enquanto você viver.

Ela empalideceu. Suplicou, pediu para que ele não a abandonasse, ao que ele, triste, respondeu:

— É inútil continuar com isso, Maria Clara. Estou começando a envelhecer e a ficar cansado. Pretendo terminar meus dias ao lado de minha família e em paz.

— Você me traiu! Não posso aceitar!

— Você sabia que eu era casado e tinha família! Nunca lhe prometi que os abandonaria.

— Mas eu dediquei toda a minha vida a você e esperava que fizesse isso!

— Estava enganada. Não vamos mais prolongar essa cena desagradável. Amanhã, meu procurador tratará dos papéis. Entre nós, tudo terminou!

— Não é possível! Não posso aceitar que você não me ame!

— Eu gosto de você. Mas amo minha família. Sinto muito, Maria Clara, mas acabou.

Enquanto ele saía, ela, revoltada, atirava-se no sofá, esmurrando-o com força e dizendo:

— Você vai me pagar! Você vai ver!

A cena desapareceu, e Elisa ainda sentia a dor e a revolta dentro de si. Era como se tudo estivesse acontecendo com ela naquela hora.

Em seguida, viu novamente Maria Clara escrevendo uma carta e mandando um portador entregar. Depois, enquanto andava na sala de um lado a outro, a porta abriu-se e apareceu uma mulher. Elisa estremeceu. Era Olívia! Estava diferente, chamava-se Hortênsia, mas ela tinha certeza de que era Olívia!

Ela entrou e cumprimentou Maria Clara e sentou-se na poltrona que lhe foi oferecida:

— Mandou chamar-me para resolver um assunto de meu interesse. Do que se trata?

— O que tenho a dizer-lhe é sumamente desagradável, mas não posso guardar esse segredo por mais tempo!

— Um segredo? Tem a ver comigo?

Maria Clara hesitou, olhou-a com tristeza, depois disse:

— Tem. Mas não sei se devo... Essa atitude quem deveria tomar é Mário. Ele está sofrendo muito. Sei que é incapaz de contar-lhe a verdade para não magoá-la! Prefere sacrificar-se pelo resto da vida!

A outra empalideceu. Levantou-se perguntando:

— Como disse? Do que está falando? Que sacrifício é esse?

Maria Clara suspirou com tristeza, dizendo:

— Há muitos anos que nós nos amamos. Ele sonha em viver a meu lado para sempre, mas continua a seu lado por causa dos filhos. Ainda ontem ele chorou aqui em meus braços. Não acho justo! Depois de pensar muito, achei que era o momento de colocá-la a par da realidade. Ele nunca teria coragem de confessar seus verdadeiros sentimentos!

336

— Você está mentindo! — murmurou ela, pálida, deixando-se cair novamente na poltrona. — Não acredito em nada do que disse!

— Posso provar.

Ela foi até uma pequena escrivaninha e tirou uma caixa com algumas fotos e cartas, colocando-a nas mãos da rival, que, trêmula, manuseou tudo e levantou-se nervosa, dizendo:

— Seus traidores! Todos esses anos fui enganada! Preciso sair daqui. Faça o favor de abrir a porta!

Ela saiu rapidamente, enquanto Maria Clara, satisfeita, dizia em voz alta:

— Estou vingada! Ele receberá o troco!

A cena desapareceu, e Elisa sentia-se sufocar de aflição. Sentou-se agoniada na cama. Isso teria mesmo acontecido? Não estaria fantasiando? Eles teriam mesmo vivido outras vidas? Olívia teria sido mulher de Eugênio? Parecia-lhe quase impossível! Lembrou-se de que ela não confiava nele. Desde que o conhecera, ela antipatizara com ele. Seria por causa da traição do passado? Eles teriam se amado? Se isso acontecera mesmo, o que teria havido depois? Ela precisava saber mais.

Deitou-se novamente tentando descobrir mais, porém nada aconteceu. Resolveu chamar Vera. Apareceu um atendente que ela não conhecia, dizendo:

— Vera está ocupada no momento. Posso ser-lhe útil?

— Preciso falar com ela. Aconteceram coisas estranhas comigo.

— Pode falar comigo.

— Ela vai demorar?

— Não. Se prefere falar com ela, posso dar-lhe o recado. Virá assim que puder.

— Obrigada! Estarei esperando.

Depois que ele se foi, Elisa, pensativa, sentou-se na cama. Por mais estranhas que pudessem parecer-lhe as cenas que presenciara, sentia que, algum dia, em algum lugar, elas realmente haviam aconteceu. E isso lhe dava um sentimento de culpa e uma vontade muito forte de descobrir toda a verdade. Dali para a frente, ela se empenharia de todas as formas para saber.

337

Capítulo 24

Horas mais tarde, quando Vera chegou, Elisa foi logo contando o que lhe havia acontecido, finalizando:

— A princípio pensei que fossem alucinações, mas depois senti que em algum lugar esses fatos haviam mesmo acontecido. Estou certa?

— Certíssima. Você está começando a recordar-se de suas vidas passadas.

— Imagine que Olívia foi casada com Eugênio!! Como pode? Eles nunca se entenderam. Eu não poderia imaginar! Depois, a amante era eu! Eu... que sempre fui contra esse tipo de atitude! Não estarei sendo vítima de algum engano? Os fatos não foram acontecendo claramente. Vi apenas algumas cenas e conversas sem continuidade. Posso estar enganada, misturando os fatos.

Vera meneou a cabeça negativamente.

— Não acredito. Você mesma sentiu que os fatos eram verdadeiros. É melhor não tentar mascará-los e tratar de olhá-los de frente.

— Não tem lógica! Sempre fui uma mulher honesta! Esposa exemplar!

— Pode ter assumido esse papel em sua última vida, tentando fugir da experiência anterior. É uma atitude de defesa, muito comum.

— Fui maldosa, prejudiquei Olívia! Eu, que gosto tanto dela! Não posso continuar ignorando o que aconteceu entre nós! O que posso fazer para descobrir toda a verdade?

— Fique calma. Aos poucos, se lembrará de tudo. Tenho uma notícia boa para você. Sua mãe foi localizada.

— Verdade? Que maravilha! Ela vai me ajudar, com certeza! Quando poderei ir vê-la?

— Ela não mora em nossa comunidade. Vive em outra cidade, onde você ainda não pode ir. Mas ela virá vê-la amanhã à tarde!

— Mal posso esperar!

— Você gosta de música?

— Gostava muito.

— Vim convidá-la para um serão musical. Será muito agradável. A música ajuda muito a conquistar a harmonia interior. Você se sentirá muito bem.

— Não sei... Estou preocupada com tantas coisas...

— Preocupar-se pode aumentar seus problemas. O que você precisa agora é refazer-se. Tenho certeza de que vai ajudá-la muito.

— Está bem. Irei. Pensei que, se ficasse aqui sozinha, eu poderia recordar-me de alguma coisa mais.

— Quando chegar a hora de se lembrar, vai acontecer onde estiver. Ficar relaxada e tranquila só pode ajudar.

— Talvez seja bom mesmo eu me distrair. Vai ser difícil esperar a hora de ver minha mãe!

Vera sorriu.

— Tudo acontece na hora certa e de maneira adequada. Quando perceber isso, toda a sua ansiedade vai desaparecer.

— Quisera ser como você! Também, depois de tudo que passei!

Vera riu, respondendo bem-humorada:

— Quem se lamenta do que passou está confessando a própria incapacidade. Se deseja fazer amigos aqui, evite fazer isso!

— Por quê? Só quis me justificar!

— Não precisa. Você não é ingênua nem fraca. Fingimento aqui é inútil, Elisa. Em nossa comunidade, estamos aprendendo a ser verdadeiros. Descobrimos que todos os nossos sofrimentos decorrem de nossas ilusões.

— Sempre ouvi dizer que ninguém vive sem ilusões e que a realidade é muito dura!

— Essa é a maior inversão de valores que alguém pode ter! Nós fomos criados para a felicidade, e todas as coisas no universo trabalham para oferecer-nos o que há de melhor! Essa é a realidade!

— Se fosse assim, não teríamos tantos sofrimentos no mundo!

— Se as pessoas respeitassem os próprios sentimentos, as forças da natureza e procurassem perceber como a vida funciona, viveriam saudáveis, em paz, mesmo em seu nível de evolução. Creia, Elisa, são as ilusões que criam todo o sofrimento humano. Aqui, estamos aprendendo a evitar a queixa. Desenvolvendo a consciência de nossa própria força. Por isso, se quer fazer amigos, nunca entre no papel da "pobre de mim". Eles se afastariam de você como de alguém com moléstia contagiosa.

Elisa iria retrucar, mas preferiu calar-se. Que mundo diferente, aquele! Ela não gostaria de ser marginalizada. Ao contrário: já que precisava ficar lá durante algum tempo, pretendia ocupar-se e relacionar-se. Tinha horror à solidão.

— Eu quero fazer amigos — disse por fim. — Preciso fugir da solidão. Mas não sei como proceder! Vocês pensam tão diferente!

— Saia do formalismo social que aprendeu no mundo. Seja você mesma. Diga o que sente, faça o que lhe dá alegria. Esqueça as frases feitas, os preconceitos, evite interferir nas ideias alheias.

— Hum... Desse jeito não sei de que assunto falar com as pessoas. Nem sempre posso falar o que estou pensando. E se não for coisa boa?

Vera riu, bem-humorada.

— Agora você foi sincera! Esquece que aqui os pensamentos podem ser focalizados? Acredite, você não tem de falar nada para ser aceita. Não precisa assumir papéis para se relacionar. Em todo caso, procure exercitar-se no bem.

— Eu quero ficar bem. Como fazer isso?

— Todas as vezes que notar um pensamento crítico, depreciativo de fatos, pessoas, coisas, procure focalizar o bem que há neles. É um treinamento muito indicado em nossos cursos de controle mental. Por mais dolorosa, cruel, odiosa, trágica que uma situação lhe pareça, acabará descobrindo que, apesar das aparências, nela só existe o bem. O resto é distorção, ilusão. A única verdade é o bem. Portanto, quando você está julgando os fatos de forma negativa, está alimentando suas ilusões e candidatando-se à visita do sofrimento. Ele sempre é mensageiro da verdade!

— Para mim tudo isso é novo! Parece-me tão difícil!

— Com o tempo se tornará mais fácil. Quando começar a desenvolver mais sua lucidez, não desejará parar. O desenvolvimento da consciência amadurece e produz grande bem-estar.

— Quando você fala, fico mais confiante! Você parece tão feliz!

341

— Tenho trabalhado para conquistar a felicidade. Você vai fazer o mesmo e conseguir. Tenho certeza. O sofrimento cansa. Quando descobrimos que ele não é imprescindível à conquista de nosso progresso, nos deslumbramos e colocamos todo o empenho em viver melhor.

Os olhos de Vera brilhavam, e Elisa sentiu uma energia agradável envolvê-la. Emocionou-se.

Disse com suavidade:

— Você tem razão. Tenho sofrido bastante. Quero ser como você. Se acha que também posso conseguir, estou disposta a fazer tudo que for preciso.

— Ótimo, Elisa. Se deseja ir ao serão, tem meia hora para aprontar-se. Virei buscá-la.

— Está bem.

Quando Vera saiu, Elisa olhou-se no espelho e notou que sua aparência havia se modificado um pouco. Estava mais corada; e seus cabelos, mais brilhantes. Notou que seu rosto também estava mais suave, um pouco diferente do que era. Apesar de surpreendida, gostou. Estava mais bonita e com mais vida. Como seria esse serão? Resolveu arrumar-se melhor. Abriu o armário e escolheu um vestido azul vivo de um tecido leve e macio. Vestiu-o e, olhando-se no espelho, sorriu contente. Estava elegante e bonita. Afinal, a vida ali na comunidade não era tão dura como pensara a princípio. Encontrou um elegante par de sapatos prateados que combinavam bem com seu vestido.

Sentiu vontade de mudar o penteado. Já que seus cabelos estavam tão sedosos e brilhantes, ia deixá-los à vontade, presos com uma tiara prateada que encontrara na gaveta da mesa. Lembrou-se dos tempos de adolescência. Como fora ingênua, casando-se cedo. Nunca usufruíra as alegrias da juventude! Se estivesse na Terra agora, certamente agiria diferente!

"Não estou na Terra, mas estou livre!", pensou ela. Não estava mais presa aos compromissos do casamento.

Ao pensar nisso, sentiu alívio. Talvez esse fosse o lado bom do que lhe aconteceu. Se não podia voltar atrás, podia pelo menos seguir os conselhos de Vera e viver melhor. Já que não podia cuidar dos filhos como gostaria, trataria de pensar em si, cuidar da própria felicidade. Queria ser feliz!

Quando Vera voltou, vendo-a, não dissimulou a alegria:

— Elisa! Você está linda! Parabéns!

Ela não escondeu a satisfação:

— Resolvi aceitar sua sugestão. Daqui para a frente, vou cuidar de mim, de minha felicidade.

— Por isso seus olhos e cabelos brilham. Você está começando a descobrir sua luz. Vamos. Tenho certeza de que vai gostar.

Ao entrar no imenso salão iluminado, Elisa estava deslumbrada. Ele era circundado por arcos, o teto decorado com pinturas maravilhosas, cujos desenhos se moviam modificando as figuras e o colorido matizando-se, e, conforme Elisa fixava, eles rutilavam como estrelas.

Vera conduziu-a para as poltronas, e Elisa não conseguia desviar os olhos daquele teto maravilhoso, ora nas pinturas, ora nos lustres. Aos poucos, ela foi percebendo o luxo das cortinas, o palco, a beleza das poltronas e os rostos agradáveis das pessoas.

— Nunca vi nada igual! — disse ela. — Que gente bonita! Começo a pensar que estamos no paraíso! Acho que os anjos vão aparecer a qualquer momento.

— As pessoas que estão aqui se interessam em fazer o melhor. A arte e a beleza comovem, elevam, aproximam-nos de Deus.

Quando as cortinas do palco se abriram, as luzes da plateia se apagaram, as paredes do palco desapareceram e surgiu uma plataforma no centro dele. Sobre ela, havia uma orquestra formada por muitos músicos, vestidos com túnica brilhante. Além dos instrumentos conhecidos, Elisa notou que havia outros que ela nunca vira. Ao redor da plataforma, havia um bosque maravilhoso, cheio de pássaros e flores. Quando a orquestra começou a tocar, no centro do bosque apareceram dançarinos que pareciam borboletas, tal a leveza de sua dança.

Elisa, maravilhada, não conseguia pronunciar qualquer palavra. Lágrimas rolavam por seu rosto sem que ela notasse. Sua alma extasiava-se diante de tanta arte e pela primeira vez ela esqueceu seu drama, sua dor, seus problemas. Bebia avidamente aquele momento, sentindo-se comovida, não querendo perder nada.

Quando as luzes se acenderam, ela não conseguia articular nenhuma palavra. Vera abraçou-a com carinho, dizendo:

— Foi lindo demais! Também estou comovida! Há tempos não via um espetáculo como este!

Elisa não conseguia parar de chorar. As lágrimas continuavam descendo por seu rosto, e ela fez um gesto de impotência, ao que Vera aduziu:

— Não se preocupe com as lágrimas. Deixe sair as energias reprimidas. Sua alma está se desbloqueando.

Quando ela se acalmou, disse:

— Estou envergonhada. Sou ignorante. Nunca havia visto nada igual.

— Não se critique por sentir. Agora é que você está reencontrando sua essência. A arte é manifestação de Deus. Vamos aproveitar este momento e sair em silêncio, para não quebrar o encanto. Outro dia lhe apresentarei às pessoas. Assim como nós, ninguém está com vontade de falar agora. Vamos embora.

Uma vez em seu quarto, depois de despedir-se da amiga, Elisa abriu a janela, debruçando-se sobre o parapeito, olhando o céu cheio de estrelas. As cenas e o som do espetáculo que acabara de presenciar estavam ainda presentes em sua lembrança.

Como ela era ignorante! Quantas coisas havia ainda que não conhecia? Que mistérios a vida guardava para o futuro? O que mais lhe aconteceria? Naquele momento, sua vida na Terra, seus problemas pessoais perderam a importância que ela lhes atribuía. Diante daquele mundo novo, das sensações maravilhosas que experimentara, como voltar aos horizontes acanhados de sua última existência? Eles agora lhe pareciam distantes. Em seu coração, havia o mesmo amor pelos filhos, por Olívia, mas, ao mesmo tempo, o desejo de situar-se em sua nova vida, descobrir mais sobre o passado e experimentar coisas novas.

Vítor dissera claramente que ela fora responsável pelo que lhe acontecera. Que suas atitudes haviam atraído os fatos que a vitimaram. Vera garantia que ele sabia o que estava dizendo.

Ela não acreditara nele. Mas e se os fatos do passado houvessem mesmo sido diferentes do que ela pensava? E se ela tivesse mesmo traído Olívia, feito intrigas para destruir seu casamento com Eugênio? Até que ponto poderia confiar nas visões que tivera?

A ideia de que Eugênio e Olívia haviam se amado um dia parecia-lhe impossível. Eles estavam sempre se criticando. Isso a incomodava muito. Seria por causa do que acontecera no passado? Esforçava-se para torná-los amigos. Vivia neutralizando suas diferenças e fazendo o máximo para que viessem a querer-se bem. Quanto mais fazia isso, mais eles se desentendiam.

Depois de sua partida, Olívia cuidara das crianças, apoiara Eugênio, fizera sua parte, mas ela notara que continuava não gostando dele. Seria mesmo verdade que um dia ela o teria amado? Precisava saber.

***

Na tarde do dia seguinte, Elisa foi avisada de que havia visita para ela no salão. Emocionada, deu os últimos retoques em sua aparência e, coração aos saltos, dirigiu-se para lá.

Rosa esperava-a com olhos brilhantes de alegria. Vendo-a, abraçou-a com carinho, beijando-a delicadamente na face. Elisa não conteve as lágrimas. Naquele momento, todo o sofrimento dos últimos tempos reapareceu, e ela disse entre soluços:

— Mãe! Viu o que me aconteceu? Soube do acidente?

Rosa olhou-a nos olhos, dizendo com voz firme:

— A maneira como você veio não foi penosa. Você não sentiu nada! Falemos de coisas mais interessantes. Como está sendo sua estada aqui?

Apanhada de surpresa, Elisa não soube o que responder. Esperava que a mãe a confortasse, valorizasse sua dor, porém isso não aconteceu. Vendo que ela não respondia, Rosa continuou:

— Vítor informou-me que você está indo muito bem. Até já modificou sua aparência, recordou um pouco do passado.

— Vi algumas cenas, não sei bem se aconteceram mesmo.

Rosa olhou-a sorrindo ao responder:

— Você não está sendo sincera. Vim vê-la porque a amo muito. Tanto você como Olívia e as crianças ocupam largo espaço em meu coração. Mas gostaria que não me visse no papel de mãe, tal como na Terra. Diante das múltiplas reencarnações, essas posições são temporárias. Na ribalta do mundo, trocamos de papel várias vezes. Mãe, filha, irmã, sogra, cunhada, amiga, inimiga. Os laços de sangue indicam que, de alguma forma, nos atraímos mutuamente. Nem sempre esses laços são de afinidade espiritual, companheirismo, amizade. Às vezes, transformam-se em pesadas cadeias das quais as pessoas não veem a hora de se desvencilhar. Depois da morte, distanciam-se aliviadas. Nosso caso é diferente. Nós nos amamos e o amor permanece para sempre. Onde quer que estejamos, sentimos a alegria de partilhar nossos sentimentos.

— Sua forma de pensar me surpreende! Sempre pensei que o amor de mãe fosse a mais sublime forma de amar!

— O amor incondicional é sempre sublime. Não depende do grau de parentesco. Depende da alma. É manifestação da essência espiritual. A condição de mãe é uma grande oportunidade de desenvolver a capacidade de amar. A confiança de Deus colocando em nossas entranhas uma alma, confiando-a à nossa guarda durante o tempo em que ela descansa na inconsciência, preparando-se para novas experiências, é um apelo muito forte ao nosso espírito. Depois, a criança tão dependente de nossos cuidados, tão carente de nossa orientação nos primeiros anos, expressando com espontaneidade seus sentimentos, toca nossa sensibilidade, e nosso amor manifesta-se!

— É o que eu sinto por meus filhos! O amor de mãe é o maior e o mais sublime de todos!

— Prefiro dizer que ele abre uma porta para o amor incondicional. Principalmente quando a mulher possui bom senso e discernimento para ajudar verdadeiramente os espíritos que lhe foram confiados.

Elisa fitou-a admirada:

— Não concordo com você! Não existe nenhuma mãe que deseje mal a seus filhos! Em sua maioria, são dedicadas, muitas chegam a se esquecer de si mesmas, colocando o bem dos filhos em primeiro lugar.

Rosa sorriu ao responder:

— Não estou falando das intenções. Claro, todas nós temos vontade de fazer o melhor. Estou falando dos resultados. Tanto no mundo quanto aqui, os consultórios dos terapeutas estão repletos de filhos procurando ajuda, tentando libertar-se dos males de uma orientação equivocada.

— Essas foram mães que não cumpriram com seu papel.

— Está enganada, Elisa. A maioria fez exatamente isso. Tentou cumprir seu papel. Entrou nas regras do mundo e não ouviu os próprios sentimentos.

Elisa fitou-a pensativa. Rosa prosseguiu:

— A superproteção e o mimo, tanto quanto o excesso de rigor, não educam. Só acovardam, enfraquecem. O esquecimento de si mesmo apaga o brilho da alma, turva a consciência.

— Você foi mãe dedicada. Eu tentei ser. Fiz o que sabia. Esqueci-me de mim, coloquei minha família em primeiro lugar, e deu no que deu.

— Tem razão, Elisa. Nós demos o melhor que podíamos, fizemos o que sabíamos. Fui uma mãe dedicada. Como você, me esqueci de mim. Quando cheguei aqui, não sabia nada sobre mim. Não conseguia perceber do que gostava, o que me fazia feliz. Recebi ajuda, frequentei grupos terapêuticos na tentativa de descobrir meu mundo interior. Mudei minha maneira de ver a vida, e você me ajudou muito.

— Eu?!! Como?

— Acompanhei toda a sua vida conjugal. O nascimento de seus filhos, seu relacionamento com Olívia, com Eugênio. Confesso que sofri muito, porquanto via claramente você ir aos poucos se desvalorizando, perdendo o brilho, tornando-se medíocre.

— Mãe! Você está me magoando!

Rosa abraçou-a com carinho:

— Vim disposta a conversar com você sem rodeios. De certa maneira, sinto-me um pouco responsável pelo que aconteceu. Fui eu quem colocou várias ideias erradas em sua cabeça. Foi na intenção de fazer o melhor. Depois, Elisa, esse comportamento é um círculo vicioso difícil de sair. Os conceitos com os quais eu a eduquei foram-me ensinados por minha mãe. Se quisermos renovar nossas vidas, compreender a verdade, precisamos ter a coragem de questionar o que nos ensinaram, experimentando e analisando seus resultados.

— Mas você morreu antes de eu me casar. Não tem culpa nenhuma do que me aconteceu!

— Engana-se. Eu sempre lhe dizia que a mãe precisa renunciar a tudo pelo bem-estar da família, lembra-se? Em nossa casa, tudo de melhor era para seu pai. Eu as eduquei para que ele fosse nosso Deus. Ninguém se atrevia a discordar de nada do que ele dissesse ou fazia. Sua vontade era ordem. Eu não estava fisicamente lá, depois de seu casamento, mas minhas frases ainda estavam vivas em sua cabeça, como regras de conduta. Você fazia igual a mim.

— Eu me orgulhava muito de fazer como você. Sempre a considerei uma grande mãe.

— Nós não sabíamos como essa atitude era errada e perigosa.

— Você acha mesmo?

— Acho. No amor conjugal, a chama da atração precisa ser cultivada. A admiração, a estima, o respeito são fatores importantes para isso. Quando você apaga seu brilho, tornando-se uma sombra sem vontade própria, destrói a atração e mata o amor.

— É triste isso, mãe. Sempre pensei que, quanto mais honesta, dedicada, perfeita dona de casa e boa mãe eu fosse, mais Eugênio me amaria. Pensei que esse comportamento me valorizasse o bastante para ser amada para sempre! Estava enganada! Fui traída, abandonada.

— Prova de que pensava de maneira equivocada. O que aconteceu com Eugênio poderia ter acontecido com você.

— Isso, não. Eu o amava sinceramente!

— Porque ele continuou se valorizando mesmo dando o conforto à família, cuidando de sua aparência, de seu trabalho, enquanto você fazia o oposto.

— Agora vejo que ele não era um bom marido como eu pensava. Não se preocupava com os filhos. Quando se apaixonou por outra, não hesitou em abandoná-los.

— Foi você quem não lhe permitiu conviver mais com os filhos. Assumiu a maternidade e não lhe deu espaço.

— Homem não tem jeito para essas coisas.

— Já esteve com ele depois de sua morte? Observou com que carinho e dedicação ele tem cuidado das crianças?

— É, não teve outro remédio.

— Elisa, não seja tão resistente! Gostaria que, quando você pudesse sair daqui, fosse residir em minha cidade. É um lindo lugar e somos muito felizes lá. Mas para isso você vai precisar aprender algumas coisas. Aqui tem uma oportunidade maravilhosa. Não deixe que pensamentos negativos tomem conta de sua mente. Esforce-se para mudar. Garanto que sua felicidade depende só de você.

— Mãe, estou intrigada com algumas visões que tive. Gostaria que me esclarecesse. Você conhece minhas vidas passadas?

— Um pouco.

— Diga-me: Olívia e Eugênio se amavam?

— Sim.

— Tem certeza?

— Você já não se lembrou?

— É que isso me pareceu tão disparatado, tão difícil de acreditar!

— Mas é verdade.

— O que mais você sabe que eu ainda não sei?

— Que seus filhos eram os filhos deles naqueles tempos.

— O quê? Meus filhos já foram filhos deles?

— De que se admira? A reencarnação é lei natural da vida.

Elisa suspirou pensativa. Nunca imaginara tal coisa. Por isso Olívia gostava tanto das crianças e elas a adoravam.

— É difícil acreditar que Olívia, com aquelas ideias modernas de independência, já tenha sido mãe.

— Todos nós já tivemos muitas experiências na Terra.

— Você sente culpa, porque eu a imitei. Acha que me educou errado. Não concordo. Olívia também foi educada por você e sempre foi muito diferente de nós duas.

— O fato de Olívia ter ideias próprias e não aceitar minhas sugestões demonstra que ela tem mais conhecimento, não se deixa levar pelas ideias dos outros. Contudo, tanto meu desempenho como esposa e mãe quanto o seu impressionaram-na de forma desfavorável. Ela fecha o coração ao amor, teme o relacionamento mais sério.

— Vera disse-me que ela ficou descrente do amor porque...

Elisa deteve-se, sem coragem de continuar.

— Fale, Elisa. Não temos segredos entre nós.

— É que para mim é tão difícil... Pensar que Eugênio era seu marido e que ele a traiu por minha causa... Às vezes penso que tudo isso é loucura.

— Não tenha medo da verdade. Enfrente-a. Você ainda ama Eugênio como antes? Ainda sofre por ele?

— Não. Quando vi como ele agia, tendo outras mulheres, enganando-me todo o tempo, decepcionei-me. Agora não sinto mais nada.

— Nem raiva?

— Nem raiva. Esse tempo passou. Agora pretendo cuidar de mim. Estou só. Não posso voltar para meus filhos. Preciso ocupar-me. Tenho medo da solidão.

— Você foi afastada de todos para aprender a olhar para si. Está na hora de amadurecer. De mudar, de crescer. De deixar comportamentos inadequados que só resultam em dores e sofrimentos.

— É o que eles me dizem aqui. Já me matriculei em um curso. Vou aprender.

— Antes assim, minha querida. Estou preparando uma casa perto da minha para você. Quando puder ir, ficarei contente.

— Papai está lá com você?

— Não. Ele vive em outro lugar. Tem compromissos diferentes dos meus.

— Pensei que estivessem juntos!

— Não. Continuamos bons amigos, mas o casamento foi só na Terra. Acabou. Pensamos de forma diferente. Nosso compromisso terminou no dia em que morremos juntos, naquele desastre de trem.

— Aquilo foi horrível!

— Não sentimos nada na hora. Nem sequer nos lembramos como foi. Difícil foi depois, aceitar a mudança, deixar vocês, tão crianças, sozinhas no mundo.

— Foi como eu. Também fiquei desesperada.

— Não sabíamos que todos nós estávamos sob a proteção de espíritos dedicados.

— Saber disso conforta. Agora também estou mais calma.

— Precisamos aprender a nos desapegar.

— É isso que não entendo. Dizem que precisamos amar, e separam-nos dos entes queridos dizendo que temos de nos desapegar. Não é um contrassenso?

— Não, Elisa. Usar o amor como pretexto para nos agarrarmos às pessoas que amamos é egoísmo. É disso que precisamos nos libertar. Na fase em que estamos, é importante desenvolver a confiança na providência divina que trabalha em favor de todos igualmente. É a falta de fé que nos dá insegurança, medo do futuro, e nos faz pensar que, sem a nossa presença, nossos filhos estarão em perigo. Creia, Elisa, muitos ficariam melhor sem os pais.

— Mãe! Não posso acreditar que esteja falando sério!

— Estou. Quando os pais são inseguros, transmitem seus medos aos filhos. Tentam evitar que eles sofram o que temem, mergulham na superproteção. Com isso, impedem seu desenvolvimento, tolhem seu amadurecimento, tornando-os incapazes e fracos.

— É por isso que você se acha culpada pelo que me aconteceu?

— Sim. Deus coloca-nos no mundo para vivenciarmos experiências e desenvolvermos nossa consciência. À medida que vamos nos tornando mais lúcidos, conhecendo como a vida funciona, vamos nos tornando mais responsáveis e mais felizes. Querer impedir esse amadurecimento, a pretexto de evitar as lutas necessárias à conquista desses objetivos, é infelicitar em vez de ajudar. É por isso que você vê no mundo muitos filhos que foram superprotegidos e que tiveram tudo voltarem-se contra os pais, procurando feri-los.

— O filho de Ágata. Lembra, mãe? Era rico, tinha o carro do ano, não trabalhava, os pais faziam tudo que ele queria. Mas ele era revoltado, vivia envergonhando os pais. Era um filho ingrato.

— Não era. Embora ele não estivesse consciente disso, seu espírito sabia que estava sendo prejudicado pelos excessos dos pais. Odiava-os por isso. Reagiu de forma errada. O melhor teria sido sair

350

de casa e tentar a vida por si mesmo, trabalhar, cuidar de si. Mas ele não tinha ainda amadurecimento espiritual para isso.

— Mãe, como seria bom que soubéssemos de tudo isso quando estávamos no mundo.

— É verdade. Nós estudamos antes de reencarnar, aprendemos muitas coisas, o que já é um privilégio diante dos que ainda estão menos conscientes. Mas, quando vivemos no mundo, sofremos o assédio das energias de todos os que lá vivem. Suas formas de pensamento envolvem-nos, influenciando-nos pesadamente. Mergulhados na mente social, esquecemo-nos com facilidade do que aprendemos aqui, impressionados com as aparências e os conceitos da sociedade.

— Ao nascer na Terra, seria bom se não nos esquecéssemos do passado e pudéssemos recordar claramente o que aprendemos aqui e tudo quanto nos aconteceu.

— Também já pensei assim. Entretanto estava enganada. Primeiro, porque esse esquecimento representa uma pausa, um descanso para nosso espírito. Depois, porque atrapalharia muito nosso relacionamento com as pessoas. Como seria sua vida se você soubesse que Olívia e Eugênio haviam se amado?

— Não haveria me casado com ele. Poderia ter tido um marido melhor e estar lá, vivendo feliz com minha família.

Rosa sorriu e respondeu:

— Você diz isso agora. Mas o que faria da paixão que ele ainda lhe despertava? Teria forças para renunciar ou tornaria a fazer o que fez?

— Se no passado traí Olívia, agora não teria coragem para isso. Eu mudei. Se soubesse do passado, não teria me envolvido com ele.

— Você não poderia resistir à força das coisas. Os três estavam unidos em um relacionamento inacabado, presos uns aos outros por energias conflitantes. Ninguém tem como fugir dos resultados de suas atitudes. Mesmo que quisesse, não iria conseguir. Creia: o esquecimento foi providencial. Primeiro, para fazer com que você e Olívia se conhecessem melhor, longe dos ressentimentos passados; segundo, para que os outros envolvidos também reciclassem os próprios sentimentos.

— Como assim? Que outros envolvidos?

— Suas atitudes no passado deixaram dolorosa marca na vida dos filhos de Olívia e Eugênio. Reencarnando como seus filhos, eles também conheceram seu lado amoroso e dedicado. Antes, eles faziam outra ideia a seu respeito.

Elisa sobressaltou-se:

— Eles souberam o que eu fiz?

— Sim. Quando você chamou Olívia e lhe fez a revelação de seus amores com Eugênio, ela ficou muito revoltada. Não se lembra?

Elisa pensou na cena que presenciara quando chamara Olívia à sua casa e, de repente, lembrou-se do que acontecera depois. Angustiada, reviu a revolta de Olívia. Depois, a cena terrível com Eugênio, que a procurou criticando sua atitude, dizendo-lhe que a desprezava. Ameaçara-a, prometendo vingar-se, caso voltasse a ver qualquer membro de sua família.

Elisa, pálida, nervosa, disse:

— Mãe! Foi horrível! Eu me lembro! Como pude fazer isso?

Caiu em soluços, e Rosa olhou-a séria ao dizer:

— Acalme-se. Isso foi há muito tempo. Já passou. Muita coisa mudou desde aqueles dias.

— Os filhos deles, isto é, meus filhos... souberam a verdade?

— Souberam. Olívia tem gênio forte. Depois daquele dia, nunca mais quis saber do marido. Ele tentou de todas as formas reconquistá-la, mas ela não o perdoou. Viveu sozinha com os filhos. Eles a adoravam e deram-lhe razão. Afastaram-se do pai com desprezo.

— E quanto a mim? Estou sentindo que eles também me odiaram.

— Eu não diria isso. Eles odiaram o que você fez.

— Estou lembrando-me agora. Vivi muito infeliz o resto de meus dias. Sofri enorme depressão. Meus pulmões foram atingidos e morri de tuberculose.

— Você morreu sufocada pela tristeza e pelos remorsos. Eles foram responsáveis por sua doença nos pulmões.

— Você me ajudou, eu sei. Na Terra, dizem que quem morre descansou, se libertou. Comigo não aconteceu isso. Continuei doente mesmo depois de morta.

— As impressões de sua culpa estavam muito vivas em sua lembrança. Elas a impediam de se recuperar. Mesmo depois que Olívia a perdoou, se aproximou de você e tentou ajudá-la, você custou-lhe tempo a melhorar.

— É mesmo! Ela me visitou, disse que havia esquecido tudo. A princípio, não acreditei, mas depois percebi que era verdade. Ela tinha uma energia brilhante, e sua presença fazia-me muito bem. Passei a admirá-la.

— Olívia é um espírito lúcido. Tem mais vivência do que nós. É por isso que sempre teve muita ascendência sobre você.

— Mesmo depois de casada, eu não fazia nada sem perguntar a ela. Apesar do que houve entre nós, continuo confiando nela.

— Olívia é verdadeira. Inspira confiança.

— Ela me perdoou, mas os filhos, não. Isso me incomodava muito. Naquela reunião com Eugênio, quando ele também me perdoou, Olívia foi chamada, lembra-se? Nosso terapeuta aconselhou-me a reencarnar com eles. Fiquei apavorada. Eugênio, ansioso por melhorar seu relacionamento com os filhos, aceitou logo, com entusiasmo. Ele pretendia provar-lhes seu amor e sua sinceridade. Disseram-nos que isso só poderia realizar-se se Olívia concordasse em reencarnar a nosso lado. Eu temia que ela recusasse. Mas ela concordou.

— Sabia que seus filhos precisavam dessa experiência. Eu reencarnei primeiro, enquanto vocês ficaram se preparando.

— Mãe! Agora entendo por que eu me dediquei tanto a eles! Eu queria lavar minha culpa, provar-lhes que os amava. Porque eu os amo muito! Sinto que os amo! Como não gostar de Marina, que embalei com tanto carinho? De Juninho, que me deu tantas alegrias com seu jeitinho carinhoso? E de Nelinha, de olhos tão brilhantes e que se fixavam em mim com tanto amor?

Elisa soluçava dando vazão a seus sentimentos. Rosa levantou-se e abraçou-a com carinho.

— Eu entendo, querida. Não chore mais. Agora, o passado está morto. Assim como você os ama, eles também aprenderam a amá-la. Você os conquistou. Eles conheceram seus sentimentos, sua capacidade de amar, e verão você como é, e não pelo que fez ou foi.

Elisa suspirou profundamente. Depois disse:

— Mãe, agora que descobri a verdade, tudo farei para ajudá-los. Meu amor por Eugênio não era verdadeiro. Eu sei. Ele é muito diferente de mim. Hoje não gostaria de viver com ele. Ia sentir-me melhor se pudesse apagar definitivamente o passado. Repor as coisas nos devidos lugares. Devolvê-lo a Olívia.

— Esse é seu desejo. Não sei se ela quer. Parece-me bem do jeito que está.

— Se estivesse bem, não estaria sem amor. Por que ela não tem ninguém?

— Essa é uma boa pergunta. Pelo que sei, depois do casamento com Eugênio, nunca mais se uniu a ninguém. Viveu muitos anos aqui, sempre avessa a qualquer relacionamento.

— Aqui também podemos encontrar o amor?

— Não se lembra? Aqui é a vida maior. Os sentimentos são muito valorizados. Todos podem amar livremente. Há pessoas que vivem muito felizes juntas.

— Será que a desilusão que sofreu com Eugênio não está ainda escondida no coração de Olívia? Será que ela ainda não o esqueceu?

Os olhos de Rosa brilharam maliciosos quando disse:

— Quem sabe? Só o tempo vai dizer.

— Talvez Vítor possa nos ajudar quanto a isso. Vera disse que, se eles se casassem, a solução seria perfeita.

— Vítor não interfere na vida de ninguém.

— Pois estou começando a gostar dessa ideia. Dessa forma, estaria unindo aqueles a quem separei.

— É um bom projeto. Mas ninguém pode manipular a vida. Ela sempre decide o que é melhor. Cuide de você, faça seus cursos, esforce-se para aprender, e o resto virá com o tempo. Agora preciso ir. Voltarei em breve. Se quiser falar comigo, basta pensar em mim.

Elisa levantou-se e abraçou a mãe com carinho.

— Obrigada — disse. — Você me ajudou muito. Contar com sua amizade é uma grande graça.

Rosa beijou-a na face, olhos brilhantes, e disse alegre:

— Cuide-se bem.

Saiu rapidamente. Elisa foi à janela e ficou emocionada, olhando até seu vulto desaparecer em um dos portões do jardim.

354

Capítulo 25

Eugênio atendeu ao telefone:

— O que foi, Elvira?

— Senhor Eugênio, Nelinha está com febre.

— Ontem ela estava sem fome, mas parecia bem.

— Ela está vermelha, e a febre é alta.

— Vou já para casa.

Desligou o telefone e guardou os papéis que estava examinando. Chamou a secretária, encaminhou algumas providências e saiu. Chegando em casa, viu que Elvira não exagerara. Nelinha estava com muita febre.

— Vou chamar o médico.

Enquanto aguardava, conversou com Nelinha, que sentia dores no corpo, mal-estar, sede e arrepios de frio. O médico chegou, examinou-a. Eugênio perguntou:

— Então, doutor, o que ela tem?

— Por enquanto não posso dizer. Os sintomas ainda são vagos. Pode ser gripe. É cedo para dizer. A garganta está um pouco inflamada. Temos de esperar para saber. Vou dar-lhe alguns medicamentos para aliviá-la e evitar complicações.

Eugênio respirou aliviado. Logo que o médico saiu, mandou Elvira comprar os remédios. Assim que ela voltou, começou o tratamento. Meia hora depois, a febre havia baixado e ele se sentiu melhor. Ficava apavorado quando qualquer um dos três filhos adoecia. Quando Marina teve sarampo, Elisa ainda era viva e cuidou de tudo. Já quando Juninho pegou caxumba, ele ficou em pânico. O médico não conseguia acalmá-lo. Para ter certeza, ele comprou livros de medicina e quis saber tudo sobre o assunto.

Apesar de Nelinha estar melhor, ele não saiu de seu lado o dia inteiro. Não voltou ao escritório. No fim da tarde, Olívia apareceu.

— Telefonei e Elvira disse-me que Nelinha está doente. O que ela tem? — disse ela entrando no quarto da menina.

— O médico disse que parece uma gripe.

— Está com muita febre? — indagou ela, preocupada, aproximando-se da cama e colocando os lábios na testa da menina.

— O que está fazendo? — indagou ele.

— Sentindo se ela tem febre. Com os lábios, dá para saber.

Eugênio achou graça. Era o que sua mãe fazia com ele quando era pequeno.

— Como você sabe disso, se nunca foi mãe?

Ela se limitou a dizer:

— Está apenas febril. Mas é melhor pôr o termômetro. Onde está?

— Aqui — respondeu ele, entregando-o a ela.

Olívia levantou o braço da menina, colocando o termômetro em sua axila. Ela se remexeu e acordou.

Vendo-a, Nelinha disse:

— Que bom que você está aqui!

— Que história é essa de ficar doente?

— Para você vir aqui fazer um mingau para mim.

Olívia sorriu e seus olhos brilharam.

— Para isso não precisava adoecer. Bastava pedir.

— Você não tem vindo me ver.

— Não é verdade. Estive aqui no domingo.

— Da outra semana.

— Vou fazer seu mingau, mas você vai comer tudo. Elvira disse-me que você não tem se alimentado bem.

— Se você fizer, eu como.

Olívia foi para a cozinha. Eugênio conversou com a filha enquanto esperavam. Ela lhe parecia bem. Olívia voltou com o prato, dizendo:

— Vamos, sente-se.

Ela tentou levantar-se.

— Estou tonta. Acho que vou comer deitada.

Olívia olhou para Eugênio admirada. Ela estava quase sem febre. Por que a tontura?

Ele entendeu seu pensamento e disse:

— A gripe costuma dar tontura.

— É. Pode ser isso mesmo.

Sentou-se ao lado da cama, dizendo:

— Já que você virou um nenê, vou dar comida em sua boca. Vamos, abra.

Nelinha abriu e, na primeira colherada, estremeceu:

— Não quero — disse. — Estou com ânsia.

— Pode ser do remédio — disse Eugênio. — Eles curam uma coisa e estragam outra.

— Essa menina precisa se alimentar. A gripe sara com boa alimentação. É melhor falar com o médico.

— Vou telefonar.

O médico mandou dar um remédio para enjoo. Depois disso, ela não se queixou mais.

Passava das dez e Olívia não tinha vontade de ir embora. Achava a menina muito caidinha.

Eugênio não dizia nada, mas preferia que ela ficasse. Sentia-se mais seguro com sua presença.

— Se você não se importa, acho que vou ficar aqui esta noite — resolveu ela por fim.

— Ainda bem — desabafou ele.

Ela o olhou surpreendida.

— Para dizer a verdade, Olívia, sou muito patife. Quando um deles adoece, fico apavorado. Nunca sei direito o que fazer.

— Sei como é.

— Sabe? Você é mais forte do que eu. Está sempre tão segura de tudo.

— Esforço-me para reagir.

Nelinha já adormecera novamente.

— Elvira, antes de ir, disse-me que você não jantou. Se quiser ir agora, eu ficarei ao lado dela.

— Obrigado, Olívia.

Ele se levantou e foi até a cozinha. Não quis comida. Fez um sanduíche e abriu um refrigerante. Depois de comer, voltou ao quarto de Nelinha.

— Você também não comeu. Pode ir, que eu fico com ela.

Ela desceu, e ele ficou pensando em seu relacionamento com a cunhada. Ela implicava com Eugênio, mas, sempre que ele precisava, estava ao seu lado. Apesar de sua atitude hostil, ele se sentia

357

seguro quando ela estava perto. Como uma mulher fria, sem amor, podia gostar de crianças? Tinha um jeito especial para lidar com os sobrinhos, e eles a adoravam. Tinham para com ela gestos de carinho mais intensos do que com a própria mãe. Amaro lhe dissera que ela não era fria como ele pensava. Seria verdade? Sob aquela aparência indiferente, Olívia guardaria um coração apaixonado? Por que se tornara tão cética com relação ao casamento? Teria tido alguma desilusão? Alguma paixão não correspondida?

Ela voltou minutos mais tarde, e ele disfarçadamente observou seu rosto. Como seria Olívia quando amasse? Que tipo de homem despertaria seu interesse?

Ela se sentou em uma poltrona ao lado da cama.

— Se quiser, pode ir dormir. Eu ficarei com ela.

— Você não vai passar a noite nessa cadeira.

— Vou ficar mais um pouco aqui. Já que as crianças estão no outro quarto, quando sentir sono, deito na cama ao lado.

— Você precisa levantar cedo para trabalhar. É melhor ir dormir. Eu ficarei ao lado dela.

— Você também trabalha cedo. Não adianta eu me deitar agora. Não conseguiria dormir. Estou sem sono.

— Também não poderia dormir. Prefiro ficar aqui.

Olívia olhou-o e não se conteve:

— Você mudou muito. Quando Marina teve sarampo, você mal entrou no quarto.

— Eu era inexperiente. Depois, Elisa cuidava bem de tudo.

— É... — fez silêncio por alguns minutos, depois disse: — Você está pensando em casar-se novamente?

Ele se sobressaltou:

— Por que pergunta?

Olívia hesitou alguns instantes. Depois resolveu:

— Embora você não acredite, Elisa está preocupada com isso.

— Elisa?!! Como sabe?

— Nós não contamos porque você não acredita. Mas ela esteve comigo e pediu-me que não deixasse você se casar de novo. Não quer que seus filhos tenham madrasta.

Eugênio passou a mão pelos cabelos pensativo. Olívia continuou:

— Amaro disse que ela tem estado ao seu lado e afastado qualquer mulher pela qual você se interesse.

358

Ele se lembrou de como se sentira inseguro depois de haver decidido casar com Lurdes. Teria sido por isso? Disfarçou:

— Ainda não pensei em casar-me.

— Lurdes é uma boa moça. Pensei que estivesse interessado nela.

— Não. Ela é maravilhosa, mas não penso em casamento.

Olívia calou-se. Ele queria perguntar mais detalhes desse encontro com Elisa. Ele era descrente, mas sabia que Amaro era pessoa séria e que Olívia respeitava muito a memória da irmã para brincar com o assunto. Algo teria acontecido, mas o quê? Esperou, mas Olívia não contava. Por fim, arriscou:

— Você disse que conversou com Elisa. Sei que não está brincando com um assunto tão sério. Como pode ter certeza?

— Para que pudesse entender, eu precisaria contar-lhe todas as minhas experiências. Não é fácil. Tenho aprendido muito sobre esse assunto. Indo ao centro espírita, aconteceram comigo tantas coisas que estou convencida de que a vida continua depois da morte. Você pode duvidar, é um direito seu. Mas eu tenho certeza. Elisa está viva em outro mundo e continua sendo a mesma, embora tudo quanto passou tenha mudado sua maneira de pensar.

— Sua certeza impressiona-me. Você, sempre tão materialista...

— Nunca fui materialista. Não sou religiosa, nem frequento igrejas, mas sempre acreditei em Deus. Você me conhece pouco.

— É. Pode ser. Mas sei que não seria capaz de brincar com a memória de Elisa.

— Nem eu nem Amaro. Ele é muito sincero. Jamais se prestaria a uma farsa dessas.

— É isso o que me intriga. Vocês falam com tanta certeza! Estou curioso. Não quer contar-me como foi?

Olívia olhou-o nos olhos, depois disse:

— Para mim, o que aconteceu foi tão forte, tão importante que eu não gostaria de dividir com alguém que não possa compreender e compartilhar.

Já agora, Eugênio estava ansioso para saber.

— Se você me explicar, talvez eu possa entender. Garanto a você que não tenho intenção de criticar.

— Está bem. Vou contar tudo.

Olívia começou desde a primeira noite em que fora ao centro espírita, e foi relatando tudo. À medida que falava, as palavras fluíam fáceis, e ela descrevia os fatos com clareza. Eugênio ouvia admirado. Não sabia que Olívia tinha tanta facilidade para contar coisas. Conforme ela falava, parecia-lhe ver as cenas, e ele chegava a sentir as emoções de cada momento. Quando finalmente ela relatou os fatos ocorridos na casa de Inês, ele estava fortemente emocionado. Parecia-lhe ver Elisa soluçando, abraçada à irmã, pedindo para ir ver os filhos, para tomar conta deles.

Olívia, olhos brilhantes marejados, recordando as emoções daqueles momentos, parecia outra pessoa. Seu rosto transformara-se, sua voz estava mais suave, seus gestos mais delicados.

Eugênio a custo controlava a emoção. Seu coração batia descompassado, e ele não saberia explicar o que estava acontecendo ali. Ele não podia ver que Amílcar estava lá, com a mão sobre sua cabeça, e que Renata envolvera Olívia, falando-lhe por meio dela.

— Eugênio — finalizou ela —, está na hora de você pensar em sua vida espiritual. Seus filhos precisam dessa orientação. Você precisa harmonizar sua vida, cuidar de sua felicidade. Só quando estiver bem vai poder realizar o que veio fazer nesta encarnação. Não tenha medo da verdade. Procure esclarecer-se. Cuide de sua vida interior. Ligue-se com Deus. Você tem estado indeciso quanto ao rumo que deve dar à sua vida. As atividades que antigamente o entusiasmavam agora já não têm o mesmo sabor.

Ele a olhou admirado:

— Como sabe? Amaro falou-lhe sobre mim?

— Não. Ele não disse nada. Mas eu sei que você está insatisfeito. Depois da morte de Elisa, também fiquei assim. Amadureci e mudei. Meus valores mudaram. Questionei a vida, comecei a perguntar e não obtive resposta. Foi nesse momento que Amaro conversou comigo e respondeu algumas de minhas indagações. Fiquei deslumbrada. Fui buscar mais, e encontrei. A certeza de que a vida continua depois da morte modifica nossa maneira de ver. Depois, a reencarnação, mostrando que vivemos outras vidas, faz-nos compreender a desigualdade social. O contato com os espíritos harmoniza nossa alma, alimenta e dá-nos paz.

Eugênio olhava-a como se a estivesse vendo pela primeira vez.

— Você encontrou tudo isso?

— Encontrei. Saber que Elisa vive e está bem deram-me conforto. Mas, ao mesmo tempo, essa possibilidade despertou-me a curiosidade. Fiquei pensando: como será esse lugar onde ela está? Como serão os mundos para onde as pessoas vão depois da morte?

— Você acredita que esses mundos existam mesmo?

— Acredito. Em algum lugar, Elisa deve viver. Há outras pessoas; devem ter uma sociedade, um tipo de convivência.

— Parece incrível!

— Por quê? Pensar que neste imenso universo só existe vida na Terra é acreditar que Deus tenha desperdiçado seus talentos. Só porque somos limitados e não podemos sair daqui, não significa que só exista a nossa realidade.

— Tenho ouvido falar sobre isso, mas nunca parei para pensar.

— Chegou a hora de fazer isso. Conhecer a espiritualidade transforma nossa vida.

— Você mudou muito, Olívia — fez uma pausa e, depois de ligeira hesitação, concluiu: — Para melhor.

Ela deu fundo suspiro e ajuntou:

— Você pediu, eu contei. Dei o recado de Elisa. Era minha obrigação.

Ele iria responder, mas Nelinha agitou-se, abriu os olhos e sentou-se na cama. Olhou para Olívia, e seu rosto emocionou-se:

— Mãe! Você voltou! Estava com tanta saudade!

Passou os braços em volta do pescoço dela, beijando-a na face. Olívia emocionou-se. Seu coração disparou, e ela não soube o que responder. Apertou Nelinha nos braços, beijando-a também.

Eugênio olhava-as sem compreender. Elisa estaria ali? Sentiu-se profundamente emocionado, e as lágrimas correram por sua face sem que as pudesse conter.

Aquela cena era-lhe familiar. Sentiu que já a tinha vivido antes, mas quando? Nelinha continuava abraçada a Olívia, apertando-a com carinho.

Eugênio esforçou-se para controlar a emoção e, quando conseguiu, perguntou:

— Você está vendo Elisa de novo?

Nelinha olhou-o, e ele notou que seus olhos não o fitavam, parecendo perdidos em um ponto indefinido. Seu rosto estava em êxtase quando ela respondeu:

— Minha mãe chama-se Hortênsia! Como pode ter se esquecido, papai?

361

Eugênio encostou a mão na testa de Nelinha para ver se estava com febre. Ela delirava, com certeza. De repente, seu sorriso desapareceu, e ela deixou pender a cabeça no ombro de Olívia, que, muito emocionada, não conseguia falar. Vendo-a adormecida, delicadamente colocou-a na cama.

Eugênio olhava-a sem saber o que dizer. O que estaria acontecendo ali? Por fim, mais calmo disse:

— Pensei que fosse delírio. Mas ela está sem febre. Acho que estava sonhando!

— É — concordou Olívia, esforçando-se para dominar-se. — Acho que sim.

Os dois ficaram em silêncio, cada um imerso nos próprios pensamentos. Por fim, Eugênio arriscou:

— Quando ela disse aquilo, tive uma sensação estranha! Pareceu-me que nós três já tínhamos vivido uma cena igual. Foi tão familiar! Isso nunca me havia acontecido.

Olívia olhou-o pensativa. Ela também tivera a mesma sensação. Porém não disse nada. Podia estar confundindo as coisas. O relato que fizera de suas experiências espirituais emocionara-a. Sentira a presença de espíritos ao redor. Ela já podia perceber quando se aproximavam. Sentia que eles estavam querendo ajudar Eugênio.

— Você acha que Elisa estava aqui? — indagou Eugênio meio assustado.

— Não sei. Não senti sua presença. Depois, Nelinha disse outro nome. Acho que estava sonhando mesmo.

Eugênio colocou novamente a mão na testa de Nelinha. Estava sem febre.

— Está dormindo tranquila. Acho que melhorou.

— É. Amanhã com certeza estará boa. Se quiser ir dormir, vá. Eu vou me deitar um pouco também.

— Está bem. Deixarei a porta aberta. Se a febre voltar ou ela me chamar, pode me acordar.

— Acho que agora ela vai dormir bem o resto da noite. Sua respiração está normal.

Eugênio levantou-se, foi até a porta e parou. Voltou-se e disse:

— Obrigado, Olívia, por tudo. Sou muito grato a você pelo que tem feito por nós — hesitou um pouco e continuou: — Obrigado também por haver me contado tudo sobre Elisa. Depois do que aconteceu

362

aqui esta noite, fiquei com vontade de conhecer esse centro espírita que vocês vão. Boa noite, durma bem.

Olívia estendeu-se na cama. Sentia-se emocionada. Eugênio estava certo. Naquela noite havia algo no ar, tudo lhe parecia modificado. Sabia que os espíritos haviam estado ali. Teria sido apenas para ajudar Nelinha? Até Eugênio lhe parecera diferente. Em outros tempos, não teria tido coragem para falar sobre Elisa. Quando estava contando suas experiências, sentiu que ele foi tocado. Teria conseguido fazê-lo acreditar que Elisa continuava viva? A reação dele foi positiva. Perguntou a Nelinha se a estava vendo! Não teria feito isso se não tivesse dado crédito ao que lhe contara!

Lembrou-se da resposta da menina:

— Minha mãe chama-se Hortênsia! Como pode ter se esquecido, papai?

Ao pensar nisso, Olívia sentiu a emoção voltar. Por que se emocionara tanto com as palavras dela? Ela estava sonhando, mas reconhecera o pai. Por que trocara o nome da mãe?

Precisava conversar com Amaro. Saber sua opinião. No dia seguinte iria procurá-lo.

Tentou dormir, mas o sono não vinha. Olívia sentia-se diferente. Mais sensível, mais emotiva. Não podia esquecer o abraço de Nelinha, e parecia-lhe ouvir novamente suas palavras.

Tentava convencer-se de que a menina havia sonhado, que estava dando importância demais ao que ela dissera. Mas a sensação forte de já ter vivido outro momento como aquele voltava, emocionando-a. Seriam reminiscências de suas vidas passadas? Já teria tido uma filha, e o abraço de Nelinha a fizera recordar-se?

Se ela pudesse saber! Não estaria sendo muito impressionável? Não podia deixar-se dominar pelas emoções. Teria de reagir. A doença da menina, a dedicação do cunhado pela saúde da filha, a lembrança de Elisa e o fato de Eugênio, pela primeira vez, admitir a sobrevivência do espírito haviam-na sensibilizado. Esforçou-se para relaxar e conseguir dormir, contudo estava quase amanhecendo quando ela finalmente adormeceu.

Acordou na manhã seguinte assustada. Eugênio estava em pé, ao lado da cama, fitando-a.

— O que foi? — indagou ela. — Nelinha está bem?

— Está. Não tem febre.

— Graças a Deus.

363

Olívia levantou-se, passando a mão pelos cabelos e ajeitando a roupa.

— Você não descansou — tornou Eugênio. — Pensei em oferecer-lhe um pijama, uma roupa mais confortável. Devia ter feito isso.

— Não se preocupe. Estou bem — deu uma olhada no relógio que conservava no pulso. — Minha roupa ficou um horror. Preciso ir para casa tomar um banho antes de ir para o escritório.

— Por que não descansa hoje? Está abatida, parece cansada.

— Demorei a pegar no sono.

— Eu também — confessou ele.

— Foi a preocupação com Nelinha. Ainda bem que a febre se foi.

— É. Elvira ainda não chegou, mas eu fiz café. Nelinha está dormindo tranquila. Você ontem não comeu nada. Vamos tomar café. Comprei pão fresco.

Olívia olhou-o surpreendida, e respondeu:

— Vá você. Vou lavar-me um pouco.

Depois de colocar a mão sobre a testa da menina, foi ao banheiro, lavou-se, melhorou a aparência e foi à copa.

Eugênio estava à mesa, tendo diante de si uma xícara fumegante de café com leite. Olívia notou que a mesa estava arrumada com bom gosto.

— Sente-se, Olívia, por favor — disse ele. — É horrível tomar o café sozinho.

Ela olhou para ele e não respondeu. Sentiu vontade de dizer-lhe que ele estava só porque não valorizara a esposa, mas calou-se. Pela primeira vez, não sentiu prazer em lembrar antigos problemas. Para quê? Sentou-se calada. Serviu-se de café com leite.

— Pensei muito no que aconteceu ontem — disse Eugênio. — Não sei por que não consegui tirar aquela cena da cabeça.

— Vai ver que você já passou por uma cena igual com Elisa.

Ele sacudiu a cabeça negativamente.

— Não. Quando as crianças adoeciam, Elisa não me deixava fazer nada. Colocava-se ao lado da cama e resolvia tudo. Uma situação como aquela nunca nos aconteceu.

— Provavelmente, não. É melhor esquecer.

— Isso que me intriga. Sei que não aconteceu, mas por que sinto como se já a tivesse vivido? A impressão foi muito forte. Muita emoção, quase não dormi pensando nisso — pigarreou e prosseguiu: — Você sabe que não sou dado a pieguismo. Sou controlado.

Olívia suspirou, dizendo:

— É difícil saber por que certas coisas nos acontecem! — estava pensando que isso também se dera com ela. — Talvez o fato de conversarmos sobre coisas espirituais, recordarmos de Elisa, tenha-nos emocionado.

— Você também sentiu! Eu sei que sentiu!

— É... Não dá para negar.

Eugênio olhou-a fixamente, dizendo:

— Sinto que alguma coisa aconteceu. Algo mudou e não sei o que é.

Olívia não teve coragem de dizer que sentia a mesma coisa. Respondeu simplesmente:

— Quando começamos a conhecer as coisas espirituais, tudo muda em nossas vidas. Ontem, havia ao nosso lado espíritos amigos ajudando-nos. A presença deles sensibilizou-nos.

— Pode ser. Mas parece que tudo está diferente. Você, eu, a situação. Não sei o que é, mas nada é igual ao que era.

Olívia sorriu.

— Acho melhor falar com Amaro. Ele é quem pode tentar entender o que está dizendo.

Elvira chegou, Eugênio levantou-se e conversou com ela, fazendo várias recomendações. Marina e Juninho também se levantaram e beijaram a tia com carinho.

— Vou para o escritório — disse Eugênio para Elvira. — Se notar qualquer coisa com Nelinha, avise-me.

Olívia servia café para os dois sobrinhos. Eugênio aproximou-se dela:

— Falarei com Amaro hoje mesmo. Ainda acho que você deveria descansar hoje. Está com cara de cansada.

— Nada que um bom banho não resolva.

Eugênio beijou as crianças, depois disse:

— Até a noite, Olívia, e obrigado.

Ele saiu, e Olívia foi para casa. Tomou banho, arrumou-se e foi para o escritório. Tinha algumas coisas importantes para fazer naquele dia. À tarde, telefonou para Amaro, pedindo-lhe para esperá-la na saída do trabalho.

Quando saiu, ele já a esperava. Abraçou-a com carinho.

— Tem novidades, pelo que sei — disse ele, alegre.

— Tenho. Eugênio falou com você?

— Falou. Quer ir ao centro conosco hoje à noite. Você conseguiu um milagre. A conversa dele mudou.

— É sobre isso que quero conversar com você. Ontem à noite aconteceram coisas muito estranhas. Havia algo no ar. Ainda não sei o que foi, mas de repente tudo ficou diferente. Quando dei por mim, estava conversando com Eugênio, contando tudo sobre nosso encontro com Elisa. E ele ouvia com atenção, sem aquele ar de descrença que me irritava toda vez que falávamos sobre isso. Não sei, mas ele estava diferente. Não parecia a mesma pessoa.

— Você conseguiu tocar sua alma.

— Senti que havia espíritos nos ajudando. Mas não vi Elisa.

— Eugênio contou-me que teve uma reminiscência.

— Como assim?

— Quando Nelinha acordou e a chamou de mãe.

— Ela estava sonhando.

— Ele se lembrou de já ter vivido uma cena como aquela.

— Senti a mesma coisa. Parecia-me já ter vivido aquela cena, nós três ali, juntos, naquela situação. Mas isso é loucura. Ficamos impressionados. Elisa não estava lá naquela hora. Nelinha disse outro nome, estava sonhando mesmo. Depois foi difícil dormir. A imagem dessa cena voltava à minha mente e eu me emocionava de novo. É isso que eu queria perguntar-lhe. O que acha que nos aconteceu?

Nos olhos de Amaro havia um brilho indefinível quando disse:

— Vocês tiveram uma reminiscência do passado.

— Acho que não foi isso. Penso que a doença de Nelinha e a conversa sobre Elisa nos emocionaram.

— Os dois sentiram a mesma coisa. Em outros tempos, em algum lugar, vocês já viveram essa cena. Foi vislumbre do passado. Por isso, ambos ficaram tão emocionados. Se fosse apenas um sonho de Nelinha, vocês não teriam sentido isso.

— O que quer dizer com isso? Eu já teria vivido uma situação igual com alguma pessoa?

— Você já viveu uma situação dessas com Eugênio. Não se esqueça de que ele sentiu a mesma coisa.

Olívia olhou para Amaro assustada.

— Isso não pode ser!

— Por que não?

366

— Porque eu nunca teria intimidade com ele. Você sabe que nunca o suportei.

— Para mim, o que aconteceu ontem foi mesmo uma lembrança do passado. Vocês já se conheceram em outra vida. Agora, o que aconteceu entre vocês dois não sabemos. Isso poderia explicar sua atitude com ele.

— Minha atitude com ele resultou do que ele fez a Elisa. A infidelidade de Eugênio sempre me irritou. Elisa era boa demais para ele.

— Você teria outra explicação para o que houve?

Olívia ficou olhando sem saber o que responder. Ele prosseguiu:

— Não há, Olívia. Para mim não é novidade. Tenho certeza de que vocês três já viveram outras vidas juntos.

— Amílcar disse alguma coisa?

— Não. Mas sinto que, se você não estivesse ligada a Eugênio e às crianças, por problemas não resolvidos de vidas passadas, vocês já teriam se separado. Já notou que você está sempre envolvida com eles?

— Claro. São filhos de minha única irmã. Só tenho a eles no mundo. Adoro essas crianças. Depois, Elisa pediu que tomasse conta delas. Ela confia em mim.

— Pois é. Você mesma tinha dito que não assumiria as crianças, que o pai é quem deve fazer isso. Mas não quer que ele se case de novo.

— Já lhe disse o porquê.

Amaro olhou-a nos olhos e disse:

— É a vida quem os está reunindo, Olívia. Vocês não vão poder fugir à força das coisas.

— O que quer dizer com isso?

— Nada. O importante é que Eugênio irá conosco ao centro. Vamos ver o que acontece.

— É — concordou ela. — Vamos ver.

No fim da tarde, Olívia recebeu um telefonema de Eugênio.

— Nelinha não está bem. Elvira ligou-me chamando. Vou para casa. Liguei para o médico. Não vai dar para ir com vocês hoje.

— O que ela tem? A febre voltou?

— Elvira não soube explicar. Só disse que ela está tendo dificuldade para respirar.

— Vou já para lá.

— Eu também.

367

Olívia telefonou para Amaro, pedindo-lhe para passar na casa de Eugênio antes de ir ao centro. Se tudo estivesse bem lá, ela iria com ele.

Eugênio apressou-se em ir para casa. Talvez Elvira exagerara. Em todo caso, o médico estava a caminho. Ainda bem que Olívia estaria lá. Sentia-se mais seguro com a presença dela.

Ao chegar, Eugênio assustou-se. Apesar de estar apenas febril, Nelinha estava pálida e respirava com dificuldade. Quase não podia falar, queixando-se de dores na garganta.

Quando Olívia chegou, o médico já estava examinando Nelinha. Quando terminou, ele disse:

— Preciso fazer alguns exames. Para isso teremos de levá-la para o hospital.

— Hospital! O que ela tem? — indagou Eugênio, assustado.

O médico olhou-o como que avaliando cada palavra e respondeu:

— Pode não ser nada grave, mas preciso me certificar. Não posso esperar os exames de laboratório. Nesses casos, quanto antes agir, melhor.

— Do que suspeita? — perguntou Olívia.

— Está havendo um surto de difteria na cidade. Precisamos primeiro afastar essa hipótese.

— Difteria? — fez Olívia. — É uma doença muito grave!

— É uma doença que precisa ser tratada rapidamente, pois é muito contagiosa. Por isso, precisamos levá-la imediatamente. Se essa suspeita não for confirmada, ela poderá voltar para casa.

— E se for? — indagou Eugênio, pálido.

— Bom, se for, ela terá de ficar internada no isolamento.

Eugênio estava transtornado. Foi Olívia quem providenciou algumas roupas da menina. O médico escreveu as indicações e entregou a Olívia, dizendo:

— Com isso eles providenciarão tudo no hospital. Estarei lá dentro de meia hora.

Depois que o médico saiu, Olívia chamou Elvira:

— Precisamos levar Nelinha ao hospital para fazer alguns exames. Você tem de ficar com as crianças. Pode dormir aqui esta noite? Vou pedir a Glória para fazer-lhe companhia.

— Fico, sim. Vou telefonar para a vizinha de minha casa e pedir para ela avisar meu pai.

— Está bem. Pode ser que Nelinha não precise ficar lá e que logo estejamos de volta. Mas, se não viermos, você fecha tudo.

Olívia procurou a vizinha e contou-lhe o que estava acontecendo. Foi quando Amaro chegou. Informado do que se passava, ele disse:

— Vocês vão para o hospital, e eu para o centro pedir ajuda espiritual para ela. Quando terminar, passarei no hospital.

— Faça isso, Amaro. Estou atordoado. Não sei o que fazer.

— Acalme-se, Eugênio. Nessa hora é preciso conservar a serenidade. Não há de ser nada grave!

— Deus o ouça!

Chegando ao hospital, colheram material para exame. Enquanto esperavam em um quarto do pronto-socorro, Nelinha estava inquieta e respirando com dificuldade. Minutos depois, um médico procurou por eles, dizendo:

— Precisamos interná-la imediatamente.

— Internar? — murmurou Eugênio.

— Sim. Infelizmente ela está com difteria. Não podemos deixá-la sair daqui. Precisa ir para o isolamento.

Antes que Eugênio e Olívia pudessem responder, entraram duas enfermeiras e, aproximando-se de Nelinha, disseram:

— Venha, Nelinha, vamos levá-la para a enfermaria.

— Enfermaria? — disse Olívia. — Nós queremos um quarto. Eu quero ficar com ela.

O médico sacudiu a cabeça negativamente:

— Sinto muito, mas não será possível. Espero que compreendam que se trata de uma doença perigosa e de fácil contágio. Há um surto na cidade. Estamos tomando todas as providências para que ele não se transforme em uma epidemia.

— Ela é muito pequena! — argumentou Eugênio. — Nunca ficou sozinha com estranhos. Quero ficar com ela. Não tenho medo do contágio.

O médico olhou firme para Eugênio, dizendo sério:

— Compreendo sua preocupação. Mas não posso permitir a presença de pessoas estranhas dentro da ala isolada. Pode ter certeza de que estamos equipados e nosso pessoal é excelente. Sua filha terá tudo de que precisa para ficar boa.

— Não posso concordar — interveio Olívia. — Vou falar com o diretor do hospital. Não podemos deixar uma criança sem ninguém da família.

369

— Faça como quiser. Se fosse outro tipo qualquer de doença, vocês poderiam ficar o tempo todo. Mas, como se trata do isolamento, não posso fazer nada.

Olívia viu as enfermeiras colocarem Nelinha em uma maca. Ela a olhava suplicante e respirando com dificuldade.

— Vocês não vão levá-la sem que eu possa ir junto! — resolveu Eugênio.

— Sua filha está precisando de atendimento urgente. Nesse caso, alguns minutos podem ser preciosos. Estamos perdendo muito tempo. Temos de levá-la já.

Olívia olhou o médico, olhou o rosto contraído e inquieto da menina e resolveu:

— Vá com elas, Nelinha. O doutor receitou, vai tratar de você e logo estará boa. Você já é uma mocinha. Tenho certeza de que vai fazer tudo direitinho. Nós não iremos embora. Ficaremos aqui o tempo todo. Não tenha medo. Nós amamos muito você.

Beijou-a na face e, depois, olhando para Eugênio, disse:

— Não vai dizer nada?

Ele compreendeu. Tentando disfarçar o que sentia, aproximou-se de Nelinha, beijando-a também e dizendo:

— Vá, filhinha. Tome o remédio direitinho para sarar logo. Eu também a amo muito.

Depois que as enfermeiras se afastaram com a menina, o médico olhou-os, dizendo:

— Ainda bem que entenderam. A menina estava muito assustada, porque percebeu o nervosismo de vocês. Precisam dar-lhe apoio. Pode ter certeza de que faremos tudo para que ela fique boa logo.

— Estou com medo mesmo — disse Eugênio. — Não quero que minha filha morra!

— Ela não vai morrer! — interveio Olívia. — Apesar de tudo, doutor, eu não desisti da ideia de ficar com ela. Vou falar com o diretor do hospital.

— Faça como quiser. O médico dela já chegou e está cuidando do assunto. Como se trata de um caso para o isolamento, vocês precisam preencher uma ficha na secretaria do setor.

— Já preenchi uma na chegada.

— Essa é especial para os casos contagiosos. Algumas informações. Há outras crianças na casa. Temos de examiná-las também. Podem ter sido contaminadas.

Quando o médico se foi, Eugênio não se conteve:

— Quer dizer que os outros dois também podem adoecer? Meu Deus, o que está havendo conosco?

Ele estava apavorado.

Olívia também estava angustiada, mas sentia que precisava ser forte. Não era o momento de lamentar-se.

Aproximou-se de Eugênio e, olhando-o nos olhos, disse com voz firme:

— Não se deixe abater. Reaja. Nelinha precisa de nós. Vamos acreditar que ela vai ficar boa. Quanto aos outros dois, fazer um exame é até bom. Melhor prevenir do que remediar. Se Nelinha tivesse feito esse exame antes, tomado o remédio certo, talvez não estivesse tão mal.

— Meus filhos são tudo que tenho no mundo! Não quero que nada lhes aconteça.

Olívia comoveu-se. Sentiu que ele estava sofrendo muito. Sua voz estava mais branda quando respondeu:

— Sei o que é isso. Também amo essas crianças. Não tenho mais ninguém no mundo. Temos de rezar, pedir a Deus a cura de Nelinha.

— Gostaria de poder fazer isso. Mas não sei como. Não consigo pensar com serenidade.

De fato, ele estava trêmulo e inquieto. Olívia também estava assustada e temerosa, porém esforçou-se para reagir. O que seria das crianças se ambos perdessem a calma? Aproximou-se mais dele, dizendo com voz firme:

— Você está impressionado e com medo. Isso não é bom para ela. Precisamos conservar o otimismo. Ela vai ficar boa!

— A doença é grave!

— Ela está sendo medicada, e vai dar tudo certo. Nelinha é forte e logo estará bem.

Eugênio suspirou fundo.

— Suas palavras fizeram-me bem. Tem razão. Ela vai ficar boa!

— Isso, Eugênio. É assim que se fala. Amaro foi ao centro pedir ajuda.

— Amaro é um homem de fé. Gostaria de ser como ele.

— Ele me ajudou muito quando Elisa se foi. Acabei despertando para a vida espiritual. E isso me fez muito bem.

Eugênio segurou o braço de Olívia, olhando-a nos olhos e perguntando:

— Você ainda acha que sou culpado pelo que aconteceu com Elisa?

Olívia mordeu os lábios pensativa. Em outros tempos, não teria hesitado em responder afirmativamente. Porém, agora, olhando o rosto contraído e angustiado do cunhado, não tinha certeza de nada. Estava descobrindo que ele não era indiferente e egoísta como sempre pensara. Tinha sentimentos, e ela sabia que Elisa tivera sua parcela de responsabilidade no fracasso de seu casamento.

— Não sei — respondeu afinal. — Por que pergunta isso agora?

— Por que estou sentindo muito medo. Acha que posso estar sendo castigado?

— Não estou entendendo. Você nunca se julgou culpado pelo acidente de Elisa. Aonde quer chegar?

— Não sou culpado pelo acidente, nem por ter sido sincero. Meu amor por Elisa havia acabado. Estava sendo difícil manter uma relação sem interesse.

— Elisa era uma mulher maravilhosa. Você não a valorizou.

— Engana-se. Sempre soube que ela era uma esposa exemplar. Mas eu queria amor, e isso havia acabado.

— Se você pensa assim, por que acredita que pode estar sendo castigado?

— Fui embora e não pensei nos filhos. Se os conhecesse como agora, teria pensado mais antes de deixá-los. Temo que...

Eugênio parou, sem coragem de dizer o que estava pensando.

— Teme que... Vamos, diga — encorajou Olívia.

— Que Deus agora me castigue tirando-me Nelinha! — sussurrou ele por fim, enquanto seus olhos se enchiam de lágrimas.

Olívia comoveu-se e esforçou-se para conter o pranto. Depois de alguns segundos, quando conseguiu controlar-se, respondeu:

— Tire esses pensamentos da cabeça! Nelinha não vai morrer! Deus não castiga ninguém. Depois, você tem se revelado um bom pai... — Olívia parou. Ela iria dizer que a culpa era de Elisa, que nunca o deixara cuidar dos filhos.

O que estaria acontecendo com ela? Onde estava a raiva que sentia de Eugênio? Por que estava encontrando justificativas para ele? Talvez fosse o momento, o fato de ele estar tão fragilizado, tão assustado. Ela sempre o julgara frio, egoísta e interesseiro. O homem que tinha diante de si não parecia ser nada disso. Era um pai amoroso, com receio de perder a filha.

Vendo que ela se calara, ele tornou:

— Uma vez você disse que eu seria castigado. Ainda deseja isso?

— Eu disse. Isso foi antes. Agora penso diferente. Tenho estudado a vida espiritual e aprendido que é difícil julgar. Hoje o que quero mesmo é que você possa criar as crianças bem e dar-lhes tudo quanto elas merecem. Compreendi que você tem um papel importante na felicidade deles. Qualquer coisa ruim que lhe acontecesse atingiria a eles também.

Eugênio suspirou, largando o braço de Olívia.

— Saber disso deixa-me aliviado. Nunca quis confessar, mas sua raiva, seu desprezo sempre me incomodaram. Mesmo no tempo de Elisa. Fico melhor sabendo que não me odeia mais.

Olívia apressou-se em esclarecer:

— Nunca odiei você! Não gostava do modo como agia com Elisa. Não sentia ódio, só achava que ela era muito ingênua e você estava abusando. O abuso do forte contra o fraco sempre me irrita.

— Elisa nunca foi fraca! Ao contrário: era muito forte. A docilidade e a eficiência eram sua força. Cuidava de mim e de tudo com tanta dedicação que eu acabava fazendo tudo quanto ela dizia. Ao lado dela, eu estava sempre com a sensação de não estar fazendo o suficiente, sempre lhe devendo algo. Você, como irmã dela, nunca percebeu isso?

Olívia olhou-o surpreendida. Elisa consultava-a sobre as menores coisas, pedia-lhe opinião, mas na verdade não fazia o que ela dizia. Era tão prestativa e tão gentil com ela! Tanto que era comum Olívia ter a mesma sensação que Eugênio. Estava sempre lhe devendo um favor.

Sem saber o que dizer, Olívia respondeu:

— Elisa era muito boa. Não sabia o que fazer para agradar.

— É. Mas essa atitude dela não me deixava abertura para eu ser verdadeiro, para dizer o que sentia.

— Para dizer que tinha outra mulher e que o amor acabara?

Ele segurou novamente o braço dela, apertando-o ligeiramente:

— Fiz o que achei melhor naquele momento. Nunca pensei que fosse dar no que deu.

— Não vamos relembrar isso. Já passou.

— Olívia, gostaria que soubesse que sou sincero. Eu poderia ter continuado a levar uma vida dupla, mas isso não era justo com ninguém. Não sou um homem leviano e volúvel, como você pensa.

— Por que está me dizendo essas coisas?

— Por que preciso de você. Tem me apoiado muito, cuidando das crianças, dando-lhes carinho, alegria, amor. Acha que não sou agradecido por tudo que tem feito?

— Fiz de coração, e farei tudo pelas crianças.

— Como você disse, da mesma forma que o que me acontecer atingirá as crianças, o que acontecer com elas também me atingirá. Dando-lhes amor, você me ajudou muito. Gostaria de acabar com a animosidade que há entre nós. Gostaria que fôssemos amigos, já que nós dois somos essenciais para a felicidade das crianças.

Olívia levantou os olhos e fixou-os nos de Eugênio. Não teve dúvida de que ele estava sendo sincero. Na verdade, há muito que a raiva dera lugar à constatação de que ele estava se esforçando para cumprir bem seus deveres de família.

— Concordo — disse por fim. — Sempre tive medo de que você se casasse novamente e sua mulher me impedisse de cuidar das crianças como tenho feito. Sofreria muito se tivesse de me separar delas. São minha única família.

— Seria incapaz de fazer isso. Sei o quanto elas gostam de você.

Uma atendente chamou-os para a secretaria do isolamento. Depois de obedecerem às formalidades, procuraram a direção do hospital. Não se conformavam em ficar separados de Nelinha. Mas os funcionários do hospital foram irredutíveis. Na área isolada era proibida a entrada de qualquer pessoa.

Eles voltaram à porta do isolamento em busca de informações sobre o estado de Nelinha.

— Ela foi medicada e está em observação. Uma enfermeira está atenta a seu lado. Está tudo bem.

Eles queriam mais, mas tiveram de se conformar e esperar.

— Se você quiser ir descansar — disse Eugênio —, eu ficarei aqui.

— De forma alguma. Só sairei daqui quando ela estiver fora de perigo.

Ele suspirou aliviado. Não queria pedir-lhe isso, mas ficou contente por ela haver decidido. Não queria ficar sozinho naquela noite.

— Vamos tomar um café — sugeriu ela. — Ajuda a levantar o ânimo.

Ele concordou. Foram até a pequena lanchonete do hospital, e Eugênio perguntou:

374

— Quer comer alguma coisa?

— Não. Não sinto fome. Quero apenas um café.

Ele pediu dois cafés, levando-os sobre uma pequena mesa, convidando Olívia a sentar-se. Tomaram o café em silêncio, cada um imerso nos próprios pensamentos.

— O tempo vai custar a passar — disse ele.

— É preciso ter paciência. Pensar que logo ela estará boa.

— Queria ter a sua confiança! Mas meu coração está oprimido. Tenho medo!

— Tenho aprendido que o pensamento tem força. Você não está acreditando que ela ficará boa. Reaja. Procure pensar em Nelinha cheia de saúde, voltando para casa.

— É o que eu mais desejo. Mas, desde ontem, tenho experimentado uma sensação diferente. Alguma coisa mudou e não sei o que é. Comecei a pensar que a vida é um sopro que pode acabar-se a qualquer momento. Isso me assusta.

— O que assusta é perceber que não pode controlar a vida.

— Nunca tive medo de nada. Agora começo a pensar que de um minuto para outro tudo pode mudar.

— Por causa disso foi que comecei a estudar os fenômenos espirituais. Ficar só negando, dizendo que não acredita nisso ou naquilo não significa nada. É preciso mais. É preciso saber como as coisas acontecem, encontrar respostas às nossas dúvidas.

— De que forma?

— Experimentando. A vida é perfeita, porque é manifestação de Deus. Logo, tudo quanto ela faz tem de estar certo. Deus não erra, senão ele deixaria de ser Deus.

— Se isso fosse verdade, não haveria tanto sofrimento nem tantas coisas erradas no mundo.

— As pessoas são imaturas, abusam, escolhem mal, têm atitudes inadequadas, por isso colhem resultados desagradáveis. Contudo, a vida tem seus próprios caminhos e consegue transformar esses resultados em experiências produtivas para a alma, fazendo o espírito amadurecer. Nossa visão superficial vê erros onde existem remédios. Eles podem ser amargos, mas conseguem curar.

Olívia falara pausadamente, olhos perdidos em um ponto indefinido, e Eugênio admirou-se do tom suave de sua voz. Nunca pensou que Olívia pudesse ser tão delicada nos sentimentos e ter tanta fé.

— É difícil pensar que o que aconteceu com Elisa e conosco tenha sido um remédio. Desde que ela morreu, só tenho tido problemas.

— Tenho pensado muito nisso. Demorei para me conformar. Mas, apesar da falta que Elisa me faz, da dor de ver as crianças sem mãe, da preocupação com a felicidade delas, percebo que todos nós mudamos muito. Eu me curei do materialismo, descobri a vida espiritual; você se curou da indiferença, descobriu seu amor de pai. De certa forma, o que aconteceu alargou nossa consciência, alimentou nossa alma. Nós amadurecemos.

— Isso nos aproximou. Nunca imaginei que encontraria em você tanta ajuda. Estava enganado a seu respeito.

— É difícil conhecer as pessoas. Muitas vezes nos enganamos.

Ela não teve coragem de dizer que estava começando a perceber que também se enganara a respeito dele.

Eugênio olhou o relógio e levantou-se:

— Vou ver se consigo saber como ela está.

— Vou com você.

Foram perguntar e a situação continuava a mesma.

— Por que não vão para casa descansar? — disse a enfermeira. — Temos o telefone e, se houver necessidade, ligaremos.

— Não sairei daqui — disse Eugênio. — Vou ficar naquele corredor. Qualquer coisa, pode avisar.

Olívia foi à secretaria conversar e voltou em seguida.

— Havia um quarto vago neste andar, no corredor que leva ao isolamento. Aluguei-o para nós. Assim poderemos descansar um pouco, revezar-nos, se for o caso.

— Por que não vai para casa?

— Não conseguiria ficar lá — e dirigindo-se à enfermeira: — Vamos ficar no 117. Qualquer coisa, por favor, avise-nos.

Os dois se dirigiram ao quarto, onde havia duas camas, um sofá e banheiro.

— Foi uma boa ideia — disse ele.

— Precisamos poupar nossas energias. Nelinha pode precisar de nós.

Olívia foi ao banheiro, lavou o rosto, as mãos. Voltou para o quarto, tirou os sapatos e estendeu-se na cama.

— Por que não faz o mesmo? Você se sentirá melhor.

Eugênio concordou. Lavou-se, tirou os sapatos e estendeu-se na outra cama.

376

— Estou pensando em Amaro — disse Eugênio. — Ele ficou de passar aqui.

— Deixei avisado na secretaria. Quando chegar, virá aqui.

— Ótimo.

Apesar de se sentirem melhor deitados, nenhum dos dois conseguiu descansar. Vendo que Olívia se remexia no leito, Eugênio disse:

— Você também não consegue dormir.

— É. Não dá.

— Está com fome? Não comeu nada. Posso buscar um sanduíche.

— Estou com sede. Vou beber água.

— Vou buscar água mineral, ou prefere um suco?

— Água está bom.

Eugênio levantou-se, calçou os sapatos e saiu. Olívia pensou: "Aquele não era o marido de Elisa que ficava sentado à espera de que ela o servisse. Não pegava nem um copo de água. Ele sabia ser gentil quando queria!"

Logo depois ele voltou com Amaro carregando alguns pacotes. Foi logo dizendo:

— Passei pela enfermaria. As informações são as mesmas. Amaro chegou quando eu estava no bar da frente. Ele trouxe algumas coisas.

— Sei que não estão com fome, mas precisam comer algo.

— Obrigada, Amaro — disse Olívia levantando-se.

— Fique deitada — disse ele. — Descanse.

— Estou bem assim — respondeu ela sentando-se na cama.

Eugênio abriu a água e encheu um copo, dando-o a Olívia. Depois se sentou no sofá com Amaro.

— E então? — indagou Olívia. — Disseram alguma coisa no centro?

— Disseram que iriam ajudar espiritualmente. Inês estava lá e mandou um abraço para você. Ficou muito penalizada com a doença de Nelinha.

— Foi no apartamento de Inês que encontramos Elisa, conforme lhe contei — lembrou Olívia. — Ela está bem?

— Está. A cada dia melhora mais. Parece até que remoçou. Não se queixa mais como antigamente. Parece outra pessoa.

Amaro ficou conversando durante algum tempo. Passava das duas da madrugada quando resolveu partir.

377

— Vou embora, porque vocês precisam descansar. Façam um esforço para dormir pelo menos um pouco. Ficar acordado não vai melhorar o estado dela.

— Gostaria, antes de ir, que você fizesse uma prece — pediu Olívia.

Amaro concordou. Sentou-se novamente. Pediu que eles pensassem em Deus e fez sentida oração, evocando os espíritos superiores e pedindo ajuda e proteção para Nelinha e para eles.

Depois que ele saiu, os dois se deitaram e finalmente conseguiram adormecer.

Capítulo 26

Eugênio e Olívia acordaram com o ruído da porta e levantaram-se assustados. Um homem de branco estava dentro do quarto.

— Sou o médico que está atendendo Neli.

Os dois se aproximaram ansiosos.

— Como está ela, doutor? — indagaram quase ao mesmo tempo.

— Bem. Vim para conversar. Felizmente ela estava aqui. Teve uma crise respiratória e tive de fazer uma traqueostomia.

Eles empalideceram.

— Traqueostomia? — repetiu Olívia, assustada.

— É. Graças a esse procedimento, Neli está bem.

— Preciso vê-la — disse Eugênio nervoso. — Você operou minha filha sem nos dizer nada?!

— Foi uma emergência. A garganta dela fechou-se. Se eu não estivesse lá e não fizesse imediatamente o procedimento, ela teria morrido. Não houve tempo para avisá-los. Agora ela está dormindo sob efeito de sedativos, respirando normalmente.

Olívia esforçava-se para conter as lágrimas. Nelinha passara por tudo aquilo, e ela não pudera estar a seu lado para confortá-la.

— Doutor, ela vai ficar boa? — perguntou Eugênio com voz trêmula.

— É forte e está reagindo bem. Como é seu nome?

— Eugênio.

— Você se assustou com a operação, mas com ela sua filha corre menos risco. Essa doença mata por asfixia. Nós impedimos que isso acontecesse. Na verdade, a vida de sua filha foi salva com essa traqueostomia.

Eugênio suspirou agoniado. Depois disse:

— Doutor, desculpe minha ignorância, mas fiquei desesperado com a doença dela. É muito cruel Nelinha passar por tudo isso sem que nós pudéssemos estar a seu lado confortando-a.

O médico pousou a mão no ombro de Eugênio, olhando-o nos olhos e disse:

— Sei como se sente. Mas creia que foi melhor assim. Nesses momentos, a presença dos familiares costuma atrapalhar. Precisamos dar toda a atenção ao paciente, e muitas vezes somos forçados a socorrer a família. Acredite que estamos fazendo tudo para curar sua filha. Ela está sendo carinhosamente tratada por enfermeiras dedicadas que, além de serem boas profissionais, também são mães e atendem com amor.

— Obrigada, doutor, por ter vindo nos avisar — disse Olívia. — Posso fazer-lhe uma pergunta?

— Pode.

— Não sei muito sobre essa doença. Quanto tempo Nelinha vai precisar ficar no isolamento? Isto é, quando termina o perigo de contágio?

— Até o desaparecimento das placas da garganta. Isso varia e pode levar alguns dias. Já mandei para análise no laboratório e ela está tomando o remédio que combate essa bactéria. Agora vai depender da reação orgânica dela. Isso varia de pessoa a pessoa.

— Ela está sofrendo dores? — indagou Eugênio.

— Agora não. Está dormindo. Quando ela acordar, vamos continuar com os analgésicos. O mais importante é que ela está livre da asfixia.

Depois que o médico saiu, Eugênio sentou-se na cama com a cabeça entre as mãos. Olívia aproximou-se:

— Não se desespere — disse. — Viu o que ele disse? Ela é forte, vai se recuperar.

— Minha pequena, tão cheia de vida, tão alegre, está lá agora, com uma sutura na traqueia, dopada, e eu não posso sequer estar com ela!

Sem poder conter mais a tensão, Eugênio começou a soluçar, chorando copiosamente. Olívia não conseguiu conter as lágrimas. Ela também estava desesperada. Aproximou-se dele, penalizada, colocando as mãos em seus ombros. Quando conseguiu se acalmar, disse:

— O que aconteceu com a nossa menina é muito triste. Chore, desabafe, mas pense que poderia ter sido pior. Apesar de tudo, ela foi salva. É doloroso, mas pelo menos ela está viva e eu sei que ficará boa!

Eugênio levantou os olhos e viu o rosto de Olívia transtornado e lavado em lágrimas. Levantou-se e abraçou-a, dizendo:

— Desculpe-me, Olívia. Sou um patife mesmo. Em vez de dar--lhe coragem, fiquei deste jeito. É que tenho medo! Não quero perder Nelinha! Como fui cego! Não sabia o que meus filhos significavam para mim! Não tinha capacidade de avaliar esse sentimento que agora se manifesta tão grande! Você, que sabe rezar, peça a Deus que não me castigue levando Nelinha. Eu juro que vou dedicar-me exclusivamente à felicidade deles. Ajude-me, Olívia. Você é mais forte do que eu!

Eugênio, abraçado a Olívia, chorava. E ela, sentindo o coração bater mais forte, não sabia o que fazer para confortá-lo. Sem encontrar palavras para dizer, apertou-o de encontro ao peito, esperando que ele se acalmasse. Aos poucos, ele foi serenando. Seu corpo estremecia de quando em quando.

Olívia afastou-o delicadamente, conduzindo-o ao sofá e fazendo-o sentar-se. Depois, encheu um copo com água e entregou-o a ele, dizendo:

— Beba.

Ele pegou o copo com mãos trêmulas e bebeu um pouco de água. Depois, ela respirou fundo, tentando reagir, e disse:

— Está amanhecendo. Vou ver se arranjo um café.

Ela saiu e voltou em seguida:

— A moça da copa já estava preparando e vai trazer.

Eugênio estava calado, parecendo ainda um pouco alheio. Ela foi ao banheiro, lavou o rosto, tratou de melhorar um pouco a aparência. Estava pálida, abatida. Quando voltou, a moça já trouxera a bandeja com o café.

Ela preparou uma xícara de café com leite e deu-a a Eugênio, dizendo:

— Beba. Vai sentir-se melhor.

Ele obedeceu. Olívia apanhou a xícara, colocando-a na bandeja.

— E você? Não vai tomar nada?

— Vou.

Serviu-se de café com leite e sentou-se ao lado dele no sofá, tomando a bebida devagar. Eugênio conservava-se silencioso. Ao cabo de alguns minutos, Olívia olhou-o de relance, depois disse:

— Vou perguntar como ela está.

Ele se levantou de um salto.

— Eu vou, pode deixar.

Saiu, e Olívia, colocando a xícara sobre a bandeja, seguiu-o. À porta do isolamento, a enfermeira telefonou e informou-se sobre o estado de Nelinha. Os dois esperavam ansiosos.

— E então? — indagou Eugênio assim que a enfermeira desligou o telefone.

— Ela está dormindo. Está tudo bem.

— Não poderia vê-la, nem que fosse de longe? — pediu Eugênio.

— Não é possível. Para vê-la, teria de entrar na área restrita. Fique tranquilo. Falei com a pessoa que está cuidando dela, que me garantiu que sua filha passa bem.

— Se tivesse qualquer problema, você me diria? — indagou ele olhando-a desconfiado.

— Claro que sim. Pode ter certeza de que não estou escondendo nada. Por que não vão descansar um pouco e voltam mais tarde? Ela está sob efeito de sedativos e vai dormir o dia inteiro.

— Por favor, peça à enfermeira que está lá que, quando ela acordar, diga-lhe que nós não fomos embora, que estamos aqui.

— Está bem. Darei seu recado.

— O que faremos agora? — perguntou Eugênio para Olívia assim que voltaram para o quarto.

— Eu vou ficar esperando. Telefonarei para Elvira, para saber como estão as coisas. Ligarei também para o escritório e para minha casa.

— Boa ideia. Eu também preciso falar com o escritório.

O telefone ficava no corredor, e Olívia foi primeiro. Depois, Eugênio. Quando ele voltou para o quarto, trouxe revistas e um jornal.

— O dia vai demorar a passar — justificou-se ele.

Ela folheou as revistas; ele, o jornal. Algum tempo depois, ela deixou as revistas sobre a cama e foi à janela. Eugênio também dirigiu-se para lá.

Depois de alguns minutos, ele disse:

— Ainda bem que está comigo. Não sei o que seria de mim se estivesse sozinho aqui.

Ela olhou para ele e não respondeu. Estava pensando a mesma coisa. Não gostaria de estar sozinha ali. A presença de Eugênio e sua preocupação com o bem-estar da filha confortavam-na. Era bom saber que as crianças que tanto amava podiam contar com a proteção dele e que, apesar de haverem perdido a mãe, não estavam desamparadas, como pensara a princípio. Sentia que podia confiar em Eugênio como pai. Essa sensação era-lhe muito agradável e ela suspirou aliviada.

— O que foi? — indagou ele ouvindo-a suspirar.

— Apesar de tudo que aconteceu, é bom saber que posso confiar em você como pai.

— Você nunca acreditou em mim — reclamou ele.

Ela não respondeu. Sentou-se novamente e apanhou uma revista, voltando a folheá-la. O tempo foi passando, e a espera deixava-os angustiados. Se ao menos o médico viesse dar-lhes alguma notícia!

Quase na hora do almoço, o médico apareceu e pediu-lhes que trouxessem os irmãos de Nelinha para serem examinados. Eugênio saiu para buscá-los.

Os dois foram examinados, mas felizmente não estavam contaminados e puderam voltar para casa. Ao levá-los de volta, Eugênio aproveitou para tomar um banho e mudar de roupa. Quando voltou ao hospital, foi a vez de Olívia ir para casa.

— Não vou demorar — disse ela ao se despedir.

Ela tomou um banho, e, quando estava preparando-se para sair, o telefone tocou. Sobressaltada, ela atendeu imediatamente. Era Amaro:

— Falei com Eugênio. Soube que Nelinha foi submetida a um procedimento cirúrgico.

— Foi. Sabe se ela está bem?

— Está. Foi o que ele disse. Estive falando com Marilda e ela se ofereceu para acompanhar-me até o hospital para fazermos uma prece. Eugênio concordou. O que você acha?

— Muito bom! Vocês vão agora?

— Combinamos às sete.

— Já terminei aqui e estou indo para o hospital.

— Está combinado. Até logo mais.

Olívia voltou ao hospital. Eugênio esperava-a com ansiedade. Vendo-a chegar, respirou aliviado.

— Ainda bem que chegou! — desabafou ele.

— Por quê? Aconteceu alguma coisa? Nelinha está bem?

— Não aconteceu nada. O médico passou aqui e garantiu que ela está reagindo bem. Mas mesmo assim fico angustiado. Se ao menos nós pudéssemos vê-la, nos certificarmos de que ela não está sofrendo!

Olívia suspirou. Ela sentia a mesma coisa. Tentou reagir:

— Claro que Nelinha está bem. Ela vai ficar boa. Deixe de ser pessimista.

— Tem razão. É que ficar longe dela, imaginando o que ela está sofrendo sem que eu possa fazer nada, me deixa muito nervoso.

— Eu também fico, mas precisamos nos controlar. Não podemos fazer nada senão esperar e confiar que ela vai ficar boa. Fiquei confortada ao saber que Amaro virá com Marilda rezar conosco.

— Ele me ligou, e eu concordei. Farei qualquer coisa para ajudar Nelinha a ficar boa logo.

Amaro chegou acompanhado de Marilda e Inês. Olívia abraçou-as confortada. Depois de apresentá-las a Eugênio, Amaro perguntou:

— Vocês esperam alguma visita agora?

— Não — esclareceu Olívia.

— Vou fechar a porta à chave. Preferia que ninguém nos interrompesse.

Amaro colocou duas cadeiras de frente para o sofá e pediu que todos se sentassem. Quando os viu acomodados, fechou os olhos e evocou a presença dos espíritos superiores, pedindo-lhes ajuda para Nelinha e para Eugênio, que, emocionado, acompanhava suas palavras.

Naquele instante, ele sentia a própria impotência e reconhecia que a vida de Nelinha estava nas mãos de um poder maior, no qual ele nunca se detivera para pensar. Que, por mais que fizesse, a vida é que iria decidir se Nelinha ficaria com ele ou iria embora para o lado da mãe!

A esse pensamento, seus olhos encheram-se de lágrimas. Amaro havia se calado. Eugênio não se conteve e murmurou:

— Meu Deus! Devolva-me minha filha! Não me castigue. Não a leve de mim. Ajude-me, por favor!

Ouvindo as palavras angustiadas de Eugênio, Olívia não conseguiu conter as lágrimas. De repente, do peito de Marilda saiu um doloroso soluço:

— Meu Deus! Perdoe-me. Não posso ver Nelinha sofrer! A culpa é minha! Sou mais culpada do que Eugênio. Vocês, que têm mais fé do que eu, que sabem coisas que desconheço, ajudem-me. Peçam a Deus que me perdoe. Olívia, diga que me perdoa!

Olívia estremeceu. Pensou em Elisa. Seria ela? Por que lhe pedia perdão?

— Sou eu, sim, Olívia — continuou Marilda entre soluços. — Você estava enganada. Não sou aquela mulher bondosa e dedicada que quis parecer. Sou maldosa, traí você, destruí seu lar, prejudiquei seus filhos. Meu Deus! Agora eles também são meus. Quando eu iria pensar que um dia sofreria por eles? Ouvi Eugênio dizer que ele estava sendo castigado. Não é verdade. Sou eu que estou sendo castigada. Nelinha está passando por tudo isso, e a culpa é só minha! Fiquem sabendo que eu fui a causadora de tudo!

Marilda torcia as mãos desesperada, enquanto Eugênio e Olívia se olhavam sem entender bem o que estava acontecendo, embora sentissem o coração apertado e a voz embargada de emoção.

Amaro interveio, dizendo:

— Acalme-se, Elisa. Não se martirize. O passado está morto. Acabou. Deus não castiga ninguém.

— Olívia precisa saber que errei muito, que prejudiquei toda a sua família. Eu sou mais culpada do que Eugênio. Ela ficou com raiva dele, não quer perdoá-lo, não confia nele. Vim para dizer-lhe que está errada e pedir-lhe que me perdoe. Você me perdoa, Olívia?

— Nada tenho a perdoar — respondeu Olívia, deixando as lágrimas correrem livremente.

— Você está esquecida, não se lembra do passado! Mas eu sei o que estou dizendo. Lembrei-me de tudo que nos aconteceu em outra vida. Eu não sou como vocês pensam! Foi por minha culpa que Nelinha fez o que fez!

— Acalme-se, Elisa! — tornou Amaro. — Ninguém a está culpando. Não precisa justificar-se.

— Não aguento mais o remorso. É preciso que vocês saibam de tudo e que me perdoem! Só depois poderei refazer minha vida. Por favor, não me impeçam de dizer o que sinto! Se no passado vi em Olívia uma rival e fiz tudo para tirá-la de meu caminho, hoje eu a amo muito. Sei o quanto ela é melhor do que eu. Ela sempre foi sincera, enquanto eu menti, não titubeei em destruir sua paz e em desunir sua família. E agora ela é a única pessoa com a qual posso contar para cuidar das crianças que eu tanto amo! Meu Deus! Nunca poderia supor que um dia isso pudesse acontecer!

Marilda soluçava, e os presentes, emocionados, não conseguiam articular palavra. Depois de alguns instantes, ela prosseguiu:

— Preciso me redimir, e agora é minha hora de colocar tudo nos devidos lugares. De reunir aqueles a quem eu separei. A vida deu-me esta oportunidade e eu não a quero perder.

— Se é assim, fale, Elisa — disse Amaro.

Marilda respirou fundo e continuou:

— Nossa história é simples. Você, Olívia, era casada com Eugênio e tinha três filhos. Eu me apaixonei por ele e acabamos por nos relacionar. Tornamo-nos amantes. Um dia, porém, ele me disse que não podia mais continuar nosso relacionamento. Fiquei desesperada, pedi, implorei, mas ele me disse que nunca me havia prometido nada e que seus filhos estavam crescendo e ele pretendia dedicar-se mais à vida familiar. Depois de esperar inutilmente que ele mudasse de ideia, resolvi agir. Estava desesperada. Escrevi um bilhete para você, Olívia, pedindo-lhe que fosse à minha casa. Lá, quando você compareceu, eu menti dizendo que Eugênio me amava e que só estava com você por causa dos filhos. Mostrei-lhe provas de nosso relacionamento, fotografias, bilhetes, coisas assim. Você acreditou e separou-se dele e nunca o perdoou. Embora vocês não se lembrem agora, no fundo do coração sentem que estou dizendo a verdade.

Ela fez ligeira pausa e continuou:

— É inútil dizer que Eugênio nunca mais voltou para mim. Acabei os meus dias solitária e triste. Mas, ao voltar para a vida astral, fiquei sabendo que minha atitude não ferira apenas Eugênio, como eu pretendia, mas seus filhos, que sofreram muito com a separação dos pais. Principalmente Nelinha, muito apegada à mãe. Ela era como uma flor mimosa que começa a desabrochar. Precisava de uma mão protetora que a conduzisse. Naquele tempo, uma mulher separada não era vista com bons olhos. Suas filhas eram vistas como presa fácil dos conquistadores sem escrúpulos. Nelinha apaixonou-se por um jovem volúvel, que a abandonou. Não sabendo como suportar essa mágoa, desatinada, ela ingeriu formicida. Vendo-a no astral em sua fase de recuperação, com a garganta toda em feridas, comovi-me e chorei. Comecei a pensar que, se eu não lhe tivesse tirado o pai, talvez ela não houvesse passado por isso.

Marilda parou alguns segundos, respirou fundo e prosseguiu:

— Eu me arrependi sinceramente e, quando nos reunimos no astral, antes de nosso nascimento, pedi perdão e vocês me perdoaram. Aqui, disseram que vocês poderiam casar-se de novo na Terra e recomeçar. Entretanto, Olívia não aceitou. Ela dizia haver perdoado, mas eu sabia que no fundo ela ainda guardava ressentimento pela traição de Eugênio. Vendo-se rejeitado, ele aceitou casar-se comigo tendo Olívia na família para que juntos pudéssemos nos entender. Entretanto, deu no que deu. Eugênio nunca me amou de verdade. Casou-se comigo porque tinha de ser, mas não se sentia plenamente realizado com nossa união. Hoje eu sei que, se ele procurava outras mulheres, era porque não havia encontrado aquela que preenchesse suas necessidades de afeto.

Por outro lado, eu mergulhei no papel da boa esposa, na tentativa de esquecer minha antiga situação de amante. Agora eu era a esposa legítima! Caprichei no papel e tornei-me passiva às vontades de Eugênio, o que acabou por apagar rapidamente a atração que ele ainda sentia por mim.

Você, Olívia, guardando ainda a mágoa no coração, nunca quis casar-se. A presença de Eugênio causava-lhe desconfiança e certa aversão. Essa foi nossa vida até o dia em que, vendo desmoronar minha ilusão de esposa, temerosa de voltar ao antigo papel, me desesperei. Não aceitei a separação. Não compreendi que, quando o amor acaba, não há nada que se possa fazer. Se eu tivesse compreendido, talvez ainda estivesse aí, cuidando de meus filhos.

Disseram-me que meu tempo nessa vida tinha acabado, que eu reencarnara apenas para unir vocês todos e para conseguir apagar a raiva que sentiam contra mim. Quanto a isso, acho que consegui. Sei que você me quer bem, Olívia, e que você, Eugênio, me respeita e tem amizade por mim. As crianças também me estimam. A inimizade acabou. Entretanto, eu me sentiria muito feliz se pudesse vê-los reunidos de novo, que você, Olívia, realmente perdoasse Eugênio e que se casassem, assumindo as crianças que já foram suas e agora também são minhas. Eugênio, você é duas vezes pai!

Disseram-me que não posso pedir-lhes que se casem, porque essa é uma decisão que só vocês podem tomar, mas eu ficaria muito feliz se isso acontecesse. Olívia, não amo mais Eugênio como antes. Tenho andado com ele nos últimos tempos e reconheço que ele é muito diferente de mim. Nós nunca seríamos felizes juntos. Quero refazer minha vida de outra forma.

— Eugênio não acreditava que você o estivesse acompanhando — disse Amaro.

— Ele não sabe nada da vida espiritual. Eu estava mesmo. Vi tudo que ele tinha no escritório, as coisas que ele deixava lá para sair e passear, ele sabe do que estou falando. Das mulheres que ele namorava e que eu ficava com raiva e partia para cima dele. Você se sentia mal, ia ao médico, pensava que estava doente, mas era eu. Ficava indignada. Mas eu ainda não havia lembrado o passado e≈era muito ignorante. Agora aceitei ajuda e estou mudada. Reconheço que estava errada.

Fez uma pausa e continuou:

— Meu tempo acabou, querem que eu vá embora. Mas estou angustiada. Ainda não sei se Nelinha vai superar essa crise. Tenho implorado ajuda para ela. Disseram que ela pegou essa doença porque seu corpo astral ainda estava sensível por causa de seu suicídio!

Eugênio não se conteve:

— Elisa, por favor! Você, que está no outro mundo, que tem tido tanta ajuda, implore que eles ajudem. Peça a Deus que não leve Nelinha! Juro que farei tudo que estiver ao meu alcance para a felicidade dela e dos outros dois. Dedicarei o resto da vida só a eles. Não me tirem esta oportunidade de ser um bom pai. Sei que nunca fui o que precisaria ter sido, que não valorizei a família como deveria, que não correspondi à responsabilidade que a vida me deu de orientar e ajudar o desenvolvimento de meus filhos. Mas, agora, eu juro e tomo a todos por testemunha que farei o melhor que puder. Não foi só você quem errou, Elisa, eu errei tanto ou mais do que você. Não me tirem a chance de recomeçar e de fazer o melhor que puder!

— Ainda bem que compreendeu, Eugênio! — disse Marilda.

— Antes de ir, Olívia, gostaria que falasse comigo, dissesse o que vai em seu coração.

O silêncio se fez por alguns segundos. Depois, Olívia, esforçando-se para tornar a voz firme, disse:

— Eu amo você, Elisa! O passado está morto. Só sei que você é minha irmã querida, recordo com saudade os momentos em que vivemos juntas. Para mim, você é e será sempre uma pessoa querida!

Voz embargada, Olívia calou-se.

— Preciso ir agora. Eu também sinto que amo todos vocês. Obrigada, Amaro, Inês e Marilda pela oportunidade. Deus os abençoe. Vamos ter fé e acreditar na cura de Nelinha.

Marilda estremeceu e abriu os olhos. Ninguém disse nada. A comoção era geral. Eugênio, olhos vermelhos, parecia alheio. Olívia estava imersa em profundos pensamentos. Amaro levantou--se e apanhou copos nos quais colocou água e cada um tomou um pouco. Depois ele disse:

— Vamos agradecer a Deus a ajuda que recebemos.

Murmurou sentida prece, e ao final sua voz modificou-se ao dizer:

— Não se deixem levar pela emoção desta hora. Antes, encham seu coração de alegria por mais uma etapa vencida em vossas vidas! O momento é de limpar o coração de todos os pensamentos tristes. É hora de ligar-se com a luz, irradiando alegria e energia de refazimento para nossa menina. Vamos dar-lhe forças para vencer essa etapa de sua vida. Ela vai precisar do amor de todos vocês para atravessar essa existência e desenvolver a própria força interior. Lembrem-se disso e não permitam que o mimo e a superproteção enfraqueçam-na de novo como da outra vez. Aprendam a lição. Fiquem em paz.

Amaro calou-se, e todos esperaram que ele abrisse os olhos e dissesse alguma coisa.

— Vamos tomar um café — disse ele por fim, levantando-se. — Estou louco por um.

Todos se levantaram, e Olívia disse:

— Ainda temos na garrafa térmica.

Enquanto tomavam café, Inês disse:

— Pelo que Amílcar disse no final, nossa menina vai ficar boa!

— Você acha isso? — interessou-se Eugênio.

— Claro — tornou Inês. — Se ela fosse embora, ele não teria feito tantas recomendações para a educação dela.

— É mesmo! — interveio Olívia. — Eu tinha certeza de que ela iria recuperar-se.

— Não podemos nos esquecer de que ele recomendou também a mudança interior. Esquecer os ressentimentos, as tristezas, pensar na luz e na alegria. Só assim criaremos um ambiente positivo para que Nelinha possa recuperar-se.

Eugênio lançou um olhar furtivo a Olívia e considerou:

— De minha parte, farei o possível.

Olívia não disse nada. Estava chocada com tudo quanto ouvira naquela noite. Sentia-se fragilizada, insegura, como nunca fora antes. Não conseguia falar no assunto. Sentia que precisava de tempo para

389

acalmar-se, deixar serenar as emoções dos últimos dias. Apesar disso, notava que alguma coisa se havia modificado dentro dela. A dor, a pressão que sentia, o aperto dentro do peito, que de quando em quando a incomodava, desapareceram deixando-a aliviada.

Quando todos se retiraram, Eugênio foi perguntar sobre Nelinha.

— E então? — indagou Olívia quando ele voltou ao quarto.

— Continua dormindo. Disseram que está bem.

Nenhum dos dois se atreveu a comentar as revelações de Elisa sobre o passado. Depois de alguns minutos de silêncio, Eugênio considerou:

— Amaro estava certo. Elisa estava comigo e eu não sabia.

— Acredita agora?

— Ela relatou direitinho certos fatos que Marilda não podia saber. Não os contara nem a Amaro.

— Você se sentia mal mesmo?

— Tudo quanto ela disse aconteceu... — ele parou, olhando-a hesitante. O fato de pensar que havia sido marido dela em outra vida embaraçava-o. Não sabia como proceder. — Sempre que me interessava por alguma mulher, sentia-me mal. Agora faz sentido.

— Algumas coisas fazem sentido, enquanto outras... — Olívia parou pensativa.

— Sei no que está pensando. Tem lógica também.

— Não quero falar nisso agora. Não me atrevo a duvidar do que Elisa disse. Tenho certeza de que era ela. Sei que não iria mentir numa hora destas. Mas não estou me sentindo bem. O que ela disse foi muito forte para mim.

— A ideia de ter sido casada comigo perturba-a tanto assim? Continua odiando-me apesar de tudo?

— Quantas vezes tenho de afirmar que nunca o odiei? Não gostava de suas atitudes, só isso.

— Ainda não me respondeu.

— Estou chocada com tudo isso. Não tenho condições de responder. Sinto-me diferente, parece que não estou em mim.

Eugênio suspirou. Ele sentia a mesma coisa.

Parecia que estavam vivendo um sonho, algo irreal, e que nada daquilo havia acontecido. Logo iria acordar, e Nelinha estaria em casa, bem, como sempre.

Mas não. Olhando em volta, ele podia perceber que não estava sonhando e que tudo acontecera mesmo.

390

— Compreendo como se sente. Não me recuperei até agora.

— O mais importante é que Nelinha está sendo ajudada e que ficará boa.

— Você acha que o excesso de cuidados e o mimo podem mesmo estragar uma criança? Ela pode ficar fraca por causa disso?

— Acho. Nós ficamos órfãs na adolescência e tivemos de assumir nossas vidas. Tive de aprender a cuidar de mim, defender-me, e com isso me tornei forte.

— Se Nelinha foi fraca e suicidou-se em outra vida, já foi punida. Por que agora teria de sofrer outra vez?

— Pelo que tenho lido, existem outros mundos, gravitando em faixas energéticas diferentes das nossas, para onde vão as pessoas quando morrem. Dizem que nós viemos de lá ao nascer aqui, que temos um corpo astral, que é próprio para viver lá, que se envolve das matérias deste mundo quando reencarnamos. Quando o corpo de carne morre, continuamos vivendo com o corpo astral, do qual nunca nos separamos. O suicídio interfere na natureza de maneira agressiva, machucando o corpo astral. Elisa afirmou que Nelinha contraiu a doença por causa disso. A doença é uma forma de jogar fora as energias ruins, de limpar o corpo astral e retomar seu equilíbrio.

— É fantástico o que me conta! Será mesmo possível?

— Quando percebemos isso, entendemos por que há tanta gente nos hospitais, principalmente crianças.

— Isso sempre me pareceu injusto.

— A vida tem recursos infinitos e nós não conhecemos quase nada a respeito deles. Viver já é um milagre. Nunca pensou nisso?

— Tem razão. Por mais que eu queira duvidar, o que aconteceu hoje foi impressionante. Além das palavras de Elisa, havia a emoção. Não sei por quê, mas eu acreditei em tudo quanto ela dizia. Parecia estar ouvindo uma história conhecida...

Ele parou, olhando-a embaraçado.

— Sei o que está dizendo. Senti a mesma coisa. Por isso me abalou tanto.

— Tenho ouvido falar de reencarnação, de comunicação de espíritos. Amigos contaram-me coisas, mas parecia-me tão louco! Nunca quis aceitar.

— A vida guarda mistérios que não podemos imaginar.

— Em tudo isso, estou mais animado. Nelinha vai ficar boa. Ela tem de se curar. Quero ter a chance de ser um bom pai.

Eugênio calou-se. Olívia não disse nada. Sabia que ele estava sendo sincero. Assistira a seu desespero pela doença de Nelinha, ouvira seu pedido aflito a Deus que não a levasse, vira as lágrimas correrem por seus olhos. Sentia-se confortada. Ele amava verdadeiramente os filhos. Não precisava preocupar-se com o futuro deles.

— Quer comer alguma coisa? — indagou ele.

— Talvez um sanduíche.

— Vou buscar.

Depois que ele saiu, ela ficou pensativa. Seria mesmo verdade? Ela teria sido esposa de Eugênio? Ao pensar nisso, sentia um aperto no coração, como um susto, um receio, não sabia do quê. Ele era um homem bonito, tinha de reconhecer. Mas seria capaz de amá-lo? Não. Ela não amava ninguém. Por que nunca confiara em homem algum? Por que se fechava sempre que se interessava por alguém, com medo de amar? Teria sido mesmo por causa da traição que sofrera no passado? Seria por causa disso que o comportamento de Eugênio a incomodava tanto? Claro que não era ciúme. Para isso, era preciso que ela o amasse, e isso nunca aconteceria.

Pensou nas crianças. Teriam mesmo sido seus filhos? Seria por isso que as amava tanto? Passou a mão pelos cabelos, sem encontrar resposta.

Elisa pedira-lhe que tomasse conta dos filhos. Isso ela faria de bom grado. Apenas isso.

E se Eugênio se casasse outra vez? Do jeito que ele era, não iria querer ficar o resto da vida sozinho. Ela poderia cuidar da educação das crianças do mesmo jeito? Ele poderia ser influenciado pela mulher e afastar as crianças do convívio dela. Enquanto elas eram pequenas, ele precisava de ajuda, mas, depois que crescessem, não.

Eugênio voltou com os sanduíches e a garrafa de café com leite. Olívia observou-o enquanto dispunha os pacotes sobre a mesa. Como seria ele na intimidade? Nunca havia pensado nisso antes. Quando ele a chamou para comer, tentou dissimular. Não queria que ele percebesse o que estava pensando.

Enquanto ela comia em silêncio, Eugênio olhava-a disfarçadamente. Ela era uma mulher bonita, mesmo assim na intimidade, sem pintura e à vontade. Elisa dizia que ela tinha muitos admiradores e que os tratava com displicência. Teria tido algumas aventuras? Era uma mulher livre e assumida, cuidava da própria vida, como ela mesma dissera. Teria ido para a cama com muitos homens? Teria amado algum?

Ela se levantou, e ele desviou os olhos, temeroso de que ela desconfiasse o que ia por sua cabeça.

— Mais uma noite aqui, nesta expectativa — disse ela por fim.

— É verdade. Agradeço você ter ficado comigo. Sozinho, teria ficado louco.

— Espero que amanhã tenhamos uma notícia boa. Ela está resistindo bem até agora. Acho que o pior já passou.

— Deus a ouça.

Já era tarde e eles se deitaram, cada um em uma cama. Eugênio, apesar da preocupação com a filha, não pôde deixar de pensar na situação que estavam vivendo. Ele, ali, ao lado daquela mulher bonita, a noite toda, sem poder fazer nada. Como ela seria quando amasse? Teve vontade de aproximar-se dela, mas conteve--se. Ela poderia pensar que ele estivesse se aproveitando da situação. Precisava conter-se. A ideia de que eles já haviam sido casados dera voltas à sua cabeça. Suscitara pensamentos novos, diferentes dos que havia tido. Reconhecia que Olívia era atraente, mas, acontecesse o que acontecesse, ele precisava conter-se. Ela não iria compreender, do jeito que ela era prevenida contra ele!

Remexeu-se na cama. O que estava acontecendo com ele? A ideia de já ter sido casado com ela impressionara-o tanto assim? Não podia deixá-la perceber como estava se sentindo. Não queria que ela risse em sua cara e lhe jogasse no rosto o quanto o odiava. Agora que ela estava mais cordata, que podiam conversar como amigos, não iria estragar tudo com uma atitude louca.

Ouviu Olívia suspirar. Ela também não estava conseguindo dormir. O que estaria pensando? Teve vontade de levantar-se e de dizer-lhe o que estava sentindo, mas não teve coragem. Por fim, a custo conseguiu adormecer.

mesma, dissera. Tanto faz para a cama com muitos homens, feria tanto alguém?

Ela se levantou, e ele desviou os olhos, temeroso de que ela desconfiasse o que ia por sua cabeça.

— Mais uma noite aqui, nesta expectativa — disse ele por fim.
— É verdade. Agradeço você ter ficado comigo. Sozinha, teria enlouquecido.

— Espero que amanhã tenhamos uma notícia boa. Ele está no elenco bem até agora. Acho que o pior já passou.

Beijou a nuca.

Já em frente a eles se deitaram, cada um em uma cama. Eugênio, apesar da preocupação com a filha, não pode deixar de pensar na situação que estavam vivendo. Ele, ali, ao lado daquela mulher bonita, já noite feita, sem poder fazer nada. Como ela seria quando amasse? Teve vontade de aproximar-se, detalhes conver-sa. Ele poderia sentar ora ele estivesse se aproveitando da situa-ção, observá-la num só dia do que desejava num ano. Deveria, bem você, o seu sábado... mas lamentos nunca, ele a ple-na que havia ali... ... ...
desse o que ela ... ... Deitou-se, com intenções de ... ...
... ...
são, pode deixá-la por ter o que estava se sentindo. Não queria que ela tentasse ou que a lhe fugisse, e mesmo o ato, o outro. Amanhã ela estaria mais corada, mui poderia conversar com a na-da terrível, faria tudo com uma atitude louca.

E se... Oh! e se perder. Ela também, neste instante, se pergun-taria aquilo estaria pensando? Teve vontade de levantar-se e de di-zer-lhe... ... ... Mas não teve coragem. Por fim, a custo, adormeceu.

Capítulo 27

Eugênio abriu os olhos assustado e levantou-se imediatamente. O médico estava dentro do quarto.

— Aconteceu alguma coisa? — indagou ele.
— O que foi? — disse Olívia, levantando-se por sua vez.
— Precisamos conversar.
— Nelinha está bem? — indagou Eugênio.
— Ela teve um pequeno problema, mas já foi medicada.

Os dois se olharam assustados, e Olívia tornou:

— Ela piorou?
— Essa doença tem momentos delicados. Ela teve um dos pulmões inflamado. Mas foi medicada.
— Preciso vê-la de qualquer jeito — disse Eugênio. — Vou entrar na enfermaria agora.

O médico tentou impedi-lo, dizendo:

— Sua presença não vai ajudar em nada. Tente compreender. Ela está sendo bem atendida. Estamos fazendo o possível para curá-la.
— Seu estado ainda é grave? — indagou Olívia com voz que o medo enfraquecia.
— Eu diria que ainda não está fora de perigo. Contudo, ela tem reagido bem. É corajosa e cooperativa.

Eugênio deixou-se cair na cadeira, segurando a cabeça entre as mãos.

— Não fique assim — disse o médico. — Acredito que essa noite tenha sido crítica. Se ela ultrapassar as próximas doze horas, estará fora de perigo.

Olívia aproximou-se do médico dizendo com voz que a emoção embargava:

— Doutor, peço-lhe encarecidamente: se o estado dela se agravar, gostaria que nos avisasse. Se tiver de acontecer alguma coisa com ela, não queria que fosse longe de nós.

— Não vou esperar nada. Vou entrar lá e pronto — disse Eugênio, levantando-se.

Pelos olhos do médico passou um lampejo de emoção. Aproximou-se, dizendo:

— Vou ver o que posso fazer.

— Vamos poder vê-la? — indagou Olívia.

— Vou autorizar uma visita rápida. Mas terão de mudar as roupas e tomar todas as precauções necessárias. Não poderão aproximar-se muito dela nem tocá-la. Se me prometerem obedecer e controlar as emoções, eu os levarei lá.

— Farei qualquer coisa para vê-la — disse Eugênio.

— Ela está dormindo e não quero que a perturbem. O sono é remédio para ela.

— Faremos o que quiser — prometeu Olívia.

O médico conduziu-os a um local onde tiraram a roupa e vestiram-se com roupas do hospital, colocando máscara e luvas. Depois foram introduzidos na área restrita, em uma enfermaria onde havia várias crianças. Nelinha estava separada das outras por um biombo.

Eles se aproximaram com o coração batendo forte, e Eugênio, instintivamente, procurou a mão de Olívia, segurando-a com força.

— Aqui está bom — disse o médico. — Como podem ver, ela dorme tranquila.

Nelinha dormia, mas sua respiração era diferente, por causa do pequeno aparelho que havia em sua garganta.

— Ela tem febre? Seu rosto está corado e sua respiração acelerada — considerou Olívia.

— Tem. Estamos tentando resolver a infecção pulmonar com penicilina.

— Então ela vai ficar boa — disse Olívia.

— Vai depender de sua resistência física. Só ficaremos sabendo nas próximas horas.

Eugênio estava calado. Sem desviar os olhos do rostinho da menina, sentia o coração apertado. Sabia que aqueles momentos seriam definitivos. Era como se a vida dela estivesse suspensa por

396

um fio que a qualquer instante poderia romper-se. Ela lhe parecia tão frágil, tão delicada, deitada ali com o bracinho amarrado para a agulha do soro não sair da veia.

O médico olhou a papeleta na prancheta ao pé da cama, fez algumas anotações e colocou-a no lugar. Foi conversar com a enfermeira que circulava pela sala.

Eugênio continuava apertando a mão de Olívia, sem encontrar palavras para expressar seus sentimentos. Nunca havia sentido nada igual. Era a primeira vez que enfrentava uma situação como aquela. A morte de Elisa fora um choque, mas estava longe de sensibilizá-lo a esse ponto.

Depois de circular pela sala e verificar o estado dos outros pacientes, o médico aproximou-se novamente de Nelinha, tomando-lhe o pulso delicadamente. Por fim, dirigiu-se a Eugênio, dizendo:

— Precisamos ir agora.

— Gostaria de ficar mais — disse ele.

— Você prometeu ser razoável. Será melhor para ela.

— Vamos, Eugênio — convidou Olívia.

Vendo que ele relutava, o médico afirmou:

— Tem minha palavra de que, se o estado dela se modificar, irei avisá-lo. Mesmo que ela continue na mesma, ao deixar o plantão, passarei pelo quarto de vocês para dar-lhes notícias. Podem confiar.

Eugênio, lançando um olhar doloroso para Nelinha, concordou em deixar a enfermaria. Voltaram à sala para trocar novamente de roupas e, depois de esterilizar as mãos com álcool, retornaram ao quarto.

— São duas horas — disse Olívia.

Ele pareceu nem ouvir. Não podia tirar do pensamento a figura de Nelinha naquela cama. Olívia sentia a mesma coisa, mas, vendo o abatimento de Eugênio, aproximou-se dele, colocando as mãos em seus ombros.

— Não fique assim, Eugênio. Precisamos ter coragem. Não podemos desanimar agora!

— Não consigo pensar em outra coisa. Nunca senti uma dor igual!

— Nem eu! — concordou Olívia, esforçando-se para conter as lágrimas.

Ele a abraçou, dizendo com voz emocionada:

397

— Estou sendo castigado! É isso. Estou sendo punido pelo que fiz. Meu Deus! Estou arrependido! Quero mudar, cuidar de minha família, trabalhar pela felicidade dela! Será que Deus não vai me perdoar?

Ele chorava, e Olívia não conseguiu mais controlar a emoção. Durante aqueles dias, lutara para manter o controle, sentindo o peito oprimido, mas agora, diante do estado de Nelinha, da dor de Eugênio, da insegurança do momento, ela não aguentou mais. Rompeu em soluços. Ele a apertou nos braços com força. Vendo-a soluçar em desespero, esforçou-se para se controlar. Alisou-lhe os cabelos, dizendo:

— Olívia! Desculpe. Tenho sido egoísta, pensado só em mim. Você também está sofrendo! Em vez de dar-lhe forças, estou fraquejando. Você tem sido a melhor coisa que apareceu em minha vida depois que Elisa se foi. Se não fosse você, nem sei o que teria sido de mim, tão ignorante, pretensioso, descrente e fútil. Você, mesmo não me apreciando, soube ser digna, me ajudar, separar seus sentimentos em favor do bem-estar das crianças. Ainda agora está comigo, amparando-me nesta hora tão difícil. O que seria de mim se estivesse aqui sozinho? Quem iria me ouvir, dar forças e confortar?

Vendo que ela continuava soluçando, Eugênio fez ligeira pausa e prosseguiu:

— Você é uma mulher especial, Olívia, e eu aprendi a admirá-la. Sei que não sente o mesmo por mim e eu reconheço que tenho contribuído para isso. Mas hoje, depois de tudo que estamos passando juntos, do apoio que tem me dado, espero que, conhecendo-me melhor, possa gostar um pouco de mim e que nos tornemos amigos.

Olívia foi se acalmando e parou de soluçar. Continuou abraçada a Eugênio, enquanto ele lhe alisava os cabelos, e suas palavras, ditas com sinceridade e carinho, tiveram o dom de acalmá-la. Naquele instante, estava cansada de ser forte, de enfrentar tudo sozinha. Sentiu-se bem nos braços fortes de Eugênio e descansou a cabeça em seu ombro, deixando-se ficar. Parou de chorar, mas seu corpo estremecia de quando em quando, e ele continuava alisando-lhe os cabelos com carinho.

Por fim, ela disse baixinho:

— Estou tão cansada!

— Venha — disse ele, conduzindo-a para a cama, sentando-se e fazendo-a sentar-se também.

Ela se deixou ficar em seus braços, sem dizer nada. Eles ficaram assim, esperando o tempo passar. Sabiam que o médico passaria às sete.

— Você quer se deitar e tentar dormir? — indagou Eugênio.

— Não conseguiria — disse ela. — Prefiro ficar assim.

Ele a aconchegou mais em seus braços. Era agradável saber que ela não o odiava mais e que aceitava apoiar-se nele naquele momento. Era como se ele houvesse se reabilitado, sido absolvido de todos os erros do passado. Sentiu-se digno e forte.

— Vamos rezar — propôs. — Tenho feito muita bobagem. Desejo pedir a Deus uma chance de recomeçar. Quero conhecer a vida espiritual, aprender com você e com Amaro o caminho da fé. Olívia, ajude-me a falar com Deus!

— Esse diálogo é pessoal. Não posso falar por você. Acho que você já está falando com ele. Basta dizer o que sente.

— Você já não me odeia mais, e, se Nelinha ficar boa, minha felicidade será completa.

Olívia não respondeu. Sentia-se cansada, mas os braços de Eugênio ao redor de seu corpo confortavam-na. Parecia-lhe que, enquanto estivesse ali, nada de mau aconteceria. Tinha receio de que, se saísse, o que temia com Nelinha acontecesse.

— Nossas forças estão unidas. Seja o que for que aconteça — disse ela —, enfrentaremos juntos.

Ele a apertou nos braços um pouco mais e não respondeu. Também sentia que a melhor forma de esperar o desfecho seria ficarem juntos. Foram ficando e, aos poucos, recostaram-se na cabeceira da cama e, ainda abraçados, acabaram por adormecer.

Olívia acordou primeiro com o sol entrando pela janela do quarto. O braço de Eugênio ainda estava em volta de seu corpo e sua cabeça sobre o peito dele. Um pouco assustada, ela fez um movimento para levantar-se, e ele abriu os olhos:

— O que foi? — perguntou. — O médico já veio?

— Não — respondeu ela levantando-se.

— São mais de nove horas. Será que ele não veio?

— Ele prometeu.

A enfermeira entrou dizendo:

— O doutor Melo deixou um recado para vocês.

— Ele já foi embora? — indagou Olívia.

399

— Foi. Ele passou por aqui, mas vocês estavam dormindo e ele não quis acordá-los. Nelinha está bem e ele ficou de passar aqui na hora do almoço.

— Ele disse só isso? — perguntou Eugênio.

— Sim.

Olívia foi ao banheiro, lavou-se, tentou melhorar um pouco a aparência. Estava pálida e abatida.

— O café está sobre a mesa, acho que ainda está quente. Você quer?

— Quero. Vou me lavar um pouco.

Ele foi ao banheiro enquanto Olívia se servia de café com leite. Quando ele voltou, ela disse:

— Pelo jeito, Nelinha venceu bem a noite. Se o médico foi embora, acho que ela melhorou. Você não acha?

— É. Tem razão. Mas só vou sentir-me aliviado quando ele disser que ela está fora de perigo. Aí, sim.

— É. Minha roupa está amassada, suja, mas só vou para casa depois que o médico vier. Vou telefonar para saber como estão as coisas com Elvira e as crianças.

— Vou com você. Quero falar com eles. Marina estava muito assustada.

— Percebi isso. Ela quis se fazer de forte, mas estava arrasada. Elvira disse que a viu chorando escondido.

— Ela tem sido muito amiga dos irmãos.

— Acha que, por ser a mais velha, precisa tomar conta deles.

— Já notei. Ultimamente, quer tomar conta de mim também.

— Ela é muito amorosa. De todos é a que tem mais ciúme de você.

— Talvez esteja começando a gostar de mim.

Olívia não respondeu. Ela também mudara com relação a ele. Naqueles momentos difíceis que estavam vivendo, ele mostrara seus sentimentos e ela agora sentia que podia confiar nele. Olhando seu rosto um tanto abatido, ela já não o culpava pela infelicidade de Elisa.

De repente, lembrou-se das palavras da irmã. Seria verdade mesmo? Ela teria sido casada com Eugênio em outra vida?

— Em que está pensando? — perguntou ele.

Ela estremeceu.

— Nada — mentiu.

— Vou sair e comprar os jornais. Quer vir?

400

— Não. Pode ir.

Ele saiu, e ela se sentou em uma poltrona. Não podia negar que o que Elisa dissera a emocionara profundamente. Sua emoção, suas lágrimas, sua sinceridade haviam tocado fundo seus sentimentos. Apesar de não ter raiva de Elisa, suas palavras provocaram forte sensação de alívio. O que aconteceria dali para a frente? Como seria seu relacionamento com Eugênio?

Levantou-se e foi até a janela. Não queria pensar nisso. Estava fora de seu natural, sem condições de analisar claramente os fatos. O importante era que Nelinha se salvasse. No momento, nada mais importava.

O médico visitou-os ao meio-dia, dizendo que o estado de Nelinha continuava estável e que até a noite ele esperava poder ser mais objetivo. Aconselhou-os a ir para casa descansar, mas eles se recusaram.

***

Olívia pediu a Alzira para apanhar algumas roupas dela, e que fizesse o mesmo na casa de Eugênio. Depois, levasse tudo para eles no hospital.

À noite, Amaro foi visitá-los, tendo antes o cuidado de passar pela casa de Eugênio para ver as crianças. Eugênio havia saído para comprar algumas frutas.

— Como estão as crianças? — indagou Olívia.

— Marina pareceu-me mais preocupada. Fiz o que pude para acalmá-la.

— Ainda bem que esteve lá.

— Você precisa refazer-se. Está muito abatida. Por que não vai para casa descansar esta noite? Eu posso ficar com Eugênio.

— Obrigada, mas quero ficar. O estado dela é delicado. Depois, há Eugênio... Ele está arrasado. Não posso abandoná-lo nessa hora.

— Seu apoio é muito importante para ele. Acho que você já notou isso.

— É. Passamos por momentos de muita tensão. Isso nos aproximou. Estamos lutando pelo mesmo objetivo, amamos aquela criança. Isso fez com que nossas forças se unissem. Sinto que temos de ficar juntos nisso até o fim.

Amaro ficou silencioso por alguns segundos, depois disse:

401

— Considerando os fatos do passado, acho que tem razão.

— Por que diz isso?

— Porque o amor tem muita força. O amor que sentem por Nelinha vai ajudá-la a ter forças e querer viver.

— Se ela se suicidou mesmo em outra vida, agora ela não terá de ir embora? Sempre ouvi dizer que o suicida reencarna para cumprir os anos que cortou com o suicídio e morre cedo.

— Não podemos generalizar. Cada caso é um caso. Pelo que sei, Nelinha, com o suicídio, lesou seu corpo astral e nasceu com saúde delicada em alguns pontos, sendo portanto sujeita a certas doenças. Mas o tempo que ela vai viver na nova encarnação depende do fluido vital que ela consegue armazenar. E a captação desse fluido ocorre por meio da vontade de viver, da alegria interior, do entusiasmo. Já reparou que, quando alguém se entristece, fica deprimido, morre logo? É como se desistisse da vida. Dessa forma, deixa de armazenar as energias vitais, adoece e morre.

— Quer dizer que Nelinha adoeceu de tristeza?

— Ela se suicidou de tristeza. Ficou com a saúde frágil. Mas, se sua alegria e seu prazer forem estimulados, ela vai se recuperar, ficar forte e poderá viver muitos anos. Isso pode acontecer com qualquer um, mesmo que nunca tenha cometido suicídio.

— Juro que, se ela se curar, vou me dedicar a fazê-la recuperar a alegria e se fortalecer.

Eugênio chegou, colocou os pacotes sobre a mesa e abraçou o amigo, confortado com sua presença. Conversaram um pouco sobre as crianças, depois Eugênio tornou:

— Amaro, tenho pensado muito em tudo quanto você tem me falado sobre a vida espiritual. Gostaria de conhecer um pouco mais.

— Fico contente em saber. O conhecimento de como a vida funciona ajuda a entender o mundo que nos rodeia, conforta e ensina a viver melhor.

— Quero encontrar algumas respostas para os fatos que têm me acontecido desde que Elisa morreu. Preciso entender. Não quero mais ser joguete das circunstâncias, sem saber o que há por trás, nem ter atitudes que possam resultar em sofrimento para mim e para os que amo. Tenho pensado muito e estou decidido. Sinto que existe um poder maior; desejo conhecê-lo.

— Posso trazer-lhe alguns livros.

— Quero ir ao centro com vocês.

— Quando quiser.

Quando Amaro se foi, passava das onze. Eugênio acompanhou-o até a rua. Quando voltou, disse:

— Mais uma noite. Até quando teremos de esperar?

Olívia suspirou.

— Está nas mãos de Deus.

Ele se aproximou dela.

— É melhor se deitar.

Ela hesitou, depois disse:

— Tenho medo. Gostaria que ficasse comigo.

Ele a abraçou confortado. Sentia a mesma coisa.

— Sei o que quer dizer. Parece que juntos nos tornamos mais fortes, mais capazes de mandar forças para Nelinha.

— É isso.

— Ficaremos juntos.

Deitaram-se um ao lado do outro na mesma cama. Eugênio segurou a mão dela, dizendo:

— Vamos rezar em favor dela.

Fecharam os olhos e silenciosamente pediram a Deus pela saúde de Nelinha. Depois, ficaram assim, em silêncio, cada um imerso nos próprios pensamentos, e acabaram por adormecer.

— Senhor Eugênio, acorde!

Ambos acordaram assustados. O médico estava perto da cama. Com o coração batendo descompassado, levantaram-se de um salto, boca seca, olhos ansiosos.

— Desculpe se os assustei. Mas não resisti.

— O que foi? — murmurou Eugênio.

— Sua filha está fora de perigo!

Eugênio não conteve a alegria. Abraçou o doutor com euforia, depois abraçou Olívia, que, olhos brilhantes de alegria, o apertou de encontro ao peito.

O médico sorria satisfeito. Vendo-os mais calmos, disse:

— Ela está sem febre e respirando normalmente. Amanhã cedo fecharei a incisão e a traremos para o quarto. Dentro de um ou dois dias, ela poderá ir para casa.

Depois que o médico saiu, eles deram vazão à alegria.

— Gostaria de ter uma garrafa de champanhe para comemorarmos — disse Eugênio.

403

— Vamos tomar café com leite. Estou com fome. O peso do estômago sumiu. Vamos comer alguma coisa.

— Eu também estou com fome. Parece que faz um ano que não como.

Eles riram enquanto abriam os pacotes preparando um lanche. Quando acabaram de comer, Eugênio disse:

— É melhor descansar, tentar dormir. Amanhã cedo Nelinha virá para o quarto e teremos de cuidar dela.

— É verdade.

Cada um deitou em uma cama. Eugênio não conseguia dormir. Ouvindo Olívia remexer-se no leito, levantou-se e foi deitar-se a seu lado, tomando-lhe a mão.

— Olívia, não consigo dormir. Quero ficar perto de você.

Seu coração batia descompassado, e Olívia estremeceu sentindo a emoção dele. Sem dizer nada, apertou a mão dele e foi o bastante. Ele a abraçou e a beijou longamente nos lábios. Sem pensar em mais nada, ela retribuiu o beijo sentindo enorme emoção.

Não queria pensar nem saber o que aconteceria depois. Naquele momento, sentia um prazer enorme em estar nos braços dele deixando a emoção extravasar como não se lembrava de haver sentido antes.

Eugênio beijava-a ardentemente. Um sentimento forte, inebriante, tomara conta dele, que, sem poder conter-se, dizia emocionado:

— Eu amo você! Amo como nunca amei mulher alguma. De repente, descobri isso. Não me rejeite mais. Deixe-me ficar a seu lado e amá-la para sempre!

Olívia ouvia suas palavras inebriada, tomada de emoção, sem poder dominar a força daquele sentimento que a envolvia intensamente.

Entregaram-se ao amor que sentiam, e, horas mais tarde, quando o dia já começava a clarear, eles, ainda abraçados, deixaram-se ficar silenciosos, com medo de quebrar o encanto mágico daquele momento de entrega, de amor e de felicidade.

Epílogo

Olívia abriu os olhos, e Eugênio estava em pé ao lado da cama, fitando-a. Encabulada, levantou-se dizendo:
— Que horas são?
— Oito.

Apanhou o vestido que estava sobre a cadeira e foi ao banheiro. Quando saiu, estava vestida e arrumada.

Ao lembrar-se do que acontecera na véspera, sentia-se perturbada. Não tocou no assunto.
— Quer café? Está quente — sugeriu ele.

Ela se serviu e se sentou na poltrona. Ele se aproximou, sentando-se na beira da cama, olhando-a fixamente.
— Já perguntou a que horas vão trazer Nelinha?
— Às dez ou onze.

Vendo que ela tomava o café em silêncio sem olhar para ele, Eugênio continuou:
— Precisamos conversar.

Ela colocou a xícara sobre a mesa e levantou-se dizendo:
— Preferia não falar sobre isso.
— Não dá para ignorar. Temos de conversar.

Aproximou-se dela, segurando suas mãos e dizendo:
— Venha, sente-se aqui.

Hesitante, ela obedeceu. Quando a viu sentada a seu lado no sofá, pediu:
— Olhe para mim.

Ela obedeceu.

— Aconteceu, Olívia. Não planejamos, mas aconteceu. Descobri que amo você. Talvez tenha sido por isso que sua opinião sobre mim me incomodava tanto.

— Você não me ama! Está confundindo seus sentimentos por causa do apoio que lhe dei e por tudo que passamos nestes dias. Quando pensar melhor, verá que tenho razão.

— Não é isso, Olívia. Sei o que estou dizendo. Tive muitas mulheres em minha vida, mas nunca havia sentido o que senti ontem quando estivemos juntos. É a você que eu quero, agora eu sei. Sei que também me quer. Você vibrou em meus braços e sentiu o mesmo que eu. Vamos nos casar e ficar juntos para sempre.

Olívia abanou a cabeça negativamente.

— Isso não pode ser. Não tenho certeza de nada. A tensão e a insegurança dos últimos dias perturbaram-nos. O que nos aconteceu pode ter sido apenas uma catarse, uma quebra de tensão, uma forma de aliviar o coração.

— Sei que não foi isso. A emoção e o prazer que senti foram muito além de uma quebra de tensão ou de um acontecimento ocasional. Ainda agora, ao olhar para você, ao falar sobre isso, sinto meu coração bater mais forte e o desejo de tê-la novamente em meus braços.

Aproximou-se dela, abraçando-a e tentando beijá-la, mas ela o repeliu, dizendo:

— Não, por favor. Agora não. Preciso refletir. Sinto-me fragilizada e insegura. Não posso responder nada por enquanto. Gostaria que fizesse de conta que não aconteceu nada.

— Não posso, Olívia. O que estou sentindo é muito forte e difícil de controlar. Eu quero você! Sinto que também me quer. Por que reluta?

— Não estou em condições de analisar meus sentimentos. Preciso de um tempo para me equilibrar e decidir o que quero.

— Você é livre e eu também. As crianças amam você. Nada nos impede de sermos felizes.

— Pelo amor que sinto pelas crianças é que não posso decidir agora. Nunca pensei seriamente em casamento. Sei que sou diferente das outras mulheres. Não sou cordata nem tolerante com o que achar que é errado. Só me casarei com você, ou com outro qualquer, quando tiver certeza de fazer o que meu coração deseja. Mesmo amando muito as crianças, não me casaria com você apenas para ficar junto delas e servir-lhes de mãe. Minha felicidade pessoal é um direito do qual não abdico de forma alguma. Sei que poderei amá-las e orientá-las mesmo como tia. Entendeu?

Eugênio levantou-se, andando de um lado a outro do quarto um tanto nervoso. Depois, parou em frente dela, dizendo:

— Se você pensa que quero casar-me com você só porque as crianças a aceitariam como minha mulher, está enganada. Por que pensa que não me casei com Lurdes? Por que não a amava o bastante. Minha experiência com o casamento não foi muito boa. Elisa não teve culpa de nada. Nosso casamento foi um erro desde o começo. Tínhamos temperamentos diferentes. Ela me deu o que eu tinha buscado no casamento, foi a esposa digna, honesta, leal e dedicada. Mas agora sei que isso não bastava para mim. Não me satisfazia. Eu queria amor, paixão, romance, e isso ela nunca teve para me dar. O erro foi meu, por colocar minhas necessidades pessoais em segundo plano. Você diz que não vai abdicar de sua felicidade pessoal. É isso que eu quero. Agora, depois de tudo que passei, sei o que quero para ser feliz.

Aproximou-se dela, segurando-lhe as mãos e dizendo:

— Eu sei que você pode responder a esse meu anseio de amor e paixão. Você é a mulher que tenho procurado durante toda a vida sem encontrar. Não me abandone agora! Fique comigo. Vamos ser felizes juntos!

Abraçou-a, beijando-lhe o rosto, procurando-lhe os lábios sofregamente. Beijaram-se longamente, e ela de repente desvencilhou-se de seus braços, dizendo:

— Por favor, Eugênio! Assim não consigo pensar. Preciso acalmar o coração, analisar meus sentimentos, saber o que quero. Não podemos entregar-nos a uma ilusão. Peço-lhe um tempo para pensar.

Ele a soltou, dizendo:

— Está bem, Olívia. Não quero forçá-la a nada. Sinto que a amo e que sou correspondido. Vou esperar. Só peço que não seja por muito tempo.

— Preciso pôr meus pensamentos em ordem. Quando estiver pronta, darei uma resposta. Até lá, gostaria que fizesse de conta que não aconteceu nada entre nós.

— Farei o que quiser. Estarei esperando.

Olívia respirou fundo. Sentia-se perturbada. Estava habituada a controlar-se. Sentira-se atraída algumas vezes por algum namorado, mas nunca sentira esse atordoamento, esse descontrole que sentia quando Eugênio a beijava. Não queria entregar-se assim. Estava com medo de perder o controle. Ela não era uma mulher fraca. Precisava dominar-se.

Entretanto, quando se recordava da noite anterior, estremecia e não podia controlar a emoção.

Durante os dias que se seguiram, Eugênio não se aproximou mais dela.

***

Nelinha recuperou-se, foi para casa, e Olívia voltou ao trabalho, mas durante a noite ia dormir com Nelinha.

Ela sentia o olhar de Eugênio pousado nela com amor, mas evitava aproximar-se dele. Naqueles dias, por mais que tentasse pensar com calma, estremecia quando ele se aproximava, quando ouvia sua voz, quando ele lhe dirigia a palavra.

Ela lutava contra esse sentimento dizendo a si mesma que não podia apaixonar-se por ele.

Tentava recordar-se dos tempos em que ele era marido de Elisa e abusava da passividade dela. Mas, fazendo isso, agora encontrava novas justificativas para as atitudes dele. Não podia negar que eles eram muito diferentes mesmo. Conhecendo melhor Eugênio, ela percebia que Elisa, como mulher, nunca poderia suprir as necessidades dele.

Estremecia ao recordar como ele era impetuoso e cheio de paixão. Intimamente reconhecia que ele seria capaz de dar-lhe o que ela sempre desejara de um homem.

Olívia estava no quarto das meninas, tendo Nelinha ao colo, Juninho no chão entretendo-se com um carrinho, e Marina sobre a pequena escrivaninha fazendo lição. De repente, Nelinha passou o braço no pescoço de Olívia, dizendo:

— Tia, por que não busca sua roupa e se muda para cá?

Ela sorriu:

— Porque minha casa não é aqui.

— Pois eu queria que fosse.

Juninho levantou-se e abraçou Olívia, dizendo:

— Isso mesmo. Eu também queria. Por que não vem?

— Porque tenho minha casa; e vocês, a sua.

408

— Por que não se casa com papai e fica sendo minha mãe? — disse Nelinha.

Olívia corou sem querer e não respondeu. Foi Marina que se aproximou e respondeu:

— É isso que tenho pedido a Deus. Mas não temos o direito de sacrificar tia Olívia. Ela é livre e nós damos muito trabalho. Principalmente vocês, que não se comportam.

Eugênio entrou no quarto, e eles pararam. Calmamente ele se aproximou, dizendo:

— Vocês têm razão. Eu também gostaria que ela se casasse comigo e viesse morar aqui para sempre.

Os dois se penduraram no pescoço dela com exclamações de contentamento:

— Venha, tia Olívia! — dizia Juninho, contente.

— Fique, fique — pedia Nelinha, beijando-a na face sem parar.

Só Marina estava calada.

— E você, minha filha, o que diz? — indagou Eugênio.

Ela hesitou um pouco e por fim respondeu:

— Não posso falar por ela. Eu adoraria que ela ficasse como nossa mãe. Mas acho que não temos o direito de exigir isso dela. Ela sempre me disse que só se casaria por amor. Pelo que sei, ela não...

— Ela não me ama. É isso o que quer dizer? — tornou Eugênio, emocionado.

— É, papai.

— Fale, Olívia. Estamos esperando sua resposta. Acho que já tem condições de dizer.

Olívia levantou-se emocionada.

Olhando fixamente os quatro rostos ansiosos que a fitavam esperançosos, disse:

— Tenho. Eu amo você e aceito a proposta de casamento que me fez.

Eugênio abraçou-a com força, enquanto as crianças os abraçavam também com exclamações de alegria.

— Mas antes quero dizer que não é nenhum sacrifício tomar conta de vocês.

— Que bom! Que bom! — dizia Nelinha. — Tia Olívia vai morar aqui!

— E você vai se comportar, senão ela muda de ideia! — disse Marina para Juninho.

409

— Eu sabia que iria sobrar para mim. Vou ficar um santo, vocês vão ver.

Mais tarde, quando as crianças se recolheram, Eugênio tornou:

— Venha, Olívia. Precisamos conversar.

Sentados no sofá da sala, Eugênio abraçou-a e beijou-a longamente.

— Hoje você me fez muito feliz — disse. — Vamos nos casar imediatamente. Amanhã mesmo darei entrada nos documentos no cartório.

— Tem certeza de que é isso mesmo que quer?

— Tenho.

— Antes preciso dizer-lhe que não sou de gênio fácil. Gosto de ser independente, ter meu próprio dinheiro. Vou continuar trabalhando mesmo depois do casamento. Não gosto de cozinhar e não sei. Trarei Alzira para cá, ficaremos com as duas empregadas. Pode deixar, que eu continuarei pagando o salário dela.

— Acha mesmo que deve fazer isso?

— Sim. Posso cuidar de meu próprio sustento. Se sobrar dinheiro, poderemos comprar uma casa melhor. As crianças estão crescendo e precisamos ensiná-las a ser independentes, ter seu próprio espaço, cuidar de suas coisas.

— A ideia é boa.

— Não quero que se case enganado. Não sou passiva, embora seja sensata e tenha boa vontade. Gosto de me cuidar, compro roupas caras, da moda, frequento cabeleireiro e tudo que precisar para me manter bonita e bem-disposta. Ganho bem e dá para tudo isso. Não vou mudar com o casamento. Concorda com tudo isso?

Eugênio abraçou-a alegre, dizendo feliz:

— Você é justamente o que eu gostaria que fosse. Desejo que não mude mesmo, conserve-se como é, sem queixas nem reclamações, alegre, bonita, bem-disposta e amorosa. Principalmente amorosa — completou ele, beijando-a com paixão.

Foi aí que eles ouviram risinhos abafados e perceberam que os três estavam escondidos na escada espiando.

— Venham cá — disse Eugênio. — Isso não se faz!

Os três saltaram sobre eles no sofá, abraçando-os contentes, querendo saber tudo sobre o casamento: quando seria, se eles poderiam assistir, quando Olívia se mudaria para lá.

410

Com olhos enevoados de alegria, Elisa assistia à cena em um canto da sala. Finalmente eles estavam reunidos!

Agora, dali para a frente, ela estaria livre para rever a própria vida e construir sua felicidade.

Nunca mais se envolveria com homens comprometidos nem com a vida alheia. Havia aprendido que o mais importante era tomar conta de si, buscando viver melhor. Tinha certeza de que conseguiria.

Renata, que observava calada, disse por fim:

— Vamos embora, Elisa. Sua tarefa aqui acabou. Temos coisas interessantes e melhores para fazer.

— Sim — concordou ela. — Vou me despedir deles.

Aproximou-se das crianças e beijou-as amorosamente. Depois beijou Eugênio na testa, dizendo:

— Seja feliz e cuide bem delas!

Aproximou-se de Olívia, abraçando-a e dizendo comovida:

— Minha irmã querida! Vou rezar por sua felicidade! Deus a proteja! — Depois de um último olhar carinhoso, Elisa saiu com Renata.

Em seu peito havia uma alegria que antes nunca sentira. O mundo era maravilhoso; a vida, uma dádiva divina.

Sentiu o prazer de amar, de desejar o bem, de poder agir com bondade.

Suspirou satisfeita, dizendo:

— Ai, Renata, como é bom ser bom!

Renata sorriu contente.

Abraçadas, as duas se prepararam para partir. A noite era linda e cheia de estrelas.

Logo, seus vultos radiosos desapareceram rumo ao infinito.

Fim

GRANDES SUCESSOS DE
ZIBIA GASPARETTO

Com 20 milhões de títulos vendidos, a autora
tem contribuído para o fortalecimento da literatura
espiritualista no mercado editorial e para a popularização
da espiritualidade. Conheça os sucessos da escritora.

Romances
pelo espírito Lucius

A força da vida

A verdade de cada um

A vida sabe o que faz

Ela confiou na vida

Entre o amor e a guerra

Esmeralda

Espinhos do tempo

Laços eternos

Nada é por acaso

Ninguém é de ninguém

O advogado de Deus

O amanhã a Deus pertence

O amor venceu

O encontro inesperado

O fio do destino

O poder da escolha

O matuto

O morro das ilusões

Onde está Teresa?

Pelas portas do coração

Quando a vida escolhe

Quando chega a hora

Quando é preciso voltar

Se abrindo pra vida

Sem medo de viver

Só o amor consegue

Somos todos inocentes

Tudo tem seu preço

Tudo valeu a pena

Um amor de verdade

Vencendo o passado

Crônicas

A hora é agora!

Bate-papo com o Além

Contos do dia a dia

Conversando Contigo!

Pare de sofrer

Pedaços do cotidiano

O mundo em que eu vivo

Voltas que a vida dá

Você sempre ganha!

Coletânea

Eu comigo!

Recados de Zibia Gasparetto

Reflexões diárias

Desenvolvimento pessoal

Em busca de respostas

Grandes frases

O poder da vida

Vá em frente!

Fatos e estudos

Eles continuam entre nós vol. 1

Eles continuam entre nós vol. 2

A força da vida

ZIBIA GASPARETTO

Romance ditado pelo espírito Lucius

ROMANCE INÉDITO

A força da vida

As sábias leis da vida sempre nos colocam diante da verdade, forçando-nos a enxergar nossas fraquezas para que, assim, aprendamos a trabalhar em favor do nosso progresso.

Assim aconteceu com Marlene, uma linda jovem da alta sociedade carioca, que, acostumada a ter todos os seus caprichos atendidos, se deixou levar pela vaidade, atraindo para si situações mal resolvidas do passado e causando dor e arrependimento em todos que a cercavam.

Sempre utilizando o livre-arbítrio, a moça enfrentou os desafios que se interpuseram em seu caminho e aprendeu que cada escolha envolve uma consequência.

Auxiliada pela espiritualidade, Marlene terá de buscar as verdadeiras aspirações do seu espírito para encontrar em si a força da vida.

Este e outros sucessos, você encontra nas livrarias e em nossa loja:

www.vidaeconsciencia.com.br/lojavirtual

Rua das Oiticicas, 75 – SP
55 11 2613-4777

contato@vidaeconsciencia.com.br
www.vidaeconsciencia.com.br